国家开发银行
CHINA DEVELOPMENT BANK

北京大学
Peking University

合作研究

"一带一路"协同发展研究丛书

一带一路

构建新型全球化合作模式

THE BELT AND ROAD

A New Mode of Global Cooperation

张辉 闫强明 姜峰／编著

北京大学出版社
PEKING UNIVERSITY PRESS

图书在版编目(CIP)数据

一带一路：构建新型全球化合作模式/张辉，闫强明，姜峰编著. —北京：北京大学出版社，2023.7

（“一带一路”协同发展研究丛书）

ISBN 978-7-301-34025-7

Ⅰ. ①一…　Ⅱ. ①张…　②闫…　③姜…　Ⅲ. ①“一带一路”—国际合作—研究—中国　Ⅳ. ①F125

中国国家版本馆 CIP 数据核字(2023)第 098028 号

书　　　名　一带一路：构建新型全球化合作模式
YIDAI YILU：GOJIAN XINXING QUANQIUHUA HEZUO MOSHI

著作责任者　张　辉　闫强明　姜　峰　编著

责 任 编 辑　任京雪

标 准 书 号　ISBN 978-7-301-34025-7

出 版 发 行　北京大学出版社

地　　　址　北京市海淀区成府路 205 号　100871

网　　　址　http://www.pup.cn

微信公众号　北京大学经管书苑（pupembook）

电 子 信 箱　em@pup.cn

电　　　话　邮购部 010-62752015　发行部 010-62750672　编辑部 010-62752926

印　刷　者　北京中科印刷有限公司

经　销　者　新华书店

720 毫米×1020 毫米　16 开本　20 印张　438 千字

2023 年 7 月第 1 版　2023 年 7 月第 1 次印刷

定　　　价　85.00 元

序

受2020年新冠疫情影响，世界经济出现明显的下滑趋势。面对这一复杂局面，习近平总书记指出，要深化供给侧结构性改革，充分发挥我国超大规模市场优势和内需潜力，构建国内国际双循环相互促进的新发展格局。这不仅是针对当前全球新冠疫情暴发后，中国乃至全球制造业的供应链、价值链、产业链所显现的产供销脱节及上下游不同步的脆弱性、不安全性、不稳定性的战略之举，而且是中国经济行稳致远、实现高质量发展的新方向、新路径。

以往国际循环由欧美经济体主导，中国则以出口导向为主。然而，新冠疫情的全球蔓延使国际贸易投资骤减，人员、服务、物流、资金往来受限，全球市场供给和需求能力下降，对此中国转向内外贸易平衡的发展模式，以满足国内需求为经济增长的落脚点和出发点，刺激国内贸易增长。这是中国顺应全球经济深度调整态势的战略安排。另外，中国率先恢复经济，国内需求稳定，可以有效促进"一带一路"沿线国家及欧洲经济体的生产，加快国际市场的重启，提升世界供应链、价值链、产业链的稳定性。这是中国顺应全球经济发展潮流的必然选择。

2008年全球金融危机之后，全球经济失衡不断加剧，欧美经济体实行的"重消费、轻生产"的经济发展模式受到了严峻的挑战，全球资本逆向流动趋势难以逆转，欧美经济体均面临主权债务问题，全球经济进入转型期，"去福利化""再工业化"重归各国议事日程。面对发达经济体对全球经济增速拉动效应有限的现实，国际社会的焦点也更多转向新兴经济体的工业化推进问题。目前，中国已成为国际贸易的重要枢纽之一，全球经济格局正从传统的以发达经济体为主导的"中心—外围"模式转变为以中国为桥梁连接发达经济体和发展中经济体的产业链价值分工双环流体系。全球1/3到2/3的国家通过中间品和最终消费品贸易与中国紧密地联系在一起。

从国内来看，中国拥有包括4亿多中等收入群体在内的14亿人口所形成的超大规模内需市场，2008年全球金融危机后复工复产稳步推进，消费持续提升，在全球价值链重构、外需显著减少的条件下，充分利用国内强大市场，能够有效抵消全球经济衰退对中国带来的冲击，为中国经济增长注入更强的动力、更多的稳定性。同时，在经济全球化背景下，对外开放是中国的基本国策，当前部分国家单边主义和保护主义盛行，但“一带一路”倡议的不断深化推动中国与下环流沿线非发达国家在全球价值链中的位势攀升，倒逼中国企业提高技术创新水平，而投资于上环流非沿线发达国家的企业会优先通过技术逆向溢出机制实现技术创新，从而更快地提升中国企业的全要素生产率（TFP）。

从国际来看，中国建设面向国际市场的线上线下各类平台，稳定重要供应链、产业链的平台网络架构，形成基于数据链联动、供应链协同、创新链共享的融通发展模式，充分发挥中国劳动力成本、完善的工业配套和不断提升的劳动生产率优势，满足国际市场的多样化需求。中国制造业产品产能、性价比和及时交货能力在全球范围内均具有较强的竞争力。而近年来异军突起的互联网和跨境电子商务以及以中欧班列为代表的交通基础设施的飞速发展，进一步降低了中国的生产和贸易成本，提升了生产和运输效率，扩大了中国对全球经济的增长红利。此外，中国近年来通过修订外商投资法、推行外商投资“负面清单”管理制度等政策，不断优化营商环境，提高大型跨国公司的投资需求，加快资本在国际市场的流通效率，为欧洲发达国家经济增长奠定了基础。

为了促进“一带一路”国内国际双循环，中国应多措并举以构建新的经济发展格局：

第一，保持稳定的国际合作。中国与“一带一路”沿线国家的伙伴关系关乎全球经济发展，只有形成健全的合作机制，建立政治与战略互信，才能具备吸引更多的国家技术融入“一带一路”的土壤。中国一方面要警惕“中国威胁论”错误思维带来的负面影响；另一方面要积极深化务实合作，夯实社会基础，以完善合作机制为渠道，发展友好合作关系，积极增强在涉及对方核心利益问题上的相互支持。中国应完善对“一带一路”沿线国家的合作基础，进一步打造和平、增长、改革、文明的伙伴体系。

第二，推进“一带一路”对外投资自由化。“一带一路”沿线国家可以携手亚太经济合作组织（APEC）、世界贸易组织（WTO）等国际和地方机构解决投资布局碎片化问题，进一步加快投资自由化、便利化进程，推动以规则为基础的对外开放，探讨建立更加包容、开放、透明、非歧视的双、多边贸易投资机制和治理机制，并在多边制度和规则的基础上出台各类对外开放政策，确保全球经济共同繁荣，破除增长与分配的结构性障碍。

第三，加快中国统一大市场的建设。中国应打破地方保护，消除各种要素自由流通障碍，降低全社会交易成本，创新市场监管方式，完善交通基础设施建设，畅通流通“大动脉”，促进中国超大规模市场优势和内需潜力释放，助力经济向高质量发展。

第四，积极发展新型消费。在中国消费市场长期增长的态势下，中国应鼓励发展以网上服务和网络购物为代表的新兴消费，引导建立线上线下融合消费的新模式，推动传统消费和服务由线下转为线上，实现转型升级，并且拓展新兴消费领域，如定制消费、时尚消费、智能消费、信息消费等，加大安全、教育、医疗、健康、文化、养老等领域的供给能力，通过深入挖掘消费新动能，激发中国消费活力，夯实内需基础。

第五，搭建政府框架、企业合作、学术交流的平台。中国与“一带一路”沿线国家的技术合作主要以政府间合作、企业间合作及学术科研交流合作等形式开展，只有多层次地开展技术合作，才能自上而下地引导新技术领域的高效合作，自下而上地将新技术革命时代的技术利好逐层反馈总体经济发展。

第六，完善“一带一路”多边合作机制。“一带一路”进程的加快推进，对区域合作和区域一体化的影响日趋明显。在充分考虑各国国情和确保基本发展权利的前提下，建设多边合作机制是“一带一路”建设的重点，中国应吸纳对“一带一路”感兴趣的欧美经济体参与到更紧密的联合分析和监督中来，加强规则的制定和对接，从注重贸易往来转向生产价值链合作，形成照顾各方利益的柔性联动机制，降低制度性交易成本、稳定各方预期，使参与“一带一路”建设的国家和地区从共商共建中受益，从而保障“一带一路”倡议持久深入推进。

编　者

2023 年 1 月

目 录

CONTENTS

上篇 “一带一路”合作平台建设

下篇 “一带一路”国际循环促进中国国内循环

上篇

“一带一路”合作平台建设

第1章 国内国际双循环发展新格局

2020年5月14日召开的中共中央政治局常务委员会会议指出，要深化供给侧结构性改革，充分发挥中国超大规模市场优势和内需潜力，构建国内国际双循环相互促进的新发展格局。

2020年5月23日上午，习近平总书记在看望参加全国政协十三届三次会议的经济界委员时再次指出，着力打通生产、分配、流通、消费各个环节，逐步形成以国内大循环为主体、国内国际双循环相互促进的新发展格局，培育新形势下中国参与国际合作和竞争新优势。

1.1 立足内需构建国内大循环

生产、分配、交换、消费是构成“社会生产和再生产”的各个环节。畅通国内大循环需要通过供给侧结构性改革，打通收入分配和流通交换中间的桥梁连接机制，把生产和消费有机地结合起来，不但要通过强大的生产能力支撑国内巨大的市场需求，而且要通过国内巨大的市场体量反哺生产转型升级，实现高质量发展；通过收入分配改革，发展社会生产力，激发市场活力；通过完善流通交换体系，联通生产端与消费端，促进国内大循环良性运转。

从生产来看，制造大国地位稳固，产业发展亟待转型。改革开放以来，中国工业生产规模和效率都有了显著提升。中国已经基本完成工业化，打造出独立完整的现代化工业体系，成为世界上唯一拥有联合国产业分类中全部工业门类的国家。截至2018年，中国工业增加值占全球份额达28%以上，接近美、日、德三国的总和，数百种工业品产量居全球首位。中国正经历从工业向服务业转型的发展阶段，一方面，需要完成从资本密集型产业向技术和知识密集型产业的转换；另一方面，需要推进由工业化初期轻工业所代表、制造业为主的劳动密集型产业向金融、研发、数字服务等现代服务业为主的新型劳动密集型产业的发展。

从分配来看，收入相对差距缓慢缩小，人均收入水平尚待提升。中国居民收入基尼系数和城乡收入差距在2009年达到高点后，已在逐步缩小；东、中、西部地区收入差距在2006年达到峰值后，也在徐徐收敛；行业收入差距在2005年达到顶点后，也在日渐回落。2018年，中国人均收入水平达到世界平均水平的86.5%，是"一带一路"沿线国家平均水平的3倍多，处于中高收入发展中国家水平，正向高收入发展中国家迈进。然而，中国人均收入水平仅排全球第70多位，是世界上最大发展中国家的地位仍然没有改变。近年来，中国脱贫攻坚取得了一定的成效，但实现共同富裕依然任重道远；低收入群体还占有庞大基数，中等收入群体比重仍然较低。由于低收入群体的消费边际倾向较高，只有提升其收入水平，才能更大程度地激发庞大的内需市场，注入经济增长活力。

从交换来看，要素市场协同发力，数据联动产销两极。中国基本建立起了社会主义市场经济体制，在商品市场方面，已由原来97%以上由政府定价转变为97%以上由市场定价；在要素市场方面，相较于商品市场化程度，要素市场化改革仍需加强，特别要从土地、劳动力、资本、技术、数据等要素市场系统推进。随着现代技术的发展，有助于流通交换的各类电子商务平台和数字服务业在国内得到了长足发展，有力连接着生产和消费两端。然而，目前数字经济与消费端的结合明显强于与生产端的结合，未来需要着力强化数字经济与生产端的融合发展，更加有力地助推生产和消费的有机联系。

从消费来看，依靠内需稳步增强，市场潜力日益凸显。目前，中国消费主要依托国内市场，而且对内依存度呈现上升趋势。中国对外依存度已从2006年高点的64.4%逐步下降到2019年的31.9%，近十多年的发展不但已将内需外需格局由3∶7扭转到了7∶3，而且内需比重仍在不断提升。随着对外依存度的逐步降低，国内巨大的内需市场已经越来越成为中国需求的主要来源。中国坐拥14亿人口的巨大市场，2019年个人消费支出规模是相同人均GDP水平下美国、日本、英国、法国、德国、意大利、韩国个人消费支出总和的1.35倍。随着国内主要矛盾的转化和对外开放水平的提升，消费趋势愈加个性多元，增长潜力也日益凸显。2015—2018年，中国居民最终消费年均增长率是美国和欧盟国家总和的2.9倍；中国年均汽车销量是美国的1.54倍。

1.2 以国内大循环为主推动国际循环

改革开放四十多年来，随着中国的综合经济实力显著增强，中国参与全球经济的程度稳步提升，20世纪90年代中期中国深深融入东亚经济体系，21世纪初中国已深刻嵌入全球经济体系。从全球价值循环来看，一方面，中国与发达经济体之间形成了以产业分工、贸易、投资、资本间接流动为载体的循环体系；另一方面，中国又与亚非拉发展中经济体之间形成了以贸易、直接投资等为载体的循环体系。实证数据显示，这一国际循环体系萌芽于 2002—2007 年，在 2008 年后逐步成型。

目前，中国已成为全球主要经济体价值循环的联通枢纽。中国是连接发达经济体和发展中经济体的关键节点，与其他经济体呈现“8”字形全球价值循环的经济模式。中国从发达经济体进口的商品以最终品为主，而出口的商品以中间品为主；中国与发展中经济体的贸易分工则相反，出口以最终品为主，进口则以中间品为主，并且在重工业、轻工业贸易中也表现出类似特征。迄今为止，全球 1/3 到 2/3 的国家和地区通过最终品及中间品贸易与中国紧密地联系在一起。

在国际循环的分工体系中，发展中经济体的出口贸易附加值仍比较低，发达经济体的则比较高，中国处于价值分工的中间位置，联通着发达经济体与亚非拉发展中经济体的经济合作，形成了全球价值循环的分工体系。

此外，中国还筑起“一带一路”沿线国家的中间桥梁。“一带一路”沿线国家经济发展水平参差不齐，资源禀赋各异，工业化水平不同，大致形成三种不同的产业梯度，即技术密集与高附加值产业（工业化后期国家）、资本密集型产业（工业化中期国家）及劳动密集型产业（工业化初期国家）。“一带一路”沿线也呈现一种以中国为桥梁的上下循环（小“8”字）。所以，目前全球经济呈现以中国居中的大小两个循环（抑或说双“8”字循环）模式。随着“一带一路”倡议的扎实推进，中国已成为“一带一路”沿线 25 个国家最大的贸易伙伴，2019 年中国与“一带一路”沿线国家进出口总值达 9.27 万亿元。

鉴于此，中国应坚持推进对外开放，将全球价值链重构与国内经济结构调整相结合，大力促进“一带一路”与欧亚互联互通战略等对接；积极推广数字“一带一路”建设；鼓励国内制造企业与境外自由贸易区、产业集聚区、经贸合作区加强跨区域对接；坚持增进中国与“一带一路”相关经济体实现包容性增长，共同搭建世界开放式、协同化、网络化平台；着力打造基于数据链联动、供应链协同、产业链共享的融通发展模式。

中国完备的工业体系和健全的基础设施为全球企业提供了低廉、便捷、通畅的生产制造体系，持续优化的营商环境进一步增强了中国对全球企业的吸引力。2019 年，中国外资流入额稳居发展中国家首位、全球第 2 位，投资来源地达 179 个。中国国内消费超大规模红利的不断释放及外资准入“负面清单”的日益缩减，为全球企业带来了广阔的发展空间和丰厚的利润收入。并且，由于高质量外资不断流入，中国劳动力质量优势得以充分发挥，推动高素质就业人数快速增加，为中国高质量发展奠定了坚实的人力基础。

1.3 国内国际双循环相互促进的新发展格局

随着国际上逆全球化趋势增强和新冠疫情负面影响加剧，中国乃至全球产业链、供应链都显露出产供销脱节、上下游不同步等问题，体现出全球生产体系的不安全性、不稳定性、脆弱性。中国应充分发挥自身超大规模的生产制造体系和内需市场优势，逐步构建优势互补、相互促进的国内国际双循环机制，进一步巩固已有产业优势，推动产业链现代化和产业基础高级化等社会生产力的增进。

从全球价值链治理机制来看，顺畅的国内大循环，立足国内巨大市场，有利于生产的工艺增进、品牌提升；贯通的国际循环，依托双"8"字循环，有利于生产的规范化、标准化和产品创新。二者相得益彰，其中国内大循环对于形成核心技术优势和渠道优势等更为重要，也对中国经济转型实现高质量发展更为关键。

以中国为桥梁的全球价值循环模式可以有效推动产业在不同梯度国家的转移，使各国产业相互拉动，贸易形成互补，实现价值链循环上的产业协同。这不仅包含狭义的工业生产力，更涵盖技术、管理制度、标准等"软实力"的跨国合作，实现多层次、宽领域的区域分工合作，扩大世界范围内的生产可能性边界。

中国经济正处于由工业化中后期向高收入发展阶段迈进的转型时期。这一阶段，中国需要更大程度、更高水平的开放，通过进一步嵌入全球产业链，加强国际循环带动产业结构的升级和效率提升。

当前，国内国际双循环相互促进的新发展格局已经初步显现。在国际循环中，虽然中国出口方角色突出，出口中间品较最终品地位更为稳固，但是随着中国消费实力的提升，中国作为各类商品进口方的地位也在迅速提升；此外，中国中间品及最终品进出口贸易均增速较快，其中最终品进出口方的排名提升相对于中间品而言更快，产业转型升级逐步显现。

国内国际双循环是中国在新的时代节点上提出的一个夯实国内经济基础、引领新型全球化格局的理论和实践范式，为世界经济增长提供多方面的发展红利，有助于建设开放、联动、公正和更具包容性的世界经济体系，塑造迈向未来的"人类命运共同体"。国内国际双循环相互促进的新发展格局，将为国内和世界经济发展注入新活力，为中国和世界共同繁荣带来新机遇。

第 2 章　中国国内循环结构特征及发展趋势*

当前中国经济进入了爬坡过坎的攻坚阶段，迫切需要通过转变发展方式、升级产业结构、转换发展动力，迈向高质量发展的现代化阶段。自改革开放以来，中国的产业结构经历了从建立完善的工业体系到三次产业均衡发展两个不同阶段，前一个阶段以重工业为主的发展策略为后一个阶段经济的腾飞奠定了坚实的基础。随着中国工业化进程的不断加快，中国产业发展的动力也逐渐从依赖要素配置效率的改善向以技术进步为主导的生产模式转换。

2.1　中国国内循环结构演变

当前中国经济发展进入了攻坚克难的关键时期，既有发展模式、结构与动能的红利逐渐减弱，而新发展模式、结构与动能的广阔空间还在探索之中，为中国经济发展带来了诸多挑战和变数。自中华人民共和国成立以来，中国从不能生产一架飞机、一辆汽车的贫穷落后农业国成长为国内生产总值（GDP）世界第二、制造业增加值世界第一的名副其实的“世界工厂”，经历了曲折艰辛的发展历程，探索出了一条传统农业国成长为新兴工业化国家的中国道路。因此，通过回顾中国国内循环结构演变的历程，剖析中国产业发展的阶段特征，厘清中国产业结构演变的脉络和转换动力，对于仍将处于重要战略机遇期的中国而言，具有“知古鉴今”的重要意义。

2.1.1　“建基与失衡”：1949—1978 年中国国内循环结构演变回顾

1949 年中华人民共和国成立，标志着中国经济发展与产业结构演变开启全新篇章。中华人民共和国成立之初的经济产业状态，突出地表现为经济基础薄弱，农业生

---

* 本章内容部分来自：张辉，闫强明，黄昊，2019. 国际视野下中国结构转型的问题、影响与应对[J]. 中国工业经济，(6)：41-59。

产凋敝，工业生产能力落后低下，工业体系不健全。1949 年，中国社会总产值仅为 557 亿元，人均产值仅为 103 元；农业产值为 326 亿元，农业就业人口达到 1.66 亿，占社会总就业人口的比重为 91.50%；工业产值为 140 亿元，占工农业总产值的比重仅为 30.04%，而其中轻工业占工业总产值的比重为 73.57%，达到 103 亿元，重工业仅为 37 亿元。① 具体到工业产品的产量，1949 年中国仅能生产 3 200 万吨原煤、12 万吨原油、16 万吨原钢、66 万吨水泥，发电 43 亿度，占世界的比重分别为 2.86%、0.03%、0.12%、0.61%、0.56%，根本没有能力生产汽车、火车、飞机等工业制成品（范慕韩，1985）。

经过三年恢复，1952 年，中国国民经济得到了一定的发展，工农业生产能力均超过中华人民共和国成立前的最高水平。1952 年，中国社会总产值为 1 015 亿元，较 1949 年增长 82.23%；工农业总产值达到 810 亿元，其中农业产值为 461 亿元，较 1949 年增长 41.41%，农业就业人口占社会总就业人口的比重为 88%，粮食、棉花、糖料等农产品产量均超过历史最高水平。工业发展速度较快，1950—1952 年，中国工业产值年均增长速度达到了 34.8%，其中重工业年均增长速度则达到了 48.5%，工业在工农业总产值中的占比三年内上升了 11 个百分点，农轻重比例从 1949 年的 69.9∶22.1∶8.0 变为 1952 年的 58.5∶26.7∶14.8（中国社会科学院和中央档案馆，1988）。

从 1953 年起，中国执行了发展国民经济的第一个五年计划，其基本任务是“首先集中力量发展重工业，建立国家工业化和国防现代化的基础”（中共中央文献研究室，1993）。与“一五”计划同时推进的，还有国家对农业、手工业和资本主义工商业的社会主义改造，建立起中国社会主义经济制度的基础。“一五”计划的执行，奠定了中国社会主义工业化的初步基础。1957 年，中国工业产值已达 704 亿元，较 1952 年增长约两倍，年均增速达到 15.5%，工业在工农业总产值中的占比由 1952 年的 43.1%上升到 1957 年的 56.7%，同时工业生产资料的生产增速迅猛，1957 年比 1952 年增长了 210.7%，年均增速为 25.4%，其在工业总产值中的占比也由 1952 年的 35.5%上升到 1957 年的 45%。② 工业生产能力不仅表现在增速迅猛，还表现在基本的工业体系得以建立。以苏联援助的 156 项重点工程为核心，中国建立和扩建了电力、煤炭、石油、钢铁、有色金属及基本化学工业，新建了机床、发电设备、冶金设备、采矿设备、汽车、拖拉机、飞机等机器制造工业，为中国的工业发展奠定了基础。

从第二个五年计划开始，到 1978 年改革开放前，中国进入了社会主义建设探索时期。从产值角度来看，GDP 从 1952 年的 679 亿元增长到 1978 年的 3 624 亿元，增长了 4.34 倍；人均 GDP 从 119 元增长到 1978 年的 381 元，增长了 2.20 倍。三次产业

---

① 国家统计局网站。
② 同上。

产值分别从 1952 年的 343 亿元、142 亿元、194 亿元增长到 1978 年的 1 018 亿元、1 745 亿元、861 亿元，分别增长了 1.97 倍、11.29 倍、3.44 倍，三次产业的结构从 1952 年的 51.0∶20.9∶28.1 变为 1978 年的 28.2∶47.9∶23.9，第一产业占比下降到 30%以下，而第二产业占比则将近 50%，说明中国从传统的农业国逐步变为工业占主导的国家(国家统计局国民经济综合统计司，2010)。

从就业结构来看，1952 年三次产业的就业人数分别为 17 000 万、1 531 万、1 881 万，其结构是 83.5∶7.4∶9.1，是典型的农业占据绝对主导地位的就业结构，而 1978 年三次产业的就业人数分别为 28 300 万、6 945 万、4 890 万，其结构是 70.5∶17.3∶12.2，第一产业就业人口占比显著下降了 13.0 个百分点，而第二产业就业人口占比则大幅上升了 9.9 个百分点(见图 2-1)(国家统计局国民经济综合统计司，2010)。

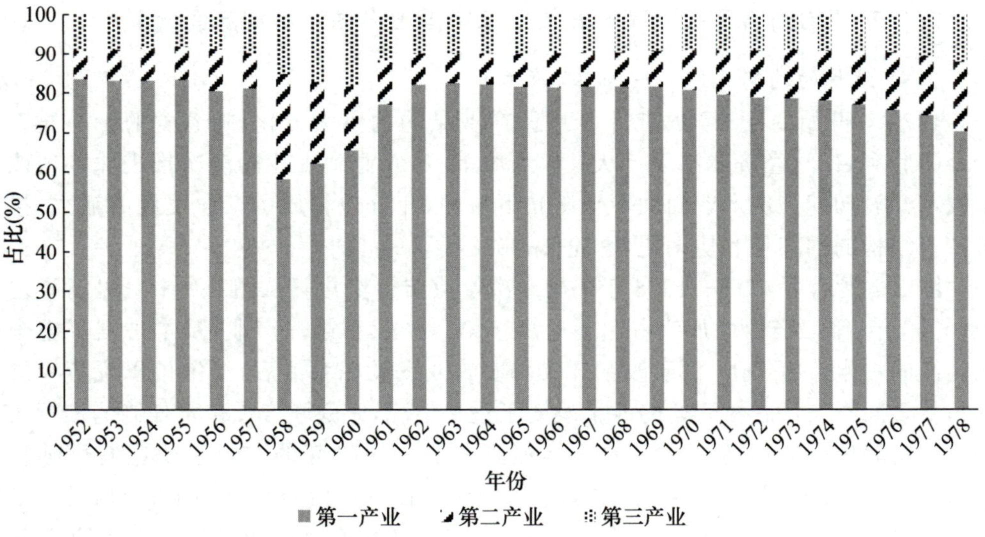

图 2-1　1952—1978 年中国就业结构

资料来源：国家统计局国民经济综合统计司(2010)。

从生产产品的规模和结构来看，1978 年主要工业产品产量为原煤 6.2 亿吨、原油 1.04 亿吨、发电 2 566 亿千万时、原钢 3 178 万吨、水泥 6 524 吨，分别比 1952 年增长了 8.39 倍、235 倍、34.2 倍、22.5 倍、21.8 倍；而汽车、拖拉机、发电设备、塑料、乙烯、磷肥、化学纤维等机器制造、设备生产、化工等产业则实现了从零到大规模生产的发展，工业部门结构不断齐全。[①]

然而，中华人民共和国成立以来的社会主义建设探索也暴露出诸如产业发展失

① 国家统计局网站。

衡、轻重工业比例失调、生产效率不高等问题。在工农业总产值中,农轻重比例从1952年的58.5∶26.7∶14.8变为1978年的27.8∶31.1∶41.1,农业占比大幅下降了30.7个百分点,轻工业小幅上升了4.4个百分点,重工业则大幅上升了26.3个百分点,重工业得到超常发展。在基建投资中,农轻重的投资比例从1952年的13.4∶9.3∶29.5变为1978年的8.3∶7.7∶42.8,农业和轻工业占比都出现了下降,重工业占比则出现了大幅上升。[①]

到改革开放前的1978年,中国经济实力相比中华人民共和国成立之初得到重大发展,三次产业均得到了较大发展,建立了以重工业为主的完整工业体系,人民生活水平相对中华人民共和国成立之初得到了显著提升,但是也存在三次产业发展失衡、农轻重比例失调等突出问题。

2.1.2 "均衡与升级":改革开放以来中国国内循环结构演变分解

(一)结构的均衡化(1978—1997年)

1978年开始的改革开放带来了中国产业结构的巨大变化,随着党的十一届三中全会的胜利召开,经济体制改革从农村到城市、从农业到工业的渐次推进深刻地改变了改革开放初期三次产业间的不平衡和不协调,充分地释放了产业发展的活力,推动了产业结构的均衡化和协调化(李建伟,2018)。

图2-2展示了1978—1998年中国三次产业结构变化。从图2-2中可以清晰地发现,1978年,第二产业增加值占比还远高于第一产业和第三产业,基本占据了整个国民经济的一半。事实上,由于改革开放初期农业发展相对滞后,温饱可以说是经济面临的主要问题。从农村开始的改革改变了这一情况,家庭联产承包责任制的推行大大提升了家庭生产的积极性,第一产业增加值占比从1978年的27.7%快速上升到1984年的31.5%,从而基本解决了国民的吃饭问题。1978—1984年,中国农村居民家庭人均粮食消费量从247.8千克上升到266.5千克,猪牛羊肉消费量从5.8千克上升到10.6千克,上升了近1倍。

同时,从第二产业增加值占比来看,1981—1985年,由于经济体制改革的不断深化和产业结构的优化调整,第二产业增加值占比稳步下降,从1978年的47.7%逐步下降到1985年的42.7%。此后也一直保持稳定,直到1992年之后随着中国工业化进程逐步加速才又开始上升,到1998年上升为45.8%。第三产业的发展在1978—1982年保持稳定,1982年随着改革向城市推进以及乡村企业的发展开始加速,其增加值占比从1982年的22.6%稳步上升到1998年的37.0%,仅在1992—1996年略有反复。整体来看,三次产业结构经过这一阶段的发展,逐步从改革开放初期的以重工业

① 国家统计局网站。

为主而忽视其余产业的发展，转换为三次产业比较均衡协调发展的状态。

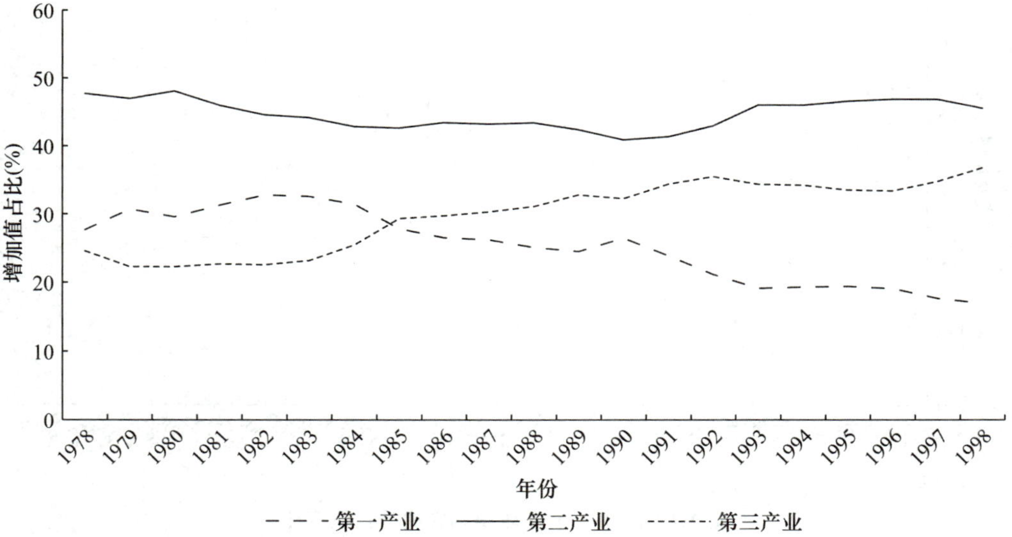

图 2-2　1978—1998 年中国三次产业结构变化

资料来源：国家统计局网站。

此外，在这一阶段，从产业内部的发展来看，轻重工业之间的关系也逐渐向协调化发展转变。利用中国轻重工业产值的数据，本部分计算了 1978—2011 年中国的霍夫曼比例[①]。根据霍夫曼的理论，一国在工业化初期，由于技术水平及资本积累的限制，将主要发展以消费资料为主的轻工业。随着工业化程度的不断加深，这一比例将逐步下降，经济将由以轻工业发展为主转向重工业。图 2-3 展示了这一计算的结果。从中可以发现，在改革开放初期（1978—1981 年），霍夫曼比例快速上升，这意味着轻工业的发展速度相较于重工业出现了赶超，这一方面反映了大量原本处于短缺状态的生活必需品消费需求的释放；另一方面反映了农业的快速发展，为轻工业的发展提供了充足的原材料。表 2-1 展示了 1981—1998 年中国城镇家庭平均每百户耐用消费品拥有量数据。表 2-1 的数据充分表明了中国轻工业的迅猛发展。从洗衣机拥有量来看，中国城镇家庭平均每百户洗衣机拥有量从 1981 年的 6.30 台上升到 1998 年的 90.57 台，基本已经达到每户拥有一台的水平，彩色电视机的拥有量则已经超过每户一台的水平。

① 霍夫曼比例＝轻工业产值/重工业产值。

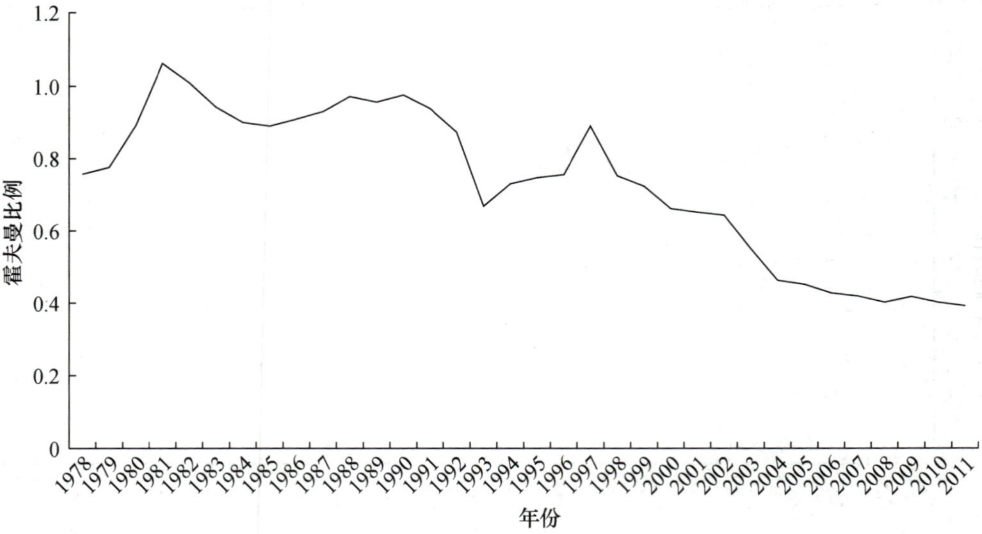

图 2-3 1978—2011 年中国霍夫曼比例变化

资料来源:国家统计局网站。

表 2-1 1981—1998 年中国城镇家庭平均每百户耐用消费品拥有量 (单位:台)

年份	洗衣机	电冰箱	彩色电视机
1981	6.30	0.20	0.60
1982	16.10	0.70	1.10
1983	29.10	1.70	2.60
1984	40.10	3.20	5.40
1985	48.29	6.58	17.24
1986	59.70	12.70	27.40
1987	66.80	19.90	34.60
1988	73.40	28.10	43.90
1989	76.20	36.50	51.50
1990	78.41	42.33	59.05
1991	80.60	48.70	68.40
1992	83.41	52.60	74.87
1993	86.36	56.68	79.48
1994	87.29	62.10	86.21
1995	88.97	66.22	89.79
1996	90.06	69.67	93.50
1997	89.12	72.98	100.48
1998	90.57	76.08	105.43

资料来源:国家统计局网站。

同时,轻工业的发展也拉动了重工业的发展,由于重工业主要提供加工零部件产品,因此同一产业链内的重工业行业事实上也得到了同步发展。从图 2-3 中可以看出,1985—1998 年,霍夫曼比例基本维持在 0.8 左右的区间,显示了这一段时间内二者的均衡化发展趋势。

与此相适应,产业结构的日趋合理化也带来了中国经济的快速腾飞。1978—1998 年,中国实际 GDP 年平均增速接近 10%(9.94%)。当然,由于这一阶段对社会主义市场经济体制建设的认识存在一个渐进的过程,导致这一阶段的实际 GDP 增速波动较大,如图 2-4 所示。但整体而言,这一阶段三次产业及内部的结构调整不但推动了经济的初步腾飞,还为中国下一阶段的发展奠定了坚实的产业基础。

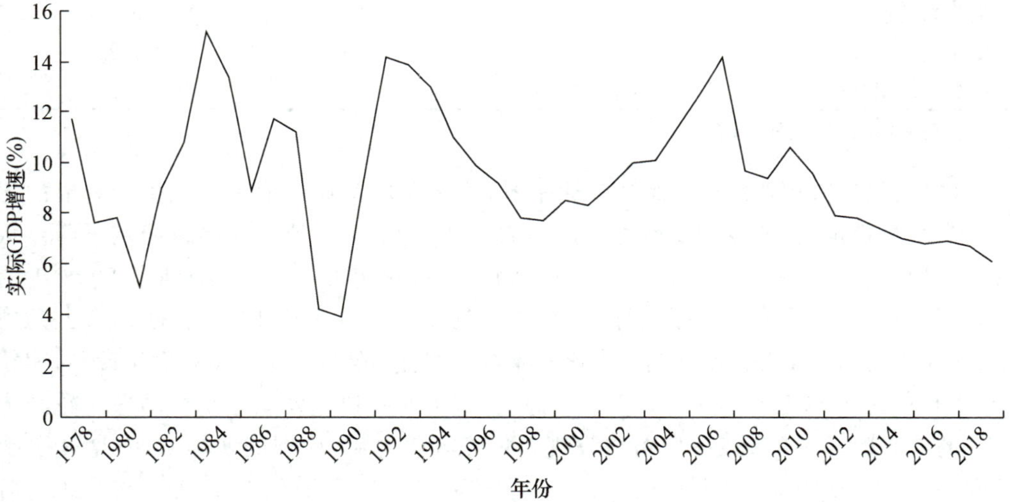

图 2-4　1978—2019 年中国实际 GDP 增速

资料来源:国家统计局网站。

(二) 结构的重型化加速(1998—2008 年)

1998 年之后,随着中国经济发展由工业化初期迈入工业化中期,中国产业结构呈现明显的重型化加速特征。1998—2008 年,中国重工业的发展速度一直高于轻工业。在此期间,中国重工业的产值增加了 9.36 倍,远超轻工业产值(增加了 5 倍)。

图 2-3 中的霍夫曼比例也清晰地展示了这一过程,从 1998 年开始,霍夫曼比例呈现快速下降的趋势。从具体数值来看,霍夫曼比例从 1998 年的 0.75 快速下降到 2008 年的 0.42。表 2-2 给出了二者分行业的具体变化趋势。从表 2-2 中可以发现,相较于饮料制造业、烟草制品业和纺织业等轻工业的占比均出现下降(其中,饮料制造业从 2.33%下降到 1.23%,烟草制造业从 2.03%下降到 0.88%),重工业中的通信设备、计算机及其他电子设备制造业,黑色金属冶炼及压延加工业,有色金属冶炼及压延

加工业的占比则出现了显著的上升(其中,通信设备、计算机及其他电子设备制造业和黑色金属冶炼及压延加工业发展迅猛,到2008年已经分别占据工业总产值的8.65%和8.81%)。

表 2-2　1998 年和 2008 年中国分行业轻重工业产值比重　(单位:%)

行业	1998 年	2008 年
通信设备、计算机及其他电子设备制造业	7.22	8.65
黑色金属冶炼及压延加工业	5.73	8.81
有色金属冶炼及压延加工业	2.40	4.13
饮料制造业	2.33	1.23
烟草制品业	2.03	0.88
纺织业	6.46	4.22
造纸及纸制品业	1.84	1.55

资料来源:国家统计局网站。

同时,从三次产业结构的整体变化来看,这一阶段工业产值占国民生产总值的比例基本维持稳定,服务业的发展进入持续加速区间,农业产值占比继续稳定下降。从就业结构来看,这一阶段农业就业人口占比从1998年的50%下降到了2008年的40%,其中大部分流入了服务业行业;服务业就业人口占比从1998年的27%上升到了2008年的33%;工业就业人口占比基本维持稳定、略有上升,2008年为27%,相较于1998年的24%上升了3个百分点。总之,重工业的快速发展也是推动这一轮经济景气的核心因素。从图2-4中可以发现,自1998年之后,中国的实际GDP增速不断提升,从1998年的7.8%攀升至2007年的最高点14.2%,直到2008年金融危机之后才步入下行区间。但是,同样需要看到的是,这一轮的经济景气和产业结构转型的主要原因是需求拉动及产业间要素配置效率的改善,而非产业内部技术效率的提升。

第一,对外贸易引致的需求结构变动是推动产业结构转型和本轮经济景气的重要因素之一。2001年12月,中国加入WTO,进一步融入了经济全球化和区域一体化进程。这一阶段也正是全球化浪潮最为兴盛的时期,随着外包和产业转移步伐不断加快,生产越来越表现出在全球价值链上分工配置的特点,这为中国带来了巨大的贸易和投资机会。由于拥有劳动力和成本优势,以及门类齐全、完备的工业体系,中国承接了国际产业转移中大部分的加工环节,不断提升其嵌入全球价值链生产体系的深度,并日益成长为"世界工厂",激发了中国产业转型和经济发展的活力。图2-5展示了这一阶段中国对外贸易的飞跃过程。20世纪90年代初期,中国的对外贸易还处于初级阶段,发生贸易往来的国家仅为个位数。而在2000—2013年这段时间,无论是从中间品还是从最终品进出口方的数量来看,中国的对外贸易都发生了翻天覆地的变化。其中，中间品出口方数量相较于 2000 年增长了 3—4 倍，最终品出口方数量相较于 2000 年增长了近 2 倍。截至 2013 年，中国已经成长为世界贸易的重要枢纽之一。

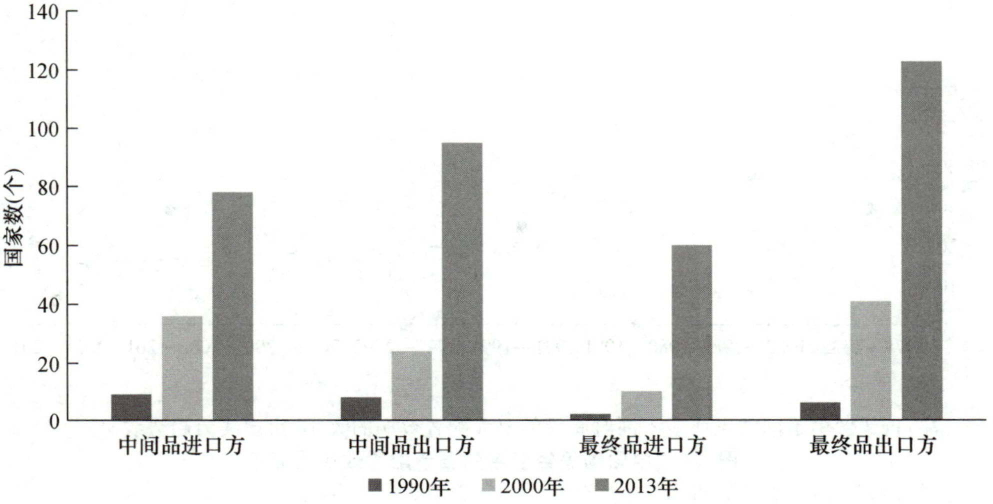

图 2-5　中国进入贸易对手前五位排名的国家数

第二，需要注意的是，这一阶段的产业发展依然是以粗放式的生产模式为主。经济增长的动力仍然主要源于产业间要素配置效率的改善而非产业内部技术效率的提升，即主要依靠发展“高污染、高能耗”的粗放式工业和大力投资于基础设施建设来推动中国经济的持续高速增长。借鉴刘伟等(2008)的方法，本部分以劳动生产率来度量生产效率，并将劳动生产率分解为两个部分：各产业部门平均生产率的增长和要素配置效率改善带来的增长。由图 2-6 可以发现，尽管要素配置效应的贡献率受到宏观经济的影响而呈现明显的波动性，但从长期来看，经济总体要素配置效应的贡献率呈现下降的趋势。要素配置效应的贡献率从改革开放初期的 30%不断下降，到第 8 个时间段(2011—2017 年)已下降到 10%以下。在第 3 个时间段(1988—1991 年)和第 5 个时间段(1997—2002 年)，要素配置效应的贡献率甚至降至零，这说明推动经济增长的动力全部来自生产效率的改善，甚至出现了劳动力从生产效率高的工业部门向生产效率低的农业部门转移，从而出现负的“结构效应”。2001 年中国加入 WTO 后，随着市场的扩大，第二产业和第三产业再次从生产效率低的农业部门吸纳更多的劳动力，使得要素配置效应的贡献再次提高，国民经济增速也随之加快。但总体来看，要素配置效率的改善带来的驱动力已日渐衰微，生产模式的转型迫在眉睫。

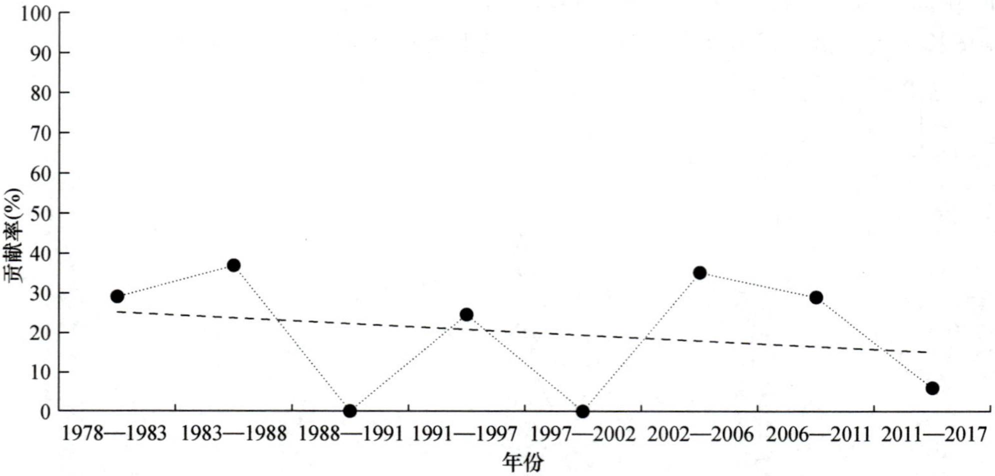

注:折线图中不同的点代表不同时间段的要素配置效应的大小,粗虚线为趋势线。

图 2-6　中国国民经济中的要素配置效应贡献率

资料来源:由作者计算得出。

(三)以效率推动的结构转型升级(2009 年至今)

2008 年之后,中国经济发展迈入了新的阶段。对外,随着全球金融危机的爆发,世界经济增长乏力,而依赖于投资和外需驱动的经济增长模式再也难以支撑中国经济的高速增长;对内,随着人口红利的逐渐消失,土地、劳动力等要素成本的不断上升(白宽犁和谷梦宾,2019),以往粗放式的经济发展模式愈加不足以支撑中国跨越“中等收入陷阱”、实现经济从中等收入国家到发达国家的跃升,提升产业效率的结构转型成为中国本阶段的必然选择。这一阶段,在经济新常态的背景下,随着供给侧结构性改革的不断深入,以及在新兴产业的大力培育下,中国的产业结构出现了一些新的变化。

从三次产业结构的变化来看,第一产业方面,第一产业的生产效率进一步提升,生产方式和组织方式进一步得到优化,就业人口占比在三次产业中不断下降,由 2009 年的 38%下降到 2017 年的 27%。同时,第一产业的产值占比与发达经济体的转型进程类似,从 2009 年的 9.6%下降到 2017 年的 7.6%,释放出的劳动力进一步流入第二产业和第三产业。

第二产业方面,在制造业内部,供给侧结构性改革带来了良好的效果。一方面,钢铁、水泥、金属等过剩行业的产能有了明显的下降。例如,就钢铁行业而言,2016 年和 2017 年,钢铁去产能分别完成约 6 500 万吨和 5 000 万吨,两年合计去掉的钢铁产能就高达 1.15 亿吨。另一方面,随着产能过剩情况的缓解,各工业行业的产能利用率也有了大幅的提升。就制造业而言,其产能利用率从 2016 年的 73.9%提升到 2018 年的 76.9%，提升了 3 个百分点。此外，工业产业的结构也逐步由资本密集型开始向技术密集型转变。例如，表 2-3 展示了中国高技术产业、装备制造业、采矿业与制造业的增速对比。从表 2-3 中可以清晰地看出，中国高技术产业和装备制造业增速远高于采矿业与制造业增速。平均来看，2015—2018 年中国高技术产业的年均增速达到了 11.53%，远远超过了中国的经济增速。可见，未来技术密集型行业必将成为中国经济新的增长引擎。

表 2-3　2015—2018 年中国工业行业增速对比

年份	高技术产业	装备制造业	采矿业	制造业
2015	10.20	6.80	2.70	7.00
2016	10.80	9.50	−1.00	6.80
2017	13.40	11.30	−1.50	7.20
2018	11.70	8.10	2.30	6.50

资料来源：国家统计局网站。

第三产业方面，数字经济的兴起进一步推动了第三产业的快速发展，电子商务、互联网金融等新的商业模式繁荣发展，吸纳了大量的就业，也推动了第三产业产值占比不断提升。从第三产业增速来看，2010—2017 年中国第三产业年均增速为 13.53%，高于第二产业的年均增速(9.73%)和第一产业的年均增速(8.09%)。

但是，这一阶段的一些变化趋势也应引起中国的警惕。第二产业产值占比自 2011 年的 46.5%之后快速下行，截至 2017 年，第二产业产值占比为 40.5%，第三产业产值占比由 2008 年的 42.9%快速提升到 2017 年的 51.9%。虽然根据克拉克定理，随着一国经济的发展，产业结构必然出现由第一产业到第二产业再到第三产业的转换规律，但是本节的研究发现，中国第二、第三产业的转换可能出现了过快的趋势。从人均 GDP 判断，当前中国的经济发展水平与日本 20 世纪 80 年代初期、韩国 20 世纪 90 年代中期的水平相一致，即正是从中等偏上收入国家向高收入国家转换的关键时期。借鉴日韩等后发国家的经验，在转型升级的关键时期，这些国家的工业产值占比均保持较长时期的稳定，例如韩国作为赶超比较成功的国家，其工业产值占比先是随着经济的发展从 26%左右提升到了约 40%，在完成工业化后开始下降，但下降幅度比其他发达国家要小。反而是巴西这种转型失败的拉丁美洲国家在产业转型升级的关键时期出现了快速的工业空心化现象(在转型升级关键的 10 年内工业产值占比从 43.7%迅速下降到约 24%)。同时，从三次产业的劳动效率来看，当前产业结构的变化也并不符合各产业间劳动效率的比较优势，图 2-7 展示了本书测算的 1978—2017 年中国三部门劳动生产率的增长率变化情况。

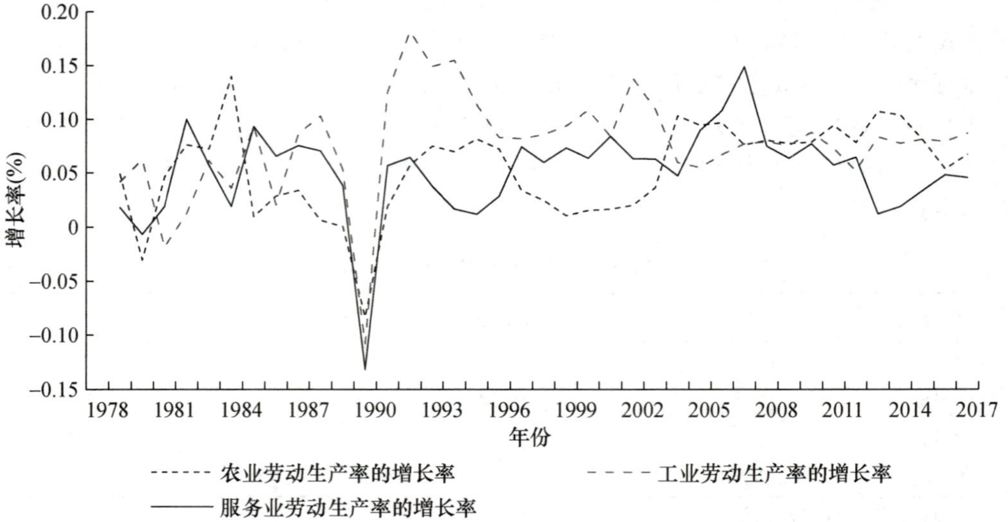

图 2-7 1978—2017 年中国三部门劳动生产率的增长率

资料来源:由作者计算得出。

从图 2-7 中可以发现,在 2017 年之前的近 40 年里,中国工业劳动生产率的增长率在多数年份里都高于服务业和农业,这为中国的经济发展奠定了坚实的工业基础,为服务业与农业的发展提供了充分的技术和经济基础准备。但在 2001 年中国加入 WTO 后,中国工业劳动生产率的增长率开始快速下降,这之后其增长率一直保持较为平稳的状态。服务业劳动生产率的增长率除个别年份外,其他时间都低于工业劳动生产率的增长率,特别是在 2012 年中国经济进入新常态后,服务业劳动生产率的增长率下降明显。就在这一年,中国的产业结构也发生了巨大转变,服务业产值占比超过工业产值占比,并开始快速上升,这一变化对中国的经济增长产生了显著影响。也就是说,在服务业吸纳大量劳动力就业的情况下,服务业劳动生产率下降会加速国民经济下行。此外,相较于工业而言,中国农业劳动生产率的增速一直较慢,但是由于劳动力一直从该部门流向效率更高的工业或服务业,因而农业劳动生产率增长率低并不会像服务业那样直接影响经济增长,但是它会影响农村劳动力转移到工业部门的速度,特别是在进入 21 世纪中国的人口红利消失后,农业劳动生产率增速的快慢更显得尤为重要,它将直接影响工业劳动力成本的高低,进而影响经济增长的快慢。

2.2　国际视野下中国国内循环结构转型的特征

2.2.1　文献综述

长期以来,人们对伴随一国经济的发展的产业结构的变化趋势(或者称为结构转型)存在众多的理解,许多经济学家对这一议题进行了概括和探讨。从历史上看,配第(1978)根据当时英国的实际情况明确指出,工业比起农业、商业比起工业的利润往往要多得多。因此,劳动力必然由农转工,而后再由工转商。Clark (1940)在配第的关于收入与劳动力流动之间关系学说的研究成果之上,实证地比较了不同收入水平下,劳动力在三次产业中分布结构的变动趋势,进而印证了配第提出的结构变迁的观点,即随着经济的发展和人均国民收入水平的提高,第一产业国民收入和劳动力的相对比重逐渐下降,第二产业国民收入和劳动力的相对比重上升,随着经济进一步发展,第三产业国民收入和劳动力的相对比重也开始上升。在此之后,Kuznets (1949)规范地定义了产业结构和国民收入的概念,即把产业结构定义为资源和最终品在不同产业之间的分配,把国民收入定义为国家该年度系统生产的、流向消费者或者国家资本积累的产品和服务的净产出,从而为产业结构和经济增长方面的后续研究奠定了基础。Kuznets(1957)进一步对美国等 18 个国家的经济增长率与各个产业劳动力比例之间的关系进行了分析,得出随着经济发展阶段的变化,劳动力会从农业向生产率更高的行业转移的结论。罗斯托(1962)从经济发展阶段的角度同样指出,随着劳动生产率的提高,劳动力会出现从农业到工业再到服务业的流动和转换。可见在主流研究中,结构转型就是指随着现代经济的增长,劳动力、资本等生产要素和最终品在农业、工业与服务业之间再配置的过程。在这一认识的基础上,Chenery and Taylor(1968)将产业结构的变化分为三个阶段:① 初级产品生产阶段,此时占统治地位的是初级产品的生产活动——主要指农业,附加值中农业占比较高,总经济增长速度较慢;② 工业化阶段,此时经济重心由初级产品生产向制造业生产转移,制造业对经济增长贡献的重要性相对突出,特别是在工业化加速时期,经济会经历一段高速增长期;③ 发达经济阶段,此时出现了要素投入的综合贡献变小、资本比重下降及人口增长的速度减缓,经济增长速度放缓。

进入 21 世纪后,由于数据质量的改善以及新数据库的出现,涌现出一批学者运用新的数据与方法再次研究和总结了现代国家结构转型的特征事实(Duarte and Restuccia, 2010; Jorgenson and Timmer, 2011)。他们发现,随着人均 GDP 的增加,农业的就业比重和产值比重不断下降,服务业的就业比重和产值比重不断上升。然而,工业的就业比重和产值比重变化却为一个驼峰,即在经济发展水平低的时候上升,在经济发展水平高的时候下降。由此可以看出，他们的研究进一步强化和丰富了之前有关产业结构的特征事实研究。

当前，研究者的共识是，随着经济的增长，一国产业结构大致会发生库兹涅兹所指出的第一产业比重下降、第二产业驼峰式发展以及第三产业快速发展的总体趋势，然而，这种粗略的认识却不能对世界各国在其发展路径中所明显表现出的异质性予以解释。更多数据清晰地表明，即使只研究那些转型成功的发达经济体，其在转型阶段的产业结构变化趋势也有所差异，正如黄群慧（2014）和黄群慧等（2017）所指出的，现实中一些国家（如法国、德国等）在工业化后期第二产业比重仅是小幅下降，更加突出的如韩国在转型成功之后第二产业比重甚至有所上升。总体来看，这种矛盾可能源于典型的产业结构理论与现实政策目标在实践层面的背离。

第一，传统的产业结构理论强调量的转换，而忽视了质的差别。魏后凯和王颂吉（2019）指出，钱纳里工业化理论的问题在于，以简单的规模指标（如产值和就业的占比）对经济的不同发展阶段进行判断。这种简单的划分忽视了不同产业内在的特性。朱争鸣和王秦（1988）也指出，不能用第一产业到第二产业的转换简单类比第二产业到第三产业的转换。与其说第二产业到第三产业是转换，倒不如说是增强第二产业与第三产业联系的过程，因为第三产业中的大量活动（如物流、销售、金融等）仍然服务于第二产业的发展。此外，理论的总结必然依托于特定的历史环境，黄慧群等（2017）指出，发达国家的产业结构转型经验是顺应了全球化潮流的结果，其理论背景源于产业在国际上的转移配置，但中国面临的情况有所差异，更多地表现为从世界范围内承接产业转移，因此随着中国在全球价值链上嵌入水平的提升，中国的制造业并不必然体现为向第三产业的转移。

第二，从对经济发展的支撑作用来看，第二产业和第三产业的作用也不尽相同。一般认为，第二产业是第一产业和第三产业技术效率提升的关键，第二产业的效率提升可以更为深入、全面地溢出到其他产业中。例如，工业为农业的现代化提供了强劲的动力，大量农业器械的使用极大地提升了农业生产效率；工业也是拉动服务业转型升级的关键，近年来，数字经济、人工智能等技术的发展，很好地促进了第三产业的效率进步，加快了传统服务业向现代服务业的转型。而第三产业由于具有投资小、规模灵活及就业容量大的特点，更多地被当作就业托底的保障。

正是出于以上原因，简单套用经典理论预测中国未来产业结构的变化趋势不一定准确，而这种判断结果又将极大地影响中国未来的产业结构发展路径，并进而影响新时期下中国经济发展的潜在增长率。就国内研究而言，这一问题集中体现在对未来第二产业和第三产业之间结构转换趋势的分析上。例如，黄群慧（2014）指出，在服务业效率短期内无法提升的前提下，工业对经济增长的地位还不应被服务业替换，我们依然强调工业主导作用下的“制造业服务化”。但黄永春等（2013）认为，中国出现“去工业化”是在纠正经济发展中的产业结构失衡问题，而并非经济发展出现了什么问题。张斌和邹静娴(2018)通过运用多种结构性指标进行对比同样认为，中国当前已经迈过工业化高峰期，步入由制造业向服务业的转型过程，尚未出现过度“去工业化”的问题。

为了厘清上述争论，我们需要全面、系统地研究全球不同经济体产业结构转型的特征事实，尤其需要考虑不同经济体特别是后发经济体在其发展过程中体现出来的差异性，以及从理论上去理解这种差异性背后可能存在的原因和机制。因此，本节下面将基于这种考量，对全球样本进行分类处理，分别与当前中国产业结构转型的现实进行对比和分析，并基于这些研究，指出当前中国产业结构转型需要警惕的问题。

2.2.2　中国国内循环结构的特征事实与国际比较

本小节将全面考察中国当前国内循环结构(即产业结构)所处的阶段，并对其发展趋势进行国际对比。我们借鉴已有的工业化水平的评价指标体系来评估当前中国工业化所处的阶段及其存在的问题，并通过全球样本总结产业结构转型升级的特征事实，以进一步确认中国当前产业结构所处的阶段及其面临的挑战。

(一) 中国国内循环结构阶段

我们首先选取指标构造了一个国家的工业化水平评价指标体系。根据经典的工业化理论，工业化是指随着一国(或地区)人均收入的增长，工业发展和经济结构发生连续变化的过程，而人均收入的增长和经济结构的转换是工业化推进的主要标志。因此，在经济发展方面，我们选择人均 GDP 作为基本指标；在产业结构方面，选择三次产业增加值占比作为基本指标；在就业结构方面，选取农业就业人数占比作为基本指标。然后，参照 Chenery and Syrquin (1989)的划分方法，将工业化过程大体分为工业化初期、工业化中期和工业化后期三个阶段，再结合相关理论研究和国际经验估计确定了工业化不同阶段的标志值(见表 2-4)。

表 2-4　工业化不同阶段的标志值

基本指标	前工业化阶段	工业化实现阶段			发达经济阶段	
	(1)	工业化初期 (2)	工业化中期 (3)	工业化后期 (4)	后工业化社会 (5)	现代化社会 (6)
	农业	劳动密集	资本密集	服务密集	技术密集	知识密集
1. 人均 GDP(美元)						
(1) 1964 年美元	100—200	200—400	400—800	800—1 500	1 500—2 400	2 400 以上
(2) 1970 年美元	140—280	280—560	560—1 120	1 120—2 100	2 100—3 360	3 360 以上

（续表）

基本指标	前工业化阶段	工业化实现阶段			发达经济阶段	
	(1)	工业化初期 (2)	工业化中期 (3)	工业化后期 (4)	后工业化社会 (5)	现代化社会 (6)
	农业	劳动密集	资本密集	服务密集	技术密集	知识密集
(3) 2010 年美元	787—1 574	1 574—3 147	3 147—6 294	6 294—11 802	11 802—18 883	18 883 以上
2. 三次产业增加值占比(%)	A>I	A>20%，且 A<I	A<20%，I>S	A<10%，I>S	A<10%，I<S	—
3. 农业就业人数占比(%)	60%以上	45%—60%	30%—45%	10%—30%	10%以下	—

资料来源：由作者计算得出。

注：1970 年美元与 1964 年美元的转换因子为 1.4，参考郭克莎(2000)的方法计算得出；1970 年美元与 2010 年美元的转换因子为 5.62，依据刘伟等(2008)的方法计算得出，A、I、S 分别代表第一、第二和第三产业增加值占比。

根据以上标准，从经济发展来看，2017 年中国人均 GDP 为 7 329 美元(以 2010 年美元计)，已经进入工业化后期即服务业快速发展阶段。从产业结构来看，2017 年中国第一产业增加值占比为 7.90%，第二产业增加值占比为 40.50%，第三产业增加值占比为 51.60%。这说明中国的产业结构已经进入后工业化社会即技术密集型产业快速发展阶段。但从就业结构来看，2017 年中国第一产业就业人数占比为 26.98%，说明中国刚迈入工业化后期。可见，中国产业结构演进的速度明显快于就业结构，快于经济发展水平。因此，综合所有的工业化指标，中国应是处于工业化后期的艰难转型阶段，产业结构转型升级的压力越来越大，只有通过供给侧结构性改革，构建现代化经济体系，才能真正推动经济走向高质量发展。

（二）中国产业结构转型趋势的国际对比

前一小节依据工业化理论对中国当前的国内循环发展阶段进行了基本判断，本小节综合当前全球各国的发展经验，通过分类对比，试图提炼产业结构转型的特征事实，以期为当前中国的产业结构转型升级提供有益借鉴。由于一国的产业结构转型内生化于其三次产业的技术水平，而三次产业技术水平的加权和等于一国总的技术水平(Duarte and Restuccia，2010)。因此，只有在控制一国总的技术水平的条件下，探讨一国的产业结构转型，以及在此基础上进行的国际对比研究才会有理论价值。本小节在研究中国产业结构的演变特征及国际对比时，用横轴表示技术水平，并用人均 GDP 作为其替代变量(林毅夫，2014)，纵轴为三次产业的产值占比和就业人数占比。与此同时，为了进行异质性分析，本小节将所选取的样本分为西方经济体、东亚经济体、东南亚经济体和拉丁美洲经济体①，以方便考察中国产业结构转型可能存在的问题。

本小节的细分产业产值数据来源于联合国统计局(United Nations Statistics Division，UNSD)数据库，分别加总即得第一产业、第二产业和第三产业的产值②；并从世界发展指标(World Development Indicators，WDI)数据库中获得各国从 1970 年到 2017 年的不变价人均 GDP。为了使各国数据可比，这里直接选用 UNSD 数据库提供的以现价美元为基准价格的相关产业统计指标，数据点可以通过图 2-8 至图 2-10 来表示。其纵轴为本章侧重的三次产业产值占比，横轴为以 2010 年不变价美元为货币单位的人均 GDP 的对数。

1. 农业产值占比的国际对比

图 2-8(a)显示，在中国人均 GDP 从 1970 年的 131 美元增加到 2017 年的 7 329 美元的 47 年间，中国农业产值占比从 35%下降到 7.60%。具体来说，1970—1978 年，中国经济缓慢发展，农业产值占比缓慢下降；1979—1982 年，包产到户、家庭联产承包责任制等政策原因极大地释放了农业生产力，但户籍制度的存在使得农业的剩余劳动力不能有效地转移出去，进而出现了农业产值占比逆“库兹涅茨”的经验事实，即随人均 GDP 的增加其占比反而上升；之后除个别年份外，农业产值占比均随经济发展而下降，不过下降幅度逐年减小，近年来已趋于平缓，总之基本符合库兹涅茨关于农业产值占比随经济发展而不断下降的经验事实。

在进行国际对比分析时，如果控制一国的经济发展水平，那么不难发现中国农业产值占比的下降速度要慢一些。一方面，如图 2-8(b)所示，与西方发达国家，以及作为目前世界上少有的由发展中国家成功发展进入发达国家行列的日本和韩国相比，可以看出中国农业产值占比仍然较高，与日本、韩国相比也存在一定的差距，而且这些国家农业产值占比并没有趋于平缓，仍处于下降趋势。特别值得注意的是，在对数人均 GDP 为 7—8 时，韩国的农业产值占比一直高于中国，不过差距一直在缩小，且韩国之后一直保持着下降趋势，因此，中国的农业产值占比可能仍有较大的下降空间。从图 2-8(c)中也可以看出，东南亚经济体马来西亚、泰国和印度尼西亚的农业产值占比在同等发展水平下，其数据点的斜率比中国的更为陡峭，因此说明其农业产值占比下降

① 西方经济体(统称 Western)包括澳大利亚、加拿大、丹麦、法国、德国、西班牙、英国、美国。东亚经济体(统称 Eastern Asian)包括日本、韩国(日本和韩国是目前世界上少有的由发展中国家成功进入发达国家行列的国家，它们的发展路径被主流经济学界大量研究，因此可以作为很好的对照组)。东南亚经济体(统称 Southeast Asian)包括印度尼西亚、马来西亚、泰国，它们常作为新兴经济体而成为发展经济学的主要研究对象。拉丁美洲经济体(统称 Latin American)包括巴西、阿根廷、哥伦比亚、乌拉圭、智利、墨西哥，它们因“拉美现象”而被大家熟知。

② 根据国际标准产业分类(International Standard Industrial Classification，ISIC)，将分类为 ISIC A-B 的加总得到第一产业产值，将分类为 ISIC C-F 的加总得到第二产业产值，将分类为 ISIC G-P 的加总得到第三产业产值。

速度要比中国快很多。从图 2-8(d)中可以看出，绝大多数拉丁美洲经济体农业产值占比的下降速度也比中国要快。由此可以发现，中国在经济发展进程中，相对于其他经济体来看，农业对经济的稳定功能在一定程度上优先于对经济效率的追求。

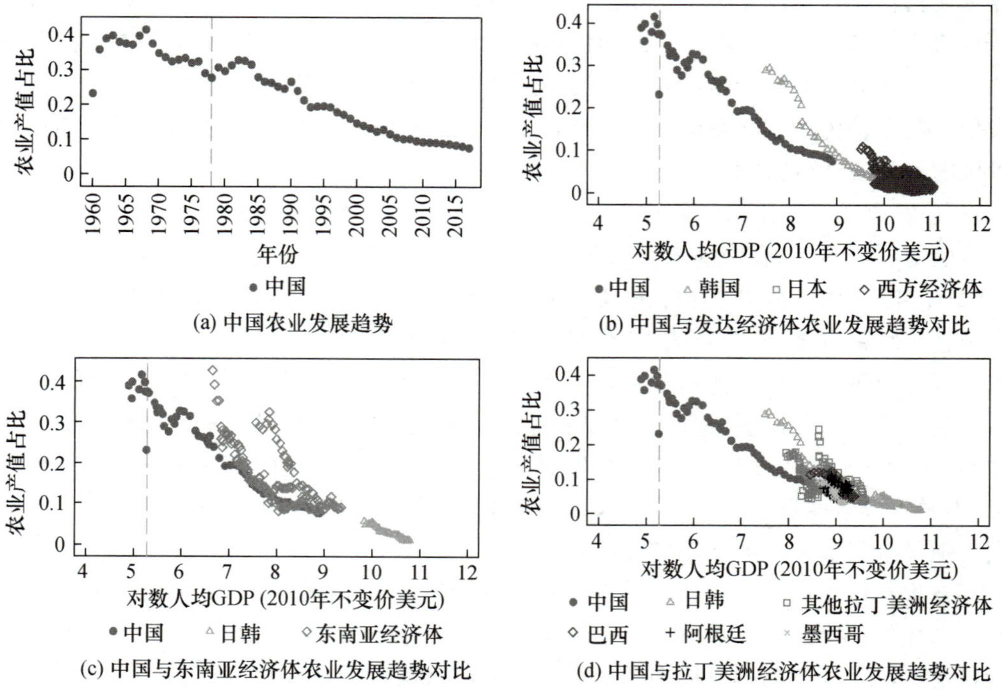

图 2-8 主要国家农业产值占比(1970—2017 年)

资料来源：UNSD 数据库和 WDI 数据库。

2. 工业产值占比的国际对比

图 2-9(a)展示了中国工业产值占比随经济发展的变化趋势。从中可以看出，中国的工业发展并不符合 Kuznets and Murphy(1966)和 Herrendorf et al.(2013)所证实的产业结构转型的特征事实，也就是说，在工业化完成之前，工业产值占比会不断上升，在工业化完成后会下降，即工业产值占比会随经济发展呈现一个驼峰的形状。在中国，即便是在经济发展水平较低时，工业产值占比仍较高，这源于当时实行的重工业优先发展战略，使中国的工业化水平被制度性拔高，所以在 1980 年之前，中国的工业产值占比随经济发展而上升，并在 1980 年达到最大值，超过 48%之后，随着国家改革开放的推进和社会主义市场化程度的提高，工业化水平的虚高和结构扭曲问题被逐渐打破，工业产值占比开始下降，尽管在此期间经济发展水平一直在提高，但工业产值占比在 1990 年跌到 41%，回到 1970 年的水平。1990 年之后，中国的工业产值占比开始

反弹，1993 年相较于 1992 年更是上升了约 3 个百分点，在 1993 年之后并没有明显的上升趋势，一直在 46%左右波动，其间由于受到 1997 年亚洲金融危机的冲击，工业发展变得相对疲软，1998 年相较于 1997 年有一个较大的降幅，直到 2002 年这一下降趋势才终止。加入 WTO 的第二年，中国的工业产值占比于 2003 年重新变成上升趋势，但 2007 年又再次受到全球次贷危机的冲击，终止了上升趋势。由此可以发现，在外部经济危机冲击下，服务业的快速发展有稳定就业的作用，而外部经济危机冲击结束之后，经济的快速发展仍然依赖于工业。例如，改革开放四十多年中，1992—1996 年和 2003—2007 年两个时间段中国经济年均增长率都大于 10%，持续 5 年的高速增长周期，其实都是依托工业快速增长的。

根据图 2-9(b)，目前西方和日韩等发达经济体均已处于经济发展水平较高的阶段：从 1970 年开始，除了韩国之外的其他经济体工业产值占比已经随经济发展而下降，1970 年这些经济体的工业产值占比在 45%—50%，由此不难发现，它们在工业化完成之前，即在以现价美元计算的人均 GDP 取对数 9 之前，其工业产值占比应该一直处于上升过程中；韩国作为赶超比较成功的国家，其工业产值占比先是随经济发展从 26%左右提高到了约 40%，在完成工业化后开始下降，但下降幅度比其他发达经济体要小，这与库兹涅茨关于工业的经验事实非常吻合，也揭示了一个非常深刻的经济现象，即工业的发展对于一个实现成功赶超的经济体来说是极为重要的。目前，中国工业产值占比大约为 40%，与韩国类似，但是尚不及西方发达国家以及赶超特别成功的国家(如日本)同一发展阶段的水平。这些国家在工业产值占比上升时期，最高产值占比一般都在 50%左右。因此，考虑到中国是一个大国，并且还未完全走完工业化进程，本小节判断中国的工业产值占比可能还有一定的上升空间。

从图 2-9(c)中国与东南亚经济体工业发展趋势的对比中可以看出，这些赶超迅速的发展中经济体的工业产值占比正如库兹涅茨的产业结构特征事实那样，在经济发展水平较低时，随着经济的发展而上升。早期由于中国的重工业优先发展战略，尽管中国的人均 GDP 比印度尼西亚、泰国和马来西亚低，但工业产值占比远远大于这三个国家，然而这三个国家随着经济的发展，其工业产值占比开始与中国接近。因此可以看出，快速的工业化对于一个发展迅速的经济体来说其贡献是巨大的。

图 2-9(d)显示，相较于日韩等实现成功跨越的后发国家，陷入"中等收入陷阱"的拉丁美洲经济体在处于对数人均 GDP 为 8 和 9 之间的转型升级关口时，工业产值占比出现了明显的下降，有时甚至出现了几乎垂直下降的趋势，如巴西的工业产值占比在十年内就从约 43.7%迅速下降到约 24.0%。这一产业结构变化是不是造成这些国家人均 GDP 长期增长缓慢的原因呢？本小节认为，从产业演替的角度来讲，可能正是因为拉丁美洲经济体在其转型升级的关键节点发生了过度去工业化的现象，未能及时有效地提升产业结构的高度，实现经济转型升级，从而导致了转型的失败。与此对应，

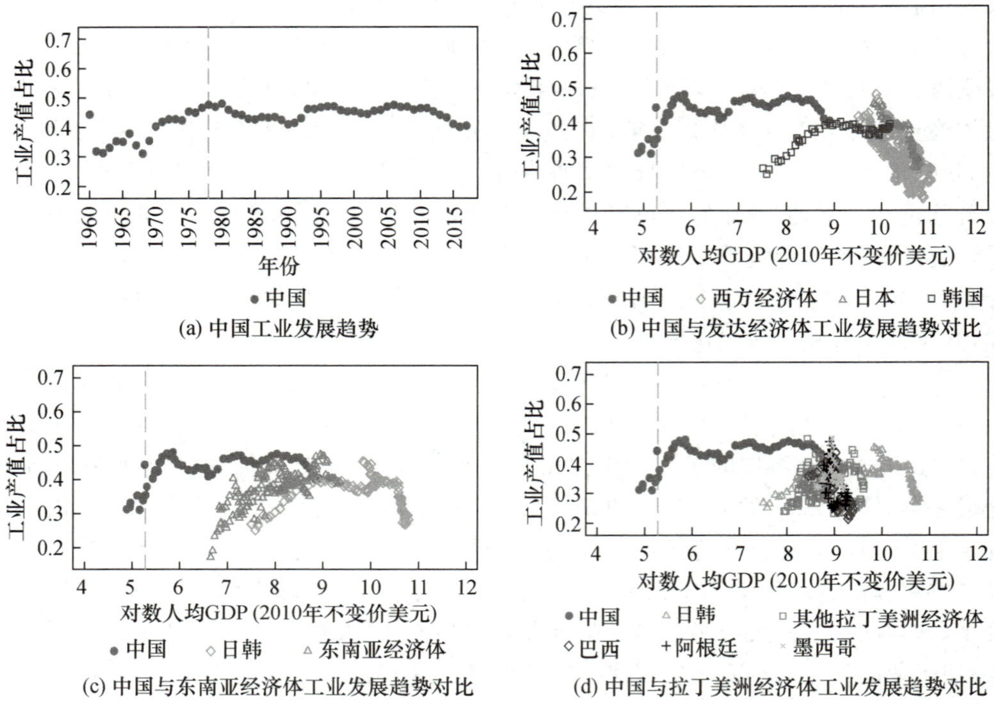

图 2-9 主要国家工业产值占比(1970—2017 年)

资料来源:UNSD 数据库和 WDI 数据库。

韩国等少数新兴工业化国家(地区)沿着一条新型的工业化道路前进也验证了这一点,其特点就是制造业的高速发展,通过制造业参与世界经济活动的程度不断提高来获得经济发展的成功。

进一步分析不同经济体产业结构转型的路径。从转型成功的日本来看,其在 20 世纪 70 年代也经历了明显的经济降速换挡期。在面临经济危机、生态危机和能源危机等多重问题交叠的情况下,日本的工业产值占比依然保持了相对稳定,从 20 世纪 70 年代中期的 41.00%左右下降到了 80 年代中期的 39.50%,保持了经济发展的核心支撑。同时,在危机过程中,日本的产业结构也开始寻求转型,如表 2-5 所示,日本的制造业开始由低技术密度的纤维、造纸等行业向节能型、技术密集型及高附加值型行业转变。钢铁业、有色金属制造业和金属制品制造业等重化工业占比下降,包括汽车在内的输送机械制造业、以电子计算机及其零部件为主的电气机械制造业、精密机械制造业等技术密集型产业则得到了快速发展和提升。

表 2-5　日本制造业主要分行业产值结构(1973—1985 年)　(单位:%)

年份	纤维	造纸	一般机械	电气机械	输送机械	精密机械
1973	4.4	3.2	7.4	3.0	8.8	1.0
1985	2.8	2.7	12.7	10.2	9.6	1.9

资料来源:作者根据相关资料整理。

这一产业结构转型为后期日本在经济降速换挡进程中成功跃升奠定了坚实的工业基础。从 GDP 增速来看,虽然 1973—1985 年日本 GDP 年均增长率仅为 3.80%,20 世纪 50 年代中期以来的高速增长趋势不再,但是其顺利跨越"中等收入陷阱"实现了质的提升。从三次产业结构来看,其农业产值占比持续下降,工业产值占比停止上升势头转而下降,服务业产值占比不断上升,至 1985 年,日本三次产业产值占比已由 1970 年的4.55∶36.17∶59.28 转变为 2.52∶31.13∶66.35,三次产业就业人数占比已由 1970 年的17.43∶35.77∶46.80 转变为 8.80∶35.01∶56.19。由此可以发现,日本在经济增速下行背景下实现了经济发展水平质的提升,这主要在于维持了工业产值占比的相对稳定,没有出现急速下降现象,并在制造业内部实现了转型升级,以各类机械业为代表的技术密集型产业成功取代以纤维等重化工业为代表的资本密集型产业,成为国民经济主导产业,最终推动日本从发展中经济体跃升为一流发达经济体。

韩国同样在结构转型的关键节点历经了这一过程。从年均 GDP 增长率判断,韩国结构转型的拐点大约出现在 1989 年,年均 GDP 增长率从上年的 11.90%下降为 7.03%(1982—1988 年韩国年均 GDP 增长率为 10.76%),拐点特征显著。[①] 面临转型信号,韩国的工业产值占比不降反升,从 1989 年的 39.20%上升到 1991 年的 40.20%,此后基本维持在 39%左右,并未发生去工业化的现象。与此同时,韩国的产业结构高度同样实现了跃升。从表 2-6 可以看出,1989—1999 年韩国制造业内部结构由以资本密集型产业为主导向以技术密集型产业为主导转换,这表现为传统金属制品业、纺织制品业及食品饮料业等产值占比呈下降趋势,表征复杂技术的汽车与交通运输设备业及计算机、通信和其他电子设备制造业产值占比则呈上升趋势。由此总体上而言,同样由于工业结构高度的支撑,从根本上保证了韩国经济转型升级的成功。

表 2-6　韩国制造业主要分行业产值结构(1989—1999 年)　(单位:%)

年份	传统金属制品	纺织制品	食品饮料	汽车与交通运输设备	计算机、通信和其他电子设备制造
1989	8.82	7.22	11.43	7.87	7.84
1997	6.77	4.07	7.62	10.95	7.82
1999	6.90	4.37	7.76	10.88	11.21

资料来源:Asia KLEMS 数据库。

① 事实上,依据前文的分析,从世界平均而言,拐点一般发生在人均 GDP 为 8 000 美元左右,韩国 1989 年人均 GDP 为 7 785 美元,1990 年为 8 465 美元,经济转型的整体信号极为明显。

然而，我们很难从拉丁美洲经济体的产业演替中发现这一变化。以墨西哥为例，墨西哥结构转型的节点发生在1990年左右，事实上，在转型节点前期，墨西哥已经出现显著的去工业化现象，工业产值占比从1987年的46.80%快速下降到1994年的33.80%，这与前两年中国的去工业化现象似乎有所类似，应当引起中国的重视。同时，在转型时期，墨西哥的制造业结构基本没有变化，之前具有比较优势的劳动密集型产业的产值占比出现快速下降趋势，新兴制造业则发展缓慢，很难发现其新兴制造业集群的兴起（见表2-7）。这标志着进口替代战略的破产，而农业扶持力度不足，特别是工业创新乏力，可能是拉丁美洲经济危机爆发的根本原因。

表2-7　墨西哥制造业分行业产值结构（1980—1999年）　（单位：%）

行业名称	1980年	1999年	行业名称	1980年	1999年
食品、饮料及烟草制品	10.37	9.52	非金属矿产品（石油除外）	3.06	1.90
纺织、服装及鞋帽	2.01	1.75	基础金属	8.79	3.13
木材加工	0.31	0.24	金属制品、设备及机械	11.24	14.04
造纸及印刷	2.54	1.90	其他	0.04	0.08
石油化工及塑料制品	5.38	7.10			

资料来源：墨西哥国家统计局（INEGI）。

事实上，如果再考虑到先发国家和后发国家的对比①，将后发国家与同样处于转型时期的20世纪40年代的美国制造业进行对比（美国制造业分行业产值结构情况如表2-8所示），则可以明显地发现，相较于先发国家，后发国家转型成功一般需要更高的产业结构高度，即其对高技术附加值的产业需求更大（日韩高技术产业产值的占比基本超过10%）。这意味着先发国家在全球产业链上的先发优势会自然而然地对后发国家的产业发展形成抑制和冲击，后发国家要想度过结构转型的攻坚期，则需要更大力气地推动自身制造业向价值链高端升级，这也对中国结构转型过程中新动能的培育和发展提出了更高的标准与要求。

表2-8　美国制造业分行业产值结构（1947—1957年）　（单位：%）

行业名称	1947年	1957年	行业名称	1947年	1957年
机械制造	2.0	2.3	食品、饮料和烟草制品	4.4	3.6
计算机和电子产品	1.1	1.4	纺织厂和纺织产品厂	1.8	0.9
电气设备、电器和部件	0.8	1.0	服装、皮革及相关产品	1.7	1.1
机动车辆、车身和拖车及零件	1.8	2.4			
其他运输设备	0.7	1.9			

资料来源：美国经济分析局（BEA）。

① 这里本小节选取了美国作为先发国家的典型代表。

综上所述，当前中国发生的工业产值占比下降和产业发展趋势需要政府保持高度的关注与警惕。与农业不同，中国工业产值占比的发展趋势与其他经济发展快速且成功的国家存在较大区别，早期的工业快速发展可以归因于国家的重工业优先发展战略，后期的发展乏力或可归因于主观上政策认识的不统一以及客观上人口红利与资源红利已基本释放完毕和环境承载力显著下降、技术创新乏力等因素。通过借鉴其他经济体的发展经验，本小节认为，避免中国出现快速去工业化现象应是下一步政策需要关注的重点，其本质在于如何保证通过制造业产业集群的不断更新和发展，尽快培育和发展出代表未来方向的具有世界竞争优势的高新技术产业集群，实现产业结构高度化的演进，进而奠定中国未来经济增长的不竭动力。

3. 服务业产值占比的国际对比

图 2-10(a)是中国服务业产值占比随经济发展的变化趋势，总体符合产业结构特征事实，即服务业产值占比随经济发展水平的提高而提高，但是近年来的加速上升趋势非常显著。早期，国家为了发展重工业，可能抑制了服务业的发展，在 1982 年之前，服务业产值占比只有 23%左右，甚至随着经济的发展呈现缓慢下降的趋势，随着国家改革的进行，受到制度压抑的服务业很快得到了释放，1985 年中国服务业产值占比已经超过 29%，之后仍保持着一个相对较快的上升速度。这一上升趋势持续到了 1992 年，当年服务业产值占比超过了 35%，但是 1992 年国家开始大力促进工业发展，服务业发展的速度没有跟上国家经济发展的速度，其产值占比开始了一段缓慢下降趋势，直到 1997 年亚洲金融危机爆发，使得工业发展出现疲软，服务业产值占比重新随着人均 GDP 的增加而快速上升。2002 年，受到加入 WTO 的影响，中国工业发展开始复苏，服务业产值占比上升趋势开始变慢。目前，服务业产值占比呈现快速上升趋势。

图 2-10(b)呈现了发达经济体服务业产值占比随经济发展的变化趋势。日本和西方发达经济体在完成工业化后服务业产值占比快速上升。赶超成功的韩国的服务业产值占比在工业化完成之前保持了一段平稳的发展期，到对数人均 GDP 为 9 时，即人均 GDP 约为 8 100 美元，服务业产值占比开始快速上升，到 2017 年服务业产值占比大约为 58.20%。然而，中国当前的经济发展水平与这些发达经济体仍有一段不小的距离，但中国目前的服务业产值占比已经超过日本 20 世纪 70 年代的水平，因此，中国有可能存在服务业过度赶超的问题。

图 2-10(c)引入了东南亚经济体的服务业产值占比。印度尼西亚、马来西亚这两个东南亚国家在工业化进程中，服务业的发展趋势与早期的韩国比较相似，即随经济增长保持较为平稳的发展态势。泰国在 2012 年之后服务业产值占比出现了较快的上升，与中国此前表现相近。

从图 2-10(d)中可以看出，拉丁美洲经济体的服务业产值占比同工业产值占比一样，尽管人均 GDP 的增幅很小，但服务业产值占比上升速度迅猛。巴西的服务业产值占比几乎出现了垂直上升的趋势，2017 年巴西的服务业产值占比大约为 72%，已经超过日本，但日本的人均 GDP 大约为巴西的 4.5 倍。可见，服务业产值占比快速上升并不意味着经济能够快速增长。与工业一样，中国的服务业发展也与其他国家存在较大差异，与工业不同的是，目前中国的服务业可能并不是发展不够而是发展超前了，走在了经济发展的前面。

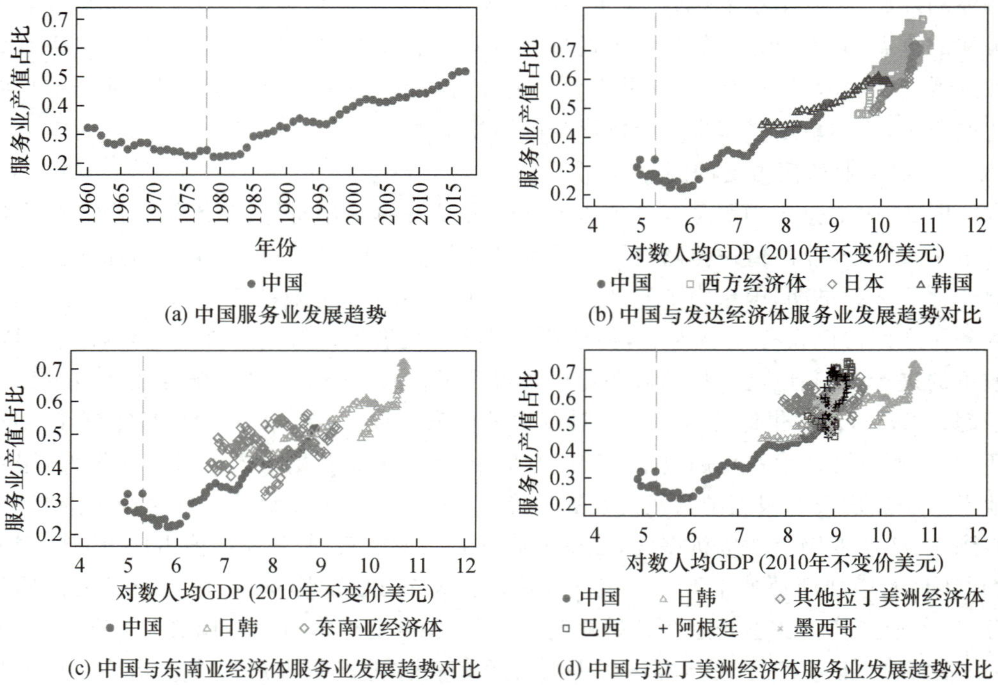

(a) 中国服务业发展趋势　(b) 中国与发达经济体服务业发展趋势对比

(c) 中国与东南亚经济体服务业发展趋势对比　(d) 中国与拉丁美洲经济体服务业发展趋势对比

图 2-10　主要国家服务业产值占比(1970—2017 年)

资料来源：UNSD 数据库和 WDI 数据库。

（三）中国过度去工业化现象的原因分析

本小节主要分析中国出现过度去工业化现象的原因。本小节认为，造成中国去工业化既有主观政策的因素，又有客观转型阶段现实的压力。

1. 过度发展第三产业和新动能的发展不足限制了中国工业化进程

正如前文所述，在工业发展到一定阶段以后，服务业产值及其占比必然会提升。但多年来受经典产业结构理论的影响，各级政府往往简单地认为服务业比农业和工业更加高级，因此在政策上积极引导要素由农业和工业部门向服务业部门流动，这直接导致了金融和房地产行业等虚拟经济的过度繁荣。同时，党的十八大以来，在中央环保督查的一系列措施下，各级政府将工业视为高污染、高能耗、事故多的行业，是亟须摆脱的旧行业（黄群慧，2014）。在国家“十三五”规划中，2020 年服务业增加值占比要提高到 56%，虽然最终完成量仅为 54.5%，但这依然对地方政府形成了考核压力，这是一个具有挑战性的目标。在这样的政策背景下，各级政府“一拥而上”，将服务业视为打造就业和地区产值的主力军，社会资源不断由工农业流向服务业，服务业的过度快速发展直接推动了去工业化的进程。

同时，中国为了应对 2008 年全球金融危机进行了大规模的经济刺激，在当时贸易保护主义抬头、国际经济不稳定性增加、国内内需见底的背景下，去工业化成为化解产能过剩的副产品。党的十九大提出，“十三五”期间要坚持去产能、去库存、去杠杆、降成本、补短板，优化存量资源配置，扩大优质增量供给，实现供需动态平衡，这凸显了产能过剩治理对于中国经济健康发展的关键性。在中央政策的指挥下，钢铁、有色、化工、建筑和采矿等行业的产能增速明显放缓，去产能取得了良好的成效，但是由于先进行业产能增加速度缓于过剩行业产能递减速度，例如根据国家统计局的测算，2018 年高技术制造业工业产值占比仅为 13.9%，新旧动能的转换压力依然明显。这在一定程度上加剧了中国过度去工业化的现状。

2. 要素成本压力凸显

此外，要素成本的快速上升也是导致工业产值占比下降的重要原因。随着中国经济迈入新时代，中国劳动力、土地等要素成本不断上升，本币实际汇率趋势性升值，构成新时代中国产业结构调整深刻而持久的驱动力量。从劳动力视角观察外来务工人员群体可以发现，改革开放初期大量的外来进城务工人员为工业发展提供了充足的廉价劳动力，低廉的劳动力成本大幅推动了国家工业发展。但随着刘易斯拐点的来临和人口年龄结构的变化，劳动力成本不断抬头。卢锋（2012）的研究指出，外来务工人员工资在 2000—2010 年间年均增速达 10%以上，虽然仍低于正式职工的工资，但其增速显著高于上一个十年，这必然对中国制造业的竞争力造成冲击。

从土地成本来看，改革开放初期，低廉的地价是政府招商引资的手段。但自中央实行建设用地指标管理制度后，土地成本开始上扬。杨亚平和周泳宏（2013）从中国 35 个大中城市 2000—2010 年面板数据发现，城市相对劳动力和土地成本对工业相对产值存在“挤出效应”。同时，房价的上涨倒逼工人工资出现偏离生产率的上升，企业的成本进一步上升。陆铭等（2015）认为，2003 年之后由于政策压低东部地区的土地供应，造成了其房价的快速上涨，并进一步推高了劳动力成本，共同提升了企业成本。

因此，企业土地成本和用工成本的上升，事实上倒逼了企业产业结构的转换，实体企业纷纷进军金融、房地产等服务业就是这一趋势的明证。同时，成本上升带来的另一后果就是工业行业整体利润的下滑，这又进一步降低了投资者的信心，根据国家统计局数据，2013—2016 年中国民间投资增速从 23.1%逐年下降至 3.2%，再次拉低了制造业的增长潜力。

3. 外部环境带来的压力

从全球产业分工的视角来看，中国目前正处在由全球价值链的中下端环节向上端攀升的关键时期，也即由过去简单加工主导的劳动和资本密集型产业向高附加值的技术密集型产业转换的阶段。根据国际关系中经典的“三明治”理论，此时，中国一方面面临低收入国家带来的“追赶效应”，另一方面面临高技术国家的压制和封锁。例如，仅就越南而言，根据越南计划与投资部外国投资局的统计，2019 年第一季度越南吸引外资额达 108 亿美元，同比大幅增长 86.2%，创 3 年来同期新高，且其中加工制造业就占注册资金的 77.7%，制造业的“替代效应”正在凸显。

同时，随着美国对华为等企业实体名单的出台，中美贸易摩擦日趋频繁。从进出口的国家构成来看，美国是中国的第二大贸易伙伴，2020 年中美贸易总值为 4.06 万亿元人民币，占中国进出口总值的 12.6%。与美国的贸易摩擦将直接影响中国进出口的表现情况，进而降低中国产能的市场需求。从行业结构分析，中美贸易摩擦对中国的产业转型也造成了阻碍。中美贸易摩擦的焦点之一是对未来产业高地的争夺，美国对中国的加征关税也主要集中在高性能医疗机械、新材料、农机装备、工业机器人、高铁等高科技领域，直接瞄准中国战略性新兴产业的相关规划。通过对投入产出表的分解[①]我们可以发现，无论是中间品还是最终品，中国对美国的出口很大程度上都集中在电气与机械设备、交通运输设备等行业。同时，根据普华永道的数据，2017 年中国机械行业对美出口 730 亿美元，占行业对外出口的 19.2%。

2.3 中国国内循环结构转型对经济增长的影响

中国国内循环结构转型的最终目的是经济增长。上一节基于全球不同类型经济体的转型经验总结了其背后的规律，并在此基础上探讨了中国当前产业结构转型所表现出的特征。本节将通过中国省级层面的数据，对中国产业结构转换与经济增长之间的关系给出实证分析。

2.3.1 模型设定和变量说明

由上一节的经验事实和国别案例分析我们猜测，中国的产业结构转换对经济增长的影响同样受制于经济发展阶段，这意味着产业结构转换与中国的经济增长之间存在某种非线性的关系。因此，如果采用一般的线性模型进行拟合则可能导致估计结果的偏误，故我们采用 Hansen(1999)提出的面板门槛模型对二者关系进行实证。特别地，由于我们关注的重点在于中国第二、第三产业的结构变化与中国经济增长的关系，因

① 联合国 Eora 数据库。

此我们将分别估计如下两个面板门槛模型①：

$$g\_rate_{it} = \alpha_0 + \alpha_1\ ind\_rate_{it}(lnpgdp_{it} < \omega_1) + \alpha_2\ ind\_rate_{it}(lnpgdp_{it} > \omega_1) + \alpha_3 X + \gamma_i + \eta_t + \varepsilon_{it} \tag{2-1}$$

$$g\_rate_{it} = \beta_0 + \beta_1\ ser\_rate_{it}(lnpgdp_{it} < \omega_1) + \beta_2\ ser\_rate_{it}(lnpgdp_{it} > \omega_1) + \beta_3 X + \gamma_i + \eta_t + \varepsilon_{it} \tag{2-2}$$

其中，i 表示不同的省份，t 表示时间。模型的因变量 g_rate_{it} 表示经济增长率。ind_rate_{it} 和 ser_rate_{it} 是我们关注的核心解释变量，分别表示各省份的工业在 GDP 中的占比和服务业在 GDP 中的占比。$lnpgdp_{it}$ 为门槛变量，表示各省份以 2009 年为基期平减的真实人均 GDP 对数值，ω_1 表示 $lnpgdp_{it}$ 导致产业结构与经济增长率关系发生变化的门槛值。X 代表一系列控制变量，包括经过价格平减的各省份社会固定投资额 $real\_invest_{it}$，衡量各省份政府力量的 gov_{it}（用财政支出占当地 GDP 的比重衡量），人力资本 edu_high_{it}（用各省份在校大学生人数除以当地人口总量来衡量），以及各省份农业在 GDP 中的占比 agr_rate_{it}。此外，为了避免遗漏变量带来的内生性影响，模型还控制了个体和时间的双重固定效应，分别用 γ_i 和 η_t 代表；ε_{it} 为残差项。本研究采用中国 2009—2017 年省级层面的数据②，所有数据均来自国家统计局网站。

主要变量的定义和描述性统计具体如表 2-9 所示。

表 2-9　主要变量的定义和描述性统计

变量	含义	样本数	均值	标准差	最小值	最大值
g_rate	经济增长率	270	9.973	2.904	−2.500	17.400
lnpgdp	对数真实人均 GDP	270	10.217	0.430	9.311	11.176
ind_rate	工业占比	270	0.459	0.083	0.190	0.591
ser_rate	服务业占比	270	0.439	0.093	0.286	0.806
real_invest	社会固定投资额	270	13 043.400	9 509.901	798.230	49 036.530
gov	财政支出占比	270	0.239	0.100	0.096	0.627
edu_high	人力资本	270	0.019	0.005	0.008	0.034
agr_rate	农业占比	270	0.102	0.052	0.004	0.279

2.3.2　面板门槛回归假设检验

在直接进行面板门槛模型估计之前，我们首先需要判断核心解释变量与因变量之间到底存在几个门槛区间。因此，我们需要对门槛变量存在不同门槛值的假设进行检

① 为了节省篇幅，这里我们仅给出了单一门槛的回归模型。

② 为了避免 2008 年外部冲击的干扰，我们选取的时间区间从 2009 年开始。

验。表 2-10 列示了单一门槛、双重门槛和三重门槛假设的检验结果。[①]

表 2-10　产业结构与经济增长率关系的门槛值个数检验

解释变量	原假设	门槛值	区间	*P* 值
工业占比	单一门槛	10.353	[10.335,10.365]	0.0368**
	双重门槛	9.575	—	0.147
	三重门槛	9.991	[9.978,9.995]	0.757
服务业占比	单一门槛	10.353	[10.335,10.365]	0.0434**
	双重门槛	9.575	—	0.333
	三重门槛	10.822	—	0.457

注：** 表示系数在 5%的置信水平上显著；—代表门槛值的置信区间不能正常获得，由于该门槛值的搜索处于样本的边缘区间，分割的样本较少，进而难以获得稳健的区间估计。

从表 2-10 的结果可以看出，第一，以工业占比为核心解释变量的检验结果拒绝了模型存在两个及两个以上门槛值的假设。由 *P* 值可以判断，双重门槛和三重门槛的假设在 10%的置信水平上都被拒绝。单一门槛模型就足以对模型 1 进行较好的拟合，在 5%的置信水平上拒绝了不存在门槛效应的原假设。因此，对于模型 1，我们选取单一门槛模型的估计。从具体的门槛值来看，以 2009 年为基期计算的真实人均 GDP 对数值的门槛值为 10.353，这说明就中国的数据而言，当人均 GDP 处于不同的发展阶段时，工业占比对经济增长可能确实存在异质性的影响。

第二，以服务业占比为核心解释变量的模型 2 同样存在门槛效应，且与工业类似，单一门槛模型就可以对模型 2 进行较好的拟合。同时，从计算得出的门槛值来看，二者近乎一致[②]，这说明产业结构对经济增长作用的门槛效应在第二、第三产业中可能存在同样的变化结构。为了进一步展示检验的结果，图 2-11 根据门槛模型的原理，画出了三重门槛值估计的似然比(LR)统计量，进一步直观地检验门槛值的显著性。

图 2-11(a)为工业占比(ind_rate)与各省份真实人均 GDP 各门槛值的检验结果，从左到右分别为第一个门槛值、第二个门槛值和第三个门槛值的检验结果，图中虚线确定了 LR 检验中门槛值 95%的置信区间。图中的结果再次验证了表 2-10 中的检验结果。可以发现，双重门槛的第二个估计值过于偏左，而三重门槛中的估计结果存在多个，因此，难以判定估计值的真实存在。结合表 2-10 中联合检验的 *P* 值可以确定，单一门槛模型的表现最优。图 2-11(b)展示了服务业占比(ser_rate)与各省份真实人均 GDP 各门槛值的检验结果，可以看出，其检验结果与工业基本一致。

---

① 在估计的过程中，本研究自助法的参数设置为 300 次。

② 在进行双重和三重门槛模型估计时，模型会重新搜索门槛值，因此会出现第一个门槛值与单一门槛模型值存在差异的现象，但是由于一般差异不大，因此我们不再单独列示。

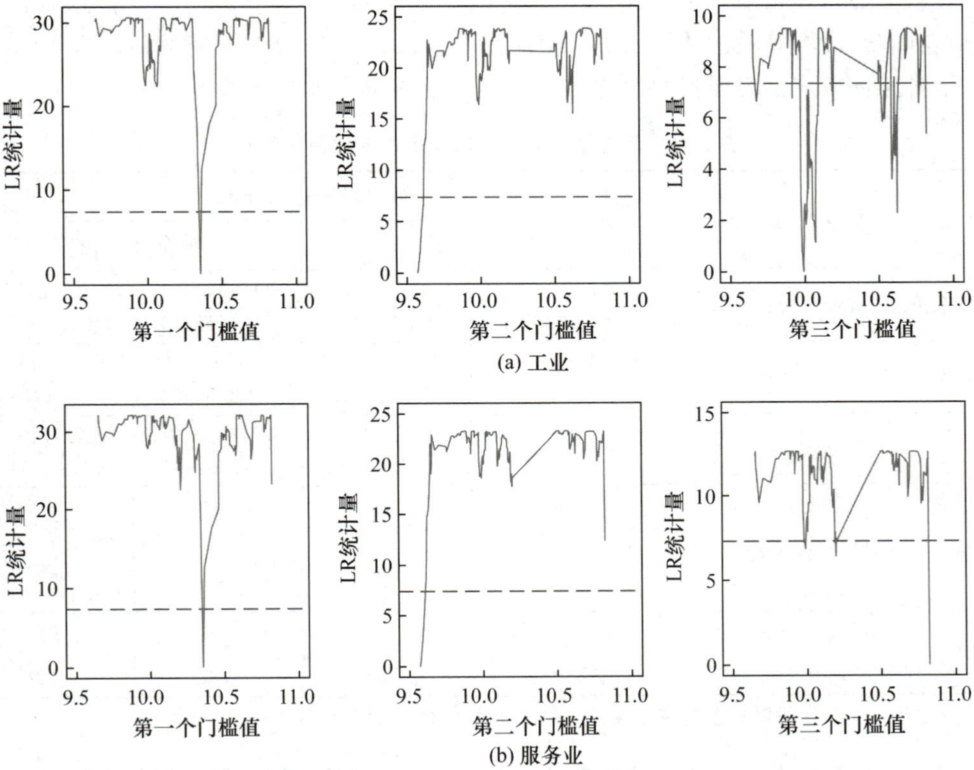

图 2-11　产业结构与真实人均 GDP 关系的三重门槛检验结果

2.3.3　面板门槛回归结果分析

表 2-11 给出了第二、第三产业面板门槛模型的回归结果。从表中的回归结果可以看出，在不同的经济发展阶段，工业占比和服务业占比对中国经济增长率的影响有着截然不同的效果。从表 2-11 第(1)列的回归结果来看，随着真实人均 GDP 对数值的变化，工业占比对经济增长率的影响始终保持为正，只是具体的影响大小会随着经济发展阶段的变化而变化。当人均 GDP 较低时，工业的发展对经济增长就开始显现出强劲的推动作用，这种正向效应在 1%的置信水平上显著。与此同时，当经济发展迈入一定阶段之后，这种推动作用会变得更强。我们猜测这可能是由于随着工业发展迈入新的阶段，也会同样提升服务业的发展水平，进而为经济增长提供更强的动力。在表 2-11 第(2)列的回归中，我们加入了农业占比作为控制变量，这是因为从经济发展的阶段来讲，必然存在一个由农转工的产业配置过程，所以忽视农业结构的变化可能会对估计结果造成偏误。从表 2-11 第(2)列的回归结果来看，如果不控制农业占比，则会低估工业对经济增长的推动作用。表 2-11 的回归结果表明，平均而言，在第

一阶段，工业占比每上升 1 个百分点，经济增长率能够提升接近 14 个百分点，且这种效应会随着人均 GDP 的增加而进一步提升。当真实人均 GDP 的对数值超过 10.353 时，这种正向效应会增强到 22%左右，依然在 1%的置信水平上显著。

表 2-11 产业结构与经济增长率关系的门槛回归

解释变量	被解释变量(g_rate)			
	工业占比		服务业占比	
区间 1(lnpgdp<10.353)	11.9495*** (3.0292)	14.8084*** (3.5654)	−17.1737*** (−4.1525)	−17.2751 (−1.6505)
区间 2(lnpgdp>10.353)	18.8447*** (4.5950)	22.4760*** (5.0688)	−12.5585** (−2.5048)	−12.6588 (−1.1767)
_cons		−2.6763 (−0.7609)	12.6945*** (4.3370)	12.7807 (1.4706)
控制变量	是	是	是	是
时间固定效应	是	是	是	是
个体固定效应	是	是	是	是
Observations	270	270	270	270
R-squared	0.7959	0.7997	0.7936	0.7936

注：***、**、* 分别表示系数在 1%、5%和 10%的置信水平上显著。

然而，服务业占比的变化对经济增长率的影响则截然不同。当经济处于较低水平时，无论是否控制工业占比[①]，其对经济增长都不存在显著的推动作用。从表 2-11 第(3)列的回归结果来看，过度发展服务业甚至会拖累经济增长，这种负向效应在经济发展初期影响尤为剧烈，其后会逐渐降低。当然，这种负向效应在控制农业占比之后不再显著[表 2-11 第(4)列]，但是系数依然为负。

2.3.4 稳健性检验

为了避免模型设定存在的估计偏误，我们同时利用混合面板及面板固定效应模型对以上结果进行了稳健性检验，仍然获得了与表 2-11 类似的结果(见表 2-12)，证明了本研究结论的稳健性。

① 这里控制工业占比同样是依据经济发展阶段的产业变化规律。

表 2-12　产业结构与经济增长率关系的稳健性检验

解释变量	被解释变量(g_rate)			
	工业占比		服务业占比	
	OLS	固定效应	OLS	固定效应
区间 1(lnpgdp＜10.353)	16.4835*** (8.7908)	12.9197*** (3.1978)	−25.3751*** (−5.1489)	−17.7745* (−1.7858)
区间 2(lnpgdp＞10.353)	18.3080*** (8.4538)	22.4719*** (5.4923)	−21.4980*** (−5.1905)	−6.7538 (−0.6663)
_cons	3.7384** (2.0039)	−1.8205 (−0.5346)	24.9000*** (7.0929)	11.8336 (1.4370)
控制变量	是	是	是	是
时间固定效应	是	是	是	是
个体固定效应	否	是	否	是
Observations	270	270	270	270
R-squared	0.3856	0.8124	0.4042	0.8132

注：***、**、* 分别表示系数在 1%、5%和 10%的置信水平上显著。

综上，本节的实证结果再次验证了前文的经验事实，即随着一国经济发展阶段的演进，工业才是决定一国能否成功实现产业结构转型升级的最重要的保障。门槛回归的结果表明，工业的发展依然是驱动中国未来经济高速增长最为重要的引擎和核心。目前，中国正处于由中等收入国家向高收入国家迈进的重要战略机遇期，如果经济增长不是依托坚实的制造业而是大力发展以金融业为主的服务业，那么极有可能重蹈"拉美陷阱"的覆辙，对经济发展造成重创。所谓"过度去工业化"或者经济"脱实向虚"的讨论，可能正是出于对中国当前产业结构调整所表现出的这样一种背离经济内在规律的担忧。

2.3.5　小结

本节通过横纵向对比剖析中国与全球各类经济体在特定历史时期产业结构转型的经验教训，发现：经济发展的本质是结构的不断变迁，转型成功的国家往往都在转型阶段实现了产业结构量的变化以及高度的跃升。综合全球经验来看，当前中国的产业结构仍存在改善的空间：① 就农业而言，中国农业的发展基本符合库兹涅茨事实。但相较于发达经济体的发展路径，中国农业产值占比目前仍然偏高，生产效率与发达经济体差距较大。② 就工业而言，中国工业产值占比应该还存在一定的上升空间。与赶超成功的发达经济体相比，中国的工业产值占比过早地出现了下降趋势，中国因此可能出现了过度去工业化的现象。由于工业的发展有利于维持经济的高速增长，且当前中国工业劳动生产率高于农业和服务业，因而工业产值占比的快速下降极有可能对中国经济的中长期增长带来负面影响。③ 就服务业而言，不同发达经济体的发展路径略有差异，日本和西方发达经济体在完成工业化之后，服务业产值占比上升得非常迅猛，但是韩国等后发经济体则是先保持了一段较为平稳的发展期之后，服务业产值占比的上升速度才显著加快。中国人均 GDP 与日本等发达国家仍有差距，但是服务业产值占比已经相差无几，且省级层面的实证结果表明，服务业与中国经济增长并不存在显著的相关关系。因此，中国服务业的过度发展极有可能抑制工业的发展，进而对中国的经济增长带来不利影响。④ 总结后发经济体的转型路径，我们发现，由于先发优势的存在，后发经济体的转型难度要显著高于先发经济体，一般要有更高的产业结构高度才能成功转型，这体现在日韩在产业结构转型升级时，其机械等高技术附加值行业比同时期的美国表现出更高的产值占比；同时，培育战略性新兴产业是保证经济增速实现平稳换挡、迈入高质量发展阶段的基础。以墨西哥、巴西等为代表的拉丁美洲经济体的发展经验表明，在产业结构转型阶段需要尤其注意服务业产值占比快速上升，工业产值占比快速下降，形成产业结构“虚高度”的现象。

本节基于全球各类经济体的产业结构转型历程探讨了中国当前产业结构发展的特点、趋势及未来发展路径。但是，不足之处在于并未对其背后的机制进行充分的分析，特别是产业结构的转换与三次产业背后效率变迁之间的关系，这尚需要进一步的理论和实证研究，以便为更全面的产业政策提供依据。此外，三次产业内部不同行业之间的演变规律及联动关系，也是将来进一步研究的方向。

2.4 新时代中国国内循环结构发展趋势

2019 年《政府工作报告》强调指出，“我国发展仍处于重要战略机遇期”。这是对中国当前经济发展客观环境的重要研判。这一战略研判正是基于中国产业当前的发展阶段以及世界经济的发展形势。在准确理解战略机遇期的基础上，我们提出，中国应当依托产业结构转型升级的五大路径，推动经济走向高质量发展。

2.4.1 中国处于国内循环结构转型的战略机遇期

改革开放四十多年来，中国经济发展取得了巨大的成就。国家统计局数据显示，2018 年中国 GDP 已经超过 90 万亿元。1978—2018 年，GDP 年均增速为 9.51%，2018 年以现价计算的人均 GDP 已经超过 64 000 元，中国与发达国家的经济差距正在不断缩小。同时，从工业化程度来判断，2018 年农业增加值占比为 7.19%，工业增加值占比为40.65%，服务业增加值占比为 52.16%。根据钱纳里的工业化阶段理论，如果以 2010 年美元计，中国的产业结构已经进入技术密集型产业快速发展的阶段，中国正处于工业化后期产业结构转型升级的重要战略机遇期。

同时,结合近几十年的世界产业格局演变规律来看,全球制造业基地东渐是一个大的趋势。在上一波全球化浪潮中,中国依托自身完善的工业体系,抓住了这一机会,已经逐渐成长为世界重要的制造基地。随着中国在全球价值链中的参与程度不断加深,中国有希望从全球价值链的中低端环节向微笑曲线两端的高端环节跃升。特别是"一带一路"倡议的提出,表明中国正在与发展中国家和发达国家形成呼吸与共的人类命运共同体,这将进一步拓展中国产业发展的市场空间,为中国产业结构的转型升级提供机遇与挑战。整体来看,中国发展仍处于重要战略机遇期的重要研判准确而深刻。

2.4.2　新时代推动中国产业结构转型升级的五大路径

(一) 平衡短期增长和中长期发展

目前中国的综合发展水平与 20 世纪 80 年代初期的日本和 90 年代中期的韩国相当。从日本和韩国进入中速增长阶段之后的表现来看,人均 GNI(国民总收入)数据显示,日本人均 GNI 从 1970 年的 2 000 美元增长到 1980 年的 10 000 美元,韩国人均 GNI 从 1998 年的 10 000 美元增长到 2008 年的 20 000 美元,而两国这一时期的经济增长率都从之前高速增长阶段转向中速增长阶段,年均增长率只有 5%左右,这其中的关键在于通过经济结构转型实现人均收入的跃升。中国经济中长期增长稳中向好的基本局面不会改变,但受外部复杂环境影响,短期波动和反复不可避免。因此,中国要综合运用财政政策、货币政策、产业政策、区域政策等政策工具组合,正确处理就业与物价的关系,千方百计"稳增长",为转变增长方式、调整经济结构、转换发展动力创造时间窗口,加快建设创新引领、协同发展的现代化产业体系,为中长期发展固本强基,助推中国爬坡过坎迈向现代化。

(二) 加快收入分配制度改革

加快收入分配制度改革,做强做大内需市场,能够为中国国内循环结构升级提供内生动力。内需市场波动性相对外需要小且稳定得多,能够为产业结构升级提供持续不断且波动不大的有力支撑。国家统计局数据显示,2018 年消费、投资及出口"三驾马车"对中国 GDP 的贡献率分别为 76.2%、32.4%、-8.6%,消费为中国经济增长提供了强劲动力。然而,经济增速放缓引致的人均收入增长降速,将对强大内需市场的构建形成巨大挑战。国家统计局数据显示,2018 年全国居民人均收入实际增长率为 6.5%,其中城镇居民人均可支配收入实际增长率仅为 5.6%。与此同时,收入结构的两极分化特征也加重了内需消费结构的相对分离趋势:一方面中低端新消费进一步"降级逐底"加剧企业成本竞争压力;另一方面中高端消费"升级提质"诉求不断增强,消费外流趋势加剧,将极大挤压国内企业转型升级的时间窗口。2013—2018 年,工业生产者购进价格指数及出厂价格指数分别增长 1.3%、0.9%，相差 0.4 个百分点，成本和收入双向挤压企业利润空间。

因此，加快推动收入分配制度改革，完善有利于提高居民消费能力的收入分配制度，做强做大内需市场，对中国产业结构转型升级意义重大。一方面，对于消费者，要平衡优化初次分配和再分配中的"效率与公平"问题，引导收入流动的合理化，拓宽居民财产性收入的渠道，进一步加大个人所得税抵扣优惠的范围和力度，保障和提高居民劳动收入，从而增加居民的个人可支配收入，进而为居民增加消费提供有力支撑；另一方面，对于生产者，要进一步发挥"减税降费"的边际作用，打通税费优惠政策的堵点和痛点，加快"放管服"改革，切实优化营商环境，为企业降低成本增加利润创造空间，激活企业扩大再生产和创新产品的动力与能力。

（三）推动传统产业技术创新

中国国内循环结构内源性升级动力应以推动传统产业技术创新为突破口，以供需两侧融合协调发展为方向。没有夕阳产业，只有夕阳技术。通过技术升级赋能传统产业，进一步弥合供需结构性失衡，将令产业结构迸发内源性升级动力，使传统产业焕发新生，从而实现中国产业结构优化升级。随着中国人口红利空间的缩减和资源材料等成本红利空间的收窄，中国传统产业赖以生存发展和壮大的成本优势正在不断消散，中国传统产业在世界范围内的比较优势正在逐步消解，然而产能惯性引致的传统产业产能过剩与旺盛的新兴消费需求无法被满足之间的矛盾，说明了中国供需之间并非数量性矛盾而是结构性矛盾。因此，通过技术创新升级和改造传统产业，降低传统产业的成本，提升传统产业的效率，增强传统产业提供新兴消费产品和服务的能力，将有力弥合供需结构性失衡，用强大、旺盛的新兴消费需求弥补技术创新与产业结构升级的高昂成本，从而进一步加快产业结构迸发内源性升级动力。

以技术创新改造和升级传统产业，要以工业化和信息化双向融合为重点抓手，增强新兴技术赋能传统产业的广度、深度和精度，全面夯实传统产业"物美价廉"的既有优势，重点提升传统产业应对新兴消费高质性、多变性和客制性等方面的能力，稳住国内支柱产业的相对竞争优势，占领新兴消费的广阔空间，以强大的国内新兴消费为产业结构升级提供强力支撑，加快产业结构迸发内源性升级动力。

（四）积极布局战略性新兴产业

经济处于工业化后期的战略机遇期也是对技术密集型产业需求最为强盛的时期。当前，全球正在酝酿新一轮的科技革命，人工智能、数字经济、新能源、新材料层出不穷，能否抓住当前这一产业培植的战略机遇期，是决定中国未来产业进行全球竞争时能否胜出的关键。当前新技术行业已经展现出远超其他行业的增长率，但是产业规模和对其他产业的带动作用尚显不足，这意味着中国的产业链配套还不够完善，技术进步还未能形成全行业的溢出效应，工业"大而不强"的问题依然显著（黄群慧，2018）。

加强对研发创新投入的鼓励和对多层次研发创新体系的构建，将有助于未来产业结构的成功转型，发挥技术产业动能。新老产业的升级更替，可以从供给侧不断契合人民消费需求的升级，从而为中国未来经济的长期增长提供不竭动力。

（五）大力推进传统基础设施建设与信息基础设施建设

大力推进传统基础设施建设，前瞻谋划信息基础设施建设，加快弥补发展短板，预见性提供引领未来发展的前置准备。2018年，中国在传统基础设施领域，新增高速铁路运营里程4 100公里，新建改建高速公路6 000多公里、农村公路30多万公里。2020年，全国铁路完成固定资产投资7 819亿元，公路、水路完成固定资产投资2.6万亿元。中国在公路、铁路、水运等基础设施领域的投资力度并未下降，能够加快弥补发展短板，为经济转型做好前置准备。当前，中美两国是全球数字经济的领跑者。2017年世界互联网公司市值前10强被中美共享，根据中国信息通信研究院《全球数字经济白皮书（2021年）》，2020年美国数字经济蝉联世界第一，规模达到13.6万亿美元，中国位居世界第二，规模为5.4万亿美元。因此，中国应牢牢把握数字经济领跑者的地位，为传统经济赋能，为新经济增效，高度重视信息基础设施建设。5G基站、公共智能终端、城市综合基础设施等新型基础设施建设对整个经济格局和经济发展会产生重大影响，这种影响虽然具有一定的时滞性，但是会逐步释放未来中国的经济增长潜力。中国应通过加快5G商用步伐和IPv6（互联网协议第6版）等规模部署，加强人工智能、工业互联网、物联网等新型基础设施建设和融合应用，并推进研究制定新时期"宽带中国"战略，加强新一代信息基础设施建设，从而为释放经济增长潜力提供必要的基础。

中国发展仍处于重要战略机遇期的研判是推动中国转变经济发展方式与调整经济结构的重要前提和基础，有着"稳预期、安人心、保定力"的重要意义。根据刘伟和范欣（2019）的预测，2022年中国人均GDP将达到1.33万美元，顺利步入高收入国家行列，2035年人均GDP将达到3.15万美元，有望基本实现社会主义现代化。这表明，未来二十年将是决定中国能否基本实现社会主义现代化重大战略目标的重要战略机遇期，这就需要中国正确依托平衡短期增长和中长期发展、加快收入分配制度改革、推动传统产业技术创新、积极布局战略性新兴产业、大力推进传统基础设施建设和信息基础设施建设五大发展路径，扎实构建现代化经济体系，加快产业结构转型升级脚步，推动经济走向高质量发展。

第3章　“一带一路”国际循环体系的演变*

2017年以来，以强调“美国优先”为标志，全球民粹主义、孤立主义、保护主义倾向日益突出。欧盟、美国等发达经济体一方面在技术跨国合作方面出台压制性保护措施，引发全球对外直接投资快速下降；另一方面威胁或者实施惩罚性关税保护本国企业和行业利益，导致对应的反制和连锁反应，全球平均关税水平不断升高。同时，部分国家频繁借用乃至滥用“国家安全”限制国外资本流入，使得全球对外直接投资快速下降。由此，全球经济增长动能降低，不确定性上升，经济衰退风险加剧。

全球是一个地球村，各国发展环环相扣，不应搞零和博弈，而应团结互助、携手开放永不停歇。

3.1　“一带一路”的渊源

“一带一路”是“丝绸之路经济带”和“21世纪海上丝绸之路”的简称。早在2013年，习近平总书记在出访哈萨克斯坦和印度尼西亚期间就提出共建丝绸之路经济带和21世纪海上丝绸之路，即“一带一路”倡议。习近平总书记表示，可以用创新的合作模式，共同建设丝绸之路经济带，以点带面，从线到片，逐步形成区域大合作。东南亚地区自古以来就是海上丝绸之路的重要枢纽，中国愿同东盟国家加强海上合作，互通有无、优势互补，共享机遇、共迎挑战，共同建设21世纪海上丝绸之路，实现共同发展、共同繁荣。“一带一路”倡议自习近平总书记第一次提出已有10年，10年来中国将象征着“和平合作、开放包容、互学互鉴、互利共赢”丝路精神的“一带一路”建设逐渐从理念转化为行动，得到了全球一百多个国家和地区及国际组织的积极支持与参与，联合国

---

* 本章内容部分来自：张辉，易天，唐毓璇. 2018. “一带一路”背景下的新型全球化格局[J]. 政治经济学评论，9(3)：201-221。

大会、联合国安全理事会等重要决议也纳入“一带一路”建设内容，积累了丰硕的成果。2017年5月14日上午，习近平总书记在“一带一路”国际合作高峰论坛开幕式上发表主旨演讲，指出古代丝绸之路绵亘万里，延续千年，积淀了以和平合作、开放包容、互学互鉴、互利共赢为核心的丝路精神。这是人类文明的宝贵遗产。

从历史上看，19世纪70年代德国地理学家李希霍芬（Ferdinand von Richthofen）首次提出了“丝绸之路”（Seidenstrassen）的概念——“自公元前114年至公元127年间连接中国与河中以及印度的丝绸贸易的西域道路。”（Richthofen，1877）1903年，法国汉学家埃玛纽埃尔·爱德华·沙畹（Emmaunel-èdouard Chavannes）则将“陆地丝绸之路”和“海上丝绸之路”分别进行阐述：“丝路有陆海二道，北道出康居，南道为通印度诸港之海道，以婆庐羯泚（Broach）为要港。又称罗马Justin与印度诸港通市，而不经由波斯，曾于五三一年遣使至阿剌伯西南yemen与Himyarites人约，命其往印度购丝，而转售之于罗马人，缘其地常有舟航至印度。”（沙畹，1958）中国学者对丝绸之路的关注和研究稍稍滞后。20世纪五六十年代，有关丝绸之路的研究主要是从对外友好关系和边疆民族团结等角度展开的。近年来，随着国际交流合作的扩大以及“一带一路”倡议的提出，丝绸之路的研究再次迎来高潮，学者们主要关注其内涵、路径、潜力等方面。“一带一路”倡议的提出更多是借鉴丝绸之路的象征意义，然而“一带一路”倡议提出的特殊国际经济背景及其历史必然性，亟待关注。

3.2 “一带一路”倡议提出的时间节点选择

从1978年改革开放到2015年，刨除通货膨胀因素，中国经济增长率为9.7%，中国现已成为世界第二大经济体。然而，在中华人民共和国成立之初，中国的经济发展水平较为落后，即使到改革开放后中国仍是一个低收入的发展中经济体。以邻国印度为例，1960年印度人均GDP为228.3美元（以2005年不变价计），约是中国1981年的水平（229.81美元）；2014年印度人均GDP为1 233.95美元（以2005年不变价计），约是中国2001年的水平（1 212.47美元）；2014年中国人均GDP高达3 862.92美元（以2005年不变价计），是同期印度的3.13倍。

从表3-1可见，1990年中国GDP总量仅为美国的6.2%、日本的11.8%，而2015年中国GDP总量分别为美国的60.6%、日本的263.7%。从人均GDP来看，改革开放之初，中国人均GDP为世界平均水平的7.8%，到2015年达到了80%，所以无论是总量、速度还是人均水平，中国对世界其他国家都有着较强的示范作用。

表 3-1　1990 年、2000 年和 2015 年世界主要国家的 GDP 对比情况

国家	GDP(亿美元)			占世界 GDP 比重(%)			为各国 GDP 比率(%)			各国 GDP 增长率(%)	各国通货膨胀率(%)
	1990 年	2000 年	2015 年	1990 年	2000 年	2015 年	1990 年	2000 年	2015 年	2015 年	2015 年
中国	3 569	11 985	108 664	1.6	3.7	14.8	/	/	/	6.9	1.4
美国	57 572	97 648	179 470	26.4	30.5	24.4	6.2	12.3	60.6	2.4	0.1
日本	30 183	46 674	41 233	13.8	14.6	5.6	11.8	25.7	263.5	0.5	0.8
德国	17 145	19 002	33 558	7.9	5.9	4.6	20.8	63.1	323.8	1.7	0.2
法国	12 445	13 280	24 217	5.7	4.1	3.3	28.7	90.2	448.7	1.2	0.0
英国	9 959	14 509	28 488	4.6	4.5	3.9	35.8	82.6	381.5	2.3	0.1
意大利	11 334	10 973	18 148	5.2	3.4	2.5	31.5	109.2	598.8	0.8	0.0
巴西	4 620	6 447	17 747	2.1	2	2.4	77.3	185.9	612.3	−3.9	9.0
俄罗斯	5 168	2 597	13 260	2.4	0.8	1.8	69.1	461.5	819.5	−3.7	15.5
印度	3 175	4 602	20 735	1.5	1.4	2.8	112.4	260.4	524.1	7.6	5.9
世界	218 133	320 019	734 336	/	/	/	/	/	/	2.5	1.4

资料来源：1990 年、2000 年数据来自国家统计局《国际统计年鉴 2010》，2015 年数据来自世界银行。

除经济总量外，经济结构在 2002—2007 年也悄悄发生了变化，原来日本是东亚经济发展的“雁头”，组织整个东亚的生产体系。2002 年，中国第一次超过日本，成为欧盟的第一大贸易伙伴，到 2014 年中国对欧盟的贸易规模是日本的 4.3 倍；2003 年，中国第一次超过日本，成为美国和加拿大的第一大贸易伙伴，到 2015 年中国对美加的贸易规模是日本的 3.2 倍；2007 年，中国第一次超过日本，成为东南亚七国（越南、柬埔寨、菲律宾、泰国、马来西亚、新加坡、印度尼西亚）的第一大贸易伙伴，到 2014 年中国对东南亚七国的贸易规模是日本的 1.6 倍。2002—2007 年，全球经济分工体系悄然发生着变化，中国在全球经济分工体系的东亚雁阵中从尾部逐渐掉转过来，成为欧洲、北美和东南亚的第一大合作伙伴。2013 年，习近平总书记提出“一带一路”倡议，一方面顺应了中国在全球经济分工体系中整体格局变化的历史潮流，另一方面通过构建与发展中国家及发达国家新的生产关系，满足了中国社会主义生产力发展到新水平所提出的要求。

3.3　“一带一路”国际循环发展范式

“一带一路”是什么？本节提出了全球价值双循环模式（见图 3-1）。新自由主义浪潮之后，发展中经济体越来越边缘化，而发达经济体内部之间的贸易越来越紧密。“一带一路”平台致力于将更多的国家带入新一轮的全球化进程，解决边缘化所带来的经济增长缓慢甚至是停滞的问题。

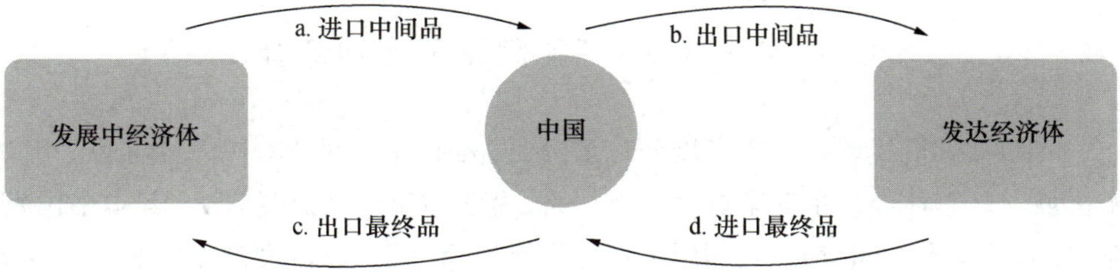

图 3-1 全球价值双循环模式

资料来源：张辉，易天，唐毓璇，2017.“一带一路”相关国家产业结构高度及合作路径研究[J].中国工业经济，(6)：75-83。

全球价值双循环具体而言是指世界经济的循环正从传统的“中心—外围”式的单一循环，越来越变为以中国为中介的“双循环”体系，其中一个循环存在于中国与发达经济体之间(北美经济体和西欧经济体)，另一个循环存在于中国与亚非拉等发展中经济体之间。一方面，中国与发达经济体之间形成了以产业分工、贸易、投资、资本间接流动为载体的循环体系；另一方面，中国与亚非拉发展中经济体之间形成了以贸易、直接投资为载体的循环体系。在这两个循环体系中，中国越来越成为连接发达经济体与亚非拉发展中经济体的主要中间节点或枢纽点(刘伟和郭濂，2015；张辉，2015)。

从“一带一路”沿线的 65 个国家的经济发展水平来看，中国也处于中间位置，有近一半的国家的经济发展水平高于中国，近一半的国家的经济发展水平低于中国。“一带一路”是全球经济进入新架构的条件下提出的一个全球化新模式。中国处于中间位置，不但与发达经济体关系紧密，而且与发展中经济体密切合作，形成了一个双“8”字循环模式。在全球大“8”字循环模式下，“一带一路”沿线上又嵌套了一个小“8”字循环模式。其中，上半圈是当前经济研究中较受关注的中国与发达经济体之间的分工合作，下半圈则是中国与发展中经济体之间的分工合作。在经济全球化的大趋势下，下半圈的分工合作并不明晰，很多国家逐渐被边缘化，越来越落后。“一带一路”倡议的提出首要解决的便是发展问题(郑新业，2015)，尤其是下半圈广大发展中经济体的发展问题。通过“一带一路”合作平台，带动下半圈的发展中经济体进入全球分工体系，将为被边缘化国家的发展带来新的契机。

目前，中国处于双循环体系的中间位置，与发达经济体和其他发展中经济体都保持着紧密的合作关系。随着供给侧结构性改革的逐步深入，“促进我国产业迈向全球价值链中高端，培育若干世界级先进制造业集群”，这样一方面可以向发达经济体提供更优质的中间品，为发达经济体经济发展提供成本逐步降低的优势；另一方面中国产业结构和在全球价值链位置的提升，也为其他发展中经济体腾挪出更大的发展空间，通过发展中经济体之间的相互贸易合作，带动发展中经济体实现整体的经济发展。

3.4 “一带一路”国际循环空间选择

“一带一路”沿线国家主要可以分为东南亚、南亚、西亚北非、中亚、中东欧、南欧等几个区域。从总体经济情况来看，“一带一路”沿线国家经济总量较大，其中中国发挥引领作用，近年来GDP增速受国际大环境影响有所下滑；经济发展水平相对滞后，地区发展不平衡现象突出；产业结构上呈现“三二一”特征，农业占比相对较高；对外贸易上出口大于进口，其中能源出口地位突出，2015年受国际经济形势影响呈低迷态势；通货膨胀压力凸显；收入分配处于合理区间。①

东南亚是人口较为密集的区域，2015年，东南亚11国② GDP共约2.53万亿美元，占世界比重为3.4%，2000—2015年GDP平均增速为5.1%；人均GDP约为4 004美元，属于中低收入地区。东南亚11国除东帝汶外，其他国家均为东盟成员。1997年12月16日，中国和东盟发表了《中国与东盟国家首脑会晤联合声明》，确定了中国—东盟面向21世纪睦邻互信伙伴关系的方向和指导原则。2010年1月1日，中国—东盟自由贸易区正式全面启动，成为一个涵盖11个国家、19.96亿人口、GDP达11.43万亿美元的巨大经济体，是目前世界人口最多的自由贸易区，也是发展中国家最大的自由贸易区。

东亚包括蒙古，2015年，蒙古GDP为117.50亿美元，占世界比重为1.4%，2000—2015年GDP平均增速为11.66%；人均GDP为3 199美元，属于中低收入国家。

南亚8国③经济中，印度发挥引领作用，近年来GDP增速较快。2015年，南亚8国GDP共约2.79万亿美元，占世界比重为3.7%，2000—2015年GDP平均增速为6.7%；人均GDP约为1 600美元，属于中低收入地区。在南亚8国中，印度是经济体量最大的国家，GDP总量占8国总量的82.3%，2000—2015年GDP平均增速为7.18%。

西亚北非处于三洲两洋的交通要冲，石油资源丰富，经济支柱为石油加工出口，其石油、天然气出口在世界能源出口中占据重要地位。然而，当地战乱不断，局势动荡。

---

① 此部分数据来源于世界银行，使用2010年不变价美元为计价单位。

② 东南亚11国包括印度尼西亚、柬埔寨、老挝、缅甸、马来西亚、文莱、菲律宾、新加坡、泰国、东帝汶和越南。

③ 南亚8国包括阿富汗、孟加拉国、不丹、印度、斯里兰卡、马尔代夫、尼泊尔、巴基斯坦。

2015年,西亚北非17国[①] GDP共约3.2万亿美元,占世界比重为4.25%,2000—2015年GDP平均增速为4.5%。作为世界主要的石油出口地区之一,西亚北非地区人均GDP水平接近世界均值(2015年世界人均GDP为10 241美元),2015年约为9 882美元,属于中高收入地区。

中亚即亚洲中部地区,深居内陆,大都是在苏联解体后成立的独立国家。中亚5国[②] GDP体量相对较小,经济发展水平相对较低;产业结构上主要依托丰富的自然资源发展油气产业,经济发展与油价紧密相关。2015年,中亚5国GDP共约2 956亿美元,占世界比重为0.4%,2010—2015年GDP平均增速为7.3%;人均GDP约为4 306美元,属于中高收入地区。

中东欧泛指欧洲大陆地区受苏联控制的冷战时期的东欧国家以及波罗的海3国(立陶宛、拉脱维亚、爱沙尼亚)、乌克兰、白俄罗斯、摩尔多瓦等苏联欧洲部分的加盟共和国。2015年,中东欧16国[③] GDP共约3.35万亿美元,占世界比重为4.4%,2010—2015年GDP平均增速为1.9%;人均GDP约为12 593美元,属于高收入地区。

南欧孕育了古希腊、古罗马文化,确立了早期的基督教社会,为西方的思想及知识体系奠定了基础。南欧5国[④]经济体量相对较小,近年来经济增速缓慢,其中希腊深陷债务危机。2015年,南欧5国GDP共约3 166亿美元,占世界比重为0.4%,2010—2015年GDP平均增速为0.6%;人均GDP约为9 083美元,属于中高收入地区。

从以上分析中可以看出,“一带一路”沿线国家发展相对不平衡,同时每个区域表现出不同的特点与资源禀赋。中国作为一个大国,在中华人民共和国成立之初就建立了较为完善的工业体系,而“一带一路”沿线多国工业化程度不高,总体上仍处于工业化进程中(刘伟和张辉,2017)。因此,中国一方面可以利用自身拥有的较为完善的工业体系,带动发展程度更低的国家提升制造业水平,缩小与产业结构合理的国家的差距,输出更高附加值的工业加工品;另一方面可以输出自身技术和知识以及工业化进程的经验,并获取快速发展所需的资源。

总结起来看,世界经济呈现双“8”字循环模式,在全球发达经济体和发展中经济体中,中国居中;在“一带一路”沿线的65个国家中,中国也是居中。“一带一路”沿线国家的GDP总量只有世界的15%,中国又占了40%,如果把中国刨除,则“一带一路”沿线

① 西亚北非17国包括阿拉伯联合酋长国(以下简称“阿联酋”)、巴林、埃及、巴勒斯坦、伊拉克、以色列、约旦、科威特、黎巴嫩、阿曼、也门、卡塔尔、沙特阿拉伯、土耳其、格鲁吉亚、亚美尼亚、阿塞拜疆。由于西亚北非沿线国家中叙利亚、伊朗数据缺失,因此此处仅统计了其余17国情况。

② 中亚5国包括土库曼斯坦、吉尔吉斯斯坦、乌兹别克斯坦、塔吉克斯坦、哈萨克斯坦。

③ 中东欧16国包括波黑、保加利亚、白俄罗斯、捷克、爱沙尼亚、匈牙利、立陶宛、拉脱维亚、摩尔多瓦、波兰、罗马尼亚、俄罗斯、斯洛伐克、乌克兰、克罗地亚、斯洛文尼亚。

④ 南欧5国包括希腊、北马其顿、黑山、塞尔维亚、阿尔巴尼亚。

的65个国家的GDP总量只有世界的1/4,“一带一路”建设的经济诉求就是发展,这也是联合国大会全票通过“一带一路”倡议的重要原因。

3.5 “一带一路”国际循环体系的演变

“一带一路”倡议自提出以来,从“大写意”到“工笔画”,始终坚守“共商、共建、共享”原则,以绿色、廉洁、开放的目标,挖掘沿线国家潜力,鼓励中国企业与跨国公司合作,切实造福沿线人民,从而越来越多的国家由犹豫、观望转变为理解、接受,甚至积极参与建设。截至2019年4月8日,“一带一路”合作文件已签署173份,涉及29个国际组织和125个国家,先后20多个沿线国家与中国建立了双边本币互换安排;截至2018年年底,中国出口信用保险公司在“一带一路”沿线国家累计实现保额6 000多亿美元。此外,2017年,“一带一路”内部贸易占全球比重为13.4%,相当于欧盟内部贸易量的65%,并且“一带一路”沿线已超越北美自由贸易区和欧盟,成为全球最重要的外资目的地,其外资流入量占全球比重达31.6%,极大地增强了沿线各国的可持续发展能力。

3.5.1 “一带一路”拓展中国开放之路

(一)中国资本走出去速度加快

2013年,中国提出“一带一路”倡议,向“一带一路”沿线国家[①]直接投资流量增长迈入快车道,从2013年的127.1亿美元增长到2017年的221.8亿美元(见图3-2),年均增长率达17.9%,主要流向新加坡、马来西亚、印度尼西亚、泰国、老挝、柬埔寨、越南、印度、俄罗斯、阿联酋、塞浦路斯等国家,这些国家占中国对“一带一路”沿线国家直接投资流量总额的81.1%。目前,中国已经成为“一带一路”的主要投资来源地,与沿线国家的合作内容不断丰富,涉及基础设施建设、加工制造、能源资源、物流运输等领域,并且不断尝试以园区建设带动中国服务、标准、技术联合走出去。截至2018年8月,中国企业在沿线国家建设境外经贸合作区共82个,累计投资289亿美元,入园企业3 995家,为当地创造24.4万个就业岗位。

与此相对,中国企业在“一带一路”沿线国家承包工程项目新签合同额快速增长,

① “一带一路”沿线国家具体指蒙古、新加坡、马来西亚、印度尼西亚、缅甸、泰国、老挝、柬埔寨、越南、文莱、菲律宾、伊朗、伊拉克、土耳其、叙利亚、约旦、黎巴嫩、以色列、巴勒斯坦、沙特阿拉伯、也门、阿曼、阿联酋、卡塔尔、科威特、巴林、希腊、塞浦路斯、埃及、印度、巴基斯坦、孟加拉国、阿富汗、斯里兰卡、马尔代夫、尼泊尔、不丹、哈萨克斯坦、乌兹别克斯坦、土库曼斯坦、塔吉克斯坦、吉尔吉斯斯坦、俄罗斯、乌克兰、白俄罗斯、格鲁吉亚、阿塞拜疆、亚美尼亚、摩尔多瓦、波兰、立陶宛、爱沙尼亚、拉脱维亚、捷克、斯洛伐克、匈牙利、斯洛文尼亚、克罗地亚、波黑、黑山、塞尔维亚、阿尔巴尼亚、罗马尼亚、保加利亚、北马其顿等65个国家。

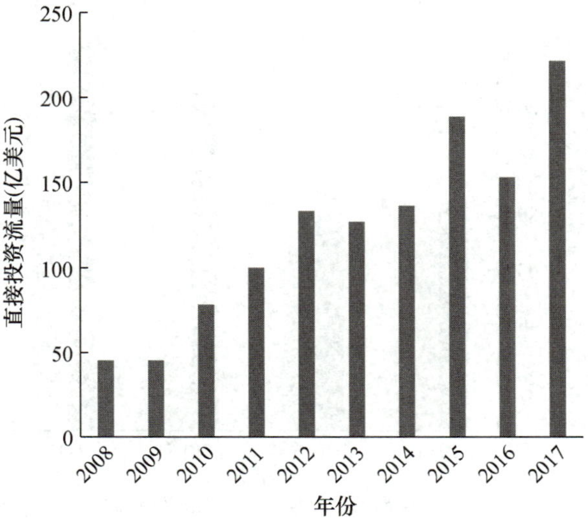

图 3-2 2008—2017 年中国对“一带一路”沿线国家直接投资流量

资料来源:2008—2017 年《中国对外直接投资统计公报》及商务部网站。

由 2014 年的 862.6 亿美元增长到 2017 年的 1 443.2 亿美元(见图 3-3),年均增长率为 19.3%,并且于 2016 年占中国承包工程项目新签合同总额的比重超过 50%。同时,中国对“一带一路”沿线国家和地区承包工程项目完成营业额亦同步高速增长,从 2014 年的 643.7 亿美元增长到 2017 年的 855.3 亿美元,年均增长率突破 10%,占中国对外承包工程项目完成营业总额的比重在 50%左右上下浮动。由此,大量港口、公路、铁路等重大基础设施项目扎实推进,如中马友谊大桥、亚吉铁路、雅万高铁、匈塞铁路、汉班托塔港、瓜达尔港等进展顺利,跨境光缆联通和化石能源、清洁能源的合作项目亦实现突破性进展。此外,中国企业积极投身社区公益、抢险救灾等社会责任活动,如抢修肯尼亚洪水冲毁道路、救援老挝溃坝等,赢得了“一带一路”沿线国家的认可,树立起中国“负责任大国”的国际形象。

(二) 中国产品辐射范围扩大

2013—2016 年,中国对“一带一路”沿线国家的年均出口额达 6 050.1 亿美元,较 2009—2012 年的年均出口额高出 674.2 亿美元,年均增长率达 3.4%,并且占中国出口总额的比重呈稳定上升态势,由 2013 年的 36.8%上升至 2016 年的 39.0%,比 2009—2012 年的平均占比高出 4.5 个百分点。同时,中国产品主要流向越南、印度、印度尼西亚、马来西亚、泰国、菲律宾、俄罗斯、新加坡、阿联酋,中国对这几个国家的出口额占“一带一路”沿线 65 个国家的总份额长期维持在 63.2%。此外,2013—2016

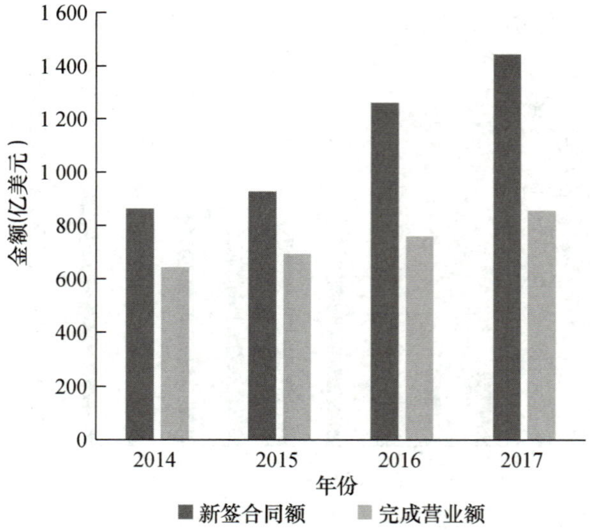

图 3-3　2014—2017 年中国对"一带一路"沿线国家承包工程项目

资料来源:2008—2017 年《中国对外直接投资统计公报》及商务部网站。

年,中国对东南亚、西亚北非、南亚沿线国家的出口额不断增加,年均增长率分别为 8.0%、1.1%、3.8%,年均出口额分别比 2009—2012 年的年均出口额高出 434.9 亿美元、118.4 亿美元、91.1 亿美元。由此可知,中国产品已充分打开东南亚市场,并逐步向西亚北非、南亚地区拓展。2009—2016 年中国对"一带一路"沿线国家的出口额及其区域分布如图 3-4 和图 3-5 所示。

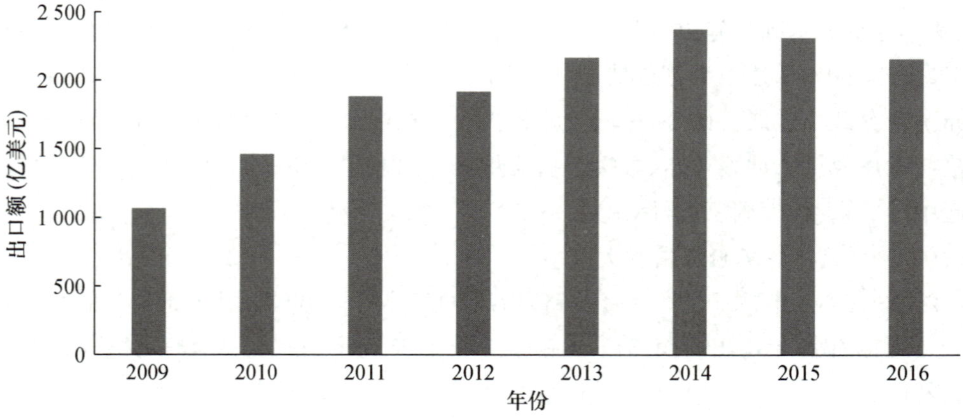

图 3-4　2009—2016 年中国对"一带一路"沿线国家的出口额

资料来源:联合国商品贸易统计数据库。

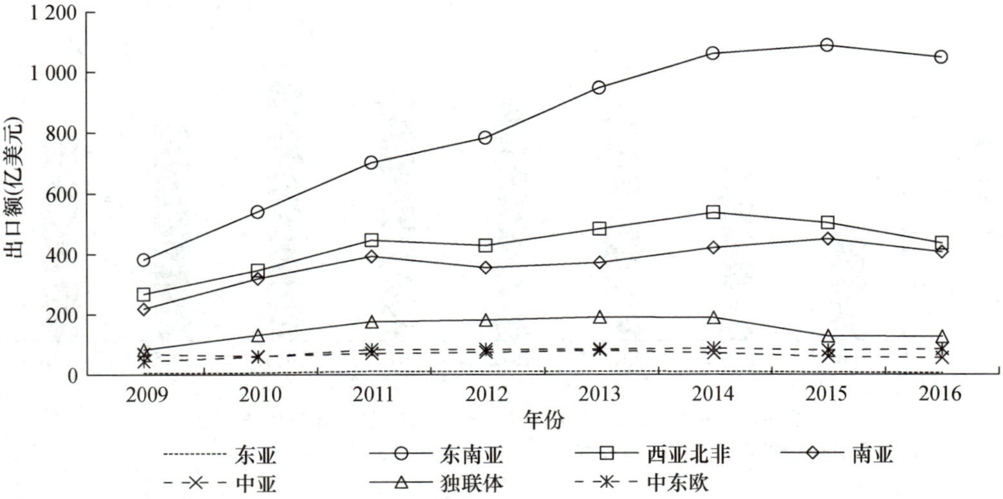

注:由于独联体经济情况比较特殊,故单独分析,未包括在中东欧地区数据中。

图3-5 2009—2016年中国对"一带一路"沿线国家的出口额区域分布

资料来源:联合国商品贸易统计数据库。

(三)中国产品需求多样化提升

"一带一路"倡议提出以后,中国从"一带一路"沿线国家的进口额长期保持较高水平。2013—2016年,中国从"一带一路"沿线国家的年均进口额为4 224.3亿美元,比2009—2012年的年均进口额高出788.7亿美元,并且占中国进口总额的比重也在23.5%左右上下浮动,比2009—2012年的平均占比高出0.8个百分点。同时,中国从"一带一路"进口产品主要来自马来西亚、泰国、沙特阿拉伯、俄罗斯、越南、新加坡、印度尼西亚、菲律宾、伊朗,中国从这些国家的进口额占"一带一路"沿线65个国家的份额日益提高,由2013年的65.4%提高到2016年的71.1%。此外,2013—2016年,中国从东亚、东南亚、中东欧沿线国家的进口额不断增加,年均增长率分别达1.0%、1.9%、3.8%,年均进口额分别比2009—2012年的年均进口额高出11.2亿美元、447.5亿美元、47.2亿美元。因此,中东欧和东南亚地区已成为中国进口产品的核心来源地。2009—2016年中国从"一带一路"沿线国家的进口额及其区域分布如图3-6和图3-7所示。

(四)以中国为焦点的自由贸易网络逐步形成

截至2021年8月,中国已经与26个国家和地区签署19份自由贸易协定,通过以构建面向全球的高标准自由贸易网络为目标,实现RCEP(《区域全面经济伙伴关系协定》)自贸区、高质量自贸区(中日韩自由贸易协定)、高标准自贸区(《全面与进步跨太平洋伙伴关系协定》)并行,以中国为焦点的自由贸易网络逐步形成。

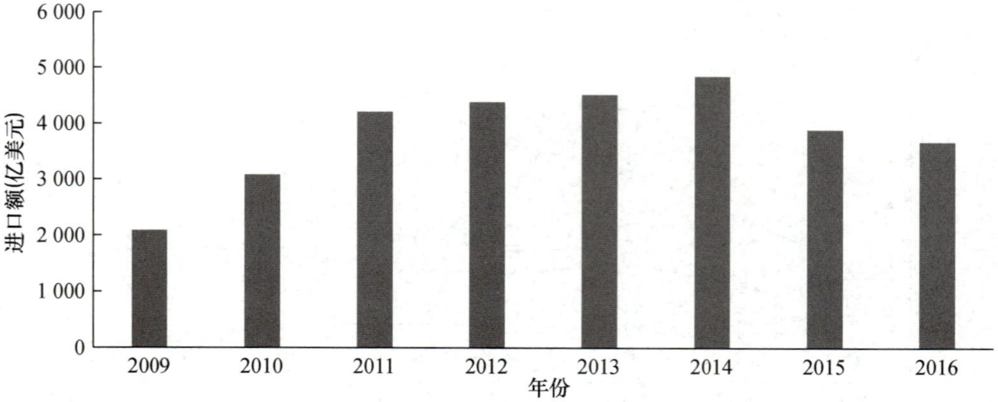

图 3-6 2009—2016 年中国从“一带一路”沿线国家的进口额

资料来源:联合国商品贸易统计数据库。

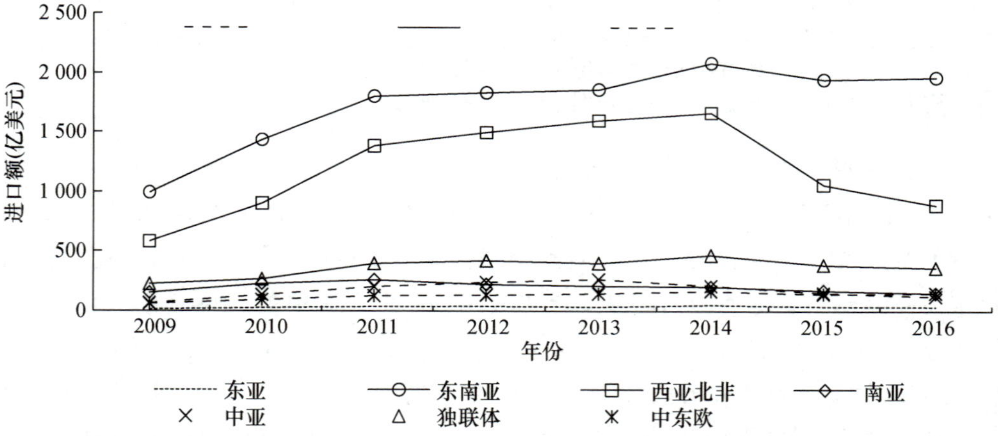

注:由于独联体经济情况比较特殊,故单独分析,未包括在中东欧地区数据中。

图 3-7 2009—2016 年中国从“一带一路”沿线国家的进口额区域分布

资料来源:联合国商品贸易统计数据库。

(五)人民币日益国际化

随着中国与“一带一路”沿线国家双边经贸往来日益频繁,人民币国际化逐渐成为“一带一路”沿线国家的关注热点,也是中国企业“走出去”经济成本的核心因素之一。2017 年,“一带一路”沿线国家人民币跨境收付占同期人民币跨境收付总额的 14.7%,达 1.36 万亿元人民币,其中 2 607.2 亿元人民币属于跨境融资收付,1 307.9 亿元人民币属于直接投资收付。根据中国人民银行《2018 年人民币国际化报告》,截至 2017 年年末,中国与 22 个沿线国家签署了本币互换协议,在新加坡、卡塔尔、马来西亚、泰国、匈牙利、俄罗斯、阿联酋等 7 个沿线国家建立了人民币清算行,有 5 个沿线国家获得人民币合格境外机构投资者额度，人民币与 8 个沿线国家货币实现直接交易，与 3 个沿线国家货币实现区域交易。这一方面是因为沿线国家多数金融体系较为脆弱，美元持续升值不断诱发金融体系问题，所以沿线国家与中国签署人民币互换协议有利于提高本国货币的抗风险能力；另一方面是因为“一带一路”建设投资需求巨大，加强人民币国际化有利于降低投资成本。因此，风险防范与成本降低推动人民币在“一带一路”沿线国家的接受程度及需求程度快速提高，逐步完善了人民币国际支付和使用全球框架。

3.5.2　“一带一路”巩固沿线国家全球开放基础

（一）加快运输基础设施建设

2013—2017 年，有 19 个“一带一路”沿线国家铁路公里数出现大幅增加，其中印度、哈萨克斯坦、土库曼斯坦、伊朗、土耳其、乌兹别克斯坦、斯里兰卡、以色列、俄罗斯、约旦的公里数增加都超过 250 千米（见表 3-2）。同时，从贸易和运输相关基础设施的质量指数来看，有 33 个“一带一路”沿线国家指数增长，其中捷克、拉脱维亚、罗马尼亚、印度尼西亚、伊朗、俄罗斯、尼泊尔、越南、乌兹别克斯坦、爱沙尼亚的指数增长均高于 0.3 个百分点，并且东南亚、中亚、中东欧地区各国指数的平均值也呈增长态势。由此可知，在“一带一路”建设不断深化的过程中，中亚、西亚的“一带一路”沿线国家运输基础设施条件快速改善，为进出口贸易及外商直接投资增长奠定了坚实的基础。

表 3-2　2013—2017 年部分“一带一路”沿线国家铁路公里数增加情况　（单位：千米）

国家	增加数	国家	增加数	国家	增加数
印度	2 768.0	以色列	352.5	希腊	32.0
哈萨克斯坦	1 281.4	俄罗斯	297.0	越南	20.0
土库曼斯坦	725.0	约旦	293.0	塔吉克斯坦	12.0
伊朗	653.0	爱沙尼亚	241.0	黑山	9.8
土耳其	565.0	伊拉克	232.0	吉尔吉斯斯坦	6.8
乌兹别克斯坦	450.0	立陶宛	144.0		
斯里兰卡	413.6	阿塞拜疆	63.9		

资料来源：世界银行。

（二）提升通电率

自“一带一路”倡议提出到 2016 年年底，有 34 个“一带一路”沿线国家通电率大幅提升，其中尼泊尔、孟加拉国、阿富汗、老挝、柬埔寨、不丹、斯里兰卡、巴基斯坦、也门、菲律宾、印度、缅甸都提升了 3 个百分点以上，“一带一路”沿线国家平均通电率为

96.4%，已有 51 个国家实现了 100%的通电率。因此，"一带一路"基本建成电力基础设施，为沿线国家工业化、城镇化发展增补了新的动力。

表 3-3　2013—2016 年部分"一带一路"沿线国家通电率提升情况

国家	百分点	国家	百分点	国家	百分点	国家	百分点
蒙古	2.320	伊拉克	0.700	孟加拉国	15.042	吉尔吉斯斯坦	0.196
马来西亚	0.200	土耳其	0.014	阿富汗	15.037	乌克兰	0.133
印度尼西亚	1.620	叙利亚	2.457	斯里兰卡	6.780	亚美尼亚	0.121
缅甸	3.504	约旦	0.500	马尔代夫	0.838	波黑	0.013
泰国	0.891	黎巴嫩	0.002	尼泊尔	15.642	黑山	0.089
老挝	10.729	也门	5.700	不丹	8.500	塞尔维亚	0.185
柬埔寨	8.806	埃及	0.300	哈萨克斯坦	0.125	北马其顿	0.043
菲律宾	4.659	印度	4.627	土库曼斯坦	0.038		
伊朗	0.436	巴基斯坦	6.251	塔吉克斯坦	0.900		

资料来源：世界银行。

（三）提高工业就业率

2013—2018 年，东南亚、南亚、中亚"一带一路"沿线地区的工业就业人数占总就业人数的比重呈现显著上升的态势（见图 3-8），其中越南、菲律宾、泰国、印度尼西亚、柬埔寨、孟加拉国、印度、尼泊尔、哈萨克斯坦、吉尔吉斯斯坦、塔吉克斯坦等国家上升幅度最为显著，均上升了 0.5 个百分点以上。此外，虽然中东欧受到欧洲债务、难民危机及地缘政治的影响，工业就业人数占比出现不同程度的下降，但是斯洛伐克、匈牙利、斯洛文尼亚、阿尔巴尼亚、罗马尼亚、格鲁吉亚等国家的工业就业人数占比均出现大幅上升，分别上升了 1.2 个、1.4 个、2.0 个、2.5 个、1.8 个、1.8 个百分点。因此，"一带一路"倡议能够有效增加沿线国家就业岗位，促进生产资源向工业部门集聚，带动沿线国家的工业发展，为经济增长提供契机。

（四）推广互联网使用

自 2013 年"一带一路"倡议提出以后，"一带一路"沿线国家的互联网使用率快速提升（见表 3-4），其中 52 个国家个人使用互联网百分比出现大幅提升，36 个国家个人使用互联网百分比全球排名提高，摩尔多瓦、伊朗、阿塞拜疆、哈萨克斯坦、俄罗斯、亚美尼亚、约旦、泰国、柬埔寨的提高幅度都超过 20%，排名分别提高了 28 位、20 位、25 位、25 位、24 位、22 位、20 位、11 位、25 位，由此，2017 年"一带一路"沿线国家平均个人使用互联网百分比达到 60.6%，并且中亚、东南亚互联网普及速度远高于东亚、南亚、中东欧。同时，互联网的广泛应用加速了知识、技术、信息的传播，有利于提高国家

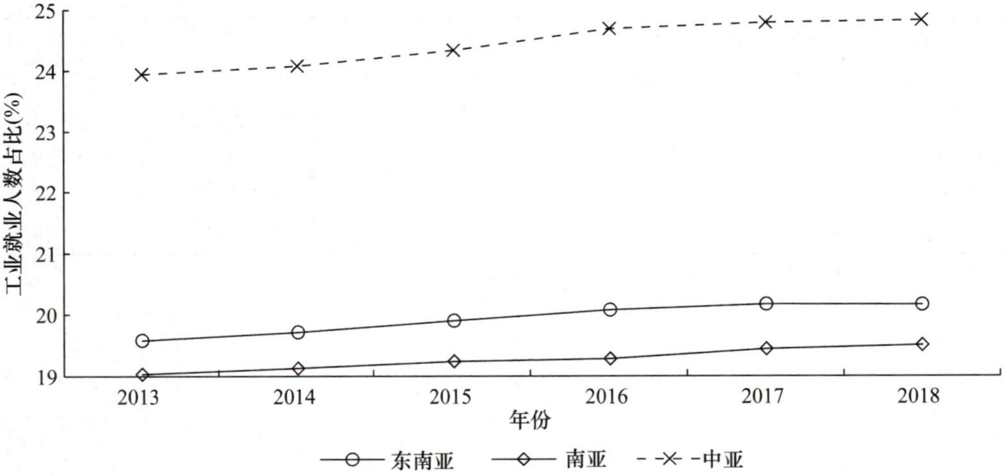

图 3-8 2013—2018 年部分"一带一路"沿线地区工业就业人数占总就业人数的比重

资料来源:世界银行。

技术吸收和创新效率,加快人力资本有效积累,减少科学技术向生产力转化的时间成本,并且互联网的普及有利于深化沿线国家对"一带一路"倡议的认知,加强多国文化融合,激励人类命运共同体的构建,促进全球化进程。

表 3-4 2013 年、2017 年部分"一带一路"沿线国家个人使用互联网百分比 (单位:%)

国家	2013 年	2017 年	国家	2013 年	2017 年	国家	2013 年	2017 年
蒙古	16.4	22.3	阿联酋	85.0	90.6	阿塞拜疆	54.2	78.2
新加坡	74.2	81.0	卡塔尔	88.1	94.3	亚美尼亚	39.2	62.0
马来西亚	65.8	78.8	科威特	79.2	78.4	波兰	65.0	73.3
印度尼西亚	15.4	25.4	巴林	88.0	98.0	立陶宛	68.0	74.4
泰国	26.5	47.5	希腊	56.0	69.1	爱沙尼亚	79.0	87.2
老挝	10.7	21.9	塞浦路斯	61.0	75.9	拉脱维亚	74.0	79.9
柬埔寨	4.9	25.6	埃及	44.1	39.2	捷克	75.0	76.5
越南	39.5	46.5	印度	12.6	29.5	斯洛伐克	80.0	80.5
文莱	60.3	75.0	巴基斯坦	10.0	15.5	匈牙利	72.0	79.3
菲律宾	36.2	55.5	孟加拉国	6.3	18.2	斯洛文尼亚	70.0	75.5
伊朗	26.0	53.2	斯里兰卡	18.3	32.1	克罗地亚	63.0	72.7
土耳其	45.1	58.3	尼泊尔	11.1	19.7	波黑	65.4	69.3
约旦	41.0	62.3	不丹	25.4	41.8	黑山	56.8	69.9

(单位:%)(续表)

国家	2013 年	2017 年	国家	2013 年	2017 年	国家	2013 年	2017 年
黎巴嫩	61.2	76.1	哈萨克斯坦	53.3	76.8	塞尔维亚	48.1	67.1
以色列	73.4	79.8	吉尔吉斯斯坦	21.7	34.5	阿尔巴尼亚	54.7	66.4
沙特阿拉伯	54.0	73.8	俄罗斯	53.3	76.4	罗马尼亚	50.0	59.5
也门	17.4	24.6	乌克兰	33.7	52.5	保加利亚	55.1	59.8
阿曼	60.0	69.8	格鲁吉亚	45.4	50.0	摩尔多瓦	37.4	49.9

资料来源:世界经济论坛 2013 年、2017 年《全球竞争力报告》。

第4章 “一带一路”国内国际双循环建设的必要性分析

和平与发展依然是时代的主题，世界多极化、社会信息化持续深化，国际秩序变革加速，人工智能、量子卫星迅猛发展，各国相互联系和依存日益加深，然而全球贫富分化严重，民粹主义、保护主义不断抬头，“逆全球化”暗流涌动，世界的不稳定性更加突出，责任赤字、治理赤字、发展赤字成为摆在人类社会面前的严峻挑战。

4.1 全球治理体系面临的严峻挑战

(一) 全球“中心到外围”发展失衡

经济全球化给全球经济发展带来了利好，但也引发了全球经济发展的失衡，从而模糊了全球治理的领导者、组织者和推动者的角色。目前，全球经济发展失衡主要是指全球范围内“中心到外围”的失衡和区域范围内“中心到外围”的失衡。全球范围内“中心到外围”的失衡是指欧洲发达经济体利用其在国际金融体系中的中心地位、规则制定主导权和技术优势，在全球范围内以较低的成本获取资源，使自身经济增长得以持续，而发展中经济体则被发达经济体牵制。根据联合国贸易与发展会议(UNCTAD)数据，2011—2017年，发达经济体GDP年均增长率为4.68%，高于发展中经济体，南北差距依然悬殊，而发展中经济体长期处于贸易逆差，消费需求依赖于发达经济体。区域范围内“中心到外围”的失衡的代表则是欧元区，以德国为代表的北欧国家属出口导向型，实体产业基础雄厚，经济增长动力充足；而以意大利、葡萄牙、西班牙为代表的南欧国家属超前消费型，财政杠杆过高，削弱了经济增长的潜力。虽然欧元区统一了基准利率和货币，但当经济危机发生时，中心国需要承担更多维护本地区经济稳定的义务，从而形成“落后”拖累“先进”的情况。

（二）逆全球化负面冲击加重

金融危机松动了原有的“一超独霸”国际格局，部分国家相互竞争、防范的心态凸显，严重抑制了大国合作及共同利益的形成，并且各国社会差距拉大及社会阶层分化加剧催生了强烈的民粹情绪，强调本国优先，由此“内顾”和“自顾”倾向在全球蔓延，形成了逆全球化的力量，导致全球经济偏离复苏轨道，掣肘全球治理向公平性发展。根据 WTO 数据，从 2017 年 10 月到 2018 年 5 月，WTO 成员实施了包括增加进口环节税收、提高关税、加严海关监管等在内的 75 项新的贸易限制措施，平均每个月实施 9 项。

特别是 2017 年以来，美国利用国内法律对贸易对象国及其企业进行孤立和排斥，甚至以国家安全为由，干涉盟国的正常交易，并将同盟引进贸易政策体系，引发全球经济“割裂化”“集团化”。这股逆全球化浪潮冲击了全球消费市场，导致国际投资和贸易收缩，是威胁全球经济健康发展的实质性风险。

（三）全球发展责任赤字

由于全球化程度加深，国家与国家之间变得一损俱损、一荣俱荣，因此世界各国应在共享全球经济发展红利的条件下，以国际社会道德为准则。然而，当前部分经济全球化利益获得国极力逃避国际责任，并迫使后发国承担与自身权利不相适应的义务，从而导致了全球经济发展权责关系的扭曲，让全球治理体系陷入内耗、失灵的境地。截至 2018 年 11 月，联合国 193 个会员国中有 50 个国家尚未缴纳 2018 年经常预算摊款，其中美国自 1985 年以来累计拖欠联合国经常预算摊款金额达 13 亿美元。

与此相对，部分大型跨国公司基于国际金融监管制度不完善，采取“税基改变”“转移定价”等方法在不同国家之间转移利润，以逃避纳税责任，从而加剧了国际金融体系的不稳定性，诱发了全球经济动荡。2017 年，澳大利亚税务局指控苹果、谷歌、微软等 7 家跨国公司通过债务倾销和转移利润的方式逃税，累计欠税约 21.8 亿美元。

（四）全球价值链部分环节回归本土化

2008 年以前，欧洲发达国家积极投身于去工业化进程，过度发展金融和房地产业，而金融危机爆发后，产业泡沫化和虚拟经济膨胀化重创了实体经济。为了稳定经济、降低失业率、解决产业空心化，欧洲发达国家相继实施了再工业化战略，如德国出台《国家工业战略 2030》、美国实施重振制造业战略等，使部分跨国公司在发展中国家布局的制造环节和供应商回归本土化。这导致部分发展中国家被排除在深度经济全球化之外，加深了南北经济鸿沟，削弱了当前全球治理体系的有效性。根据联合国贸易与发展会议数据，2015—2017 年，发达国家外国直接投资（FDI）累计流入额达 37 824.8 亿美元，超过发展中国家的 10 007.6 亿美元，并且 2017 年德国、英国制造业占 GDP 的比重较 2009 年分别上升了 4.41 个百分点和 0.54 个百分点。

（五）全球经济新旧动能转换

放眼国际，以新技术突破为基础的全球产业结构正在发生深刻变革，朝着结构生态化、管理智慧化、生产科技化、产业融合化、服务精细化方向转变。世界各国纷纷加快科技创新，以抢占新一轮产业革命的制高点。英国在 2017 年发布的《产业战略：建设适应未来的英国》中提出，重点促进数据分析和人工智能技术与能源、建筑、农业技术、生命科学、网络安全、制造等产业融合发展。新加坡的转型升级蓝图注重尖端科技在医疗保健、建筑、电子、金融等产业的应用。经济新旧动能转换已成为全球经济发展的重要趋势，这进一步加大了全球治理体系可持续发展的难度。

4.2 “一带一路”沿线国家总体经济情况[①]

4.2.1 各地区经济发展阶段差异

从经济发展阶段来看，各地区之间存在显著差异。中东欧“一带一路”沿线国家普遍跻身中高收入[②]及以上国家行列，中亚、南亚及东南亚“一带一路”沿线国家经济发展水平相对落后。“一带一路”沿线国家大部分为中等收入国家，仅有 19 个国家跻身高收入国家行列，中国属于中高收入国家（见表 4-1）。中东欧地区除摩尔多瓦、乌克兰仍处于中低收入水平外，其余 17 个国家均处于中高收入或高收入国家行列。由于早期激进的经济政策以及国内动荡的政局，摩尔多瓦自独立以来经历了经济严重衰退到上下波动的起伏，目前经济正低速平稳发展，人均 GDP 由 2009 年前的 1 899 美元增加至 2019 年的 4 500 美元。乌克兰在 2014 年遭遇了自独立以来最严重的社会、政局、经济动荡，2019 年其人均 GDP 约为 3 659 美元。

资源与社会环境是影响经济发展水平的重要变量。西亚北非地区的阿曼、沙特阿拉伯、巴林、科威特、卡塔尔均属于油气资源丰富的国家，其经济相对发达。其中，科威特、阿曼、巴林油气行业产值占 GDP 的比重分别为 55%、38.3%、18.4%。阿富汗作为世界最不发达的国家之一，安全形势严峻，人均 GDP 自 2012 年开始下滑，2019 年仅为 502 美元。中亚、南亚、东南亚“一带一路”沿线国家大部分经济发展水平相对落后，如乌兹别克斯坦全境多戈壁荒漠，吉尔吉斯斯坦全境多高原山地，阻碍了贸易发

① 注：为了便于分析，本章“一带一路”沿线国家区域划分与前面章节略有差异。

② 借鉴世界银行以 2019 年的人均 GNI 对各国经济情况进行分类的标准。人均 GNI 在 1 035 美元以下为低收入国家，介于 1 036—4 045 美元为中低收入国家，介于 4 046—12 535 美元为中高收入国家，超过 12 536 美元为高收入国家。

展,2019年两国人均GDP分别为1 724美元、1 309美元。较为特殊的是印度,虽然2018年印度人均GDP仅为2 104美元,但其经济规模庞大,GDP总量占“一带一路”沿线国家经济总量的接近10%,仅次于中国(占比51%)。

表4-1 “一带一路”沿线国家收入水平

地区	低收入国家	中低收入国家	中高收入国家	高收入国家
中东欧	—	摩尔多瓦、乌克兰	波黑、塞尔维亚、阿尔巴尼亚、黑山、保加利亚、北马其顿、白俄罗斯	波兰、立陶宛、爱沙尼亚、拉脱维亚、捷克、斯洛伐克、斯洛文尼亚、匈牙利、罗马尼亚、克罗地亚
东北亚	—	蒙古	俄罗斯	—
西亚北非	也门	埃及	伊朗、土耳其、约旦、伊拉克、黎巴嫩、格鲁吉亚、阿塞拜疆、亚美尼亚	以色列、沙特阿拉伯、阿曼、卡塔尔、科威特、巴林、阿联酋、希腊
中亚	塔吉克斯坦	乌兹别克斯坦、吉尔吉斯斯坦	哈萨克斯坦、土库曼斯坦	—
南亚	阿富汗	印度、巴基斯坦、孟加拉国、斯里兰卡、尼泊尔、不丹	马尔代夫	—
东南亚	—	缅甸、老挝、柬埔寨、越南、菲律宾、东帝汶	马来西亚、印度尼西亚、泰国	新加坡、文莱

资料来源:世界银行。
注:由于世界银行未提供巴勒斯坦以及叙利亚2007年之后的数据,故表格未列出。

4.2.2 中等收入国家带动经济增长

2017—2019年,“一带一路”沿线国家GDP平均增速为3.7%,高于世界平均增速(3%);中国平均增速为6.6%,仍处于中高速增长阶段。处于高速增长阶段的4个国家除塔吉克斯坦外,均为中低收入国家,2017—2019年孟加拉国GDP平均增速达到7.8%,这主要得益于良好的社会秩序、强有力的领导以及投资增加、消费需求增强、出口复苏等因素。中速增长国家大部分是中等收入国家,低速增长国家大部分是高收入及中高收入国家,由此可见,中等收入国家经济增速较快,带动了全球经济发展。2017—2019年“一带一路”沿线国家GDP年均增速如表4-2所示。

表 4-2 2017—2019 年“一带一路”沿线国家 GDP 年均增速

高速增长(>7%)	中速增长(4%—7%)			低速增长(0—4%)			负增长
柬埔寨	巴基斯坦	乌兹别克斯坦	菲律宾	伊拉克	乌克兰	白俄罗斯	黎巴嫩
塔吉克斯坦	摩尔多瓦	罗马尼亚	亚美尼亚	沙特阿拉伯	斯里兰卡	北马其顿	也门
孟加拉国	哈萨克斯坦	缅甸	爱沙尼亚	阿曼	斯洛伐克	阿富汗	科威特
尼泊尔	吉尔吉斯斯坦	蒙古	格鲁吉亚	卡塔尔	捷克	巴林	东帝汶
	黑山	老挝	越南	阿塞拜疆	保加利亚	波黑	
	匈牙利	印度	埃及	文莱	阿尔巴尼亚	新加坡	
	波兰	马尔代夫	中国	俄罗斯	拉脱维亚	克罗地亚	
	马来西亚	土库曼斯坦	印度尼西亚	约旦	以色列	斯洛文尼亚	
				立陶宛	泰国	不丹	
				土耳其	塞尔维亚	伊朗	
				阿联酋			

资料来源:世界银行。
注:由于世界银行未提供巴勒斯坦以及叙利亚 2007 年之后的数据,故表格未列出。

2017—2019 年,中亚地区 GDP 平均增速维持在 5%以上。在全球经济持续下行背景下,2019 年“一带一路”沿线其他地区 GDP 增速均出现不同程度的下滑,唯有中亚 5 国逆势增长。其中,塔吉克斯坦 GDP 增速连续 3 年超过 7%。南亚地区,2019 年孟加拉国 GDP 增速最高,达 7.9%;印度、巴基斯坦、斯里兰卡 GDP 增速分别下滑至 5%、4.4%、2%。得益于合理使用欧盟援助资金等原因,中东欧地区十年间实现经济大跨步,2010—2019 年,本章所涉及的“一带一路”沿线国家中,罗马尼亚、拉脱维亚 GDP 年增速涨幅最大,均超过 6 个百分点,分别从 2010 年的−3.9%、−4.4%增长至 2019 年的 4.1%、2.2%。2009—2019 年“一带一路”沿线国家 GDP 年增速如表 4-3 所示。

4.2.3 “一带一路”沿线国家产业结构各异

“一带一路”沿线国家由于地理位置、资源禀赋、发展模式不同,产业结构各异。农业方面,低收入水平尤其是缺乏资源禀赋的国家农业增加值占 GDP 的比重相对较高,2018 年阿富汗、柬埔寨、尼泊尔农业增加值占 GDP 的比重分别为 20%、22%、26%,而波兰、罗马尼亚、新加坡等高收入国家农业增加值占 GDP 的比重均未达到 3%。中亚地区虽然耕地面积占比较高,但具备石油、天然气等更稀缺的资源,因此油气产业才是其优势产业,农业增加值占 GDP 的比重较低,其中哈萨克斯坦耕地面积占国土总面积的 10%,农业增加值占 GDP 的比重维持在 4.5%的水平。

制造业方面,整体来看,东南亚地区制造业增加占 GDP 的比重最高(17.62%),超

表 4-3 2009—2019 年“一带一路”沿线国家 GDP 年增速

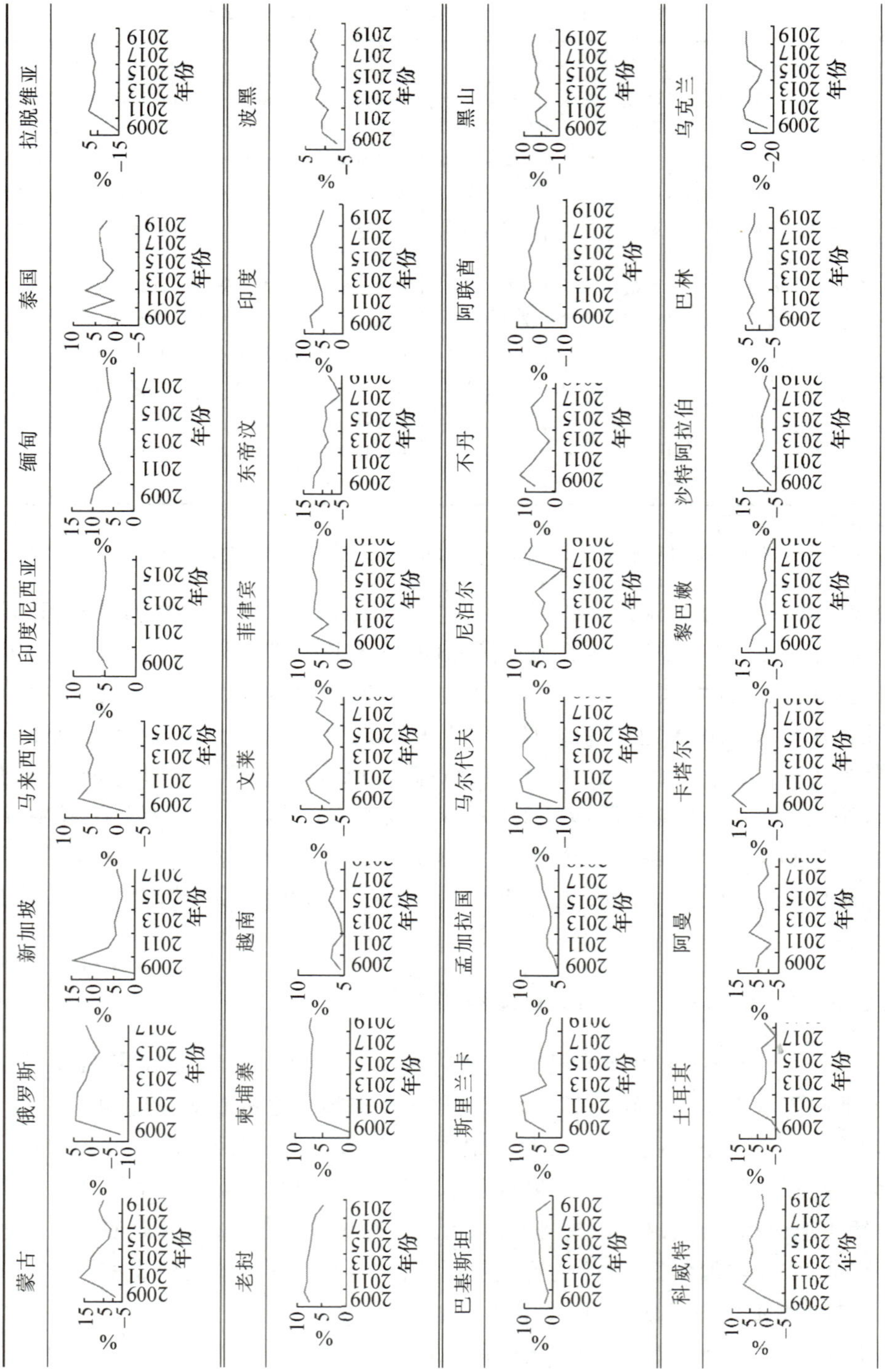

（续表）

以色列	也门	埃及	伊朗	约旦	伊拉克	阿富汗	白俄罗斯

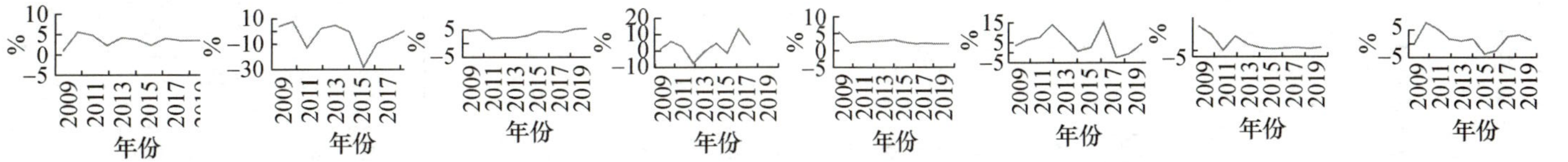

阿塞拜疆	格鲁吉亚	亚美尼亚	哈萨克斯坦	乌兹别克斯坦	塔吉克斯坦	土库曼斯坦	摩尔多瓦

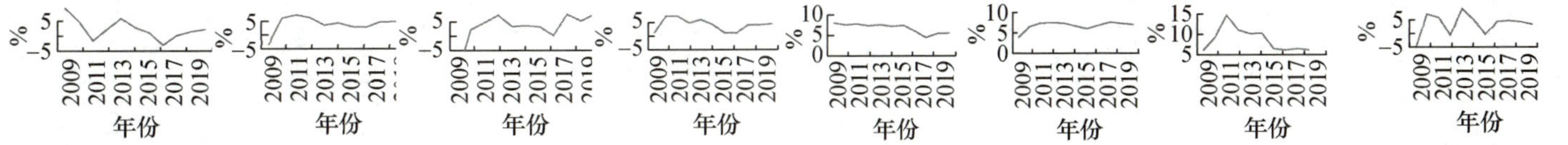

吉尔吉斯斯坦	波兰	阿尔巴尼亚	立陶宛	爱沙尼亚	斯洛文尼亚	保加利亚	中国

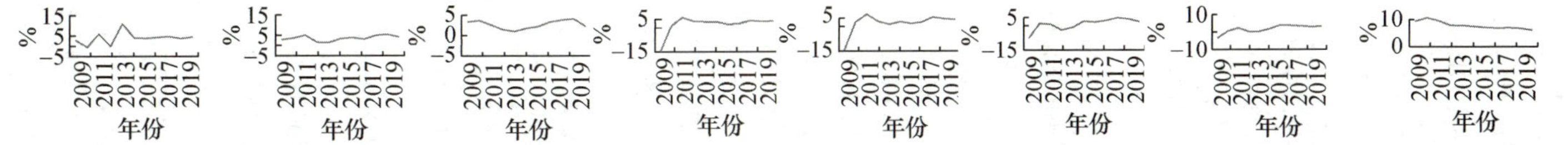

捷克	匈牙利	北马其顿	塞尔维亚	罗马尼亚	斯洛伐克	克罗地亚	希腊

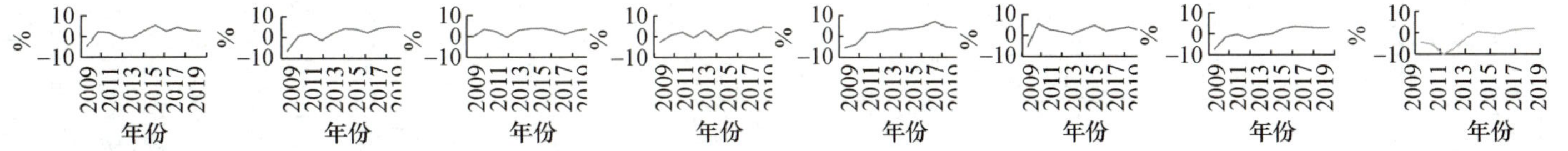

资料来源：世界银行。

注：由于世界银行未提供巴勒斯坦以及叙利亚 2007 年之后的数据，故表格未列出。

过中东欧(15.10%)、中亚(15.08%)地区。中国作为“世界工厂”,2019年制造业增加值占GDP的比重最高,达到27.2%,其次是泰国(25.3%),捷克、马来西亚、白俄罗斯、斯洛文尼亚制造业增加值占GDP的比重均超过20%(见表4-4)。

表4-4 2010年、2019年“一带一路”沿线国家制造业增加值占GDP的比重 (单位:%)

国家	2010年	2019年	国家	2010年	2019年	国家	2010年	2019年
中国	31.6	27.2	阿联酋	7.9	8.7	吉尔吉斯斯坦	16.9	14.3
蒙古	6.8	9.6	科威特	6.0	—	波兰	15.6	16.9
俄罗斯	12.8	13.1	土耳其	15.1	19.0	阿尔巴尼亚	5.5	6.3
新加坡	20.8	19.8	阿曼	58.2	—	爱沙尼亚	13.6	12.9
马来西亚	23.4	21.5	卡塔尔	12.5	8.6	斯洛文尼亚	17.5	20.2
印度尼西亚	22.0	19.7	黎巴嫩	7.7	—	立陶宛	16.9	16.2
缅甸	19.9	—	沙特阿拉伯	11.0	12.5	保加利亚	—	—
泰国	30.9	25.3	巴林	14.5	17.9	捷克	21.2	22.4
老挝	11.1	7.5	以色列	14.3	—	匈牙利	18.2	18.2
柬埔寨	14.7	16.3	也门	8.0	—	北马其顿	9.9	—
越南	12.9	16.5	埃及	16.1	15.9	塞尔维亚	15.3	—
文莱	14.9	13.6	伊朗	12.8	—	罗马尼亚	22.9	17.0
菲律宾	21.9	18.5	约旦	20.0	—	斯洛伐克	18.2	18.5
东帝汶	1.0	—	伊拉克	2.3	—	克罗地亚	13.1	12.0
印度	17.0	13.7	阿富汗	12.5	—	拉脱维亚	11.9	10.2
巴基斯坦	13.1	12.5	阿塞拜疆	4.8	5.0	波黑	10.9	12.7
斯里兰卡	18.1	16.4	格鲁吉亚	9.1	8.8	黑山	4.6	—
孟加拉国	16.1	18.9	亚美尼亚	—	11.7	乌克兰	13.2	10.8
马尔代夫	2.3	—	哈萨克斯坦	11.3	11.4	白俄罗斯	22.5	21.3
尼泊尔	5.9	5.0	乌兹别克斯坦	10.9	19.6	摩尔多瓦	10.0	10.9
不丹	8.9	—	塔吉克斯坦	—	—			
希腊	7.9	7.8	土库曼斯坦	—	—			

资料来源:世界银行。

注:由于世界银行未提供巴勒斯坦以及叙利亚2007年之后的数据,故表格未列出。

服务业方面,马尔代夫、新加坡、黎巴嫩服务业增加值占GDP的比重均达到70%以上,但其发展模式存在差异。马尔代夫工业基础薄弱但地理位置优越,以旅游业、渔业为支柱产业,旅游收入对其GDP的贡献率多年维持在25%—30%。新加坡服务业主要包括金融服务、生物医药、旅游等,新加坡具有时区优势,电信基础设施良好,掌握了亚洲快速崛起的机遇,目前为世界第五大金融中心、亚洲美元市场。黎巴嫩服务业较为发达,金融、旅游、贸易、侨汇为其服务业“四大支柱”。其私营经济较为活跃,是经济的主体部分,市场开放度较高,而贸易限制较少,仅不到1%的商品进出口受到限制。

4.2.4 部分国家通货膨胀率居高不下

2010—2019 年，东北亚、中亚地区按 GDP 平减指数衡量的年均通货膨胀率分别达 9.97%、8.91%，高于南亚（6.32%）、西亚北非（5.70%）、中东欧（4.46%）、东南亚（3.67%）地区以及中国（3.12%），其中白俄罗斯、乌兹别克斯坦、也门、乌克兰年均通货膨胀率最高。2019 年，有数据可循的“一带一路”沿线国家中通货膨胀率最高的是乌兹别克斯坦，达到 19.2%，其次是土耳其、埃及、巴基斯坦等国（见表 4-5）。“一带一路”沿线国家中，政治局势与经济发展处于动荡期的国家通货膨胀率较高，这是由于政治局势不明朗，营商风险下外资撤离、国内企业产量不稳定，供给不足导致物价上升，如也门、埃及、乌克兰等国，其中也门 2019 年通货膨胀率高达 31.5%。

表 4-5 2010 年、2019 年“一带一路”沿线国家的通货膨胀率 （单位：%）

国家	2010 年	2019 年	国家	2010 年	2019 年	国家	2010 年	2019 年
中国	6.9	1.6	阿联酋	12.5	−1.9	吉尔吉斯斯坦	10.0	−0.8
蒙古	39.2	8.3	科威特	11.1	−4.1	波兰	1.7	2.9
俄罗斯	14.2	3.8	土耳其	7.0	13.9	阿尔巴尼亚	4.5	0.4
新加坡	1.1	0.1	阿曼	12.5	−3.4	立陶宛	2.3	3.0
马来西亚	7.3	0.1	卡塔尔	7.0	−4.0	爱沙尼亚	1.8	3.2
印度尼西亚	15.3	1.6	黎巴嫩	0.6	2.9	斯洛文尼亚	−1.0	2.4
缅甸	7.0	7.6	沙特阿拉伯	17.2	0.5	保加利亚	1.1	4.7
泰国	4.1	0.7	巴林	7.4	0.6	捷克	−1.4	3.5
老挝	9.2	2.4	以色列	1.6	2.2	匈牙利	2.4	4.5
柬埔寨	3.1	3.2	也门	23.6	—	北马其顿	2.0	2.4
越南	12.1	1.8	埃及	10.1	13.6	塞尔维亚	5.7	2.5
文莱	16.7	−3.3	伊朗	15.9	—	罗马尼亚	3.5	6.9
菲律宾	4.4	0.8	约旦	8.4	1.6	斯洛伐克	0.5	2.6
东帝汶	10.8	3.2	伊拉克	16.6	0	克罗地亚	0.9	1.5
印度	10.5	2.3	阿富汗	3.8	2.2	拉脱维亚	−0.4	2.6
巴基斯坦	10.9	8.6	阿塞拜疆	13.8	−0.2	波黑	1.5	2.1
斯里兰卡	22.8	2.2	格鲁吉亚	14.2	6.6	黑山	1.6	1.6
孟加拉国	7.1	4.5	亚美尼亚	7.8	1.5	乌克兰	13.9	8.1
马尔代夫	2.9	2.2	哈萨克斯坦	19.5	6.7	白俄罗斯	11.3	6.6
尼泊尔	15.1	6.2	乌兹别克斯坦	39.4	19.2	摩尔多瓦	33.3	5.5
不丹	5.9	—	塔吉克斯坦	12.4	5.0			
希腊	4.7	0.3	土库曼斯坦	2.3	—			

资料来源：世界银行。

注：由于世界银行未提供巴勒斯坦以及叙利亚 2007 年之后的数据，故表格未列出；通货膨胀率用 GDP 平减指数衡量。

4.2.5 失业率两极分化

"一带一路"沿线国家中，收入水平相对较高的中东欧、西亚北非国家失业率普遍较高。2010—2019年，中东欧国家失业率明显降低（见图4-1），除乌克兰失业率上升至8.9%外，其余国家失业率同步下降。其中，爱沙尼亚、立陶宛降幅最为明显，均超过10个百分点。爱沙尼亚失业率从2010年的16.7%降低至2019年的5.1%，立陶宛从2010年的17.8%降低至2019年的6.4%。尽管如此，中东欧国家仍面临高失业率困扰，2019年平均失业率达7.7%，高于世界平均失业率水平（6.9%）。西亚北非国家失业率维持在较高水平，2019年平均失业率达8.2%，连续两年超过中东欧国家。东南亚、南亚国家失业率相对较低，基本维持在4%以下。中国失业率基本稳定，维持在4.3%—4.6%的水平。

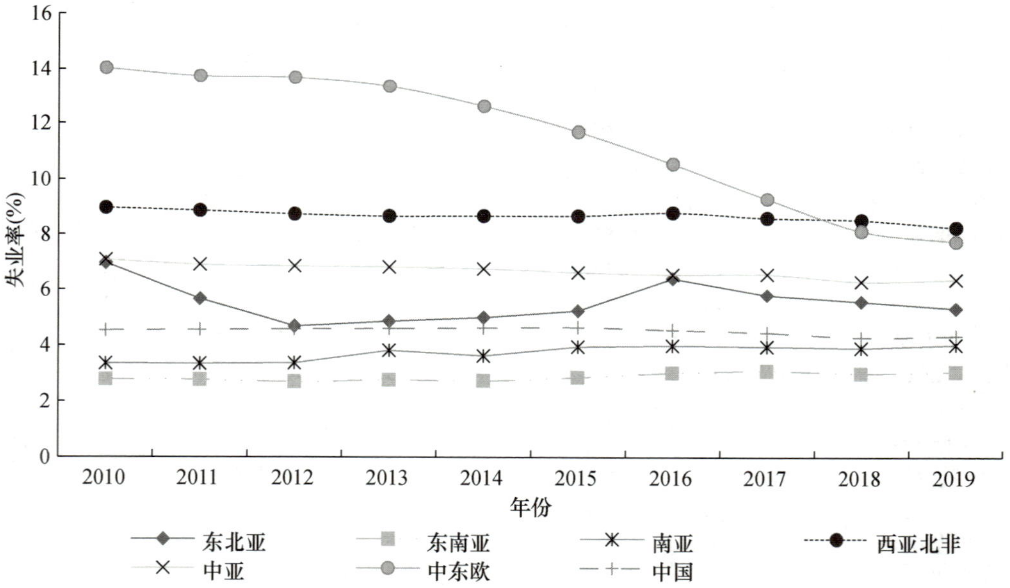

图4-1 2010—2019年"一带一路"沿线国家失业率

资料来源：世界银行。

4.2.6 进出口贸易保持增长态势

2010—2019年，"一带一路"沿线国家进出口贸易整体保持增长状态，出口、进口年均增长率分别为4.8%、4.7%，其中东北亚地区波动性较强（见图4-2）。2011—2015年，俄罗斯进口增长率下滑趋势明显，由2011年的20%下滑至2015年的

−25%,此后缓慢回升;出口产品以石油类产品为主,出口增长率相对稳定。2012 年,由于欧洲债务危机恶化,欧洲货物与服务进出口贸易额减少,中东欧地区进出口贸易增长率下滑。2017 年之后,受贸易保护主义、全球治理体系动荡、经济下行等多方面因素影响,“一带一路”沿线地区进出口贸易增长率下滑,南亚地区跌势最为严重。“一带一路”沿线国家多为发展中国家,2020 年新冠疫情或加速贸易局势恶化,UNCTAD 的数据显示,南南国家贸易在 4 月急剧下降了 14%,南亚地区可能出现 40%的贸易下滑。

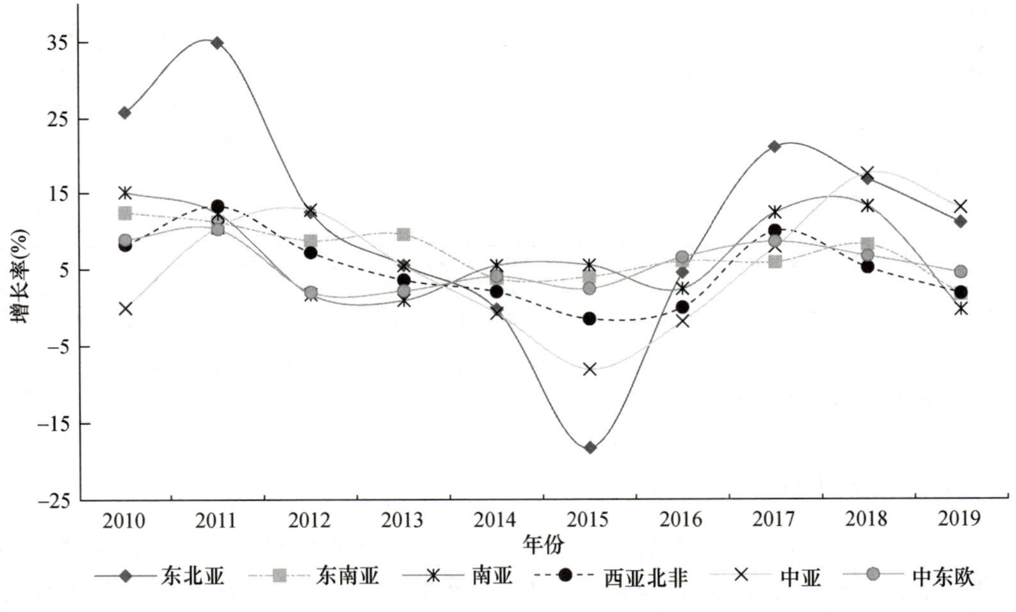

图 4-2 2010—2019 年“一带一路”沿线国家货物与服务进出口年均增长率

资料来源:世界银行。

4.2.7 贸易顺差自北向南逐渐减小

“一带一路”沿线国家贸易顺差自北向南逐渐减小。2010—2019 年,东北亚地区平均贸易顺差最大(见图 4-3),这是由于俄罗斯贸易顺差较大。2019 年,俄罗斯贸易顺差高达 1 283 亿美元,仅次于中国,为“一带一路”沿线国家中贸易顺差第二大的国家。俄罗斯拥有丰富的石油、矿产资源,矿物燃料等产品出口量占总出口的 50%以上。中东欧地区贸易顺差基本保持稳定。中亚地区贸易顺差同样基本保持稳定,其中哈萨克斯坦贸易顺差最大,2019 年达 155.8 亿美元。印度贸易逆差巨大,拖累了整个南亚地区的贸易顺差水平。这是由于印度基础设施不完善、劳动力素质低下,阻碍了印度制造业的发展，大量外国商品涌入本国市场，2019 年印度贸易逆差达到 774 亿美元。

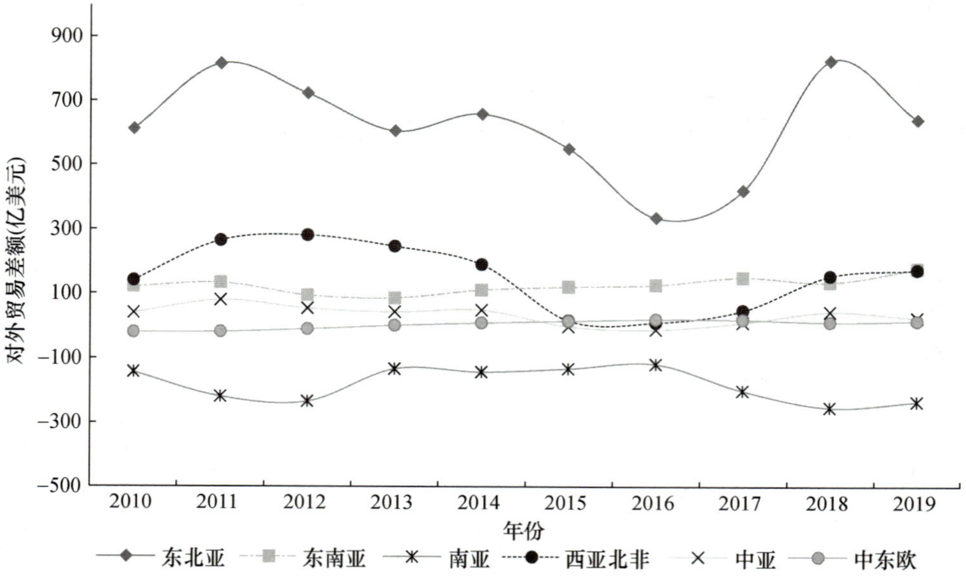

图 4-3　2010—2019 年“一带一路”沿线国家货物与服务对外贸易差额

资料来源：世界银行。

4.2.8　中国贸易地位突出

自 2013 年“一带一路”倡议开始推行，中国积极变被动为主动，参与全球治理。中国通过基础设施建设为沿线国家创造就业并提供基础设施，同时为开展中国同沿线国家的贸易创造便利条件。2019 年，中国对“一带一路”沿线国家进出口总额达 9.27 万亿元，增长了 10.8%，高出对外贸易整体增速 7.4 个百分点，占进出口总额将近 30%，比 2018 年提升了 2 个百分点。

中国与南亚地区贸易呈现以印度为主，以巴基斯坦和孟加拉国为辅的格局。据印度商业信息统计署与印度商务部统计，2019 年中印双边货物进出口额达到 855.0 亿美元，其中印度对中国出口 171.3 亿美元，增长 3.9%，占印度出口总额的 5.3%，自中国进口 683.7 亿美元，下降 7.3%，占印度进口总额的 14.1%。东南亚地区，越南、马来西亚、泰国及新加坡为中国主要贸易国家。2013—2019 年，中国连续 7 年成为新加坡最大贸易伙伴，商务部数据显示，2019 年中新双边货物进出口额为 1 006.7 美元，中国是新加坡机电产品、贱金属及其制品、家具玩具和纺织品及原料的首位进口来源地，占新加坡同类产品进口总额的 19.2%、19.6%、34.6%和 26.0%。东北亚地区，中国与俄罗斯贸易往来密切,2019 年中俄、中蒙货物进出口额分别为 1 107.9 亿美元、81.6 亿美元。据俄罗斯海关统计,2019 年 1—9 月,俄罗斯对中国出口 401.4 亿美元,下降 0.7%,占其出口总额的 13.0%,自中国进口 386.6 亿美元,增长 1.1%,占其进口总额的 22.1%。西亚北非地区,阿联酋、沙特阿拉伯、伊朗与中国之间贸易体量较大。中东欧地区,欧盟成员之间贸易往来密切,对华贸易结构单一,主要从中国进口机电产品。捷克、罗马尼亚作为欧盟成员,超过 70%的贸易均在欧盟区域进行,其贸易逆差主要来源于中国,2019 年中捷、中罗双边货物进出口额分别为 189.6 亿美元、57.4 亿美元,其贸易逆差分别为 141.6 亿美元、43.7 亿美元,两国自中国进口的产品主要是机电产品,分别占自中国进口总额的 81%、53%。拉脱维亚自中国进口的主要产品前三位分别为机电产品,家具玩具、杂项制品和塑料、橡胶。其中,2019 年机电产品进口额为 3.0 亿美元,下降 5.3%,占拉脱维亚自中国进口总额的 52.2%。2019 年,波兰自中国进口的运输设备总额增幅较多,达 3.1%。除了机电产品,中国的劳动密集型产品同样具备竞争力,2019 年罗马尼亚自中国进口的家具玩具和纺织品及原料分别占其同类产品进口总额的 12.8%、6.0%。

4.2.9 外国直接投资净流入变化趋势基本一致

除东北亚地区外,其他“一带一路”沿线地区外国直接投资净流入变化趋势基本一致:2010—2016 年稳中有变,2016 年后呈现不同程度的缓慢上升趋势。受西方制裁、资源依赖型经济结构影响,2014—2015 年俄罗斯外国直接投资净流入表现出巨大波动,跌至 69 亿美元,降幅约 70%。2019 年,中国外国直接投资净流入居“一带一路”沿线国家首位,达到 1 558 亿美元。其他国家中,东南亚、南亚国家表现亮眼,其中新加坡、印度直接投资净流入分别为 1 055 亿美元、506 亿美元。东南亚国家投资吸引力提升较快,其中印度尼西亚经济增长前景较好、劳动力廉价,外国直接投资净流入仅次于中国、新加坡、印度、俄罗斯,世界经济论坛《2019 年全球竞争力报告》显示,印度尼西亚在全球最具竞争力的 141 个国家和地区中,排第 50 位。中国对外承包工程商会发布的《“一带一路”国家基础设施发展指数(2019)》显示,印度尼西亚连续多年排名榜首。

2019 年,“一带一路”沿线国家外国直接投资流量合计达 5 092 亿元,占世界总外国直接投资流量比重由 2014 年的 30%提升至 2019 年的 33%。2019 年,东南亚地区外国直接投资占比约为 30%,超过西亚北非(12%)及中东欧(11%)和南亚(11%)地区。南亚、中东欧地区的外国直接投资增长较快,分别由 2014 年的 393.0 亿美元、432.5 亿美元增长至 2019 年的 558.8 亿美元、545.9 亿美元。亚洲许多国家正逐渐改善投资环境以应对 2020 年新冠疫情后中短期投资下滑,其中中国逐渐扩大开放:北京、上海等地出台服务业扩大开放措施,继续放宽市场准入条件——2020 年版负面清单对金融、基建、交通、商用车、矿产、小麦等领域放开部分限制；阿联酋批准外国直接投资正面清单。2014 年、2019 年"一带一路"沿线国家外国直接投资流量具体如表 4-6 所示。

表 4-6 2014 年、2019 年"一带一路"沿线国家外国直接投资流量

（单位：百万美元）

国家	2014 年	2019 年	国家	2014 年	2019 年	国家	2014 年	2019 年
中国	128 502	141 225	阿联酋	11 072	13 787	吉尔吉斯斯坦	348	209
蒙古	338	2 443	科威特	953	104	波兰	14 269	13 220
俄罗斯	29 152	31 735	土耳其	12 969	8 434	阿尔巴尼亚	1 111	1 281
新加坡	73 287	92 081	阿曼	1 287	3 125	立陶宛	−183	975
马来西亚	10 877	7 650	卡塔尔	1 040	−2 813	爱沙尼亚	685	3 044
印度尼西亚	21 811	23 429	黎巴嫩	2 863	2 126	斯洛文尼亚	1 051	910
缅甸	946	2 766	沙特阿拉伯	8 012	4 562	保加利亚	462	1 223
泰国	4 809	4 146	巴林	1 519	942	捷克	5 492	7 577
老挝	868	557	以色列	6 049	18 224	匈牙利	7 968	5 205
柬埔寨	1 853	3 706	也门	−233	−371	北马其顿	273	365
越南	9 200	16 120	埃及	4 612	9 010	塞尔维亚	1 999	4 281
文莱	568	275	伊朗	2 105	1 508	罗马尼亚	3 216	5 971
菲律宾	5 285	4 996	约旦	2 178	916	斯洛伐克	−513	2 449
东帝汶	49	75	伊拉克	−10 176	−3 076	克罗地亚	2 896	1 365
印度	34 582	50 553	阿富汗	44	39	拉脱维亚	895	789
巴基斯坦	1 887	2 218	阿塞拜疆	4 430	1 504	波黑	550	528
斯里兰卡	894	758	格鲁吉亚	1 837	1 268	黑山	498	453
孟加拉国	1 551	1 597	亚美尼亚	407	254	乌克兰	410	3 070
马尔代夫	333	565	哈萨克斯坦	8 489	3 118	白俄罗斯	1 828	1 293
尼泊尔	30	185	乌兹别克斯坦	809	2 286	摩尔多瓦	341	589
不丹	22	7	塔吉克斯坦	451	213			
希腊	2 687	4 631	土库曼斯坦	3 830	2 166			

资料来源：UNCTAD《2020 世界投资报告》。

注：巴勒斯坦、叙利亚数据缺失，未列示。

2019 年，"一带一路"沿线国家对外直接投资流量合计达 2 663 亿元，占世界总对外直接投资流量比重由 2014 年的 25%降低至 2019 年的 20%。2019 年，东南亚地区对外直接投资占比约为 21%，超过西亚北非（18%）及东北亚（9%）地区。西亚北非地区的对外直接投资增长较快，由 2014 年的 310.8 亿美元增长至 2019 年的 471.3 亿美元。2014 年、2019 年"一带一路"沿线国家对外直接投资流量具体如表 4-7 所示。

表 4-7 2014 年、2019 年“一带一路”沿线国家对外直接投资流量

（单位：百万美元）

国家	2014 年	2019 年	国家	2014 年	2019 年	国家	2014 年	2019 年
中国	123 120	117 120	阿联酋	11 736	15 901	吉尔吉斯斯坦	—	3
蒙古	107	127	科威特	−10 468	−2 495	波兰	2 898	2 132
俄罗斯	64 203	22 530	土耳其	6 682	2 841	阿尔巴尼亚	33	127
新加坡	52 477	33 283	阿曼	1 358	1 116	立陶宛	9	153
马来西亚	16 369	6 304	卡塔尔	6 748	4 450	爱沙尼亚	42	1 967
印度尼西亚	7 077	3 380	黎巴嫩	1 241	438	斯洛文尼亚	276	135
缅甸	—	—	沙特阿拉伯	5 396	13 185	保加利亚	268	332
泰国	5 575	11 847	巴林	−394	−197	捷克	1 620	4 918
老挝	7	—	以色列	4 526	8 566	匈牙利	3 854	2 626
柬埔寨	82	102	也门	12	3	北马其顿	10	40
越南	1 150	465	埃及	253	405	塞尔维亚	356	269
文莱	—	—	伊朗	3	85	罗马尼亚	−374	38
菲律宾	6 299	658	约旦	83	41	斯洛伐克	43	153
东帝汶	13	—	伊拉克	242	194	克罗地亚	1 981	231
印度	11 783	12 104	阿富汗	—	26	拉脱维亚	518	−161
巴基斯坦	122	−7	阿塞拜疆	3 230	2 432	波黑	18	−9
斯里兰卡	67	77	格鲁吉亚	407	282	黑山	27	67
孟加拉国	44	−1	亚美尼亚	29	−143	乌克兰	111	648
马尔代夫	—	—	哈萨克斯坦	3 815	−2 592	白俄罗斯	39	−7
尼泊尔	—	—	乌兹别克斯坦	4	3	摩尔多瓦	37	43
不丹	—	—	塔吉克斯坦	—	23			
希腊	3 019	438	土库曼斯坦	—	—			

资料来源：UNCTAD《2020 世界投资报告》。

注：巴勒斯坦、叙利亚数据缺失，未列示。

4.2.10 中国对“一带一路”沿线国家投资覆盖面广

2013—2019 年，中国对“一带一路”沿线国家直接投资累计超过 1 100 亿美元，承包工程项目新签合同额累计接近 8 000 亿美元。2019 年，中国在“一带一路”沿线国家非金融类方面直接投资 150.4 亿美元，2003 年仅为 2 亿美元，增长达 74.2 倍。

商务部《中国对外投资发展报告 2019》显示，2018 年，从中国对“一带一路”沿线国家的投资流量来看，主要流向新加坡、印度尼西亚、马来西亚、老挝、越南、阿联酋、柬埔寨、俄罗斯、泰国、孟加拉国等国家；从投资存量来看，新加坡、俄罗斯、印度尼西亚、马来西亚、老挝、哈萨克斯坦、阿联酋、柬埔寨、泰国、越南位列前十。中国与“一带一路"沿线国家投资合作领域多元化，包含基础设施建设、加工制造、农林开发、能源资源、物流运输等多个方面。投资流量方面，流向制造、批发和零售、科学研究和技术服务、电力生产和供应业的投资增幅较大：流向制造业的投资为58.8亿美元，同比增长42.6%，占32.9%；流向批发和零售业的投资为37.1亿美元，同比增长37.7%，占20.7%；流向科学研究和技术服务业的投资为6亿美元，同比增长45.1%，占3.4%；流向电力生产和供应业的投资为16.8亿美元，同比增长87.5%，占9.4%。

4.2.11 "一带一路"沿线国家宏观经济竞争力增强

2013—2017年，"一带一路"沿线国家的宏观经济环境出现鲜明的向好发展趋势，南亚、中东欧国家宏观经济环境不断优化，竞争力快速上升，其中巴基斯坦、捷克、塞尔维亚、立陶宛、匈牙利、波黑、不丹等国家的宏观经济竞争力大幅提升（见表4-8），而西亚北非国家的宏观经济环境有小幅恶化，其中阿曼、沙特阿拉伯、科威特、巴林、阿塞拜疆、亚美尼亚等国家的宏观经济竞争力降低最为显著，这主要是因为全球大宗商品价格波动及地缘政治的影响。与此同时，各国经济的波动性也增加了全球经济发展的不确定性，从而"一带一路"建设须进一步重视沿线各国发展诉求差异，将发展战略的重点从减少分歧转变为增加共同利益，强化立场协调。

表4-8 2013—2017年部分"一带一路"沿线国家宏观经济竞争力增加幅度

国家	增加值	国家	增加值	国家	增加值	国家	增加值
蒙古	0.7	以色列	0.5	斯里兰卡	0.4	捷克	1.2
新加坡	0.0	沙特阿拉伯	−1.8	尼泊尔	0.3	斯洛伐克	0.5
马来西亚	0.0	也门	−0.4	不丹	0.5	匈牙利	0.6
印度尼西亚	−0.1	阿曼	−1.9	哈萨克斯坦	−1.7	斯洛文尼亚	0.2
泰国	0.6	阿联酋	−0.8	吉尔吉斯斯坦	0.4	克罗地亚	0.1
老挝	−0.6	卡塔尔	−0.7	俄罗斯	−0.9	波黑	0.6
柬埔寨	0.1	科威特	−1.1	乌克兰	−0.7	黑山	−0.4
越南	0.2	巴林	−2.0	格鲁吉亚	0.2	塞尔维亚	1.2
文莱	−1.9	希腊	0.9	阿塞拜疆	−1.6	阿尔巴尼亚	0.2
菲律宾	0.5	塞浦路斯	0.5	亚美尼亚	−0.8	罗马尼亚	0.1
伊朗	0.9	埃及	−0.6	波兰	0.3	保加利亚	0.1
土耳其	0.5	印度	0.4	立陶宛	0.7	越南	0.2
约旦	0.5	巴基斯坦	1.1	爱沙尼亚	0.2	也门	−0.4
黎巴嫩	0.0	孟加拉国	0.3	拉脱维亚	0.2		

资料来源：世界经济论坛2013年、2017年《全球竞争力报告》。

注：巴勒斯坦、叙利亚数据缺失，未列示。

4.3 “一带一路”沿线的快速崛起

4.3.1 中国轻工业及服务业全球参与程度日益提升

我们使用 Koopman et al.(2014)的方法及联合国 EORA 国际投入产出表、世界银行 WDI 数据库，衡量了中国在全球价值链中的地位与融入程度。

从全球价值链参与度来看，1990 年以来，中国在全球价值链中的参与程度不断提高，并于 2010 年达到最高，超过了 0.5(见图 4-4)。但是从排名来看，2013 年中国在全球价值链参与度指数排名中仅排在第 126 位。2013 年全球 187 个国家/地区中，排名前 5 位的国家/地区分别是卢森堡、斯洛伐克、刚果、匈牙利、挪威，排名后 5 位的国家/地区分别是阿富汗、苏丹、海地、巴拉圭、特立尼达和多巴哥共和国。全球 187 个国家/地区的全球价值链参与度指数中位数为 0.5085，均值为 0.5283。中国全球价值链参与度居全球中流水平，仅弱于发达国家和出口原材料的发展中国家。这说明当前中国的出口中增加值的创造仍然集中于国内市场，尚未迈入全球前列。因此，“一带一路”倡议的提出正当其时，随着中国参与全球化的程度不断加深，中国未来将拥有更为广阔的发展空间。

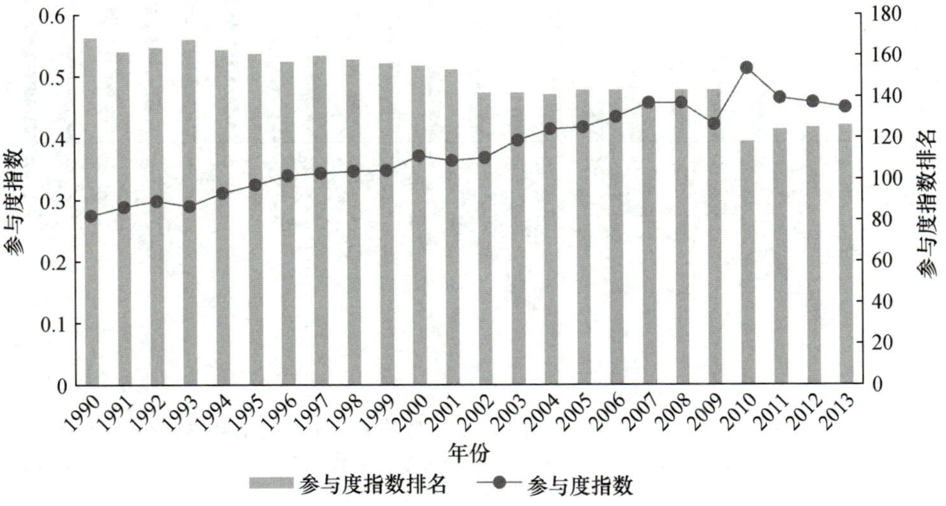

图 4-4 1990—2013 年中国全球价值链参与度指数及排名情况

资料来源：作者根据联合国 EORA 国际投入产出表计算所得。

同时，中国各细分行业的全球价值链参与度也显露出差异化特征(见图 4-5)。中国第一产业具备较强的全球竞争优势。2013 年，全球 187 个国家/地区中，中国第一产业全球价值链参与度指数排第 38 位，排名前 5 位的国家/地区分别是格陵兰、安哥拉、利比亚、阿尔及利亚、塞舌尔，排名后 5 位的国家/地区分别是缅甸、也门、阿根廷、墨西哥、朝鲜。同时，中国第二产业中的重工业也在全球价值链中的参与程度较高，2013 年全球 187 个国家/地区中，中国重工业全球价值链参与度指数排第 26 位，排名前 5 位的国家/地区分别是阿尔及利亚、朝鲜、利比亚、沙特阿拉伯、阿联酋，排名后 5 位的国家/地区分别是列支敦士登公国、摩纳哥、南苏丹、海地、伊朗。但是，中国第二产业中的轻工业及整体第三产业，在全球价值链中的参与程度则还有较大的不足。2013 年，全球 187 个国家/地区中，中国轻工业及第三产业全球价值链参与度指数仅分别排第 166 位与第 161 位。图 4-5 给出了中国 23 个细分行业在全球价值链中的参与度指数排名，可以更进一步验证上述结论。

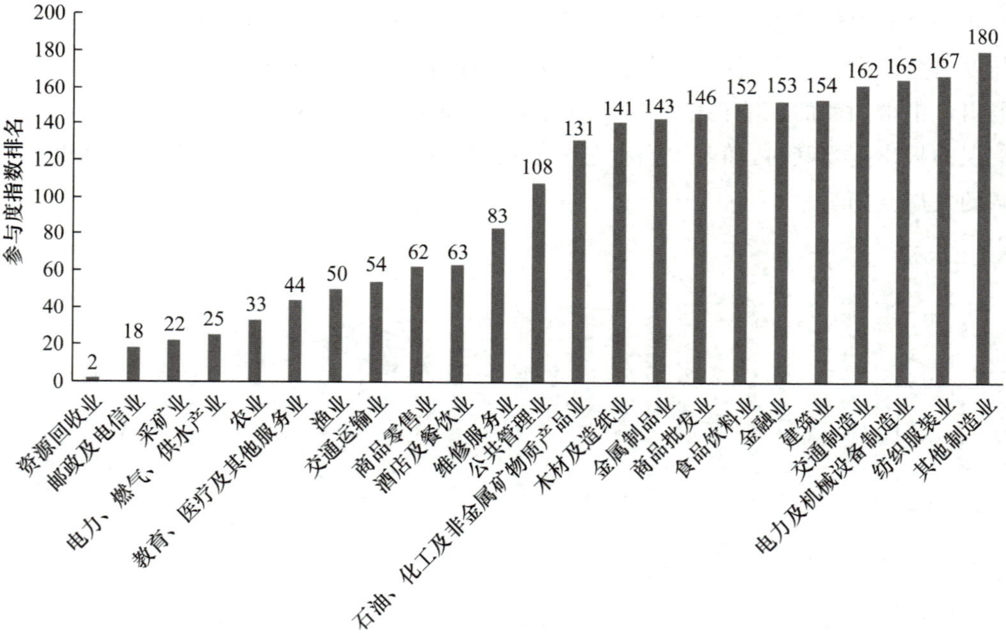

图 4-5 2013 年中国各细分行业全球价值链参与度指数排名

资料来源：作者根据联合国 EORA 国际投入产出表计算所得。

4.3.2 中国产业创新升级需持续发力

中国全球价值链地位指数经历了先下降后上升的过程（见图 4-6）。20 世纪 90 年代初，中国全球价值链地位指数居于世界前列，但之后迅速下滑，到 2000 年已降至世界第 100 名。地位指数衡量了中国在外国出口中创造的价值与外国在中国出口中创造的价值的比值。地位指数越大，说明中国更多地对外输出价值，也即中国在出口中地位更占优势。但是需要注意的是，这种优势的来源有两种：一种是依靠出口以资源型为主的初级产品从而获得大量增加值，这种尤以石油国家为典型，显然，这种地位指数的高企属于虚高，不可持续；另一种是依靠出口高技术附加值的产品从而获得大量增加值，这种则以美国等发达国家为主。

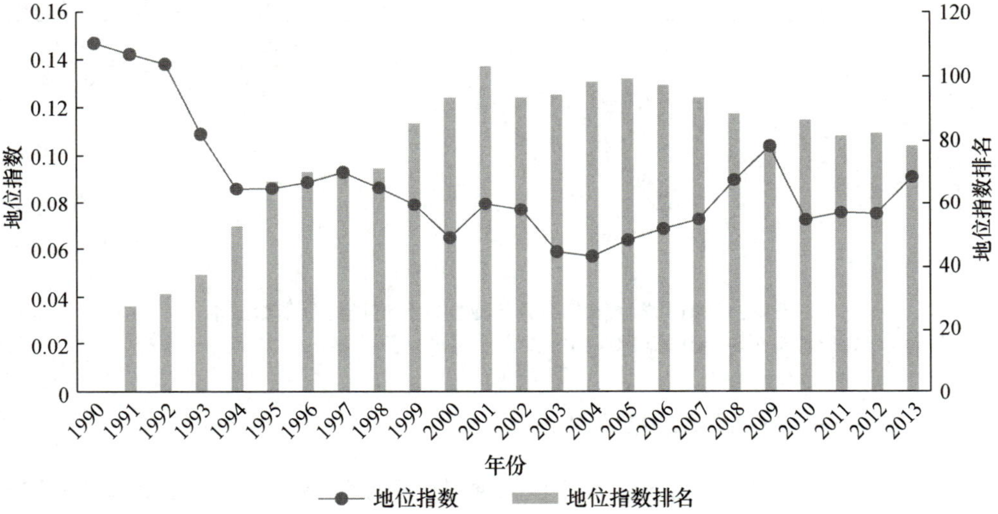

图 4-6 1990—2013 年中国全球价值链地位指数及排名情况

资料来源：作者根据联合国 EORA 国际投入产出表计算所得。

分行业来看，中国第一产业的全球价值链地位指数一直排全球前 10%左右（见图 4-7）。第二产业中的轻工业则从 20 世纪 90 年代初期的排名第 30 多位下降到第 70 多位，直到 2009 年之后排名又开始上升，2013 年全球排名第 56 位；第二产业中的重工业近 20 年来也一直在全球第 20 多位左右波动。第三产业则一直排名靠后，直到 2004 年之后持续上升，到 2013 全球排名第 123 位，相较于 2004 年之前的第 160 位左右有了明显的进步。总体来看，中国出口中本国创造价值较高的仍然主要是第一产业和第二产业的资源型行业，虽然类似交通运输业、石油加工业等能够衡量一国制造业水平的行业地位指数也有所提升，但是仍然与世界发达国家存在差距，中国要形成效率推动的产业结构转型升级仍需努力。

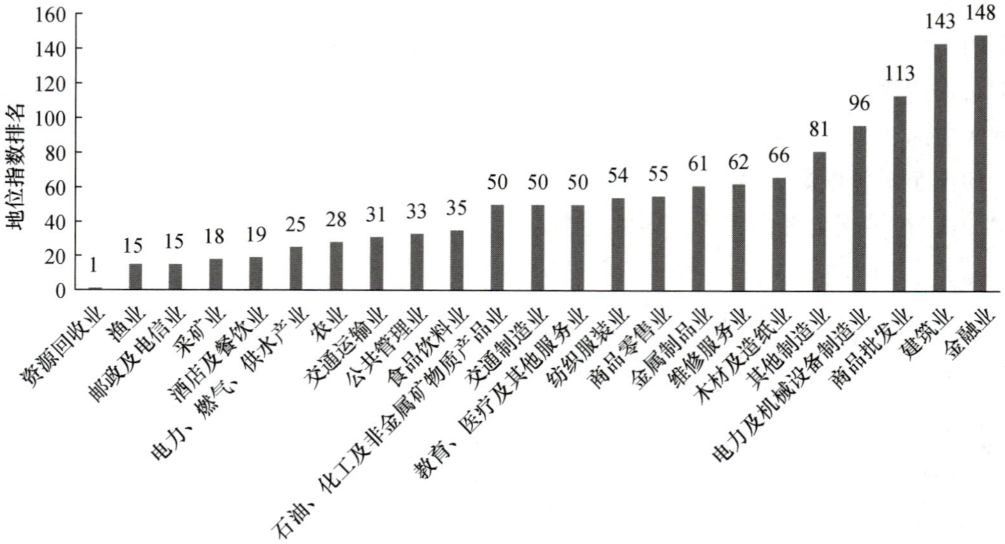

图 4-7　2013 年中国各细分行业全球价值链地位指数排名

资料来源:作者根据联合国 EORA 国际投入产出表计算所得。

4.3.3　“一带一路”沿线技术升级

随着全球进入现代化,部分发展中国家通过吸引欧洲高新技术类投资以及并购欧洲高新技术产业,掌握了最新的技术,由此只有部分欧洲国家处于绝对优势地位。2019 年上半年,中国高新技术产业实际使用外资 502.8 亿元人民币,同比增长 13.4%,其中电子及通信设备制造业、医药制造业实际使用外资同比分别增长25.0%、12.8%。根据乌镇智库 2017 年发布的《乌镇指数:全球人工智能发展报告(2017)》,2000—2016 年,印度新增 283 家人工智能企业,且有 800 多家企业正在或已经部署人工智能,加之“新创印度”计划的强力推动,人工智能在印度迅速成长。

2013—2017 年,有 36 个“一带一路”沿线国家外国直接投资引起的技术转移呈弱化态势,其中也门、蒙古、老挝、沙特阿拉伯、阿曼、卡塔尔、斯里兰卡、亚美尼亚、波黑、匈牙利、约旦的技术转移弱化较为严重,而保加利亚、阿尔巴尼亚、巴基斯坦、伊朗的技术转移出现强化,由此,“一带一路”沿线东亚、中亚地区外国直接投资引发的技术转移效应逐步减弱(见表 4-9)。这一方面是由于欧洲国家相继提出“再工业化”战略,吸引大量外资从“一带一路”沿线国家转出,回流欧洲国家,从而减少了外资带来的技术输出;另一方面是由于全球经济不确定性日益增加,逆全球化、保护主义潮流兴起,部分“一带一路”沿线国家为了保障本国经济的平稳性,政策内顾倾向逐渐凸显,提高了外资流入的难度,审慎选择技术合作项目,收紧了技术转移的渠道。“一带一路”持续推进应坚持公平公正，提升技术合作透明度，让沿线国家更好地了解技术合作方向，突出双赢、分享，抵制保护主义、孤立主义。

表 4-9 2013—2017 年“一带一路”沿线地区外国直接投资引起的技术转移指数

地区	2013 年	2017 年	变化值
东北亚	4.7	3.9	−0.8
东南亚	4.9	4.7	−0.2
西亚北非	4.6	4.3	−0.3
南亚	4.2	4.0	−0.2
中亚	4.0	3.6	−0.4
中东欧	4.6	4.5	−0.1

资料来源：世界经济论坛 2013 年、2017 年《全球竞争力报告》。
注：变化值是 2017 年的数值减去 2013 年的数值得到的。

4.4 “一带一路”国内国际双循环建设的必要性

4.4.1 “一带一路”国内国际双循环致力于“去中心化”

“一带一路”不仅是一条机遇与繁荣之路，还是一条切实可行的新型全球化之路。在当前国际贸易体系中，囿于商品交换关系与劳动分工体系，“中心—外围”的国际格局长期存在，致使穷国愈穷，富国愈富，全球不平等日益加重。在此背景下，“一带一路”倡议主张以命运共同的文明观破除“中心—外围”结构束缚，激活外围国家资源，将发展中国家与欠发达国家或地区嵌入全球经济社会网络，构建“去中心化”的全球治理体系。

4.4.2 “一带一路”国内国际双循环丰富国际交流合作内涵

“一带一路”倡议的顶层设计将“硬领域”与“软领域”相结合，聚焦体制、设施、金融、贸易，克服原有治理片面化、部门化的矛盾，在“软合作”中建立民心相通的人文交流机制，提倡绿色、健康、智力、和平，真正消除不合理、不公平的交往秩序，为现有全球治理体系注入新的内涵。同时，“一带一路”在实践中秉持“机制融合”和“价值链融合”，充分发挥中国处于全球价值链核心地带和中心地位的“结点”作用，促进经济要素有序自由流动，打造新型价值链。

4.4.3 “一带一路”国内国际双循环创新全球治理策略

“一带一路”倡议既注重市场作用，又强调政府引导，主张在多元主义的基础上，采取公私合作方式打破强权、霸权思维，通过积极的经济文化交流，避免不同文明之间的摩擦与冲突。基于相互尊重的新型发展观，“一带一路”倡议不仅侧重传统政府间的国际合作，还尝试市场企业间的合作，利用公私合作方式推动区域经济可持续发展，改善全球治理境况，起到了示范带动作用。

4.4.4 “一带一路”国内国际双循环扭转全球非均衡发展格局

作为“一带一路”倡议深化的重要载体，中国承诺作为全球发展的贡献者，可以在一定程度上弥补资金缺口和提供出口市场，进而向全球发展注入不竭动力。

首先，在世界范围内，基础设施建设的资金需求规模庞大，并且由于发达国家主导的多边开放性金融机构设有歧视性条款，不利于发展中国家融资，而“一带一路”倡议中丝路基金和新开发银行的创立以及多样化的融资方式探索，契合“一带一路”沿线国家的基础设施建设融资需求，有效丰富和完善了现有多边融资机制。自 2000 年以来，中国通过国有银行向非洲发放约 1 000 亿美元的贷款，几乎赶上了世界银行的贷款量。此外，发达国家基础设施面临更新换代，相继推出庞大的基础设施改造和建设计划，但政府财政赤字而资金短缺，因此英国、加拿大、澳大利亚等发达国家可能与“一带一路”沿线发展中国家竞争中国企业在海外的基础设施建设融资。

其次，中国坚持扩大开放步伐，降低关税，提高通关便利化水平，减少进口环节的制度性成本，推动跨境电子商务等新模式、新业态发展，进一步激发进口潜力，为发展中国家营造高质量的产品出口消费市场；同时，中国持续放宽市场准入条件，稳步扩大服务业、采矿业、农业、制造业开放，加快医疗、教育、文化等领域开放进程，为发达国家打造服务出口消费新高地。另外，“一带一路”强调基础设施落地，建成的中欧铁路货运班列打破了传统中欧贸易对航运和海运的依赖，目前已覆盖欧洲 22 个国家的 160 余个城市，成为欧盟及“一带一路”沿线国家重要的国际贸易大通道，扩大了全球出口贸易网络。

4.4.5 “一带一路”国内国际双循环扩大全球化包容性

“一带一路”倡议追求包容性的全球治理秩序，支持多边合作，注重倾听新兴市场国家和发展中国家的诉求，旨在倡导合作各方共同协商制定方案与规则、合作应对挑战、共谋发展、共享红利。截至 2021 年 1 月，六大洲 140 个国家和 31 个国际组织融入“一带一路”，与中国共签署了 194 份合作文件，27 个国家正与中国进行自由贸易协定谈判或计划升级谈判。同时，“一带一路”倡议能够有效对接既有区域性合作机制，包括中国—中东欧“16＋1”环保合作机制、大湄公河次区域经济合作、中国—东盟“10＋1”合作机制、亚信会议、博鳌亚洲论坛等，形成了多层次、多元化的协作框架。

“一带一路”倡议积极推动世界银行和国际货币基金组织的份额改革，增强以中国为代表的新兴市场国家的制度性话语权，并促进人民币国际化，将人民币逐步设定为沿线跨境贸易和投资计价、结算货币，推动国际货币体系多元化改革，优化全球金融治理制度的包容性，“倒逼”主要国际货币发行国采取更负责任的货币政策，减缓美元对全球经济的冲击。此外，由中国发起的亚洲基础设施投资银行借鉴世界银行、欧洲复兴开发银行、亚洲开发银行等的经验，在初始法定股本的基础上，专门设立用于帮助低收入成员国的特别基金项目，拓展包容性合作空间，积极推动“一带一路”多边融资。

4.4.6 “一带一路”国内国际双循环打造责任共同体、命运共同体

“一带一路”倡议没有走“承诺先行、制度先行”的传统模式，而是坚持走“项目先行”的务实道路，以避免合作各方“在开放承诺上的压力”。为了巩固合作，“一带一路”倡议适当淡化规范性，虽然沿线各国政府与中国签订了合作备忘录，并且建立了多边开放性金融机构，但尚未设立约束性章程或实体机构，而是依据合作各方的客观实际情况，遵守多边国际规则与国际法律，开展协同规划，凸显国家或区域特色，着力打造全球范围的责任共同体。此外，“一带一路”倡议积极推广公私合营合作模式，将政府嵌入社会资本，充分发挥互补优势，坚持“利益共享、风险共担”原则，提升公共产品的供给效率及质量，逐步构建人类命运共同体，合理分担全球治理的风险和成本，为合作前景付出“共同但有区别”的努力。

4.4.7 “一带一路”国内国际双循环激励国际产能合作

“一带一路”沿线国家多数徘徊于全球产业链的低端环节，工业化程度较低，具有通过承接产业转移刺激经济结构性调整的主观愿望，而中国相对处于更高的产业位势，且人均收入较高，能够承担新一轮国际产业转移的输出。根据就业率、人均收入，中国服装产业的承接国可以是孟加拉国、斯里兰卡、越南，中国纺织产业的承接国可以是印度、埃及、塔吉克斯坦、尼泊尔，中国中等技术产业的承接国可以是印度尼西亚、约旦、菲律宾，而中国其他劳动密集型产业可以向乌兹别克斯坦、吉尔吉斯斯坦、巴基斯坦、巴布亚新几内亚、摩尔多瓦、缅甸、老挝、柬埔寨等国转移。此外，中国通过共建境外经贸合作园区，辅助沿线国家培育自己的产业体系，逐步打造自己的制造业基础，延伸产业链，避免依靠单一资源出口而掉入“低收入陷阱”，推动了沿线国家的工业化进程，优化了其发展潜力。截至 2018 年 12 月，中国已在 24 个沿线国家建设经贸合作园区 82 家，累计投资 290 亿美元。

4.4.8 “一带一路”国内国际双循环畅通“绿色之路”

绿色发展是“一带一路”倡议的重要议题。2017 年，中国相继发布《关于推进绿色“一带一路”建设的指导意见》《“一带一路”生态环保合作规划》，指明了“一带一路”生态绿色合作的方向。2017 年，在“一带一路”国际合作高峰论坛上，中国倡议建立“一带一路”绿色发展国际联盟。2019 年 4 月，中国与南非、俄罗斯、泰国、斯里兰卡签署《“创新之路”合作倡议》，承诺进一步加强科技创新务实合作，以创新驱动经济社会可持续发展。此外，2000—2015 年，中国在非洲的投资大部分用于可再生能源产业，其中 15 亿美元投资于地热能、风能和太阳能发电，19 亿美元投资于燃气发电，100 亿美元投资于水电，中国对非洲各国政府在化石能源项目上提供的贷款远少于非化石能源项目。此外，“一带一路”倡议重视国际标准，中国在部分沿线国家迫切关心或中国占据优势的产业，积极与相关国家共商制定相应的国际标准（例如电子商务和新能源等产业），这有助于提升“一带一路”沿线国家在全球治理体系中的制度性话语权。

4.5 小　结

本章从经济增长、对外贸易及外国直接投资三个角度对“一带一路”沿线国家经济概况进行分析，得出以下结论：首先，各地区经济发展阶段存在明显差异，中东欧“一带一路”沿线国家普遍跻身中高收入及以上国家行列，中亚、南亚及东南亚“一带一路”沿线国家经济发展水平相对落后。资源与社会环境是影响经济发展水平的重要变量。大部分“一带一路”沿线国家经济处于低速增长阶段，主要由中等收入国家带动沿线地区经济增长，中亚 5 国经济增速较高。产业结构方面，由于地理位置、资源禀赋、发展模式不同，“一带一路”沿线国家产业结构各异，低收入水平尤其是缺乏资源禀赋的国家农业增加值占 GDP 的比重相对较高，东南亚地区以及中东欧地区的捷克、白俄罗斯制造业增加值占 GDP 的比重较高。高收入国家失业情况较为严重，东南亚地区失业率较低。其次，2010—2019 年，“一带一路”沿线国家进出口贸易整体保持增长状态，贸易顺差自北向南逐渐减小。东北亚地区波动性较强，但平均贸易顺差较大。2020 年新冠疫情或导致南亚国家贸易局势严重恶化。最后，除东北亚地区外，其他“一带一路”沿线地区外国直接投资净流入变化趋势基本一致，2016 年之后呈现不同程度的上升趋势。东南亚国家投资吸引力提升较快，其中新加坡、印度尼西亚投资吸引力最强。

综合来看，“一带一路”沿线国家加入国内国际双循环是后危机时代实现经济发展的合作共赢之路。

在全球经济下行、保护主义盛行的背景下，中国国内宏观经济平稳向好，积极维护多边贸易体制，不断培育竞争优势、提升投资效益，在带动“一带一路”沿线国家经济增长中发挥着越来越重要的作用。

第一,中国产业链不断升级,朝高附加值方向发展,中国具有竞争力(如高铁技术等)的发展经验会通过企业交流等方式分享至沿线国家,实现“项目—产业—经济”的良性循环。“一带一路”沿线的东道国大部分属于欠发达国家,中亚国家制造业尤其是高技术制造业落后,但能源与原材料产业具有竞争力,油气领域与中国互补性较强。通过双循环,中亚国家与中国可在能源基础设施、跨境光缆等工程承包、材料设备项目上展开合作,促进中亚国家优势能源产业的发展。东南亚、南亚地区处于全球产业链的中低端环节,劳动力成本低,同时铁路、公路、电力等基础设施水平整体偏低。而中国具有在基础设施建设方面的技术和资本优势,可有效带动沿线国家基础设施建设发展,进而刺激就业,拉动消费与投资。

第二,中国依托“一带一路”积极对外开放,政策利好,促进双循环良性互动,提振国际贸易局势。一方面,2019 年《西部陆海新通道总体规划》印发,提出重点开发与东南亚各国的服务贸易交流。中国将加快研发 45 英尺铁路宽体集装箱、推广电子赋码等信息技术,未来中国与东南亚国际铁路联运的效率有望大幅提高。随着西部陆海新通道的建设,中国西部地区将继续扮演连接“一带一路”沿线国家纽带的角色,促进中国与东南亚等地区的贸易合作。另一方面,中国积极建设自由贸易区(港),截至 2022 年共有 21 个自由贸易区、1 个自由贸易港,积极对接外资。海南自由贸易港建设方案中消费品免税额度提高,刺激了国内进口产品的消费,有利于沿线国家开拓中国市场,发展双边贸易。

第三,中国与中东欧、西欧国家合作,推动欧洲经济平衡发展。中欧班列稳步发展,在 2020 年新冠疫情重挫全球供应链之时仍能保持逆势增长。2020 年 5 月,中欧班列累计开行 1 033 列,同比增长 43%,首次突破 1 000 列,发送货物 9.3 万标箱,同比增长 48%,促进了沿线地区的抗疫合作,稳定了中欧及沿线地区的产业链与贸易情况,惠及全球经济。

第5章 新技术革命对"一带一路"国内国际双循环的机遇和挑战

当今世界正处于新技术革命发展的关键时期，也是世界格局深刻变化的关键时期。新技术革命的核心是数字化与智能化的结合。传统的全球技术寡头在新技术革命的冲击下，市场份额下降，研发成本上升；发展中国家对技术的需求日益多样化。新技术革命重塑了全球价值链，中国作为全球价值双循环的枢纽，成为全球新技术革命中连接上下循环技术转换的载体。2017年，在"一带一路"国际合作高峰论坛开幕式上，中国提出"一带一路"要建设成创新之路，通过科技创新驱动发展，推动大数据、云计算、智慧城市建设，连接成21世纪的数字丝绸之路。"合作引擎"与"创新引擎"都可能成为"一带一路"国内国际双循环的发展机遇。通过技术发展引导欧洲融入"一带一路"国际循环是充满挑战的长远规划，更是加速"一带一路"技术升级，为世界科技创新提供活力，为经济增长和区域平衡发展注入动能的动力来源。

5.1 新技术革命现状

随着新技术革命的不断深入，科技创新日益成为社会发展的核心动力。新技术革命意味着世界格局的重构，高新技术的发展情况将会对国家在未来世界格局中的地位起到决定性作用。[①] 大数据、物联网、人工智能、纳米、可再生能源等前沿技术的发展推动相关产业急剧变革。以中国为代表的部分新兴经济体抓住技术战略先机快速崛起。

新技术革命中出现的技术和创新都善于利用无处不在的数字化和信息力量，涌现出与以往技术革命不同的新特征。

---

① UNCTAD《2018年技术与创新报告：利用前沿技术推进可持续发展》。

5.1.1　新型经济形态——数字经济大放异彩

根据中国信息通信研究院的定义，数字经济是以数字化的知识和信息为关键生产要素，以数字技术创新为核心驱动力，以现代信息网络为重要载体，通过数字技术与实体经济深度融合，不断提高传统产业数字化、智能化水平，加速重构经济发展与政府治理模式的新型经济形态。根据中国信息通信研究院发布的《G20 国家数字经济发展研究报告(2018 年)》，2016—2017 年，G20(二十国集团)国家数字经济总量由 24.09 万亿美元增加至 26.17 万亿美元，增长率高达 8.63%，超过 37%的国家数字经济规模已超过 1 万亿美元。

5.1.2　分布式技术催化分布式世界格局

新技术革命更扁平化、分布化。分布式制造、众包式研发使生产环节不受限于地理空间，区块链等金融创新促进开放式价值网络发展。分布式技术支持了世界经济向分布化的加速转型，发展更加自主，推动世界格局走向分布式结构。

5.1.3　绿色经济成热门

最新的技术发展将会以健康的富有创造力的个体、可持续发展的地球和有效的全球治理为核心。若干前沿技术显示出促进经济增长和实现可持续发展目标的巨大潜力。大数据分析、人工智能、3D 打印技术除可以更快、更便宜地小批量生产复杂的产品，减少运输零部件的需要从而减少碳排放外，还可以给医疗、建筑和教育领域带来收益。纳米技术在供水、能源、农业、信通技术和药物等领域得到了重要应用。可再生能源技术在集中式电网系统无法进入的农村偏远地区实现了供电，在改善人类生活、拉近地区平等和提升发展潜力方面起到了关键作用。

5.2　新技术革命下“一带一路”国内国际双循环的机遇

中国虽然在许多前沿技术领域起步较晚，但凭借近几年的大量科研投入和产业技术升级，已在 5G、风力发电、超级计算机等众多领域具有一定的优势。技术升级使中国输出的产品和服务具备了较高的附加值，逐步具备了能与发达国家先进技术对接的技术潜力。新技术革命对整个世界的生产与消费产生了外部冲击，通过“一带一路”建设，技术双向交流将在更大的市场范围内降低新技术运行成本，从而为中国及“一带一路”沿线国家新技术相关企业带来更多机遇。

5.2.1　广阔市场加快劳动力高端化

第一，在“一带一路”所构建的命运共同体中，创新创业不局限在一个国家或地区内部，人才流动范围也将扩大。大量高科技人才可以缓解全球高技能职业缺乏劳动力的困境，为技术升级提供人力支持。美国现在近 25%的 STEM（Science，科学；Technology，技术；Engineering，工程；Mathematics，数学）工作者为外籍人士。德国的中国移民 67.1%从事 MINT（Mathematik，数学；Informatik，信息技术；Naturwissenschaften，自然科学；Technik，技术）方面的技术专业工作，是德国信息技术事业发展不可或缺的元素。

第二，全球各国融入“一带一路”可以共享创业基础设施，推动创业人才的培养和创业文化的营造，从根本上提升劳动力质量，这对全球未来科技力量的发展意义深远。

5.2.2 “中国方案”缩小数字鸿沟

在“美国方案”面临困境时，“中国方案”正彰显强大的生命力，“一带一路”倡议能够为缩小全球数字鸿沟提供解决方案。

第一，“一带一路”沿线国家可以与中国互相借鉴发展模式，缩小国家（地区）内部的数字鸿沟。中国政府重视基础设施的发展，主导了 5G、光纤等基础设施建设工程，建设成本高的农村地区也有面对所有运营商的统一光纤网络。截至 2021 年 4 月，中国光纤宽带用户占比为 94%，互联网普及率达 71.6%，中国拥有全球最大的信息通信网络。沿线国家可以借助“一带一路”倡议，反思自身发展规划，同时学习先进技术补齐短板，这对于打破欧洲有线运营商市场格局、普及互联网基础设施能够产生积极作用。

第二，“一带一路”深化有利于扭转全球差距扩大的趋势，创造更稳定的外部市场。数字技术的快速和不平衡发展使得短时间内创造的大量财富聚集在少数公司、国家手中，加剧了收入不平等。例如，非洲和拉丁美洲合计拥有的主机托管数据中心占世界总数的不到 5%。这种问题如果不加以解决，将加剧现有的收入不平等，引发全球安全问题。“一带一路”倡议通过在非洲和拉丁美洲进行基础设施建设，能够让经济、科技的发展惠及更广泛的区域，开放的贸易和投资能够使更多人受益，符合人类共同体的利益。截至 2018 年，华为已在全球 170 多个国家和地区支持 1 500 多张网络稳定运行，保障全球 30 多亿人通信畅通。数字鸿沟的消除，为技术升级提供了稳定的发展环境，也使技术升级的红利辐射到更大的范围，使更多人享受到技术革命的便利。

5.2.3 “新鲜血液”刺激科创事业发展

“一带一路”倡议为全球注入数字消费者与新的创业价值观，催化了技术升级和科研成果转化。

第一，“一带一路”沿线国家拥有数量庞大的数字消费者、广阔的网络市场、蓬勃发展的电子商务平台，为数字科研所必需的大数据及场景孕育了丰富的资源。中国人口众多，数字消费者指数全球第一，秘鲁、印度尼西亚数字消费者指数均位于全球前 25 名。“一带一路”倡议可以共享参与国的数字消费者，获取丰富的数据资源及业务场景支持，这对于促进沿线各国的技术升级具有重要意义。例如，娱乐产业创新方面，中国的猫眼等企业拥有能够反映市场消费者偏好的大量消费数据，猫眼具有 65%的本土市场渗透力，远远超过了 Fandango 和 Movie Tickets 在美国本土市场的渗透率。这些企业可以与好莱坞合作，“技术赋能”“数据赋能”，推动娱乐产业市场发展。

第二，长远来看，“一带一路”沿线国家的创新态度将刺激全球的积极创新氛围，促进技术变革的发生。在产生颠覆性技术可能性方面，根据毕马威《改变现状的颠覆性技术》，美国和中国虽排名前两位，但受访者中认为中国更有可能产生颠覆性技术的占比从 2016 年的 23%上升至 2017 年的 25%，认为美国更有可能产生颠覆性技术的占比则从 29%下降至 26%，新兴经济体比发达经济体对技术塑造美好世界的力量更为乐观，发达经济体视技术为威胁，而发展中经济体视技术为机遇。对待科技的态度或许是中国赶超的关键。“一带一路”倡议为全球注入新鲜血液，中国等发展中经济体的科研态度也能够激励沿线各国科研人员积极进行技术升级，加速科研成果转化的进程。

5.2.4　城市知识联通网络促进技术升级

“一带一路”倡议聚焦联通性，对于促进知识交流和推动《2030 年可持续发展议程》发挥着越来越强有力的作用。

城市知识联通网络旨在建设可持续的智能城市，能够满足“一带一路”沿线国家高端业态发展的需要，与发展中国家的发展诉求相契合。知识联通使得技术资源的流动速度加快，共享型知识联通网络也能够加速技术升级的过程，同时更容易产生新技术的火花。中国积极推进“一带一路”科技创新合作规划，明确在农业、能源、交通、信息通信、海洋等领域与沿线国家进行科技创新合作。中国建立健全“一带一路”沿线重点国家、区域和城市的国际合作新机制，设立高校科技战略联盟，引导了一系列促进知识交流的项目，包括发展中国家技术培训班、“一带一路”科普交流周等。“一带一路”沿线各国交流科学技术，能够促进科技水平提高、科研能力进步和产业技术发展。

5.2.5　粤港澳大湾区的示范作用

粤港澳大湾区是“一带一路”建设中具有示范作用的新名片。粤港澳大湾区内的每个城市，从小渔村发展为创新中心和经济大都会，都经历了由技术升级到产业升级的快速发展过程。这与企业管理制度、区域联动发展策略及人才引进模式密不可分。“一带一路”沿线国家可以借鉴这些城市的先进经验，为本国的高端制造业发展及人才培养制订方案，从而为技术升级规划一条更加合理的路径。在制造业领域，粤港澳大湾区产生了中国的核电、无人机、精密器械等具有技术竞争力的产品，且制造体系成熟完备，是沿线国家落后制造业企业转型升级的典范。在金融创新领域，粤港澳大湾区在跨境业务上多措并举，深圳、香港两地是金融创新的核心。深圳一直引领着供应链金融的发展，目前已经进入供应链金融智慧化4.0时代，产生了壹账通等代表机构，是产融结合的典范。“一带一路”沿线国家可以从深圳的发展中获益，改善国内经济现状。

5.3 新技术革命下“一带一路”国内国际双循环的挑战

“一带一路”在为各国科研事业发展提供机遇的同时也带来了新的挑战。首先，在引导欧洲国家技术融入“一带一路”时面临较多不确定性。欧洲国家融入“一带一路”后，中国与其要面临市场对资金实力、企业竞争力的严酷考验以及对国家价值观念的冲击。其次，市场的扩大使市场环境的不确定性增加，制度规定等方面都存在改进空间。

5.3.1 国家关系不明朗

美国在政策上对中国采取压制策略，以确保美国的科技霸主地位。“一带一路”沿线国家仍流传着“中国威胁论”，这种陈旧且错误的政治思维会对国家行为产生误导。同时，受西方媒体及政客的影响，混淆视听的情况难免出现，价值观念的改变阻碍重重。这不仅对中国科研事业的进步有影响，对开放合作的外部环境也是严峻的挑战与压力，世界各国新兴科技创新生态都会受到影响。

5.3.2 企业竞争加剧

对于中国和沿线国家而言，“一带一路”倡议意味着更广阔、更公平的国际市场。开放的营商环境将吸引越来越多的合作及投资者。然而，沿线国家及中国的企业也将走出“舒适圈”，面对更大范围的市场以及更多的同类企业，面对更直接、激烈的竞争。这些企业资金实力强大、市场经验丰富。对于沿线国家而言，相较于跨国公司，大多数构成沿线国家供应链的本土企业更容易受竞争的影响，会对沿线国家的市场产生冲击。中国、印度等国在与沿线国家技术水平相当的领域更具成本优势，同类产品性价比更高，会占据更多的市场份额。在新兴领域，中国跨国公司将填补沿线国家的空白，如电子商务、移动支付等技术将占据市场高地，对沿线国家本土企业成长带来一定的影响。外国企业的高新技术和新型商业模式可能会掩盖本土企业的光芒。

5.3.3 跨国研发利益关系难以协调

在经济全球化背景下，跨国研发是高效的技术创新形式。但是，有关知识产权的界定常存在冲突，与此相关的跨国研发的利益关系难以协调。以中美为例，美国认为，如果中国对研发及知识产权的注册范围提出要求，则会制约大型跨国公司开展研发活动；而中国则认为，跨国研发须使多国得利。

5.3.4　国家科研体制和科研环境受挑战

国际科研合作客观要求参与国必须适应新技术革命以及经济全球化背景下的科研体制及企业制度等。中国与“一带一路”沿线国家都不同程度地存在科研体制的弊端，比如缺乏科学的评估机制。种种因素会导致科研体制的低效，阻碍科研合作的顺利进行。

5.3.5　国际标准缺乏，合作机制不完善

首先，针对新技术革命中涌现出的新技术，“一带一路”倡议尚没有完整的新规范。以大数据为例，新技术革命下，数据安全越来越重要，缺乏统一的数据使用范围与标准，缺少国家安全的保护伞，增加了科研合作项目的风险。其次，“一带一路”沿线国家之间缺乏更深层次的沟通与交流。中国与“一带一路”沿线国家缺乏有效的沟通机制，对贸易保护等敏感问题没有清晰的定义，合作中可能出现分歧。在涉及环境与劳动者保护等问题时，各国标准与政策可能存在不同，也可能发生变化。这些不确定性会影响多边关系及相关项目的进展。

5.4　新技术革命下“一带一路”国内国际双循环的可行路径

“一带一路”倡议在为沿线国家科研事业的发展提供机遇的同时，也为中国科技创新的发展提供了动能。沿线国家与中国在发展战略规划方面具有较广阔的合作空间，不仅相应计划的时间段存在重叠，重点投入领域也相吻合，迎来了合作的重要机会。因此，中国应合理引导沿线国家与中国进行发展战略的对接，积极寻找合作的可行路径。

5.4.1　坚持科技外交战略，拓宽科技外交渠道

科技外交是中国外交战略的重要组成部分，是中国“坚持开放创新，加强国际科技交流合作”的重要环节。“一带一路”科技创新合作行动计划启动至今，致力于推进科技人文交流、实验室建立、科技园区合作、技术转移等活动的高效运行，现已取得显著成果。在基本科技外交战略的引导下，创新科技外交渠道可以为沿线国家技术融入“一带一路”提供更多可能。首先，充分利用科技外交官资源拓宽科技合作渠道。“科技外交官服务行动”通过推动和落实双边政府间协定、开展调研、引进人才、推荐项目等方式，使技术需求与供给更好地匹配。其次，发展科技人文交流，重视民间组织的力

量。民间组织是推动经济社会发展、参与国际合作和全球治理的重要力量。以中国科学技术协会全国学会为例，截至 2022 年已加入三百余个国际科技组织，通过学会渠道，中国科学家有更多的机会参与国际科技创新活动，在国际重要科技组织逐渐拥有话语权，并且吸引高水平的科研研讨会议在中国举办。

5.4.2 保持稳定的国际合作，打造积极的伙伴关系

中国与“一带一路”沿线国家的伙伴关系关乎全球经济发展，只有形成健全的合作机制，建立政治与战略互信，才能具备吸引更多的国家技术融入“一带一路”的土壤。中国一方面要警惕“中国威胁论”错误思维带来的负面影响；另一方面要积极深化务实合作，夯实社会基础，以完善合作机制为渠道，发展友好合作关系，积极增强在涉及对方核心利益问题上的相互支持。中国应完善与沿线国家的合作基础，进一步打造和平、增长、改革、文明的伙伴体系。

5.4.3 开展多层次科技合作，搭建政府合作、企业合作、学术交流合作的平台

中国与“一带一路”沿线国家的技术合作主要以政府合作、企业合作及学术交流合作等形式开展，只有多层次地开展技术合作，才能自上而下地引导新技术领域的高效合作，自下而上地将新技术革命时代的技术利好逐层反馈总体经济发展。在官方合作（政府合作）框架下，中国与沿线国家通过科技合作联委会等政府间机制开展合作。通过合作，中国取得的一些科技成果在国际上居于领先地位；而从沿线国家的角度来看，来自中国的科学家和工程师也为其技术进步和经济发展做出了重要贡献。企业合作的重要表现是共同设立研发中心。学术交流合作以联合开展特色学科人才培养和加强科学家交流为主。从中国的角度来看，高校应扩大沿线国家来华留学生规模，主动对接沿线国家的教育需求，例如科普金融科技等中国前沿领域的相关知识，拓宽和创新留学生教育渠道，促进中国与“一带一路”沿线国家人才的双向流通。

5.4.4 落实科技合作协定，促进先进制造业发展

先进制造业是对传统制造业在信息化、智能化和数字化方面的升级，对于制造业的发展具有重要意义。第一，在战略性新兴产业，“一带一路”沿线国家技术储备有限，通过跨国合作可以降低研发投入，符合双方共同利益。第二，在互补性领域，中国巨大的市场空间对沿线国家极具吸引力，可鼓励高新技术企业在华设立研发中心，双方企业共同设立合资公司。第三，考虑到美国的“敌对情绪”，中国需引导沿线国家认清利弊关系，放开高科技出口的限制，这对于中国与沿线国家贸易关系的纠正是积极信号。

第6章 欧美国家融入“一带一路”建设的可行性与具体路径

2008年全球金融危机之后，全球经济失衡不断加剧，欧洲国家实行的“重消费、轻生产”的经济发展模式受到了严峻的挑战，全球资本逆向流动趋势难以逆转，欧洲国家均面临不同程度的主权债务问题，全球经济进入转型期，“去福利化”“再工业化”重归各国议事日程。在此背景下，“一带一路”倡议不断深化，逐步释放发展中国家消费需求，为欧洲国家经济增长提供了新机遇，也推动全球经济走出困境。

6.1 欧美国家内部经济发展问题与挑战

6.1.1 经济重心由西向东转移

2010—2017年，美国、西欧①的经济增长具有较强的稳定性，GDP年增长率分别收敛于2.15%、2.92%，量化宽松的货币政策支持经济缓步上升，其中爱尔兰、荷兰出现较强的增长态势，经济增速分别从2010年的1.80%、1.40%增长到2017年的7.80%、3.16%；中欧②、东欧③、南欧④的经济增长实现大跨步，捷克、斯洛伐克、匈牙利、爱沙尼亚、立陶宛、摩尔多瓦、科索沃、罗马尼亚的GDP年均增长率均突破3.5%，且2017年中欧、东欧、南欧的GDP占欧美经济体GDP总量的百分比为29.63%，在宽松的生产环境和廉价的劳动力的激励下，中欧、东欧、南欧为欧美经济体的经济增长

---

① 西欧地区是指英国、爱尔兰、荷兰、比利时、卢森堡、法国、摩纳哥。

② 中欧地区是指波兰、捷克、斯洛伐克、匈牙利、德国、奥地利、瑞士、克罗地亚、斯洛文尼亚。

③ 东欧地区是指爱沙尼亚、拉脱维亚、立陶宛、白俄罗斯、乌克兰、摩尔多瓦、俄罗斯、波黑、罗马尼亚、保加利亚。

④ 南欧地区是指塞尔维亚、科索沃、黑山、北马其顿、阿尔巴尼亚、希腊、圣马力诺、西班牙、葡萄牙、安道尔、意大利。

注入新的活力，同时，中欧、东欧的人均 GDP 年均增长率分别为 2.01%、2.97%，高于美国(1.39%)、北欧[1](1.14%)、南欧(1.08%)、西欧(0.29%)，因此欧洲经济增长的重心正由西欧向中欧、东欧缓慢移动。此外，由于产业结构不合理，摩纳哥、瑞士、俄罗斯受全球经济不确定性的冲击，经济增速出现下滑，2017 年 GDP 增长率分别为 −3.40%、1.59%、1.83%，人均 GDP 增长率也处于较低水平，分别为 −4.21%、0.64%、1.71%。

6.1.2 产业结构两极分化

首先，中欧地区制造业增加值占 GDP 的比重远高于其他欧洲地区(见图 6-1)，并且呈上升趋势，由 2010 年的 19.14%上升到 2017 年的 19.89%，其中斯洛伐克、波兰、德国的制造业增加值年均增长率都大于 3%，这一方面得益于良好的政产学研合作框架，推动先进制造理念的发展与成熟，促进技术转化；另一方面来自职业教育与培训体制发达，形成大量高素质的产业劳动力，增大了本土对产业链核心环节的黏性，并且中欧国家采取集群间竞赛的方式择优培育产业集群，鼓励实体经济发展。其他欧洲地区制造业增加值占 GDP 的比重都低于 14%，其中北欧、东欧地区制造业增加值占 GDP 的比重都略有下降，分别由 2010 年的 12.33%、13.28%下降到 2017 年的 11.74%、12.39%，其中芬兰、挪威、乌克兰降幅最为显著，这主要是由于欧洲债务危机引发消费需求缩减，直接影响制造业出口部门，从而使得制造业增加值占 GDP 的比重下降。其次，西欧、东欧地区服务业增加值占 GDP 的比重长期稳定，而北欧与南欧地区服务业增加值占 GDP 的比重表现出鲜明的上升趋势，分别从 2010 年的 59.76%、64.89%上

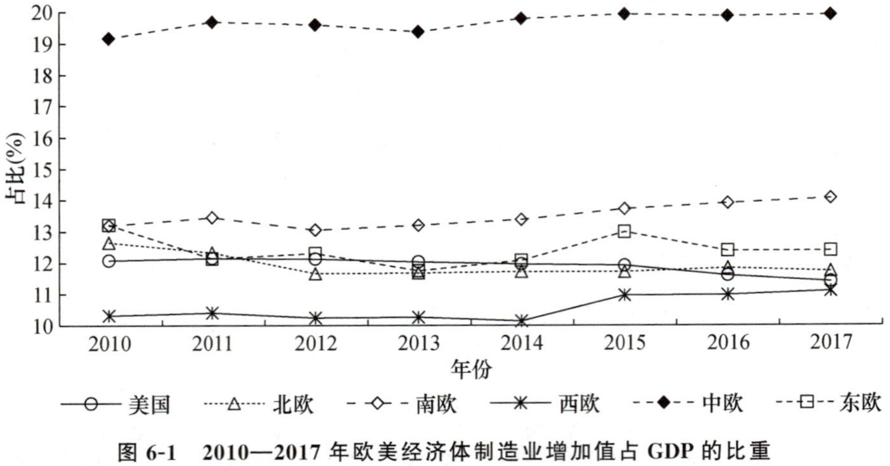

图 6-1 2010—2017 年欧美经济体制造业增加值占 GDP 的比重

资料来源：世界银行。

① 北欧地区是指冰岛、丹麦、挪威、瑞典、芬兰。

升到 2017 年的 61.28%、66.33%，其中阿尔巴尼亚、瑞典、乌克兰、罗马尼亚、葡萄牙增幅最大(见表6-1)，主要是由于仓储、物流、住宿、餐饮等行业的快速发展。与此相对，“一带一路”沿线国家的工业化和现代化进程为中欧地区制造业的再次发展提供了巨大的消费市场，而沿线国家人均收入的提高也为北欧、南欧地区的服务业带来了发展契机。

表 6-1　2010 年、2017 年欧美经济体服务业增加值占 GDP 的比重　(单位：%)

国家	2010 年	2017 年	国家	2010 年	2017 年	国家	2010 年	2017 年
美国	79.32	79.07	阿尔巴尼亚	44.54	47.13	波兰	57.28	56.01
冰岛	61.28	57.78	希腊	70.88	72.39	捷克	56.09	56.18
丹麦	65.32	65.09	意大利	66.71	67.37	斯洛伐克	57.68	51.95
挪威	51.98	54.83	圣马力诺	62.71	59.85	匈牙利	56.73	57.53
瑞典	62.95	65.39	西班牙	64.56	66.87	德国	64.36	60.97
芬兰	60.01	59.21	葡萄牙	66.17	71.57	奥地利	62.64	61.33
塞尔维亚	50.70	51.06	安道尔	77.51	76.88	瑞士	70.74	70.53
波黑	55.57	56.34	英国	71.98	72.42	爱沙尼亚	61.21	57.86
黑山	58.69	59.98	爱尔兰	66.64	57.93	拉脱维亚	64.42	63.11
克罗地亚	57.21	59.19	荷兰	68.15	69.37	立陶宛	60.99	60.27
斯洛文尼亚	58.43	59.30	比利时	68.51	68.30	白俄罗斯	43.85	44.99
北马其顿	55.04	56.34	卢森堡	77.93	77.58	乌克兰	55.69	59.06
罗马尼亚	46.10	52.34	法国	70.56	71.86	摩尔多瓦	57.42	58.33
保加利亚	56.25	57.42	摩纳哥	—	—	俄罗斯	53.40	53.32

资料来源：UNCTAD 数据库。

6.1.3　失业率同步下降且美国低于欧洲

2010—2017 年，欧美经济体的失业率同步下降(见图 6-2)，其中美国失业率从 9.63%下降到 4.36%，平均每年下降 0.75 个百分点，欧洲失业率从 8.99%下降到 7.23%，平均每年下降 0.25个百分点，且自 2012 年起，美国失业率低于欧洲。虽然欧美经济体的失业率出现了显著的下降，但仍高于世界平均水平，并且欧洲的失业率高于高收入国家平均水平。从欧洲地域层面来看，南欧地区的失业率最高，长期高于 10%，其中北马其顿、西班牙、黑山的失业率均突破 15%，高出世界平均水平 10 个百分点以上，而西欧、中欧与东欧地区的失业率较低，与美国接近，平均失业率分别为 6.29%、6.23%与 6.26%。

与此相对，在年轻群体(15—24 岁)失业率方面，欧美经济体出现了较为明显的分化，美国与北欧地区的年轻群体失业率较低，均低于高收入国家平均水平，每年平均下降 1.15 个百分点和 0.52 个百分点，而南欧、西欧地区的年轻群体失业率长期处于较高水平，远高于高收入国家平均水平，其中北马其顿、希腊、西班牙、阿尔巴尼亚、比利时、法国的年轻群体失业率超过 20%。这一方面是由于欧洲多数国家是传统的福利国家，福利政策较为完善，失业补贴普遍较高，导致失业者的实际收入高于低收入的从业人员，这极大地削弱了劳动者的就业热情，推动失业问题长期存在；另一方面，2008 年全球金融危机后，欧洲经济发展滞缓，使得政府无暇顾及失业问题，从而失业率居高不下。

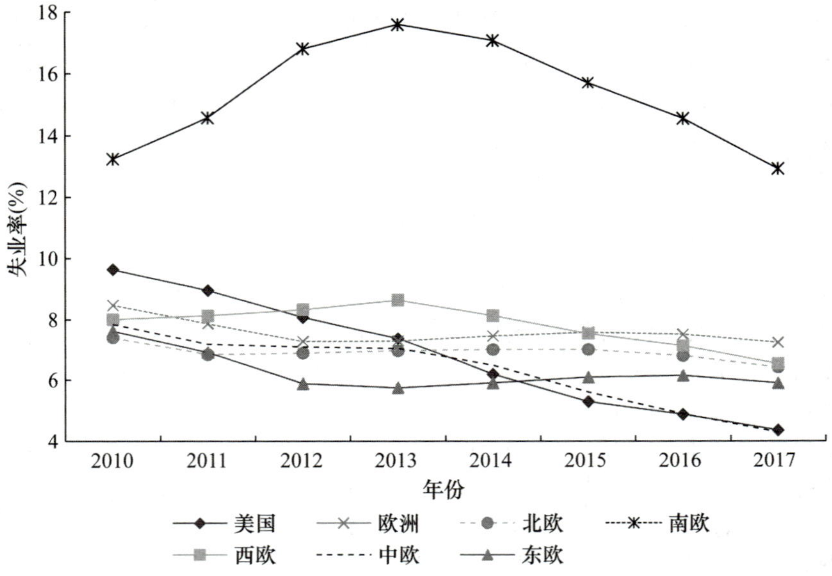

图 6-2　2010—2017 年欧美经济体失业率

资料来源：世界银行。

6.1.4　贫富差距日益突出

贫富两极分化的主要原因在于收入差距的持续扩大，尤其是处于工资层级顶端群体的超高薪水的出现。欧美占据资本优势的银行家、企业主的收入与最低收入者之间的差距可谓天壤之别。根据经济合作与发展组织（OECD）数据，欧洲最富有的 10% 的人口拥有社会总财富的 50% 以上，而最贫穷的 40% 的人口仅拥有社会总财富的 3% 左右。此外，2010—2017 年，欧盟[①] 的基尼系数从 0.305 增长到 0.306，其中保加利亚、德国、意大利、匈牙利、罗马尼亚增长幅度最为突出，并且拉脱维亚和立陶宛的基尼

① 2010—2017 年，欧盟具体包括英国、法国、德国、意大利、荷兰、瑞典、奥地利、丹麦、芬兰、爱尔兰、希腊、保加利亚、西班牙、拉脱维亚、葡萄牙、爱沙尼亚、比利时、塞浦路斯、卢森堡、捷克、匈牙利、立陶宛、马耳他、波兰、斯洛伐克、斯洛文尼亚、罗马尼亚和克罗地亚等 28 个成员国。

系数长期处于较高水平，分别达 0.356 和 0.369。从欧洲地域层面来看，2010—2017 年，西欧、南欧地区的基尼系数呈显著增长态势，年均基尼系数分别提高 0.001、0.009，而北欧地区基本处于欧洲基尼系数最低水平，同时，东欧地区的基尼系数长期处于较高水平，年均基尼系数为 0.345(见图 6-3)。

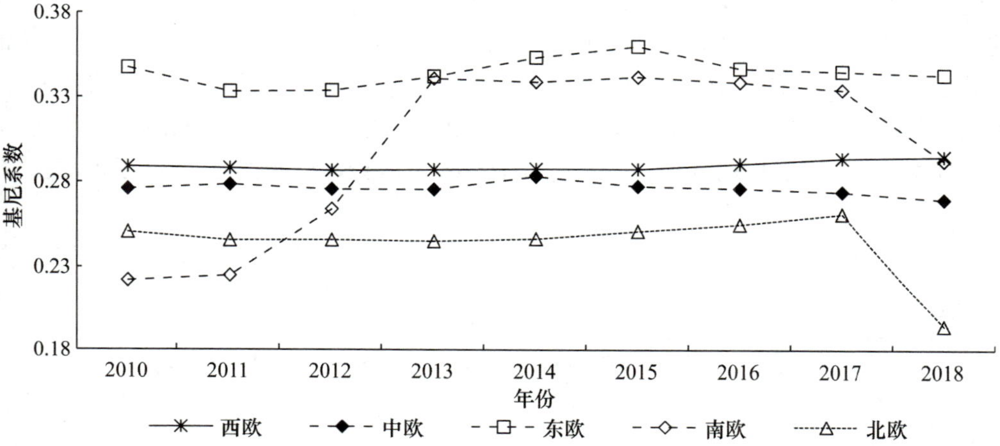

图 6-3　2010—2018 年欧洲基尼系数

资料来源：欧洲统计局(Eurostat)。

6.1.5　外国直接投资大量流失

2010—2017 年，欧洲社会持续动荡，特别是债务危机、难民危机、英国脱欧、乌克兰危机等令欧洲陷入发展困境，民族主义、本土主义逐渐兴起，由此欧洲外国直接投资(FDI)流量显著减少，由 4 315.41 亿美元减少至 3 612.49 亿美元，减少了 702.92 亿美元，其中西欧、中欧、北欧地区 FDI 流量减幅较大，英国、比利时、卢森堡、德国分别减少了 431.10 亿美元、424.90 亿美元、325.06 亿美元、309.17 亿美元。这一方面是由于在难民、人口老龄化等问题的刺激下，欧洲福利开支激增，社会心态日益保守，导致经济竞争力减弱，可持续发展动力不足，对 FDI 的吸引力逐渐降低；另一方面是由于新兴经济体崛起，其经济发展的活力及可持续发展的潜力与西欧、中欧、北欧地区的经济形势形成鲜明的对比，从而大量的 FDI 从欧洲流出，涌入新兴经济体市场。然而，由于重视外资作用及奉行开放性投资政策，荷兰、瑞士、瑞典的财税体系对外商颇具吸引力，其企业所得税等税率远低于西欧、中欧、北欧地区平均水平，所以在后危机时代，荷兰、瑞士、瑞典的 FDI 流量不减反增，2010—2017 年分别增加了 651.41 亿美元、111.10 亿美元、152.99 亿美元。此外，美联储连续加息极大地改善了美国外商投资环境，2010—2017 年，美国 FDI 流量由 1 980.49 亿美元增加至 2 753.81 亿美元，年均增长率为 13.32%。

与此相对,2010—2017 年,欧洲 FDI 存量占全球 FDI 存量的比重快速降低,由 71.10%降低至 57.36%,其中西欧、中欧地区降幅最大(见图 6-4),分别降低了 3.96 个百分点和 3.04 个百分点,而作为开放型经济体,荷兰、瑞士的 FDI 存量占全球 FDI 存量的比重稳步提升,2017 年分别达到 3.09%和 3.36%,分别提高了 0.19 个百分点、0.17 个百分点。然而,美国的 FDI 存量占全球 FDI 存量的比重呈快速上升态势,从 2010 年的 28.90%提升到 2017 年的 42.64%,提升了 13.74 个百分点,年均增长率为 12.95%。由此,欧美经济体的外商投资环境存在较大的差异,欧洲整体的外商投资环境恶化,吸引力大幅降低,而美国的外商投资环境逐渐改善,对全球资本的影响力逐渐提高。

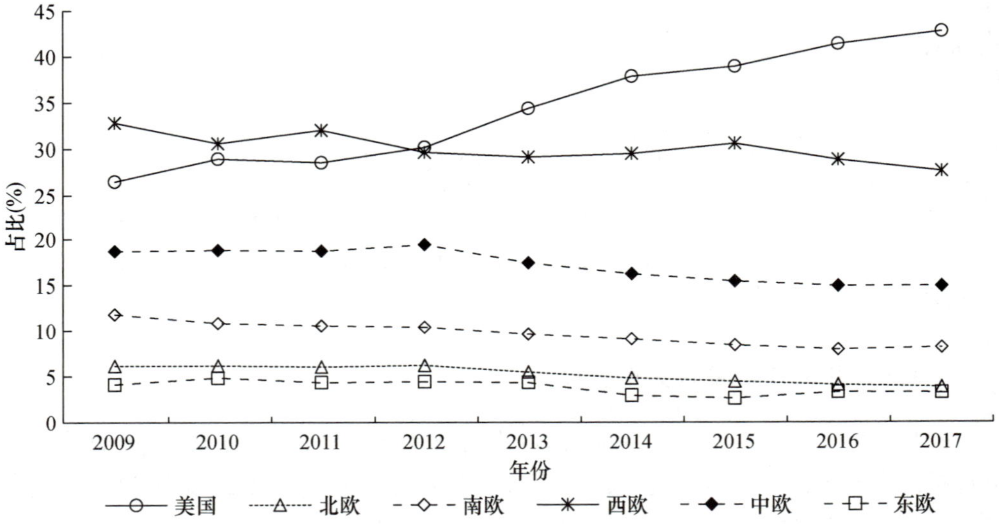

图 6-4　2009—2017 年欧美经济体 FDI 存量占全球 FDI 存量的比重

资料来源:UNCTAD 数据库。

6.1.6　技术红利、中心红利逐渐减弱

一方面,随着全球进入现代化时期,部分发展中国家通过吸引欧洲高新技术类投资以及并购欧洲高新技术企业,掌握了最新的技术,从而导致仅部分欧洲国家还处于全球领先地位。根据欧洲统计局数据,2010—2017 年,欧盟 28 国向欧洲专利局申请专利数快速减少(见图 6-5),从 5.68 万件减少至 5.46 万件,年均减少 0.56%,其中克罗地亚、卢森堡、德国专利数减幅最大,均超过 15%。此外,在部分数字经济的重点前沿领域和企业培育方面,中国已经走在世界前列,电子商务交易额占全球电子商务交易额的 40%,个人消费移动支付额是美国的 11 倍,全球估值超过 10 亿美元的"独角

兽”企业中有 1/3 是中国企业，并且中国在自动驾驶汽车、虚拟现实、无人机、3D 打印、人工智能和机器人领域的风险投资规模居世界前三。2000—2016 年，印度新增 283 家人工智能企业，且有 800 多家企业正在或已经部署人工智能，加之“新创印度”计划的强力推动，人工智能在印度迅速成长。另一方面，由于新兴市场群体性崛起，欧洲的中心地位被逐渐蚕食。2008—2018 年，发达国家贸易额全球占比由 59.12%降低至 53.77%，而发展中国家贸易额全球占比从 36.96%提高至 43.26%，并且到 2060 年，中国和印度的经济总量之和将超过所有 OECD 成员的总和。

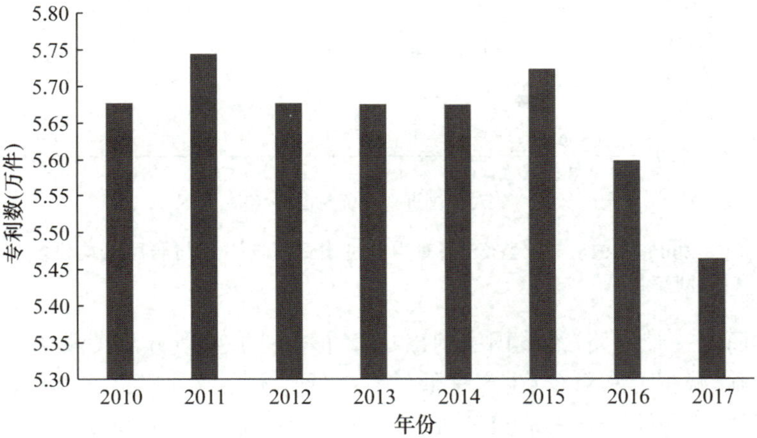

图 6-5　2010—2017 年欧盟 28 国向欧洲专利局申请专利数

资料来源：欧洲统计局。

6.2　欧美国家融入“一带一路”建设的动力

6.2.1　融入“一带一路”建设推动技术变革

欧美国家扩大对“一带一路”沿线国家的开放，增加与“一带一路”沿线国家的贸易往来，有利于加速技术创新、技术应用、生产率改善，尤其是贸易壁垒的减少能够有效提高技术创新的数量(Bloom et al.，2016)。一方面，“一带一路”沿线国家的出口竞争有利于提高欧美企业内部的技术创新效率。欧美企业面对“一带一路”沿线国家高水平的出口竞争，会增加研发支出，优化管理及技术，降低价格和提高盈利能力，从而研发出更多的技术专利，强化信息技术的应用以及提高全要素生产率(TFP)。2005—2018 年，随着欧盟对中国进出口贸易占对全球进出口贸易的比重由 3.51%提升至 6.14%，欧盟居民的人均研发支出从 257.0 欧元增长至 438.2 欧元(见图 6-6)，并且自 2013 年“一带一路”倡议提出且欧盟对中国进出口贸易占比达 5.25%以后，与中国进行贸易往来对欧盟研发支出的促进作用逐渐增强。

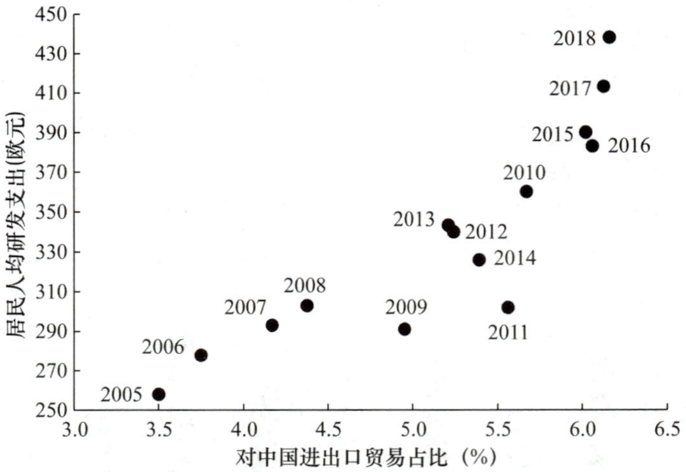

图 6-6　2005—2018 年欧盟 28 国对中国进出口贸易占比与居民人均研发支出

资料来源：欧洲统计局。

另一方面，“一带一路”沿线国家的出口竞争有利于重新分配劳动力与资源，强化技术创新基础，减少专利数少、生产率低的欧美低技术企业的雇员数，降低低技术企业生存概率，并将低技术企业的雇员和资源转移到高技术企业。2008—2018 年，随着欧盟对中国进出口贸易占对全球进出口贸易的比重逐渐提高，欧盟 25—64 岁的就业人数由 1.96 亿人增加至 2.07 亿人，同时，受过高等教育并供职于高科技制造业和知识密集型高科技服务业的人数占总人数的比重也由 1.52%提高到 2.17%（见图 6-7）。因此，欧洲各国加强与“一带一路”沿线国家的贸易合作有利于劳动力和资源向高科技产业转移，优化国家整体技术水平。

此外，欧美国家在数字经济发展中落后于全球其他地区，而中国的互联网产业发展得非常快，中国在跨境电子商务、云计算、人工智能、电子支付、大数据方面起到了引领性作用，并且以阿里巴巴、腾讯为主的中国互联网巨头布局全球，所以欧美国家融入“一带一路”建设可以最大限度地吸收中国的信息技术，弥补其在数字经济领域的弱势。2003 年，欧洲从中国进口信息和通信产品的比重超过从美国进口的比重（见图 6-8），并且 2013—2018 年从中国进口占比保持稳定的增长趋势，2018 年达到 33.81%。因此，欧洲加强与“一带一路”沿线国家的经贸合作，能够进一步推动数字化转型升级。

6.2.2　融入“一带一路”建设加速资本流入

自 2013 年“一带一路”倡议提出以来，中国在世界经济中扮演的角色越发重要，中

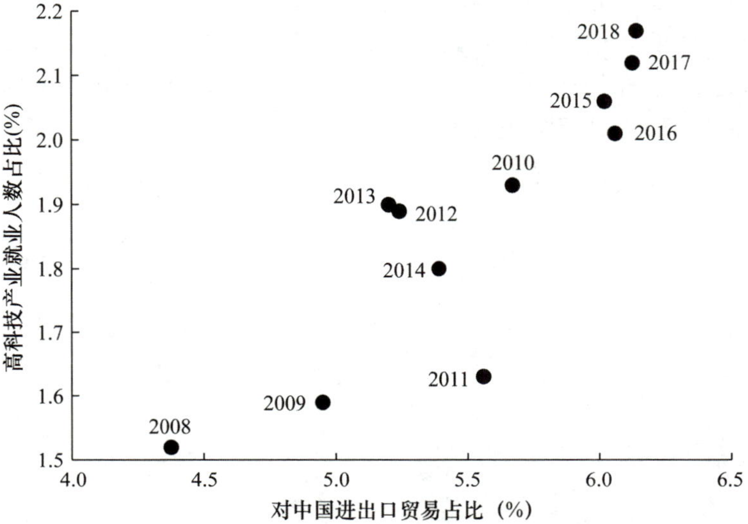

图 6-7　2008—2018 年欧盟 28 国对中国进出口贸易占比与高科技产业就业人数占比

资料来源：欧洲统计局。

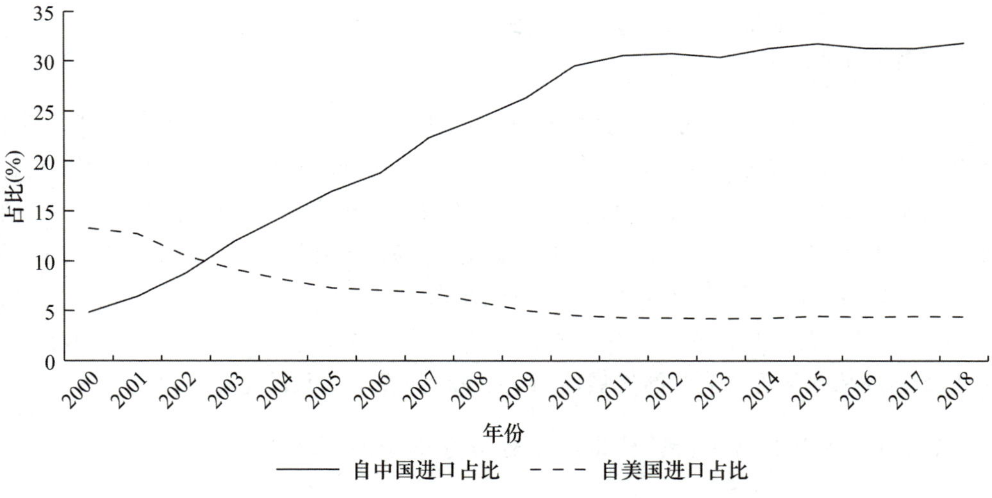

图 6-8　2000—2018 年欧洲信息和通信产品进口结构

资料来源：欧洲统计局。

国资本输出战略也日渐清晰，若欧美国家积极融入“一带一路”建设，那么中国将更快、更好地向欧美国家输出资本，降低欧美国家外商资本流失引起的产业结构不稳定性，为其经济增长注入新的活力。2013—2018 年，欧盟吸纳中国直接投资存量从 228.20

亿欧元增长到630.40亿欧元，年均增长率达25.96%；并且欧盟吸纳中国直接投资流量长期高于55亿欧元，与欧洲以外国家直接投资流量的比值于2018年突破100%（见图6-9），这主要是因为2017—2018年欧洲以外国家纷纷大幅减少对欧盟的直接投资，导致欧盟各国的FDI流量出现负值。

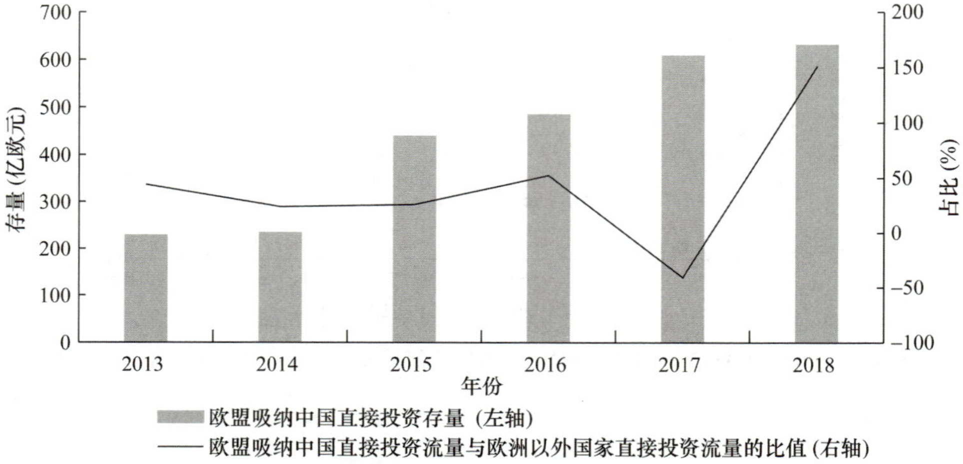

图6-9　2013—2018年欧盟28国吸纳中国直接投资情况

资料来源：欧洲统计局。

2013—2017年，中国对欧盟直接投资的产业结构不断变化，金融和保险业逐渐取代以往的采矿业，成为直接投资的支柱产业（见图6-10），金融和保险业的年均增长率达99.54%，2017年占中国直接投资存量的56.89%，提高了38.49个百分点，并且行政和支持服务业与制造业所占比重也显著提高，分别从0.30%、8.17%提高至10.11%、14.75%，投资规模分别扩大为原来的3.81倍、90.18倍。因此，欧洲国家积极融入"一带一路"建设，充分利用中国及其他发展中国家的资本优势，能够有效刺激欧洲金融和保险业及制造业的发展活力，巩固欧洲经济增长的基础。

6.2.3　融入"一带一路"建设以基础设施革新带动就业

欧美国家的航空、铁路、高速公路系统建成于20世纪60年代，现多数已接近使用年限，亟须大修大补或重建，比如英国提出北部振兴计划、高速铁路2号（HS2）工程、中部引擎计划等。根据欧洲统计局数据，2009—2018年，欧洲22国[①]道路基础设施支

① 欧洲22国具体为奥地利、保加利亚、克罗地亚、塞浦路斯、捷克、丹麦、芬兰、法国、匈牙利、意大利、科索沃、拉脱维亚、立陶宛、马耳他、北马其顿、波兰、斯洛伐克、斯洛文尼亚、西班牙、瑞典、瑞士、土耳其。

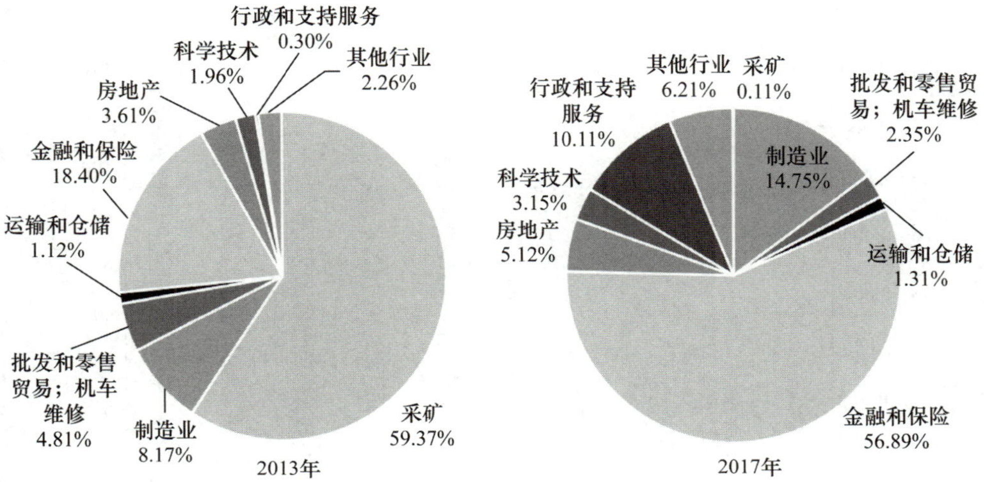

图 6-10　2013 年、2017 年中国对欧盟 28 国直接投资产业结构

资料来源：欧洲统计局。

出总额快速增长，从1 472.68亿欧元增长至 7 398.41 亿欧元（见图 6-11），年均增长率达 22.84%，其中匈牙利、瑞典、土耳其增长最为显著。由于欧洲公共债务高筑，各国资本匮乏，其融入"一带一路"建设能够在很大程度上缓解基础设施建设的资金困扰。根据国家外汇管理局数据，2018 年年末，中国外汇储备为 30 727.1 亿美元，而且每年经常账户顺差为 491.0 亿美元，这些可以作为欧洲基础设施投资的种子基金，带动欧洲国家的商业性贷款或主权基金。同时，"中国建造"的品牌影响力正在不断提升，中国在高层建筑、核电、电力、高铁等领域具备突出的国际竞争优势，能够高效、及时地完成欧洲国家的基础设施更新任务。

此外，基础设施投资的就业创造潜力十分显著，且不局限于建筑行业，根据麦肯锡公司数据，每 10 亿美元的基础设施投资将带来 1.3 万个至 2.2 万个就业岗位。2009—2018 年，欧洲 16 国[①]道路基础设施投资额与就业人数年增长率呈现同步增长的趋势，其中道路基础设施投资额由 1 003.43 亿欧元增长至 5 785.62 亿欧元（见图 6-12），年均增长率为26.78%，而就业人数从 7 459.47 万人增加至 7 834.75 万人，年均增长率约为 0.55%。因此，欧洲各国融入"一带一路"建设带动基础设施更新换代，不仅能够减轻政府的公共债务危机，还能够大幅增加就业岗位，为欧洲整体经济可持续发展奠定坚实的生产基础。

① 欧洲 16 国为上文欧洲 22 国剔除法国、科索沃、北马其顿、西班牙、瑞士、土耳其等 6 个国家。

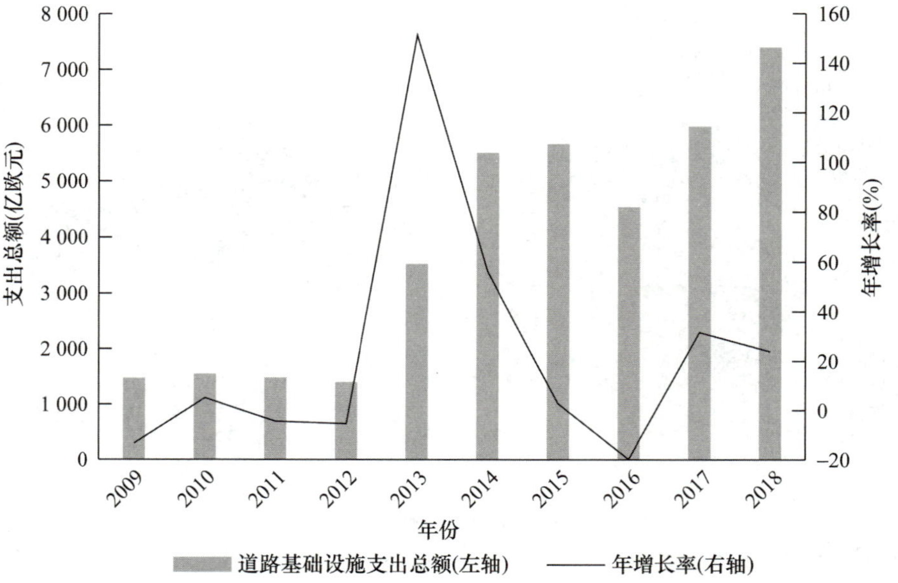

图 6-11 2009—2018 年欧洲 22 国道路基础设施支出总额及年增长率

资料来源:欧洲统计局。

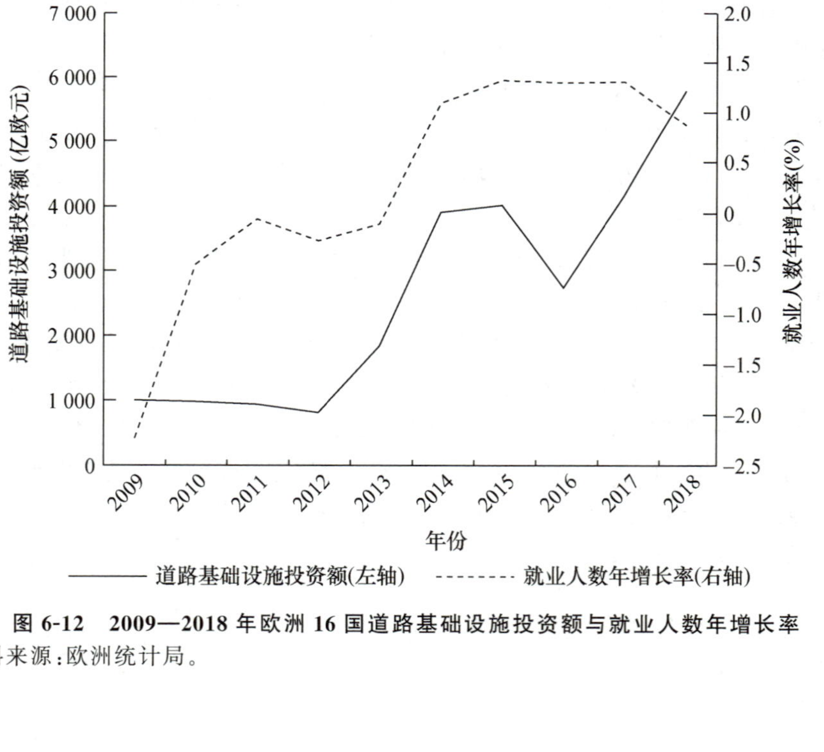

图 6-12 2009—2018 年欧洲 16 国道路基础设施投资额与就业人数年增长率

资料来源:欧洲统计局。

6.2.4　融入“一带一路”建设激发巨大消费需求

2009—2018 年，欧洲从“一带一路”沿线国家进口额由 2009 年的 1.49 万亿美元增长至 2018 年的 2.40 万亿美元(见图 6-13)，年均增长率为 2.99%，占欧洲全球进口总额的比重也从 28.56%上升至 33.60%，“一带一路”沿线国家对欧洲居民消费的重要性越来越高，因而欧美国家融入“一带一路”建设能够优化其居民的消费增长动力。此外，2013 年中欧班列正式运营，辐射范围迅速扩大，使得从中国出发经由欧亚大陆中部直达欧洲的铁路交通网络呈现爆发式拓展；截至 2018 年 10 月，中国境内开通中欧班列城市达 52 个，到达欧洲 15 个国家的 44 个城市。中欧班列的开通运营进一步改善了“一带一路”沿线质优价廉的商品流入欧洲的渠道，搭载的商品种类逐渐增多，从最初的日用百货、电子产品扩大到化工产品、机械制品、纺织品、食品、木制品等二百多个品类，有效降低了欧洲消费价格指数，切实提高了欧洲居民购买能力，挖掘了欧洲的消费潜力。

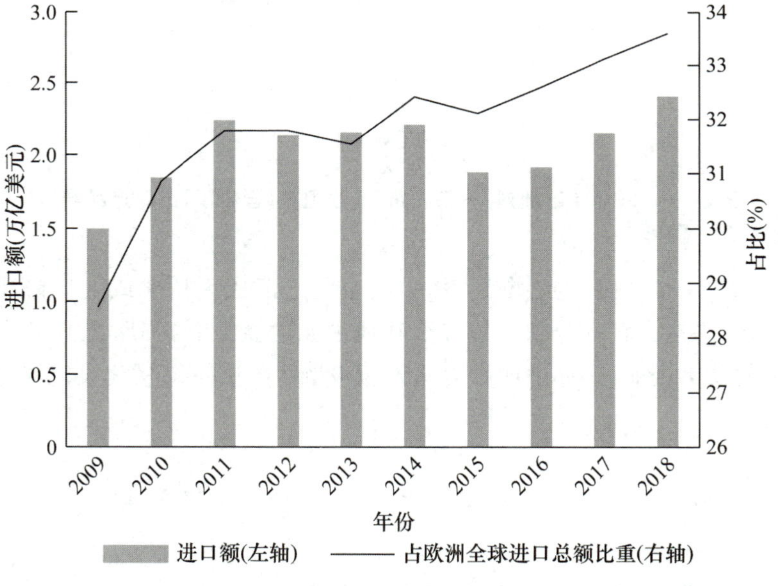

图 6-13　2009—2018 年欧洲从“一带一路”沿线国家进口额与占欧洲全球进口总额比重
资料来源：UNCTAD。

此外，“一带一路”建设能够促进区域经济联结，激发沿线国家能源、制造业、基础设施的发展需求，如电网联结、物流联结、能源系统联结，给欧美国家电气化系统及交通、电力、能源等行业企业带来了巨大的商机，有助于加速欧洲制造业转型升级，推动服务业与制造业融合。2018 年，欧洲对“一带一路”沿线国家(含中国)的出口额突破

7.40万亿美元，比2009年增加了3.25万亿美元，年均增长率为4.52%，占欧洲全球出口总额的比重比2009年提高了4.70个百分点，达到38.56%，其中高科技电子、电气产品和汽车出口额为5 312.27亿美元，比2009年增长了71.73%，占欧洲同类产品出口总额的比重也同步提高了1.44个百分点。2018年欧洲对“一带一路”沿线国家（含中国）出口产品结构具体如图6-14所示。

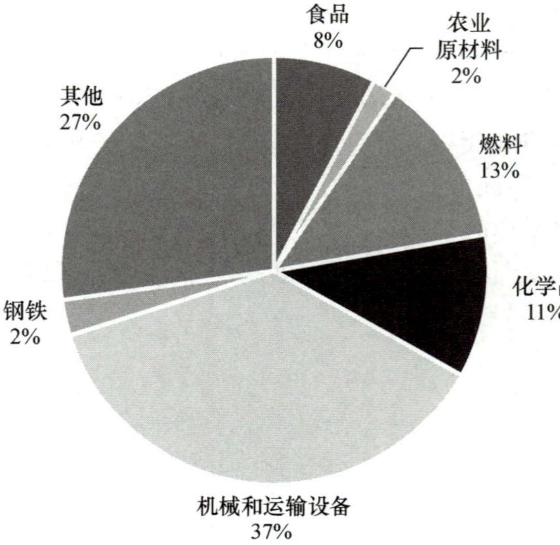

图6-14　2018年欧洲对“一带一路”沿线国家（含中国）出口产品结构

资料来源：UNCTAD。

同时，随着“一带一路”的不断建设，中国企业逐渐成为桥梁或港口修建等项目的主要承包商，但仍然会将部分项目转包给其他国家的企业，且通常是具备丰富跨国技术融合经验的欧美企业，这亦表明欧美国家积极融入“一带一路”建设能够为其经济增长补充活力。

6.3　欧美国家融入“一带一路”建设的机遇

6.3.1　“一带一路”倡议与欧美国家合作日趋成熟

目前，越来越多的欧美国家积极融入“一带一路”建设。2012年，中国与中东欧启动了由小到大、由浅入深的“16+1合作”，经贸、人文、教育、科技、青年等20个领域的合作实现了机制化，双方共开展、达成了313个活动、会议、文件，亚得里亚海众多港口城市也积极对接“一带一路”倡议。2018年，希腊、葡萄牙、意大利、卢森堡、瑞士和中国相继签署共同推进“一带一路”建设的谅解备忘录，此外，意大利热那亚港务局与中国交通建设股份有限公司对接“北方港口建设”，德国电器巨头西门子设立“一带一路”办事处，荷兰阿姆斯特丹和鹿特丹、西班牙马德里、德国杜伊斯堡和汉堡争相成为“一带一路”的区域枢纽。根据德国汉堡港口营销协会数据，截至 2019 年，德国汉堡港每周到北京、长沙、大连、合肥、深圳、天津、青岛、武汉、长春等 20 个中国目的地的运输线路为 204 条，每年在汉堡港转运处理的中国海运货物约 260 万标准箱。2012—2018 年中国与中东欧 16 国合作成果具体如图 6-15 所示。

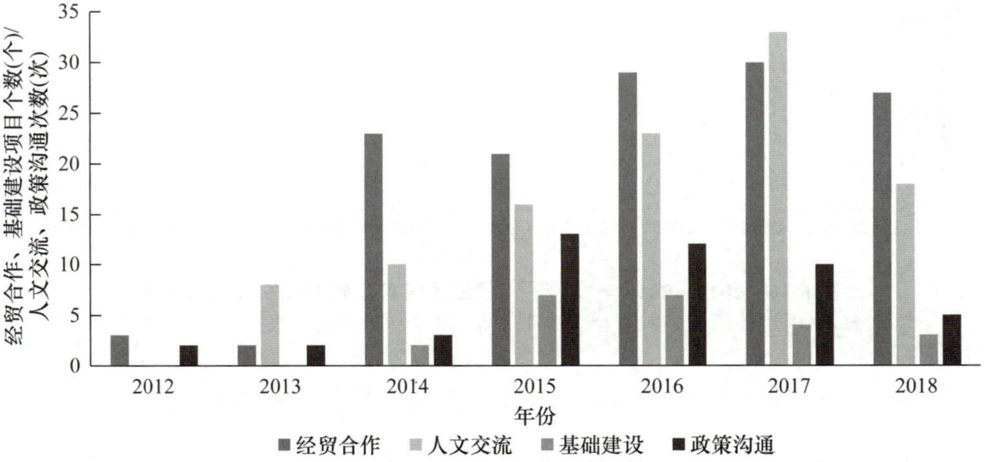

图 6-15　2012—2018 年中国与中东欧 16 国合作成果

资料来源：由作者根据外交部及 2012—2019 年中国—中东欧国家合作纲要整理所得。

6.3.2　“一带一路”建设周期长、基础设施建设投资需求大

“一带一路”对外投资主要集中于基础设施建设，其回报周期长，利润稀薄，公共属性强。2010—2019 年，“一带一路”沿线国家基础设施发展需求指数长期处于 130 的较高水平（见图 6-16）。根据全球基础设施中心（Global Infrastructure Hub）数据，2019 年，全球交通行业投资需求达 1.6 万亿美元，能源行业投资需求为 0.9 万亿美元，通信行业投资需求为 0.3 万亿美元，水务行业投资需求为 0.2 万亿美元，并且主要集中在“一带一路”沿线国家。然而，目前“一带一路”基础设施投资多数源自中国改革开放四十多年中不断积累的外汇储备，而单一的资本来源会减弱“一带一路”发展后劲，因此，“一带一路”建设对欧洲国家的融入具有迫切性，并且由于“一带一路”倡议被广泛认可，部分欧洲国家的大型跨国公司逐渐探求“一带一路”的发展机遇。德意志银行投入 30 亿美元加盟中国的国家开发银行；德国铁路股份公司与中国铁路总公司签署合作协议，携手开发基础设施建设项目；英国渣打集团长期与中国出口信用保险公司、中国进出口银行、中国国家开发银行、丝路基金、亚洲基础设施投资银行合作，2018

年参与了一百多个"一带一路"项目,其中一半以上关于基础设施建设。同时,"一带一路"倡议已形成"1+1+1"的投资模式,即中国的资本、技术、产能、人才等优势加上欧洲国家的标准、人才、经验等优势共同投资于"一带一路"沿线国家,这极大地降低了欧洲国家的投资风险,提升了"一带一路"基础设施建设的投资效率。

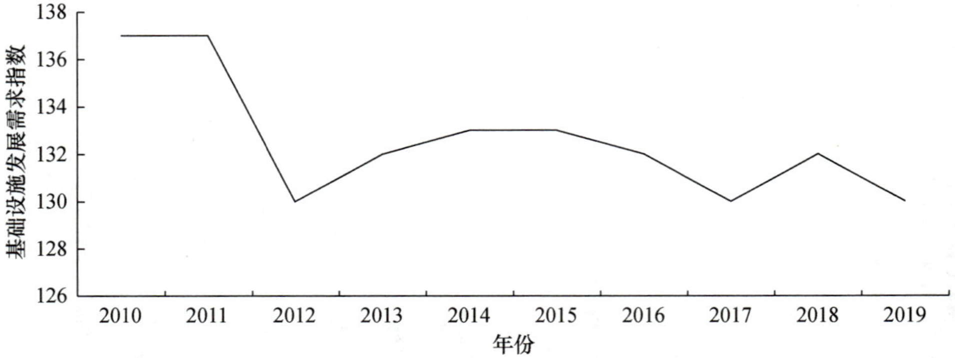

图 6-16　2010—2019 年"一带一路"沿线国家基础设施发展需求指数

资料来源:中国对外承包工程商会《"一带一路"国家基础设施发展指数报告 2019》。

6.3.3　"一带一路"倡议与欧美国家的产业发展战略关联密切

中国高质量发展要实现的自身产业升级计划和德国"工业 4.0"、法国"未来工业"计划、英国"工业 2050"计划的战略对接,是"一带一路"倡议在欧洲国家的具体实施。德国"工业 4.0"、法国"未来工业"计划、英国"工业 2050"计划旨在融合制造技术与信息技术,实现生产智能化,加速经济增长模式转变,而中国现阶段的主要目标是从全球制造大国转型升级为智造强国,开展智能化生产。中国拥有云计算、大数据等信息技术优势,而德国、法国、英国则掌握着先进的电子制造技术及智能技术,双方合作能够实现"强强联手",形成互补优势,切实优化双方乃至"一带一路"沿线国家的经济和技术实力。

6.4　欧美国家与"一带一路"建设的对接方向

6.4.1　核心国家

(一) 美国

美国具有多元经济结构,产业结构相对均衡,创新驱动型产业和效率驱动型产业对产值贡献大,金融、零售、高科技等诸多产业存在绝对优势。作为资源大国,美国工业产能利用率极高,是全球化工产品市场、汽车市场、纺织品市场的领导者。美国拥有高度发达的农业和服务业，GDP 占比分别为 1.2％和 79.5％。农业方面，美国是世界上最大的农业发达国家，约 20％的农产品用于出口；服务业方面，美国的服务业产品齐全，国际竞争力强。由于美国吸引外资和科研能力较强，“一带一路”建设与美国的对接领域集中于基础设施建设、投资、能源、贸易等。

第一，中美在基础设施建设上存在巨大的合作潜力。美国拥有先进的技术，可以参与到“一带一路”建设中来，与中国合作，形成“中国方案＋美国技术”的国际合作项目。例如，由美国提供技术支持、中国企业主导施工的巴瑞巴贝引水隧道工程项目不仅为尼泊尔人民带来了更好的生活条件，更是世界隧道工程项目的典范。

第二，“一带一路”建设产生了大量的资金需求，美国金融机构可以与亚洲基础设施投资银行、丝路基金等合作，为沿线国家尤其是经济不发达的国家提供相应的资金支持。

第三，在清洁能源方面，已有跨国公司加入“一带一路”建设项目，如中美合作的非洲清洁能源项目、肯尼亚凯佩托风电项目等，并且“电力非洲”等项目存在未来对接空间。中美产业合作能够为中美双方以及受益的第三方国家带来红利。

第四，在贸易领域，中国的资本与管理经验以及劳动力价格优势可以与美国的终端市场相结合，以“华坚模式”为例，中美可以依托第三方生产基地进行贸易合作。

“一带一路”建设与美国的对接，有利于促进中美贸易和投资的增长，能够为美国带来新的活力、创造大量的就业岗位，刺激美国经济增长；同时，能够弥补中国在某些先进技术领域的短板。中美合作是全球性议题，这不仅有利于亚太地区的发展，更有利于双方携手实现造福整个世界的伟大目标。

（二）法国

法国总体产业结构较为均衡，创新驱动型产业和效率驱动型产业对产值贡献较大，农业发展相对稳健，对产值贡献较小。法国的优势产业主要有农业、核能、航空航天、化工、制药等。法国是欧盟最大的粮食生产国及世界第二大农产品出口国、第二大核能生产国和第三大药品出口国，其航空航天产业和以化妆品生产为代表的化工工业也处于世界领先地位。法国目前仍处于产业结构改革的瓶颈期，面临外部经济环境恶化和国内政府公信力下降的双重压力，2017—2018 年法国经济增速由 2.3％下滑至 1.5％。

“一带一路”建设与法国的对接领域集中于航空航天、金融、农业食品、化工、化妆品等产业。根据中国商务部数据，截至 2020 年年底，中国已成为法国全球第七大出口市场和第六大进口来源地，是法国最大的亚洲贸易伙伴。中国与法国已形成全方位、宽领域的经贸合作关系，2019 年中法企业共签署了 24 份合同，包括认证、航空航天、化工、金融和农业食品等多个领域。2019 年，中国航空器材集团有限公司与空中客车公司签署 300 架空客飞机的批量采购协议，总价值 350 亿美元。2019 年 11 月，中国成功在巴黎发行40亿欧元主权债券，这是迄今为止中国政府单次发行最大规模的外币主权债券。中国在法国发行债券，支持了巴黎国际金融中心的建设，也有利于中国融入国际金融市场，开启欧元融资通道。此外，中国与法国在化工和化妆品产业上也具有巨大的合作空间。以香水为例，中国香水市场的增长速度较高、消费体量巨大，根据国家统计局数据，2018年中国化妆品零售额达2 619亿元，同比增长9.6%，显著高于同期全球增速。这为法国的化妆品出口提供了有利的契机，法国先进的生产技术也可以促进中国化妆品工业的发展。目前，中法在云南已经开展芳香产业园的合作。未来，中法化妆品产业可以通过技术和原料的互补、市场的进一步开放实现共赢。

（三）英国

英国以创新驱动型产业和效率驱动型产业为核心，实施均衡发展策略，优势产业主要包括金融、旅游、化工和制药等。英国金融业在人员素质、服务质量、法律法规等方面具有优势，拥有多个金融交易中心城市及多家主要金融机构。伦敦是世界三大金融中心之一，在国际金融市场上占据着重要地位。同时，英国化工行业呈现专业化和特色化特点，初级传统化工产业正在向发展中国家和地区转移。然而，面临脱欧后经济发展状况的不确定性以及2008年全球金融危机后生产力的下滑，英国急需稳定的贸易合作伙伴，以弥补其脱欧导致的欧洲地区经贸业务波动，并通过投资提升英国生产率水平。

由此，“一带一路”建设与英国可以在金融、能源、人工智能等领域进行对接。在金融领域，英国参与“一带一路”建设能够为沿线国家提供更多的投资及一流的科研平台，而中国亦能够将资本及经验输送至英国，激发英国北部经济带的发展活力。2018年，中国金融学会绿色金融专业委员会与伦敦金融城绿色金融倡议在伦敦公布了《“一带一路”绿色投资原则》；2019年7月，英国提出绿色金融战略，这正与中国“一带一路”投资绿色化方针相契合，未来双方可进一步交流经验、制定标准、共同发展。在能源领域，2019年中国、英国、希腊三国签约合作MINOS 50MW光热发电项目，力争将项目建成“一带一路”示范工程。在人工智能领域，由于英国较早开始人工智能的研究，部分英国大学研究水平居世界领先地位，而中国人工智能发展迅猛，国际科技论文发表量和发明专利授权量排名世界第二，两国加强合作，能够充分发挥英国的学术知识孵化优势和中国的市场优势，共同推动人工智能服务人类发展。

（四）瑞典

瑞典素以“小国家、大工业”著称，优势产业包括通信、汽车制造、环保及生命科技。瑞典国内市场容量小，其经济发展高度依赖对外贸易，稳定的贸易伙伴对于瑞典的产业发展及经济建设具有重要意义。

“一带一路”建设与瑞典的对接核心为运输设备进出口贸易、清洁能源生产、通信技术研发。在运输设备方面，2018年瑞典对中国出口的运输设备占瑞典对全球出口的运输设备的比重达 7.19%，并且中国吉利收购了沃尔沃品牌，增加了瑞典向中国的汽车出口，同时中国企业也借鉴了瑞典汽车制造技术并成功进入瑞典市场，这表明中国旺盛的需求与瑞典的生产市场逐步对接。在清洁能源方面，瑞典电力生产基本实现无油、无煤，电力主要来源于水电和核电，2016 年瑞典 99%的发电量实现零碳排放，水电、风电和核电占比分别为 46%、11%、34%，煤和石油发电量仅占 1%。中国可以通过投资的方式引进瑞典的先进技术，缓解国内的能源和污染问题。在通信技术方面，中瑞已进入强强联合阶段，华为与中兴已相继在瑞典希斯塔科学城设立研发中心，共同推进通信领域的科技发展与技术革新。

（五）意大利

意大利的制造业、建筑业等传统工业及创新工业对产值贡献较大，而 2008 年全球金融危机以后，意大利的经济增长长期低于欧元区的平均水平，制造业持续走弱，经济信心进一步下滑。意大利政局处于十字路口，面临不稳定因素。

意大利与“一带一路”建设对接，一方面为意大利带来了机会，刺激了当地经济的发展；另一方面加速了科技要素流通，提升了技术革新效率。因此，意大利与“一带一路”沿线国家可以在手工艺制造、高科技产业领域尝试合作，共同推动经济可持续发展。

意大利的皮鞋制造业享誉全球，大量小型制鞋厂具有严格的生产管理流程以及专业、娴熟的工艺流程，而中国广袤的市场可以为意大利的皮鞋提供绝佳的销路。中国可以派遣专业工人到意大利学习，引进专业的技术和生产理念，同时打开市场，加大对意大利的进口力度，实现合作共赢。此外，意大利是最早同中国开展科技合作的国家之一，目前罗马与华为合作，以 5G 为依托实现智能交通管理。然而，需要注意的是，意大利的司法体系繁杂、办事人员效率较低，并且劳动力市场不灵活，加上企业营业成本较高，“一带一路”沿线国家在与意大利合作时，应注意方式和方法，在项目规划时应提前与其进行协商。

6.4.2　重点国家

（一）爱尔兰

爱尔兰拥有领先的生物制药中心，是世界最大的药品出口国，此外旅游业为爱尔兰贡献了 11%的就业和 4%的 GDP 增长，对爱尔兰经济增长至关重要。同时，爱尔兰拥有优越的金融服务环境以及金融技能，是欧盟第四大金融服务出口国。

“一带一路”沿线国家与爱尔兰的合作可集中于金融、食品加工等领域。中爱的金融合作早有渊源，基础坚实。在金融领域，爱尔兰在数字身份、认证、资产管理软件方面具有技术经验，拥有 Clavis Insight 等企业，而中国金融科技企业成长迅速、市场参与者众多，可与爱尔兰交流技术经验，共同规划金融科技市场的广阔蓝图。在食品加工领域，2019 年 1—6 月，中爱乳制品交易额超 3 亿欧元，增长 5%，创下历史新高，爱尔兰乳制品出口主要是婴儿配方奶粉，中国新生儿数量众多，对于爱尔兰乳制品行业意味着广阔的市场。

（二）德国

德国产业结构相对较为均衡，创新驱动型产业和效率驱动型产业对整体产值贡献较大。其优势产业主要有农业、汽车及其配套工业、机械设备制造业及电子电气工业等。德国农业机械化程度较高，生态农业发展较好。与强大的工业实力相对的是德国增长缓慢的经济水平。严重依赖海外市场的德国深受英国脱欧及新兴经济体经济疲软的影响，同时其紧缩的财政政策和庞大的社会福利支出不断挤压国民消费及政府政策空间。

因此，“一带一路”建设与德国的对接集中于自动驾驶、新能源汽车、智能制造、人工智能、数字化、5G 及职业教育领域。一方面，德国的优势产业为汽车及其配套工业、机械设备制造业及电子电气工业，这些产业具有先进的技术和发展经验，加强双方合作，能够为“一带一路”沿线国家新兴产业的发展提供全方位的技术补充，并且中国作为德国重要且稳定的贸易伙伴，为“一带一路”建设与德国的对接提供了便利的渠道。另一方面，“一带一路”沿线国家与德国加强合作，不仅有利于巩固德国的产业优势和国际地位，还有利于拓宽其贸易领域，加快劳动力流动，弥补人口缺陷，进而有效解决德国因紧缩的财政政策而造成的内需不足问题。同时，中国与德国具有深厚的合作基础，这降低了“一带一路”沿线国家与德国发展对接的难度。目前，德国约有 90 万个就业岗位依赖对中国出口，并且中国与德国于 2018 年签署关于深化两国高校和职业教育合作的联合意向声明，有利于未来两国在加强创新和专业人才保障等领域进一步深化合作。

（三）希腊

希腊面临债务水平高、失业率高等严重的经济问题，2018 年第三季度其公共债务占 GDP 的比重达到 182.2%，失业率达到 18%，仍是欧盟成员中失业最严重的国家。同时，希腊产业结构严重不均衡，优势产业多为典型依靠外需拉动的产业，易受系统性金融危机的影响。空心化的产业配置使得希腊过度依赖国际贸易的经济难以进行自我调整。因此，希腊需要资金来弥补工业等欠发展的产业，协调国内的产业结构，同时需要更稳定的合作伙伴以保证旅游等服务、文化产业的出口。

“一带一路”沿线国家可以在海运方面与希腊开展合作。中国较早就与希腊在海运方面开展合作，双方在运输、造船、修船、船员劳务、船舶注册等领域已展开了全面合作。希腊海运产业庞大，截至 2019 年 6 月其拥有千吨以上货运船舶 5 283 艘，总载重 4.14 亿吨，是世界第一航运大国。中国与希腊的海运合作，将促进双方相关产业的发展，并为其他产业发展创造资金。比雷埃夫斯港项目是中希双方优势互补、互利共赢的典例。2016 年，中国远洋海运集团全面接手比雷埃夫斯港务局；2017 年，比雷埃夫斯港务局在全球集装箱码头排名从第 93 位跃升至第 36 位，成为全球增长最快的集装箱码头。未来中希双方应搞好港口后续建设发展，实现建成区域物流分拨中心的目标，打造好中欧陆海快线，则合作成果一定会不断惠及两国及地区人民。

此外，希腊在 2019 年正式加入中国—中东欧“16＋1”合作，成为“一带一路”建设中的积极分子，这不仅使中希贸易更加密切，对于促进当地的稳定与发展也具有锦上添花的作用。2019 年，中希签署《关于重点领域 2020—2022 年合作框架计划》，未来双方将在能源、制造及交通基础设施等 14 个项目上进行合作。中国与希腊不断扩大经济往来对于希腊就业率的稳定提升和中国企业进入希腊市场具有重要意义。

（四）西班牙

西班牙是世界第二大太阳能光伏能源生产国、世界第四大风能生产国。然而，西班牙也面临严重的失业问题，劳动密集型产业及上下游产业劳动力大量冗余。在其他产业方面，西班牙面临巨大的能源供需缺口，人工智能产业发展落后。

为了实现合作共赢，“一带一路”沿线国家与西班牙可在环境与可再生能源、基础设施建设领域拓展合作空间。一方面，西班牙环境与可再生能源业发展较快，预计到 2030 年，西班牙能源效率将提高 39.6%，可再生能源发电占比将达到 74%。“一带一路”沿线国家可以考虑与西班牙国家可再生能源中心、阿尔梅里亚太阳能平台等技术研发与创新中心以及领先的企业进行合作，学习交流先进技术经验。2019 年 11 月，中国能源建设集团有限公司与西班牙签订了首个 EPC（工程总承包模式之一）合同，这是中国开拓西欧新能源市场的成果，也为“一带一路”建设与欧洲市场更广泛地合作创造了开端。另一方面，中国正积极投身西班牙基础设施建设，2017 年中远海运港口有限公司通过其控股公司参与了西班牙集装箱码头和铁路场站等业务，为欧洲和亚洲的贸易增长奠定了坚实的基础。

（五）加拿大

加拿大农林渔业高度发达，是世界第五大农产品出口国、第七大渔产品出口国；高科技产业发达，在核能、水电、通信、航天、环保、地球物理勘探等方面拥有先进的技术和设备。然而，外资撤离是制约加拿大经济发展的首要问题，2018 年 10 月和 11 月加拿大共有 22 961 人申请破产，创下了 2011 年以来的新高，加拿大经济形势愈发萧条。

“一带一路”沿线国家与加拿大经济互补性强，双方具有广阔的合作前景，可在石油、天然气、铜金矿等资源开发方面进行合作。在石油方面，2020 年加拿大剩余探明石油储量达1 697 亿桶，仅次于委内瑞拉和沙特阿拉伯，排名世界第三，而“一带一路”沿线国家与加拿大作为世界主要的石油消费区域和生产国，长久以来在石油贸易领域鲜有合作，石油运输通道的闭塞极大地限制了双方石油贸易合作的深化发展，因此，中国企业及“一带一路”沿线国家企业应积极寻求与加拿大企业的合作机会，共同建设面向亚洲的石油运输通道，最大化双方的能源利益。在天然气方面，“液化天然气加拿大”项目是加拿大首个单个私营部门投资的项目，中国投资将为加拿大提供稳定的资金支持，同时有利于中国优化能源结构，形成可持续的能源体系。在铜金矿等资源开发方面，中国铜金矿对外依存度达到了70%，企业层面中国黄金集团公司已与加拿大开展矿产项目合作。

6.4.3 支点国家

（一）丹麦

丹麦总体产业分布相对均衡，公共事业、零售及运输等产业都对总产值有较为重要的贡献，金融、通信等创新驱动型产业所占比重基本达到同等发达程度国家中上水平，优势产业包括农业、捕鱼业、航运业、生物技术产业及可再生能源产业。但是，丹麦的国土面积较小，原材料和资源匮乏，其经济在很大程度上依赖于同其他国家的贸易。

“一带一路”沿线国家与丹麦的合作空间主要为可再生能源、农业废弃物利用、畜牧养殖等产业。首先，“一带一路”沿线国家与丹麦的合作不仅能够发挥丹麦的技术优势，还能够有效缓解其原材料和资源匮乏问题，丹麦在可再生能源特别是风能和生物能领域居于世界前列，拥有全球最丰富、最完整的风电产业链，世界十大风电整机制造商中有七家在丹麦落户，并且丹麦拥有世界排名第一的风力发电设备生产商维斯塔斯风力技术公司，该企业在中国的装机总量超过六吉瓦，而“一带一路”国内国际双循环包含大量资源丰富的发展中国家，且多数国家限于技术落后，无法实现经济腾飞，由此通过技术交流、设备贸易，能够充分解决双方的发展困境。其次，中国是农业大国，每年都会产生大量农业废弃物，而丹麦也是世界上畜牧养殖业最发达的国家之一，养殖及粪污处理技术法规健全，配套的设施设备已实现全自动化，因而加强两国在农业废弃物综合利用方面的合作，一方面能够提高中国的环境质量和农业生产效率，另一方面可以为丹麦的经济增长提供基础。

（二）葡萄牙

葡萄牙的饮食、药品制造等产业发展较为成熟，产值贡献较大，并且葡萄牙的软木、葡萄酒、橄榄油、模具、可再生能源等行业发展迅速。葡萄酒作为葡萄牙最重要的传统出口产品之一，2017年出口额达7.52亿欧元，出口量居法国、意大利、西班牙、德国之后，为欧盟第五大葡萄酒出口国，对华出口葡萄酒2 200万欧元（约850万升），占葡萄牙葡萄酒总出口额的2.92%，比重较低。自2008年全球金融危机以来，葡萄牙的失业率一直居高不下，需要外国资金以及科技合作来提升自身劣势产业的实力。

葡萄牙是第一个与中国建立“蓝色伙伴关系”的欧盟国家，两国关系始终保持平稳健康发展，多领域合作为双方带来了广阔的前景。根据优势互补原则，“一带一路”沿线国家与葡萄牙的合作领域可为红酒产业。葡萄牙红酒尚未进入中国主流市场，2017

年葡萄牙对中国出口红酒1 800万欧元，占葡萄牙红酒总出口额的2.5%，虽然中国消费者对其了解不多，但中国已成为继英、法、意、德之后的全球第五大红酒消费国，目前葡萄牙正加大在中国市场的推广力度，随着中国人将红酒作为日常饮品的比例逐渐提高，未来中国与葡萄牙在葡萄种植、酿酒技术及酒庄经营等方面也有较大的合作空间。

（三）挪威

挪威产业门类并不齐全，但独具特色，优势产业主要是资源驱动型产业和效率驱动型产业，如海上油气、航运、海洋工程等，并且挪威是世界第三大天然气出口国，拥有良好的渔业生产自然环境。

“一带一路”沿线国家与挪威经济发展的交汇点在于三文鱼、能源交通、国际赛事等领域。在三文鱼领域，挪威具有丰富的三文鱼资源，近年来中国的三文鱼消费市场不断扩大，进口数量明显上升，仅2018年前三周，挪威出口到中国的三文鱼总量就上涨至557吨，并且第二届中国国际进口博览会上挪威三文鱼厂商Nordlaks与中国签订了战略合作及采购协议，中国对挪威三文鱼的需求可以给挪威的经济带来正向的增长；同时，中国可以利用食品加工方面的独特优势，提升三文鱼的加工效率，如中国目前可以采用电子鼻技术检测沙拉酱对三文鱼口感的影响，因此挪威的三文鱼配合中国的技术会创造更广阔的市场。在能源交通领域，中国企业的新能源交通方案在挪威受到认可，2019年10月比亚迪斩获挪威公共交通运营商Unibuss的23台电动巴士订单，进一步巩固了比亚迪在北欧的地位，逐步打开了北欧市场。在国际赛事领域，挪威作为冰雪强国，于2017年与中国正式签署了体育合作协议，中国通过筹办奥运会等国际赛事积累了丰富的经验和出色的基础设施，而挪威具有更多冰雪运动的经验以及冰雪运动服务，双方的合作有利于挪威优势冰雪产业和中国冰雪产业的发展，是互利共赢的。

（四）芬兰

芬兰优势产业主要包括信息与通信技术、森林、机械、能源环保等，并且游戏产业的迅猛发展成为其经济增长的新亮点。芬兰开发的游戏95%用于出口，是其文化出口的重要组成部分。

芬兰面临的经济下行风险主要来自外部因素，其主要贸易伙伴的经济增长可能过弱，这将损害芬兰的增长和商业投资。因此，芬兰可能需要更稳定、经济形势更好的贸易合作伙伴，以保证其经济的稳定发展。

“一带一路”沿线国家与芬兰的合作领域在于游戏产业。近年来，中国游戏公司纷纷在芬兰布局，2015年网易对芬兰游戏公司Reforged Studios投资250万美元，2016年香港游戏公司Animoca Brands出资335万欧元（370万美元）收购芬兰游戏公司TicBits，同年腾讯也以86亿美元的高价收购了Supercell 84.3%的股份。中国可以通过在游戏产业与芬兰开展进一步的贸易和投资合作来扩大境外游戏市场，引进先进的游戏生产技术，迎接信息时代的挑战。

6.5 欧美国家融入“一带一路”建设的有效路径

在经济不确定性和投资风险日益增强的国际格局中，“一带一路”倡议着眼于全球，为发达国家和发展中国家的合作构建桥梁，化冲突为合作，变隔阂为包容，转分歧为互信，对于解决欧美国家对外投资困境、抵御全球系统性风险具有深刻意义。

6.5.1 完善“一带一路”多边合作机制

“一带一路”倡议的加快推进，对区域合作和区域一体化的影响日趋明显。在充分考虑各国国情和确保基本发展权利的前提下，建设多边合作机制是“一带一路”建设的重点，中国应吸纳对“一带一路”感兴趣的欧美国家参与到更紧密的联合分析和监督中来，加强规则的制定和对接，从注重贸易往来转向生产价值链合作，形成照顾各方利益的柔性联动机制，降低制度性交易成本，稳定各方预期，使参与“一带一路”建设的国家和地区从共商共建中受益，从而保障“一带一路”倡议持久而深入地推进。

6.5.2 联合制定合作愿景规划

基于欧美二元结构困境，欧美国家可以与中国联合制定合作愿景规划，加强在新能源、生物技术、信息技术、人工智能等领域的合作，构建制度性经济合作框架。首先，深化战略对接，推动“一带一路”倡议与德国“工业 4.0”、法国“未来工业”计划、英国“工业 2050”计划等战略衔接。中国可以与法国在航空航天、化工工业领域加强合作，与英国、瑞典、德国在人工智能、新能源、智能制造、职业教育等领域开展合作，与爱尔兰、葡萄牙在食品加工领域互助协作，推动中国与欧美关系进一步提质升级。其次，落实经贸合作。中国应积极推动与欧美国家达成经济伙伴关系协定，除涉及服务贸易、传统的货物贸易和投资等议题外，还可纳入基础设施建设、产能合作等体现发展导向的内容，尝试扩大“一带一路”自由贸易协定的覆盖范围，建设经济贸易合作区，以便拉动经济增长、克服经济下行压力。再次，加速创新合作进程。中国可以在 5G 网络、数字贸易、电子商务等领域与欧美国家开展试验性合作，支持更多欧美城市同中国开展智慧城市点对点合作。最后，畅通人文交流。中国应与欧美国家不断扩大智库、科技、卫生、文化、教育、青年、体育等领域的合作，夯实双方关系发展的民意基础，讲好共谋发展、共促和平的故事。

6.5.3 开启欧美国家与“一带一路”沿线国家金融合作

“一带一路”沿线国家与欧美国家可以在金融机构网络化布局、投融资、金融科技、金融监管等领域开展合作。一方面,欧美国家应鼓励本国金融机构与“一带一路”沿线国家金融机构在自愿的基础上加强投融资合作,创新融资工具,通过银团贷款、股权融资、PPP(政府与社会资本合作)、债权融资、出口信用保险、银企联动、装备租赁等多种融资方式满足“一带一路”沿线国家多样化的融资需求,并探索人民币融资及绿色金融债券发行,充分调动中国金融资源,降低企业换汇成本和汇率波动,从而优化欧美国家抵御系统性金融风险的能力。另一方面,“一带一路”沿线国家应支持本国与欧美国家相关银行之间的合作,开展金融服务和金融机构的网络化布局,为“一带一路”企业更好地开展对外投资业务提供资金结算和清算、银团与代理行贷款等配套金融服务,深化能源、基础设施领域的合作,推动本国与更多的欧美国家签署双边金融监管合作备忘录,巩固金融监管合作,有效减轻和防止投机与套利对实体经济产生的负面影响,形成金融与对外投资相互促进的良性循环。

6.5.4 加强对外投资自由化

对外投资自由化是全球经济可持续发展的核心动力,“一带一路”沿线国家可以携手亚太经济合作组织、世界贸易组织等国际和地方机构解决投资布局碎片化问题,进一步加快投资自由化、便利化进程,推动以规则为基础的对外开放,探讨建立更加包容、开放、透明、非歧视的双边和多边贸易投资机制和治理机制,并在多边合作框架的基础上出台各类对外开放政策,确保全球经济共同繁荣,破除增长与分配的结构性障碍。同时,欧美国家应在多边合作框架下,按照相关争端解决机制,合理、公平、公正地处理与“一带一路”沿线国家的经贸摩擦,鼓励欧美企业在“一带一路”建设中开发新市场、寻求新合作伙伴。

6.5.5 推动基础设施项目合作

由于影响深、周期长,基础设施项目合作是欧美国家与“一带一路”沿线国家高质量协同发展的重点。中国应加强与欧美国家共同开发第三方市场的力度,在“一带一路”倡议下探索制定多国参与的市场合作协议,鼓励欧美大型跨国公司与中国企业建立第三方市场战略合作伙伴关系,推动双边优势互补、共同发展,并且改善基础设施项目评估和遴选制度,优先支持既能带动当地就业,增加当地居民收入,促进工业化、城镇化进程,又具有战略意义和经济价值的基础设施项目建设,同时加强项目合法合规经营的制度建设,规范企业投资行为,积极回应当地社会诉求,稳步推进“一带一路”沿线港口、公路、铁路等基础设施合作,打造网上、天上、海上、陆上互联互通网络,推动“一带一路”沿线各国经济发展和民生改善。

6.5.6 构建绿色协同发展平台

欧美国家可与“一带一路”沿线国家强化科技创新与生态环保合作，统筹并充分发挥双边、多边环保国际合作机制，引导适用、先进、绿色技术向“一带一路”沿线发展中国家转移，建设绿色发展社会组织、智库、企业、政府和公众共同参与的多元绿色协同发展平台，打造环保合作网络，创新环保合作模式。一方面，欧美国家可与“一带一路”沿线国家合作建设生态环保数据服务平台，加强部门之间的生态环保信息公开与畅通，促进环保政策标准、法律法规及实践经验的交流与分享，提升双方对合作项目生态环境风险防范与评估的能力，为“一带一路”绿色发展提供保障和支持。另一方面，欧美国家可与“一带一路”沿线国家共同建设环保技术银行，倡导“一带一路”沿线国家行业协会与环保技术银行合作，制定并发布与欧美标准接轨的行业生态环保指南、规范及标准，同时加强双方绿色技术人员交流，激励智库、科研机构之间联合打造技术研发平台，这不仅有利于扩大欧美技术咨询服务的消费市场，推动欧美经济增长，而且有利于促进先进生态环保技术的应用和推广，加快国际环境治理体系改革。

中篇

中国国内循环推动“一带一路”国际循环

第7章　全球“中心—外围”贸易格局重构*

随着国际贸易平台、贸易规则的不断完善以及新技术的海量应用，当代全球化正呈现新特点：首先，随着WTO规模的扩大以及贸易规则的不断充实与完善，各国的合作与贸易不断增多，彼此的经济依赖愈发明显。另外，技术进步加快所引起的信息网络的扩张，提高了各国市场的透明度，构建了经济交流的“信息高速公路”，也加快了全球化的进程。然而，全球化的进程并非全球经济的简单一体化。在全球化的过程中，既包含一体化的趋势，同时又伴随着分裂化的倾向。一方面，大部分国家坚持致力于促进贸易自由化，区域性经济贸易合作的推动和发展为全球化进程提供了制度基础；另一方面，贸易保护主义使全球化的过程中出现分裂化的倾向，随着美国退出《跨太平洋伙伴协定》(TPP)以及全球范围内各项贸易保护措施的出台，贸易自由化的发展逐渐面临更多的不确定性。

在这样的全球贸易格局大背景下，中国抓住了机遇，在过去四十多年的发展中坚持对外开放政策，加入WTO并积极履行入世承诺，取得了巨大的经济成就。随着亚洲基础设施投资银行等金融机构的成立，中国与“一带一路”沿线国家的合作进程逐渐加快，在全球贸易网络中的参与程度也逐渐提高。如今，中国已发展成为全球第二大经济体及第一大工业国，对外进出口贸易金额从1978年的208亿美元上升至2018年的46 226亿美元，2018年外商直接投资达到1 349亿美元，对外直接投资达到18 090亿美元，在全球贸易网络中扮演着越来越重要的角色。然而，自2008年金融危机之后，中国经济也面临严峻的挑战和巨大的压力：就对外贸易而言，全球经济进入深度调整期，贸易保护主义逐渐抬头，民粹主义思潮涌动，经济全球化进程受到较大阻力和冲击。中国经济增速自2008年之后开始放缓，进出口贸易增速从2000年的30%降至2009年的13.9%，直至2018年才逐渐回升至15%。面对本身并不明朗的全球经济

* 本章内容主要来自：张辉，李宁静，2019. 基于社会网络方法的全球贸易双环流研究[J]. 国际贸易问题，(10)：17-36。

政治格局以及中国自身经济增速放缓的大背景，中国应如何找到自身的位置并抓住机遇，在激烈的全球贸易竞争中取得优势？在对外进出口贸易中，中国还能否继续依赖以成本竞争为主的第二产业劳动密集型产品所带来的竞争优势？在产业升级和转型的背景下，中国又应当如何进行新一轮全球贸易的布局和发展？为了回答上述几个重要问题，我们需要对全球贸易网络的结构特点进行充分而全面的分析和研究，并进而判断中国当前在全球贸易网络中所处的位置以及对外贸易结构的变化趋势，以便为中国对外贸易结构下一步的主动应变提供思路和借鉴。

从研究方法来看，目前已经有越来越多的学者关注到全球贸易中的社会网络特性，开始将社会网络的分析方法运用到国际贸易分析中来。就国外研究来看，Serrano and Boguñá(2003)指出，以国家为节点的全球贸易网络与万维网存在相同的特征结构。Snyder and Kick(1979)则指出，贸易网络具有典型的核心—边缘结构。Smith and White(1992)从国家节点网络位置的角度出发，指出网络位置影响一国在国际分工体系中的功能和地位。就国内研究来看，马述忠等(2016)采用社会网络分析方法研究全球农产品贸易的整体格局，利用网络中心性、网络异质性等指标对全球农产品贸易网络进行刻画和探究，发现国家的贸易网络特征呈现偏态分布。白洁等(2018)运用社会网络分析方法对 G20 国家贸易网络进行空间关联关系研究，发现 G20 国家出口贸易空间关联呈现多线程网络结构。杨文龙等(2018)采用复杂网络的分析方法对“一带一路”沿线国家构成的贸易网络进行拓扑分析，发现该贸易网络具有典型的等级性，贸易关系存在大国效应和地理邻近效应。王博等(2019)基于投入产出数据，从增加值的角度构建“一带一路”沿线国家贸易网络，发现“一带一路”沿线国家制造业增加值贸易在 2003 年以后增速得到了明显提升。以上相关文献均是针对区域局部贸易进行网络分析，并未对全球贸易网络及细分产业进行细致探究。本章引入社会网络分析方法，利用网络中心性等指标对全球 189 个经济体构成的贸易网络进行分析和梳理，利用中间人等网络指标对中国在全球贸易中的枢纽地位及贸易模式进行验证，并在此基础上细分产业探究中国不同产业对外贸易结构的差异性和相似性。

本章共分为四节，第一节为全球贸易网络分析，将 2015 年全球中间品、最终品投入产出表进行处理得到两个二值贸易矩阵，形成两个全球贸易网络结构图，并在此基础上进行贸易网络特征分析，探究中国在全球贸易网络中的重要性。第二节为中国的贸易地位分析，应用 CONCOR 方法对中间品、最终品两类贸易网络进行聚类，在结合各国经济发展水平与地理位置特征的基础上对中国在全球贸易中发挥作用的类别和性质进行判断，分析中国在全球中间品、最终品贸易中的地位特点。第三节为中国在全球贸易网络中的贸易模式分析，一方面针对不同循环子群进行贸易结构分析，得到中国在全球贸易中具体的贸易交互方式；另一方面针对不同产业中国对外进出口贸易的侧重点进行探究，发现中国当前的贸易结构呈现明显的双“8”字循环模式特征。第四节为针对中国在全球贸易网络中的贸易发展模式给出相应的政策建议。

7.1　全球贸易网络分析

“社会网络”这个词最早出现在20世纪30年代，被定义为一群行动者和他们之间的联系，有“节点”和“行动者”两个基本要素(Scott，2000)。Granovetter(1985)为社会网络在经济学领域中的应用提供了思路：市场交易能持续运行的关键在于买卖双方存在长期的贸易往来关系。在此基础上学者开始将社会网络应用于经济学研究中。随着经济全球化的发展，国家之间密切的经济联系使全球贸易关系成为一个有机的整体，不断增长的国际贸易正成为塑造全球经济和政治格局的关键。采用社会网络分析方法研究全球贸易网络的特征规律已经成为一个新兴的研究方向。全球贸易网络是一个典型的社会网络，其结构和特征特别适合采用社会网络的理论与方法来研究。从研究对象的角度出发，社会网络的研究方法主要分为整体网络的研究和个体网络的研究，其中整体网络的研究即对整个社会网络的基本属性、结构特点进行分析计算，个体网络的研究即对社会网络中以每个节点为核心构建的不同子网的基本属性、结构特点进行分析计算。

本章对全球贸易网络的研究分析均是基于2015年联合国Eora数据库中全球189个经济体26个行业的投入产出表数据，该数据覆盖面广泛，描述了全球大部分经济体典型行业的中间品及最终品投入产出流动情况，能够较为全面、清晰地展示和刻画全球贸易网络特征。本节将从整体网络和个体网络两个角度对2015年全球中间品、最终品贸易网络进行研究和分析，从而更全面地呈现全球贸易网络的特征。

7.1.1　整体网络分析

对基于全球贸易数据的社会网络进行分析首先需要确定各国之间贸易流量的关系，我们选择Z-score方法对2015年中间品、最终品投入产出表进行标准化处理，得到两个二值贸易矩阵。根据二值贸易矩阵可以绘制中间品、最终品贸易网络结构图，中间品和最终品贸易网络结构存在相似点，也存在差异性(如图7-1所示)。就相似点而言，一方面，无论是中间品还是最终品，其贸易网络各个节点之间存在各种错综复杂的进出口贸易关系，节点之间彼此依赖，孤立节点较少；另一方面，无论是中间品还是最终品，其贸易网络都呈现非对称的网络特征，核心节点与大部分节点存在贸易关系，非核心节点只与少部分节点相互联系，并处于网络中较为边缘的地位。就差异性而言，中间品的贸易网络关系数量明显多于最终品，这一现象对于非核心节点而言更为突出，中间品贸易网络中非核心节点对外存在一定数量的贸易联系，但最终品贸易网络中非核心节点对外贸易联系相对较少。

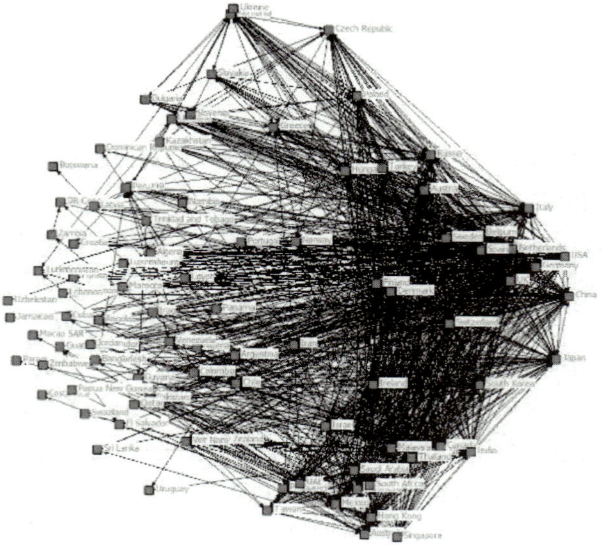

(a) 中间品贸易网络

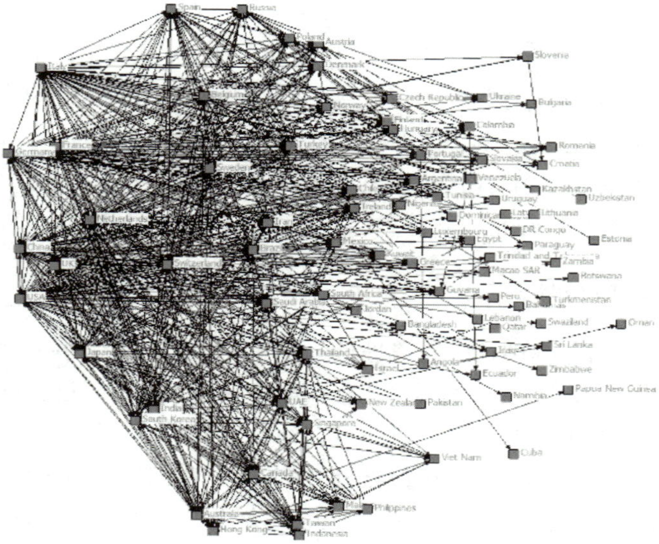

(b) 最终品贸易网络

图 7-1　2015 年全球中间品贸易网络和最终品贸易网络结构

为了使分析更加客观、科学，我们选取网络密度和关联性两个指标对中间品贸易网络、最终品贸易网络进行量化分析，就中间品贸易网络或最终品贸易网络而言，其密度越大说明国家之间的经济往来越密切，核心国家节点对全球贸易的影响越大，经济联动现象可能越明显。我们通过计算发现，中间品贸易网络的密度为 0.06，最终品贸易网络的密度为0.03，可知全球中间品贸易往来紧密程度显著大于最终品贸易往来紧密程度。

除网络密度外，我们还可以从关联性的角度刻画和分析整体网络的特征。如果一个网络的高密度主要基于一个核心节点，那么该网络对该核心节点具有较强的依赖性，从而其网络关联性可能相对较弱。我们分别选取关联度、等级度、最近上限这三个指标对整体网络关联性进行度量和分析。

关联度(C)的测量公式如下所示：

$$C = 1 - \left[\frac{V}{N(N-1)/2}\right] \tag{7-1}$$

其中，V 表示该网络中不可达的点对数目，N 表示网络的规模。因此，关联度越高说明网络联系越紧密，对单个节点的依赖性越弱。

等级度(GH)的测量公式如下所示：

$$\mathrm{GH} = 1 - \frac{V}{\max(V)} \tag{7-2}$$

其中，V 表示网络中对称可达的点对数目，$\max(V)$ 表示网络中可达的点对数目。因此，等级度衡量了网络节点非对称可达的程度，等级度越高说明网络等级结构越明显，网络结构非对称程度越高。

最近上限(LUB)的测量公式如下所示：

$$\mathrm{LUB} = 1 - \frac{L}{(N-1)(N-2)/2} \tag{7-3}$$

其中，L 表示网络中不存在最近上限的点对数目。最近上限是指对于任意一对行动者而言的能够到达二者的最接近的行动者，拥有最近上限的点对数目越多说明网络等级结构越明显，因此最近上限越大说明网络等级性越强。

如表7-1所示，就关联性而言，中间品贸易网络关联度为0.58，最终品贸易网络关联度为0.27，中间品贸易网络关联性显著强于最终品贸易网络。就等级性而言，中间品贸易网络等级度为0.35、最近上限为0.98，最终品贸易网络等级度为0.40、最近上限为0.99，中间品贸易网络等级性弱于最终品贸易网络。总体来看，一方面，中间品是用于生产其他商品和服务的产品，相较于最终品而言附加值较小，对技术水平要求较低，技术较为落后、经济发展水平较低的发展中国家也能进行一定程度的生产和制作，因此中间品贸易网络关联性较强、等级性较弱，整个网络非对称程度较低，对进出口贸易体量较大的国家节点依赖并不严重，节点之间相对平等，相对而言不易受个别核心节点的影响。另一方面，最终品是直接用于消费或投资的最终商品，附加值较大，对技术水平要求较高，大部分依赖于科技较为先进的发达国家进行生产和制作，因此最终品贸易网络关联性较弱、等级性较强，整个网络非对称程度较高，贸易网络依赖进出口贸易体量较大的国家节点，节点之间不平等，存在明显的等级结构特征。

表 7-1　中间品贸易网络及最终品贸易网络关联性指标

指标	中间品贸易网络	最终品贸易网络
关联度	0.58	0.27
等级度	0.35	0.40
最近上限	0.98	0.99

7.1.2　个体网络分析

整体网络研究可以对整个网络进行宏观、全面的分析，得到整个网络的特征和结构。但是整体网络无法对网络节点进行微观描述。因此，我们引入个体网络分析，从节点个体出发研究以每个节点为中心构建的个体网络的特征和结构。我们将选取规模、关系总数、密度、两步可达点数、中间人点数等五个个体网络指标对中间品、最终品贸易的个体网络结构进行计算和分析。其中，个体网络的规模即与个体网络中心节点相连的节点个数，关系总数即中心节点个体网络中存在的关系数量，密度即中心节点个体网络中实际关系数量与理论上最大关系数量之比，两步可达点数即个体网络中心节点在两步内可达的点数，中间人点数即中心节点作为中间人角色的次数，这类指标越大说明中心节点在个体网络中越处于核心地位，网络凝聚力越强。

图 7-2 至图 7-4 为中间品贸易个体网络及最终品贸易个体网络的规模、关系总数、密度、两步可达点数及中间人点数指标，可以看到：首先，规模指标同 GDP 呈正相关关系（见图 7-2），经济越发达的国家其贸易网络规模越大。其次，中间品贸易个体网络相关指标整体而言高于最终品贸易个体网络相关指标（见图 7-2 至图 7-4）。最后，中国贸易网络的规模、两步可达点数及中间人点数等指标均表现较好，处于散点

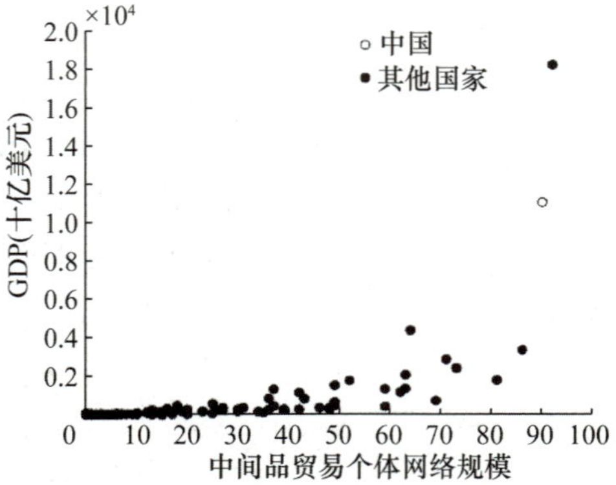

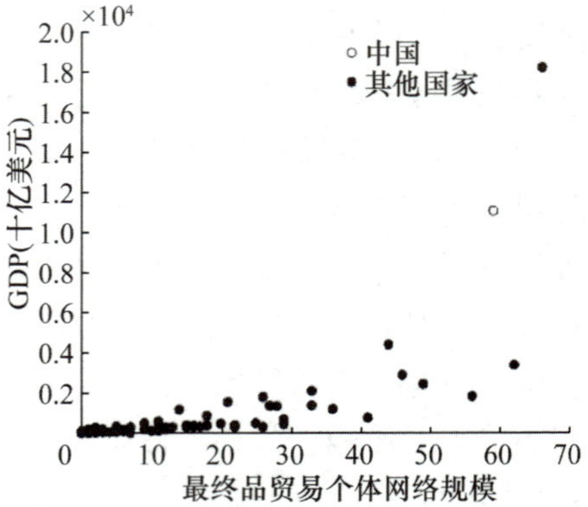

图 7-2　2015 年中间品贸易及最终品贸易个体网络 GDP 和规模指标

图右侧位置(见图 7-2、图 7-4),在中间品贸易网络和最终品贸易网络中处于核心的地位,拥有较强的竞争优势。另外,虽然中国拥有很高的关系总数指标,但其密度指标较低,这是因为以中国为中心节点构成的个体网络拥有大量节点,从而拉低了密度指标。

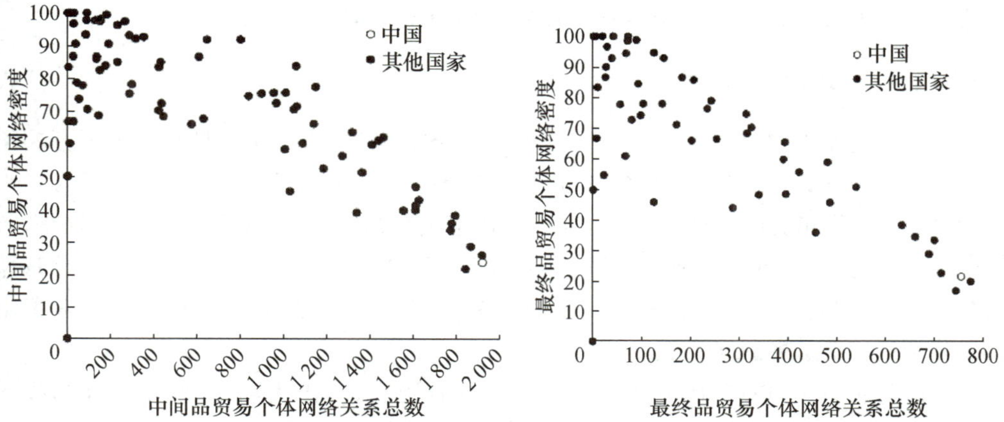

图 7-3　2015 年中间品贸易及最终品贸易个体网络关系总数和密度指标

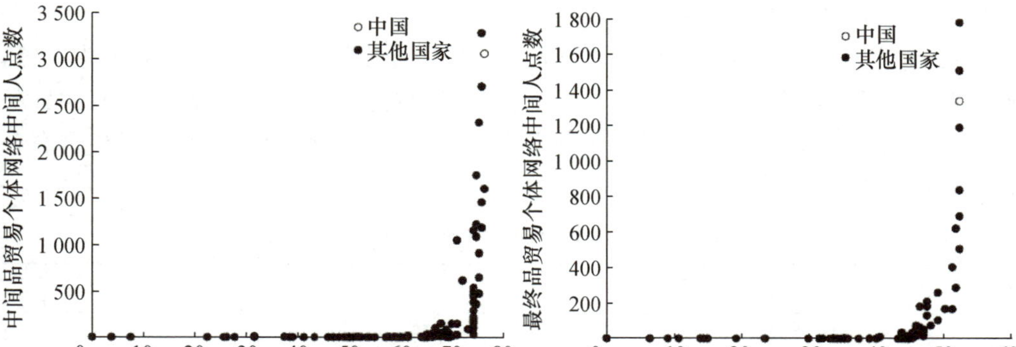

图 7-4　2015 年中间品贸易及最终品贸易个体网络两步可达点数和中间人点数指标

综上,我们分析发现:① 随着各国合作与贸易的增加,各国之间存在大量复杂的中间品及最终品贸易关系;② 中间品贸易网络及最终品贸易网络均呈现非对称的结构特点;③ 中间品贸易网络非对称特点相对较弱,而最终品贸易网络非对称特点较强,贸易关系较多的国家集中于经济较为发达的地区;④ 中国在中间品贸易网络及最终品贸易网络中扮演着重要角色。

7.2 中国的贸易地位分析

为了更进一步分析中国在全球中间品贸易网络及最终品贸易网络中所起到的节点作用，我们将对贸易网络进行聚类分析并对中国节点进行中间人属性判断，识别中国贸易伙伴的特征性质并对中国在全球贸易网络中的地位进行总结。

7.2.1 网络聚类分析

通过将复杂网络简化为块模型可以实现网络的聚类分析，块模型是一种研究网络位置关系的方法，是对社会角色的描述性代数分析。在实际运用中一般可采用 CONCOR 方法（迭代相关收敛法）对网络进行分块聚类分析。CONCOR 方法的原理是，首先计算矩阵各个行（或各个列）之间的相关系数，得到一个相关系数矩阵；其次计算相关系数矩阵的相关系数，得到相关系数的相关矩阵；最后经过多次迭代后达到对网络进行分块从而简化数据的目的。

我们将根据 CONCOR 方法对 2015 年中间品投入产出表和 2015 年最终品投入产出表进行聚类分析，得到中间品贸易的国家分组情况及最终品贸易的国家分组情况，在此基础上结合国家地理位置、国家经济发展情况等现实因素对聚类结果进行分析。

（一）中间品聚类结果描述及组群分析

就 2015 年中间品投入产出表而言，CONCOR 方法将 189 个经济体划分为 6 组，通过对组内贸易联系进行比较分析，可以将 6 组子群分为核心贸易群和非核心贸易群，具体如表 7-2 所示。其中，核心贸易群网络联系较为紧密，非核心贸易群内部存在较少的贸易往来。

表 7-2 2015 年中间品聚类组群分类情况

组类	组名	国家数量（个）
核心贸易群	组 1	82
非核心贸易群	组 2	45
非核心贸易群	组 3	5
非核心贸易群	组 4	29
非核心贸易群	组 5	17
非核心贸易群	组 6	11

对于核心贸易群组 1 而言，其组内贸易联系较为紧密。直观来看，以中国、美国、英国、日本、德国等国为主的节点处于网络的核心位置，与大多数国家存在紧密的贸易往来，该子群贸易网络呈现内部密集、外部分散的非对称结构。而对于其余非核心贸易群组而言，组内贸易联系较弱，贸易体量较小。

通过对中间品聚类组群所属区域进行分析可知，一方面，组 2、组 4、组 5、组 6 带有明显的地域特征，其中组 2、组 6 成员以非洲国家为主，组 4 成员以亚欧国家为主，组 5 成员大部分集中于美洲地区；另一方面，组 3 成员较少、地域分布较为分散，组 1 成员较多、地域分布也较为分散，但大部分属于经济发展水平相对较高的国家。

通过对中间品聚类组群经济发展水平进行分析可知（见图 7-5），图中五大模块从左到右依次为组 2、组 4、组 1、组 5、组 6，可以看到核心贸易群组 1 成员大部分经济发展水平较高，GDP 显著优于其他组群成员。对于非核心贸易群而言，大部分由亚欧国家成员组成的组 4 以及由美洲国家成员组成的组 5 经济发展水平属于中游位置，而大部分由非洲国家成员组成的组 2 及组 6 经济发展水平较为落后，GDP 相对较低。因此，组群 GDP 分布呈现倒“U”形特征。

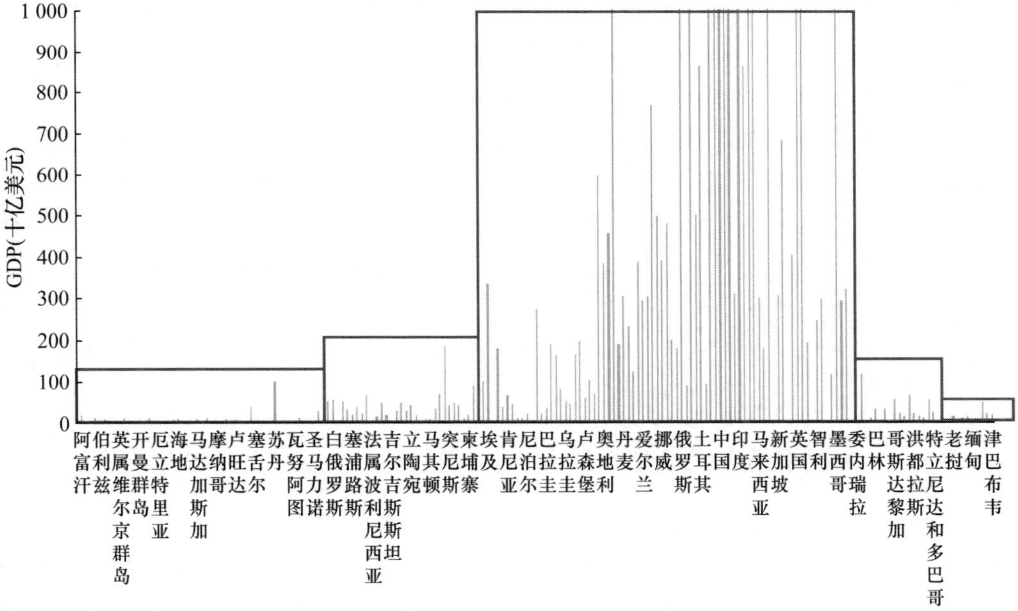

图 7-5　中间品聚类组群 GDP 分布情况

（二）最终品聚类结果描述及组群分析

就 2015 年最终品投入产出表而言，CONCOR 方法将 189 个经济体划分为 5 组，通过对组内贸易联系进行比较分析，可以将 5 组子群划分为核心贸易群和非核心贸易群（具体如表 7-3 所示）。其中，核心贸易群内部成员贸易往来较多、贸易体量较大，而非核心贸易群内部成员贸易往来较少、贸易体量较小。

表 7-3　2015 年最终品聚类组群分类情况

组类	组名	国家数量(个)
核心贸易群	组 1	25
核心贸易群	组 2	21
非核心贸易群	组 3	124
非核心贸易群	组 4	8
非核心贸易群	组 5	11

对于核心贸易群组 1 而言,其组内贸易联系较为紧密,以中国、美国、英国、日本、德国等国为主的节点处于网络的核心位置,整体呈现内部密集、外部分散的非对称结构。而对于其余非核心贸易群组而言,组内贸易联系较弱,贸易体量较小。

通过对最终品聚类组群所属区域进行分析可知,一方面,两大核心贸易群组呈现明显的地域特征,其中组 1 成员以欧洲国家为主,组 2 成员以亚洲国家为主;另一方面,非核心贸易群组主要由美洲、非洲国家组成,且贸易体量均较小。

通过对最终品聚类组群经济发展水平进行分析可知(见图 7-6),图中五大模块从左到右依次是组 3、组 4、组 1、组 2、组 5,其中组 1、组 2 属于核心贸易群,其余组群属于非核心贸易群。可以看到,对于核心贸易群而言,以欧洲国家为主的组 1 和以亚洲国家为主的组 2 经济发展水平显著高于其他组群。就非核心贸易群而言,以美洲国家为主的组 5 经济发展水平略优于以非洲国家为主的组 3、组 4。因此,无论是从 GDP 的角度还是从地域的角度来看,贸易网络聚类分析的结果均与 GDP 和地理数据相匹配,聚类分析具有现实意义,聚类结果相对可靠。

7.2.2　中国中间人指标分析

“中间人”即位于中间位置的人,在复杂网络中,如果存在一个以 A、B、C 三个节点构成的关系,其中 A 指向 B,B 指向 C,但是 A 没有指向 C,那么在此就可以说 B 是中间人。通过前文的分析我们知道,中国在中间品贸易网络和最终品贸易网络中均扮演着关键的角色。为了进一步判断中国在全球贸易网络中的地位特征,我们将在聚类分析的基础上对中国中间人的角色性质进行判断。具体来说,中间人可以划分为协调人、守门人、代理人、顾问、联络人这五个类型。

当节点 A、B、C 处于同一个群体时,作为中间人的 B 可以被看作协调人,也就是在一个群体中起到中介作用的人;当节点 A、C 处于同一个群体,而作为中间人的 B 处于另一个群体时,B 可以被看作顾问;当节点 A、B、C 分别处于三个不同的群体时,B 可以被看作联络人;当节点 B、C(或 A)处于同一群体时,节点 A(或 C)处于另一个群体时,B 可以被看作守门人(或代理人),守门人和代理人是一对结构相似、方向相反的

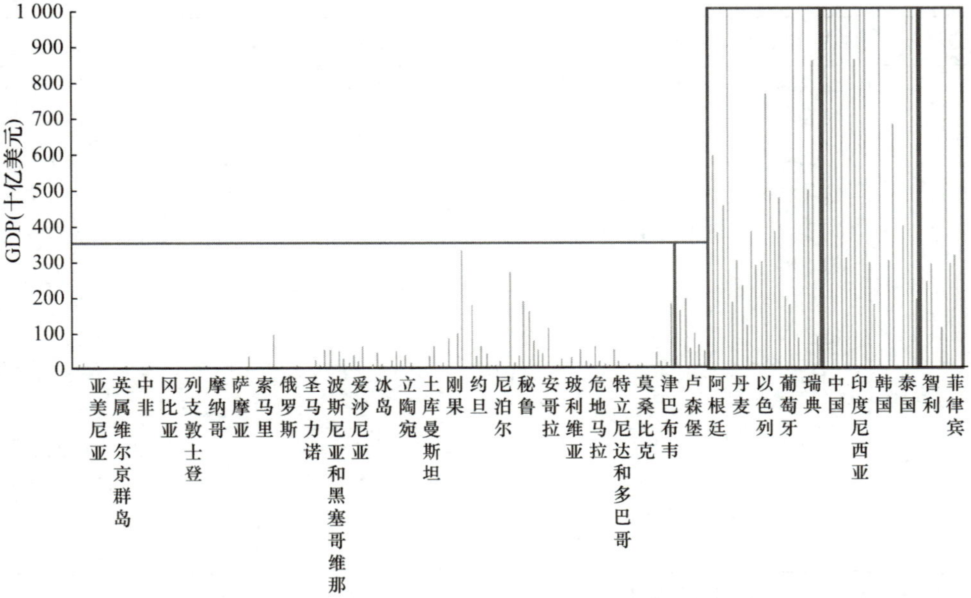

图 7-6　最终品聚类组群 GDP 分布情况

概念，当网络关系箭头是由 A 指向 B 时，B 属于守门人，当网络关系箭头由 B 指向 A 时，B 属于代理人。

（一）中间品贸易中的枢纽地位分析

表 7-4 是 2015 年中间品贸易全球五类中间人次数排名前十的国家情况，从中可以发现，中国中间人次数较高的原因在很大程度上是受协调人次数的影响：在中间人次数中，中国作为协调人的次数为 2 553 次，排名全球第一。中国在顾问次数中排名第十，相对靠后；在守门人、代理人次数中虽然排名第四，但与排名第一的美国相比，中国的守门人、代理人次数只是美国的 1/2。而联络人次数在中间人次数总体中占比很小，所以不同国家的联络人次数排名对中间人次数排名的影响微乎其微。

表 7-4　2015 年中间品贸易全球五类中间人次数排名情况

排名	协调人	守门人	代理人	顾问	联络人	总计
1	中国 (2 553)	美国 (1 051)	美国 (1 017)	德国 (217)	美国 (120)	美国 (4 637)
2	美国 (2 291)	德国 (957)	德国 (807)	美国 (158)	中国 (68)	德国 (4 083)
3	德国 (2 102)	意大利 (762)	意大利 (612)	意大利 (146)	法国 (18)	中国 (3 713)

（续表）

排名	协调人	守门人	代理人	顾问	联络人	总计
4	意大利（1 890）	中国（534）	中国（547）	俄罗斯（138）	西班牙（7）	意大利（3 410）
5	英国（1 745）	法国（447）	法国（535）	法国（75）	安哥拉（6）	法国（2 470）
6	荷兰（1 538）	俄罗斯（430）	俄罗斯（396）	荷兰（33）	比利时（3）	英国（2 271）
7	法国（1 395）	荷兰（396）	南非（295）	英国（21）	南非（2）	荷兰（2 202）
8	日本（1 264）	西班牙（268）	英国（292）	土耳其（12）	印度（2）	西班牙（1 510）
9	印度（1 131）	英国（213）	荷兰（235）	乌克兰（12）	—	俄罗斯（1 392）
10	韩国（1 113）	比利时（183）	土耳其（160）	中国（11）	—	日本（1 357）

注：括号内为对应角色出现次数。

（二）最终品贸易中的枢纽地位分析

表 7-5 是 2015 年最终品贸易全球五类中间人次数排名前十的国家情况，从中可以发现：首先，中国在最终品贸易中作为中间人的次数为 1 109 次，排名全球第三；其次，在 1 109 次中间人次数中，大部分是以代理人或联络人的角色出现的，其中有 477 次是作为代理人角色，有 241 次是作为联络人角色；最后，在 241 次联络人次数中，有 180 次是向核心贸易群组 1 进口商品并出口到非核心贸易群中。

表 7-5　2015 年最终品贸易全球五类中间人次数排名情况

排名	协调人	守门人	代理人	顾问	联络人	总计
1	日本（117）	美国（562）	德国（512）	德国（431）	美国（834）	美国（2 335）
2	美国（84）	德国（370）	美国（499）	美国（356）	德国（575）	德国（1 949）
3	中国（84）	日本（265）	中国（477）	意大利（275）	意大利（262）	中国（1 109）
4	荷兰（70）	英国（213）	英国（286）	法国（274）	中国（241）	法国（989）
5	德国（61）	法国（198）	法国（262）	英国（234）	法国（234）	英国（959）

（续表）

排名	协调人	守门人	代理人	顾问	联络人	总计
6	韩国 (61)	意大利 (167)	日本 (201)	中国 (147)	英国 (172)	意大利 (867)
7	英国 (54)	中国 (160)	意大利 (159)	日本 (109)	日本 (138)	日本 (830)
8	澳大利亚 (52)	荷兰 (83)	印度 (138)	瑞典 (25)	巴西 (110)	荷兰 (284)
9	印度 (51)	韩国 (69)	韩国 (88)	韩国 (12)	西班牙 (72)	韩国 (261)
10	西班牙 (44)	澳大利亚 (69)	荷兰 (86)	荷兰 (12)	南非 (61)	印度 (261)

注：括号内为对应角色出现次数。

综合中间品贸易和最终品贸易的中间人指标数据我们可以发现：一方面，中国在中间品贸易网络及最终品贸易网络中均扮演着核心中间人的角色，与大部分国家存在贸易关系。另一方面，中国在中间品贸易中与大部分经济较为发达的国家开展贸易合作，在核心贸易群内部扮演着协调人的角色；在最终品贸易中作为出口方同大量发展中国家开展贸易合作，同时向经济发达国家进出口最终品，大多扮演着协调人和代理人的角色。我们可以看到，中国的贸易特征呈现双“8”字循环的模式，上半圈在中间品贸易网络中与经济发达国家开展大量的贸易合作，且贸易往来十分紧密；下半圈则作为连接发达国家与发展中国家的重要桥梁开展贸易合作，在全球贸易中发挥着重要作用。

7.3　中国在全球贸易网络中的贸易模式分析

为了进一步分析中国双“8”字循环的具体贸易模式，本节将从上循环及下循环两个角度出发，并基于产业的角度对中国在全球贸易网络中的地位进行梳理和解读。我们将中国贸易模式中的上循环定义为中国与核心贸易群成员的贸易往来，并将下循环定义为中国与非核心贸易群成员的贸易往来。本节将通过统计中国在 2015 年全球中间品贸易网络及最终品贸易网络中的度数来分析中国的上下循环贸易特征。

7.3.1　上下循环贸易模式分析

（一）上循环贸易群分析

设上循环贸易群成员 i 在核心贸易群中间品贸易网络中的出度为 TE_i、入度为 TI_i，在核心贸易群最终品贸易网络中的出度为 FE_i、入度为 FI_i，则上循环贸易群成员 i 总度数 $TDegree_i$ 为：

$$\text{TDegree}_i = \text{TE}_i + \text{TI}_i + \text{FE}_i + \text{FI}_i \tag{7-4}$$

从总体的角度来看，中国在上循环贸易群中扮演着较为核心的角色。图 7-7 描述了 2015 年上循环贸易群成员在核心贸易群中从左到右按 GDP 降序排列的总度数 TDegree_i 统计分布图，从中可以看到，大部分 GDP 较高的成员拥有较高的总度数排名，经济较为发达的成员对外贸易依赖程度相对较高。表 7-6 为 2015 年总度数排名前十的成员情况，可以发现上循环贸易群成员对中国的贸易依赖程度较高，在上循环贸易群中中国扮演着较为核心和关键的角色。

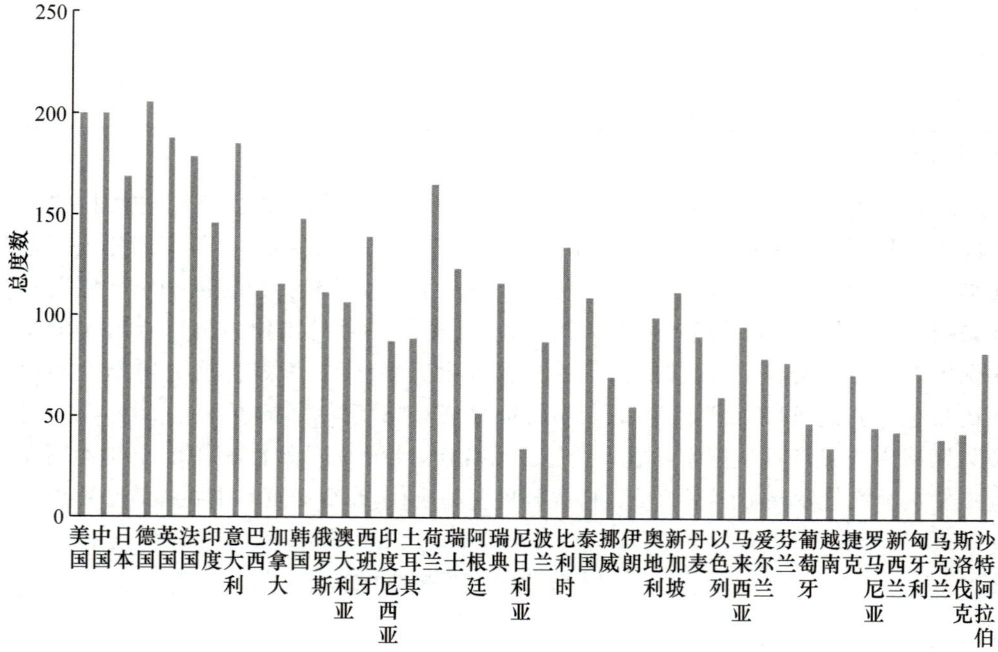

图 7-7　2015 年上循环贸易群成员在核心贸易群中总度数统计

表 7-6　2015 年上循环贸易群成员在核心贸易群中总度数排名前十

排名	成员名称	总度数
1	德国	206
2	美国	200
3	中国	200
4	英国	188
5	意大利	185
6	法国	179

（续表）

排名	成员名称	总度数
7	日本	169
8	荷兰	165
9	韩国	148
10	印度	146

从细分的角度来看，表 7-7 分别罗列了 2015 年在核心贸易群中细分度数排名前十的上循环贸易群成员，根据细分度数数据我们可以得出以下结论：一方面，中国在上循环贸易群中的贸易结构主要以出口为主，作为中间品及最终品出口方的次数远大于作为中间品及最终品进口方的次数；另一方面，中国在上循环贸易群中能够发挥核心作用的原因在于中国与大量上循环贸易群成员保持着中间品贸易往来，并主要以中间品出口方的角色活跃于上循环贸易群中。

表 7-7　2015 年上循环贸易群成员在核心贸易群中细分度数排名

排名	TE 排名	TI 排名	FE 排名	FI 排名
1	中国	美国	德国	德国
2	德国	中国	意大利	英国
3	意大利	德国	中国	美国
4	英国	意大利	法国	日本
5	美国	荷兰	美国	法国
6	法国	日本	英国	中国
7	印度	英国	荷兰	澳大利亚
8	荷兰	法国	日本	意大利
9	比利时	韩国	比利时	印度
10	西班牙	西班牙	韩国	韩国

为了进一步分析和比较中国在核心贸易群中的进出口结构同其他国家的差异性，我们分别计算了 2015 年核心贸易群中总度数排名前十的上循环贸易群成员的中间品、最终品进出口次数占比情况，如图 7-8 所示。根据图 7-8 可知，总度数排名前十的成员其贸易结构呈现如下特征：从占比数值来看，各成员之间中间品、最终品进出口次数占比差异性并不明显，中间品进出口次数占比大部分保持在 30％到 35％之间，最终品进出口次数占比大部分保持在 15％到 20％之间。从进出口结构相似性来看，中国与德国、意大利、法国、印度的进出口结构较为相似，对外贸易均是以中间品出口贸易为主且较少依赖最终品进口贸易。

为了使分析更为客观和科学，我们引入差异性指标 DIFF 及竞争性指标 ESI 对中

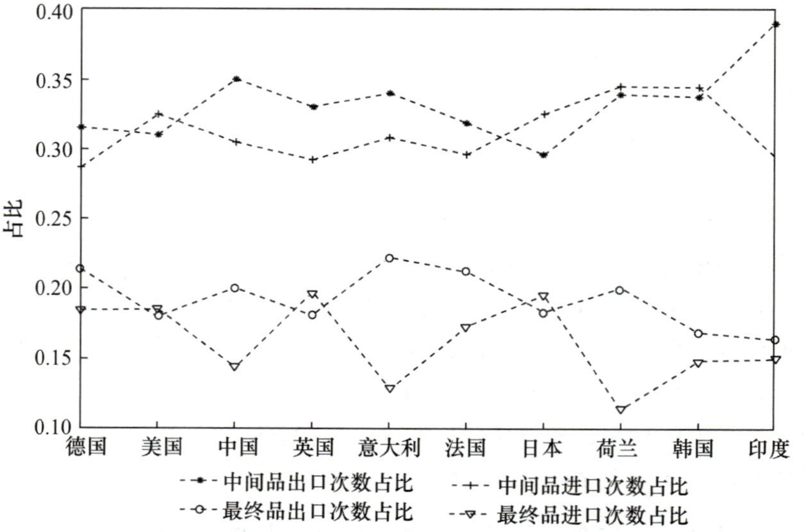

图 7-8　2015 年核心贸易群中总度数排名前十的上循环贸易群成员进出口次数占比

国与总度数排名前十的成员进行量化分析和比较。我们将成员 i 的中间品出口次数占比记为 T_{1i}，中间品进口次数占比记为 T_{2i}，最终品出口次数占比记为 F_{1i}，最终品进口次数占比记为 F_{2i}，那么成员 i 对中国的差异性指标 DIFF_i 的计算公式如下：

$$\mathrm{DIFF}_i = (T_{1i} - T_1)^2 + (T_{2i} - T_2)^2 + (F_{1i} - F_1)^2 + (F_{2i} - F_2)^2 \qquad (7\text{-}5)$$

其中，T_1、T_2、F_1、F_2 分别是中国的中间品进出口次数占比及最终品进出口次数占比。可以看到，DIFF_i 数值越大说明就核心贸易群而言，成员 i 与中国贸易结构的差异性越大。

成员 i 对中国的竞争性指标 ESI_i 的计算公式如下：

$$\mathrm{ESI}_i = \min(T_{1i}, T_1) + \min(T_{2i}, T_2) + \min(F_{1i}, F_1) + \min(F_{2i}, F_2) \qquad (7\text{-}6)$$

可以看到，若 ESI_i 接近于 1，则说明成员 i 与中国存在较为明显的竞争关系，二者贸易结构较相似，较容易出现互相竞争的现象；若 ESI_i 接近于 0，则说明成员 i 与中国存在较为明显的贸易互补关系，二者贸易结构差异较大。总体来说，DIFF 指标从绝对值的角度对中国与其他成员的贸易结构差异性进行衡量，ESI 指标从相对量的角度对中国与其他成员的贸易结构竞争性进行衡量，两个指标互为补充、互为参照。表7-8 罗列了 2015 年总度数排名前十的成员相较于中国的 DIFF 指标、ESI 指标排名情况，根据指标排名结果，我们可以得出以下结论：上循环贸易群中较为核心的几个成员与中国贸易结构十分相似，存在较为明显的竞争现象，其中意大利、法国、印度这三个国家无论是从 DIFF 指标、ESI 指标还是从进出口次数占比分布来看均表现出与中国十分相似的贸易结构现象，与中国存在十分强烈的竞争关系，可能在一定程度上威胁中国在上循环贸易群中的核心地位。

表 7-8　2015 年核心贸易群中上循环贸易群成员相较于中国的 DIFF 指标与 ESI 指标排名

成员名称	$DIFF_i$	成员名称	ESI_i
意大利	0.0008	意大利	0.9753
法国	0.0020	荷兰	0.9595
荷兰	0.0026	法国	0.9595
韩国	0.0027	韩国	0.9568
印度	0.0030	印度	0.9539
德国	0.0033	英国	0.9482
英国	0.0036	德国	0.9469
美国	0.0040	美国	0.9400
日本	0.0062	日本	0.9293

（二）下循环贸易群分析

设下循环贸易群成员 i 在非核心贸易群中间品贸易网络中的出度为 TE_{2i}、入度为 TI_{2i}，在非核心贸易群最终品贸易网络中的出度为 FE_{2i}、入度为 FI_{2i}，则下循环贸易群成员 i 总度数 $TDegree_{2i}$ 为：

$$TDegree_{2i} = TE_{2i} + TI_{2i} + FE_{2i} + FI_{2i} \tag{7-7}$$

从总体的角度来看，中国在下循环贸易群中同样扮演着较为核心的角色。图 7-9 描

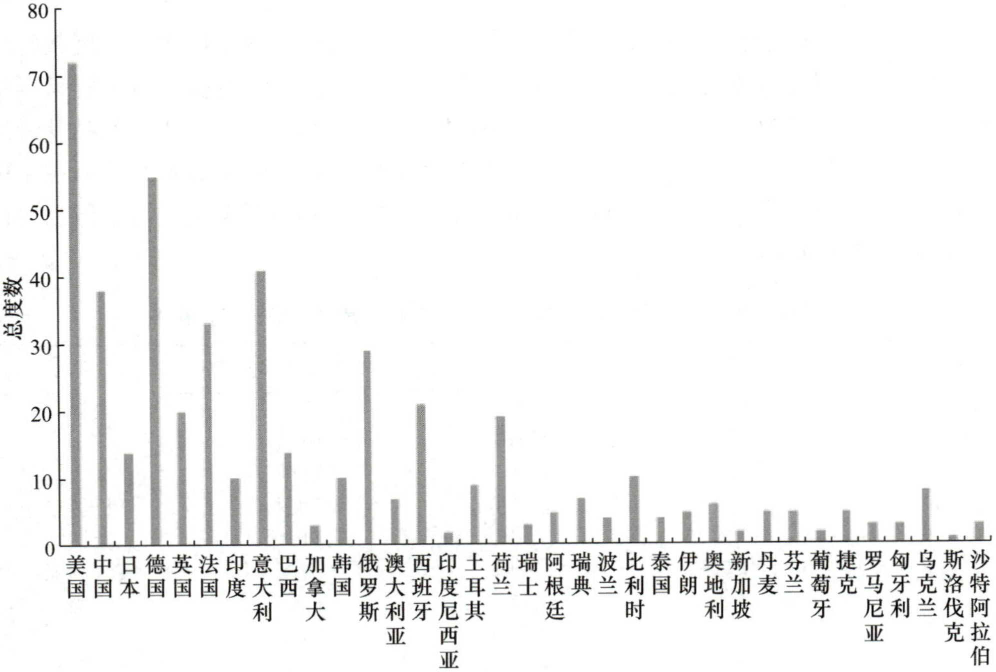

图 7-9　2015 年下循环贸易群成员在非核心贸易群中总度数统计

述了 2015 年下循环贸易群成员在非核心贸易群中从左到右按 GDP 降序排列的总度数 $TDegree_{2i}$统计分布图，从中可以看到，GDP 与总度数排名分布呈现较为明显的正相关关系。表 7-9 为 2015 年总度数排名前十的成员情况，我们判断：一方面，中国与下循环贸易群成员在非核心贸易群中保持着较为密切的贸易关系，领先于绝大部分核心贸易群成员；另一方面，相较于上循环贸易群而言，中国与下循环贸易群成员的贸易联系相对较弱。

表 7-9 2015 年下循环贸易群成员在非核心贸易群中总度数排名前十

排名	成员名称	总度数
1	美国	72
2	德国	55
3	意大利	41
4	中国	38
5	法国	33
6	俄罗斯	29
7	西班牙	21
8	英国	20
9	荷兰	19
10	日本	14

从细分的角度来看，表 7-10 分别罗列了 2015 年在非核心贸易群中细分度数排名前十的下循环贸易群成员，根据细分度数数据我们可以发现：中国在下循环贸易群中的贸易结构以出口为主，作为中间品及最终品出口方的次数要大于作为中间品及最终品进口方的次数。此外，值得强调的是，中国能够在总度数中名列第四的原因在于中国向较多的下循环贸易群成员出口最终品，可以看到下循环贸易群成员对中国制造的最终品依赖程度较高。

表 7-10 2015 年下循环贸易群成员在非核心贸易群中细分度数排名

排名	TE 排名	TI 排名	FE 排名	FI 排名
1	美国	美国	美国	美国
2	德国	德国	中国	德国
3	俄罗斯	意大利	德国	日本
4	意大利	俄罗斯	意大利	巴西
5	法国	法国	西班牙	英国
6	中国	中国	法国	澳大利亚
7	南非	荷兰	巴西	法国
8	英国	西班牙	印度	韩国
9	荷兰	乌克兰	日本	俄罗斯
10	土耳其	比利时	荷兰	中国

从贸易结构的横向对比来看，相较于上循环而言，中国在下循环贸易群中的进出口结构同非核心贸易群总度数排名前十的成员差异性相对更大。我们分别计算了2015年非核心贸易群中总度数排名前十的下循环贸易群成员的中间品、最终品进出口次数占比情况，如图7-10所示。根据图7-10可知，中国与其余非核心贸易群中总度数排名前十的下循环贸易群成员的贸易结构呈现如下特征：从占比数值来看，各成员进出口次数占比差异较大，不论是最终品的进出口次数占比还是中间品的进出口次数占比均存在较大程度的差异性。从进出口结构相似性来看，不存在与中国进出口结构完全相似的成员，中国在下循环贸易中表现出依赖出口特别是最终品出口的贸易特征，但总度数排名前十的其余下循环贸易群成员并未表现出这样的特征结构。

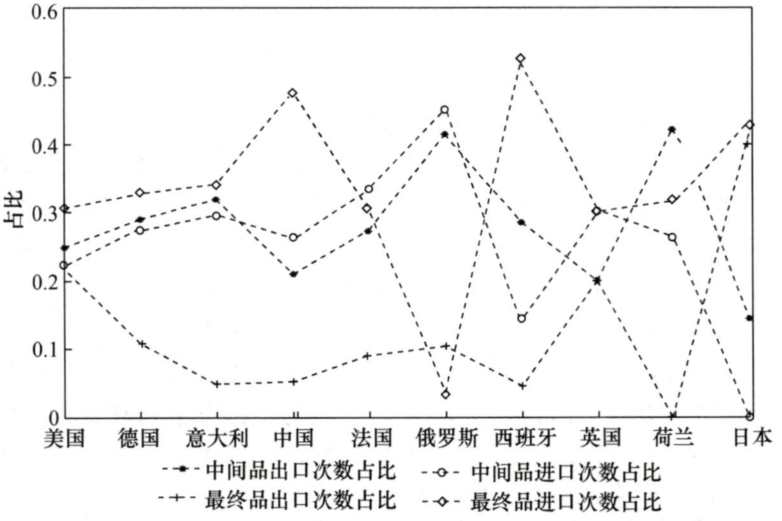

图7-10　2015年非核心贸易群中总度数排名前十的下循环贸易群成员进出口次数占比

为了使分析更加科学和严谨，我们引入差异性指标DIFF及竞争性指标ESI对中国与总度数排名前十的成员进行量化分析和比较。计算方式如上一小节所述。

表7-11罗列了2015年总度数排名前十的成员相较于中国的DIFF指标、ESI指标情况。根据DIFF升序排列及ESI降序排列的结果来看，两项指标计算结果完全一致。通过将非核心贸易群中总度数排名前十的下循环贸易群成员的差异性指标及竞争性指标进行对比，我们可以发现一个较为明显的现象：在下循环贸易群中，中国同其余前十名非核心贸易群成员的贸易结构差异性较大，彼此之间竞争性较低，甚至存在一定程度的贸易互补现象。

表 7-11 2015 年非核心贸易群中下循环贸易群成员相较于中国的 DIFF 指标与 ESI 指标排名

成员名称	$DIFF_i$	成员名称	ESI_i
西班牙	0.0227	西班牙	0.8747
意大利	0.0297	意大利	0.8639
德国	0.0312	德国	0.8536
法国	0.0394	法国	0.8293
英国	0.0534	英国	0.8158
美国	0.0603	美国	0.7909
荷兰	0.0720	荷兰	0.7895
日本	0.2172	日本	0.6241
俄罗斯	0.2711	俄罗斯	0.5608

针对以上上下循环贸易群组的分析,我们对中国在全球中间品贸易网络及最终品贸易网络中的贸易结构特征和贸易地位有了较为清晰的结论:中国在全球贸易中扮演着较为核心的角色,在全球贸易网络中形成了双“8”字循环模式。就上循环部分而言,中国与大量上循环贸易群成员存在密切的中间品贸易往来,并主要以中间品出口方的角色活跃于上循环贸易群中,但中国在上循环贸易群中面临较大程度的竞争压力,与意大利、法国、印度等国家存在贸易竞争关系。就下循环部分而言,中国向较多的下循环贸易群成员出口最终品,下循环贸易群成员对中国制造的最终品依赖程度较高,同时,中国在下循环贸易群中面临的竞争压力较小,与一部分下循环贸易群中总度数排名较高的成员存在一定程度的贸易互补现象,可以认为中国在下循环贸易群中还有进一步发展的空间,能够开拓更多的贸易市场。

7.3.2 细分产业分析

为了进一步探究中国的进出口贸易模式和贸易结构特点,本小节将从不同产业的角度出发对 2015 年全球中间品投入产出表与最终品投入产出表进行聚类及中间人分析,梳理和判断中国进出口贸易发展侧重点与贸易结构。

根据《2011 国民经济行业分类》标准,我们排除私人住房开支(Private Households Expenditure)、其他(Others)、转口贸易(Re-export & Re-import)三个与产业关联度较小的类别后,将投入产出表中剩余的全球各国/地区各产业分为第一产业、第二产业—轻工业、第二产业—重工业、第三产业四个子类,将各国/地区不同产业投入产出表处理为二值矩阵,并在此基础上进行聚类及中间人分析,各子类包含产业情况如表 7-12 所示。

表 7-12　全球产业子类划分

产业子类	产业内容
第一产业	农;林;牧;渔
第二产业—轻工业	食品;纺织;造纸
第二产业—重工业	采矿和采石;石油、化工和非金属矿产品;金属制品;机电工程;运输设备;其他制造业;回收电、气、水;建筑
第三产业	维护和维修;批发贸易;零售;酒店食宿;运输;邮电;金融中介和商业活动;公共行政;教育、卫生和其他服务

(一) 第一产业分析

第一产业包括农、林、牧、渔等行业,表 7-13 罗列了全球第一产业中间品、最终品贸易中中间人次数排名前十的经济体,从中可以看到,在第一产业中,无论是中间品贸易还是最终品贸易,中国①作为中间人的次数都进入了全球前十名,但与排名第一的经济体还存在较大差距。因此,从中国第一产业中间人次数数据表现来看,中国在全球贸易中的枢纽地位并不依赖于第一产业。为了进一步判断中国第一产业的中间人角色性质,我们将统计各经济体作为协调人、守门人、代理人的次数,从而对中国在第一产业贸易中所扮演的角色做出更准确的描述。

表 7-13　第一产业贸易中中间人次数排名

排名	经济体名称(中间品)	经济体名称(最终品)
1	美国(4 673)	德国(3 658)
2	荷兰(4 048)	美国(3 544)
3	德国(3 739)	法国(3 412)
4	法国(2 770)	中国(2 350)
5	意大利(2 605)	意大利(2 296)
6	中国(2 470)	荷兰(2 276)
7	土耳其(1 849)	印度(2 055)
8	西班牙(1 783)	西班牙(1 771)
9	加拿大(1 433)	加拿大(1 670)
10	印度(1 317)	土耳其(1 275)

由于排名前十的经济体均属于核心贸易群成员,因此若排名前十经济体的协调人次数较高,则说明该经济体主要是同经济较为发达的经济体开展贸易合作,且在核心贸易群中扮演关键角色。若该经济体的守门人或代理人次数较高,则说明该经济体在

① 此处中国仅包括内地数据。

连接发达经济体与发展中经济体贸易群体中起到了重要作用，一方面与经济较为发达的经济体开展贸易合作，另一方面同时与发展中经济体保持贸易联系。表 7-14 展示了第一产业贸易中三类中间人次数排名前十的经济体，从中可以发现，就最终品而言，中国在第一产业最终品贸易中作为守门人及代理人的次数与排名第一的经济体差距较大，作为协调人的次数排名相对靠前，因此可认为中国在第一产业最终品贸易中主要是同发达经济体进行贸易交往，与大多数发展中经济体交往较少，在核心贸易群中处于较为中心的地位。就中间品而言，中国在第一产业中间品贸易中的中间人角色表现与在第一产业最终品贸易中的表现类似，均是以协调人的身份活跃于贸易交往中。因此，结合第一产业中间品贸易和最终品贸易的中间人次数数据表现，我们可以得出以下结论：中国的第一产业进出口贸易对象主要以发达经济体为主，在上循环贸易群中处于较为核心的地位，在下循环贸易群中并不占据重要地位。

表 7-14　第一产业贸易中三类中间人次数排名

排名	最终品协调人	最终品守门人	最终品代理人	中间品协调人	中间品守门人	中间品代理人
1	美国(1 509)	德国(1 532)	美国(746)	德国(1 648)	德国(2 091)	美国(845)
2	法国(1 388)	法国(1 169)	意大利(550)	荷兰(1 554)	荷兰(2 022)	法国(399)
3	中国(1 357)	美国(996)	荷兰(550)	意大利(1 294)	美国(1 890)	荷兰(248)
4	德国(1 301)	意大利(700)	法国(548)	中国(1 247)	意大利(1 089)	加拿大(241)
5	印度(1 138)	荷兰(559)	德国(462)	法国(1 239)	法国(934)	中国(193)
6	荷兰(949)	中国(531)	西班牙(372)	土耳其(1 085)	中国(927)	西班牙(146)
7	加拿大(918)	印度(517)	中国(364)	美国(1 063)	西班牙(711)	意大利(141)
8	西班牙(853)	西班牙(430)	俄罗斯(357)	西班牙(856)	土耳其(667)	南非(138)
9	意大利(758)	加拿大(407)	土耳其(336)	俄罗斯(666)	加拿大(573)	印度(128)
10	英国(423)	土耳其(385)	印度(302)	比利时(585)	印度(555)	澳大利亚(84)

（二）第二产业—轻工业分析

第二产业—轻工业包括食品、纺织、造纸等行业，表 7-15 罗列了全球第二产业—轻工业中间品、最终品贸易中中间人次数排名前十的经济体，从中可以看到，在第二产业—轻工业中间品贸易中，中国的中间人次数与排名第一的经济体存在一定差距，但在第二产业—轻工业最终品贸易中，中国的中间人次数与排名第一的经济体差距很小，处于贸易网络的核心地位。

表 7-15　第二产业—轻工业贸易中中间人次数排名

排名	经济体名称	经济体名称
1	意大利(4 117)	美国(4 681)
2	德国(3 525)	德国(4 422)
3	美国(3 392)	中国(3 830)
4	法国(3 099)	法国(3 604)
5	荷兰(2 507)	意大利(3 318)
6	英国(2 438)	英国(3 221)
7	中国(2 434)	西班牙(2 898)
8	西班牙(1 654)	荷兰(2 069)
9	比利时(1 514)	俄罗斯(1 176)
10	俄罗斯(1 073)	比利时(985)

表 7-16 展示了第二产业—轻工业贸易中三类中间人次数排名前十的经济体，从中可以发现，就最终品而言，中国在第二产业—轻工业最终品贸易中作为守门人的次数与排名第一的国家差距较大，但作为代理人的次数很高，在全球排名第一，因此中国在第二产业—轻工业贸易中主要扮演着代理人的角色，向大多数发展中经济体出口最终品并向发达经济体进口最终品，在全球第二产业—轻工业贸易中处于枢纽地位。就中间品而言，中国在第二产业—轻工业中间品贸易中的中间人角色主要以守门人和代理人为主，在上循环贸易群与下循环贸易群中扮演着承上启下的角色，同时与发达经济体和发展中经济体开展轻工业中间品进出口贸易。

表 7-16　第二产业—轻工业贸易中三类中间人次数排名

排名	最终品协调人	最终品守门人	最终品代理人	中间品协调人	中间品守门人	中间品代理人
1	德国(3 884)	美国(1 293)	中国内地(1 339)	意大利(3 907)	美国(870)	美国(791)
2	法国(3 051)	德国(461)	美国(879)	德国(3 135)	中国内地(328)	中国内地(444)
3	意大利(2 962)	法国(289)	意大利(271)	法国(2 976)	德国(253)	俄罗斯(344)
4	英国(2 893)	西班牙(259)	英国(260)	荷兰(2 226)	俄罗斯(245)	西班牙(279)
5	西班牙(2 412)	中国内地(161)	南非(255)	英国(2 208)	荷兰(157)	南非(258)
6	中国内地(2 272)	俄罗斯(87)	法国(251)	中国内地(1 615)	意大利(143)	土耳其(170)
7	美国(2 222)	意大利(80)	中国香港(231)	美国(1 519)	西班牙(110)	英国(166)
8	荷兰(2 007)	英国(65)	西班牙(219)	比利时(1 465)	土耳其(78)	巴西(153)
9	比利时(948)	荷兰(62)	墨西哥(184)	西班牙(1 253)	巴西(76)	阿联酋(141)
10	俄罗斯(916)	印度(60)	印度(176)	加拿大(886)	法国(68)	墨西哥(140)

结合中国在第二产业—轻工业中间品贸易及最终品贸易中的中间人次数数据表现，我们可以得出以下结论：中国在全球轻工业贸易中存在较为明显的双循环贸易模式，在最终品贸易中从上循环经济体进口最终品并向下循环经济体出口最终品，在中间品贸易中同时与上下循环经济体保持密切的进出口贸易关系，扮演着承上启下的枢纽角色。

（三）第二产业—重工业分析

第二产业—重工业包括钢铁、冶金、机械等行业，表 7-17 罗列了全球第二产业—重工业中间品、最终品贸易中中间人次数排名前十的经济体，从中可以看到，中国在全球第二产业—重工业中间品贸易中发挥着核心作用，处于明显的枢纽地位，但在最终品贸易中其中间人次数与排名第一的经济体还存在一定差距。

表 7-17　第二产业—重工业贸易中中间人次数排名

排名	经济体名称(中间品)	经济体名称
1	中国(3 525)	美国(4 188)
2	美国(3 463)	德国(3 624)
3	德国(3 429)	英国(2 962)
4	意大利(2 969)	中国(2 885)
5	法国(2 345)	法国(2 680)
6	英国(1 668)	意大利(2 364)
7	西班牙(1 594)	日本(1 390)
8	印度(1 321)	印度(1 221)
9	韩国(1 305)	西班牙(1 036)
10	日本(1 235)	韩国(982)

表 7-18 展示了第二产业—重工业贸易中三类中间人次数排名前十的经济体，从中可以发现，就最终品而言，虽然中国在代理人次数中排名第四，但从具体次数来看，相较于协调人和守门人次数而言，中国的代理人次数与排名第一的经济体最为接近，因此我们认为，中国在重工业中间品贸易中扮演的角色表现出较为明显的代理人特征：向发达经济体进口重工业最终品并同时向发展中经济体出口重工业最终品。就中间品而言，中国在重工业中间品贸易中代理人次数与排名第一的国家存在较大差距，但协调人和守门人次数较为领先，可以判断中国在重工业中间品贸易中扮演着上下循环间的枢纽角色，与上循环发达经济体存在密切的双向贸易关系，同时向下循环发展中经济体大量进口重工业中间品。

表 7-18　第二产业—重工业贸易中三类中间人次数排名

排名	最终品协调人	最终品守门人	最终品代理人	中间品协调人	中间品守门人	中间品代理人
1	美国(1 908)	美国(413)	德国(1 746)	德国(3 429)	美国(293)	美国(617)
2	德国(1 581)	德国(181)	美国(1 653)	中国(3 312)	中国(152)	南非(294)
3	英国(1 549)	中国(178)	法国(1 449)	意大利(2 969)	法国(63)	墨西哥(152)
4	中国(1 202)	英国(174)	中国(1 395)	美国(2 512)	印度(52)	印度(129)
5	意大利(1 118)	法国(114)	英国(1 164)	法国(2 282)	西班牙(50)	巴西(87)
6	法国(1 046)	意大利(59)	意大利(1 157)	英国(1 623)	比利时(49)	中国(59)
7	日本(891)	俄罗斯(59)	印度(558)	西班牙(1 544)	韩国(45)	阿联酋(51)
8	荷兰(815)	韩国(51)	日本(499)	韩国(1 260)	芬兰(30)	比利时(45)
9	韩国(729)	巴西(49)	西班牙(393)	日本(1 235)	南非(26)	英国(45)
10	西班牙(643)	阿联酋(47)	南非(392)	荷兰(1 142)	委内瑞拉(14)	阿根廷(21)

结合中国在第二产业—重工业中间品贸易及最终品贸易中的中间人次数数据表现，我们可以得出以下结论：中国在全球重工业贸易中同样存在较为明显的双循环贸易模式，在最终品贸易中向下循环发展中经济体出口最终品并向上循环发达经济体进口最终品，在中间品贸易中向下循环发展中经济体进口中间品并与上循环发达经济体保持密切的双向贸易关系。

（四）第三产业分析

第三产业包括金融、餐饮、交通等行业，表 7-19 罗列了全球第三产业中间品、最终品贸易中中间人次数排名前十的经济体，从中可以看到，中国在全球第三产业无论是中间品还是最终品贸易中，其中间人次数与排名第一的经济体均存在较大差距，相较于第二产业而言其枢纽地位并不明显。

表 7-19　第三产业贸易中中间人次数排名

排名	经济体名称(中间品)	经济体名称(最终品)
1	美国(6 018)	美国(5 498)
2	德国(4 122)	英国(4 575)
3	意大利(2 940)	日本(3 338)
4	英国(2 762)	中国(3 134)
5	中国(2 553)	德国(2 828)
6	法国(2 348)	法国(2 634)
7	日本(1 979)	韩国(2 073)
8	韩国(1 603)	瑞士(1 968)
9	俄罗斯(1 545)	意大利(1 806)
10	荷兰(1 538)	澳大利亚(1 632)

表7-20展示了第三产业贸易中三类中间人次数排名前十的经济体，从中可以发现，就最终品而言，中国在守门人及代理人次数排名中均相对靠后且与排名靠前的国家存在较大差距，在第三产业最终品贸易中，中国主要扮演着协调人的角色，与发达经济体开展贸易合作，但与下循环发展中经济体贸易交往较少。就中间品而言，中国虽然在代理人次数排名中位列第三，但与排名第一的美国存在显著的差距，在协调人和守门人次数排名中表现也相对较差，中国在第三产业中间品贸易中主要是以协调人的身份开展贸易活动，与上循环发达经济体存在贸易合作。总体来看，中国在全球第三产业贸易中并未表现出明显的枢纽特征，中间人次数排名并不突出，主要以协调人的身份活跃于第三产业中间品、最终品贸易中。

表7-20 第三产业贸易中三类中间人次数排名

排名	最终品协调人	最终品守门人	最终品代理人	中间品协调人	中间品守门人	中间品代理人
1	英国(3714)	美国(659)	美国(1816)	德国(3473)	美国(703)	美国(2262)
2	美国(2761)	英国(413)	日本(668)	意大利(2748)	德国(414)	日本(398)
3	中国(2657)	挪威(132)	英国(415)	美国(2694)	韩国(287)	中国(327)
4	日本(2541)	委内瑞拉(131)	中国(394)	法国(2287)	英国(245)	英国(290)
5	德国(2505)	巴西(119)	德国(323)	英国(2208)	荷兰(175)	南非(231)
6	法国(2401)	日本(115)	巴西(242)	中国(2069)	中国(144)	德国(218)
7	韩国(1919)	伊朗(108)	法国(233)	日本(1512)	俄罗斯(136)	俄罗斯(142)
8	瑞士(1799)	中国(75)	南非(183)	荷兰(1363)	巴西(132)	委内瑞拉(124)
9	意大利(1667)	韩国(59)	土耳其(170)	韩国(1316)	意大利(123)	巴西(122)
10	澳大利亚(1527)	瑞士(52)	伊朗(166)	比利时(1303)	新加坡(91)	新加坡(84)

通过分产业对中国在全球中间品、最终品贸易中的中间人地位进行分析我们可以发现，中国在全球贸易中形成的双“8”字循环模式主要依赖于第二产业—轻工业和第二产业—重工业，具体来说，中国在全球轻工业贸易中存在较为明显的双循环贸易模式，在最终品贸易中从上循环经济体进口最终品并向下循环经济体出口最终品，在中间品贸易中同时与上下循环经济体保持密切的进出口贸易关系，扮演着承上启下的枢纽角色；中国在全球重工业贸易中同样存在较为明显的双循环贸易模式，在最终品贸易中向下循环发展中经济体出口重工业最终品并向上循环发达经济体进口重工业最终品，在中间品贸易中向下循环发展中经济体进口中间品并与上循环发达经济体保持密切的双向贸易关系。然而，中国在第一产业及第三产业中并未表现出明显的双“8”字循环模式，其贸易对象主要以发达经济体为主。

7.4　小　　结

本章引入社会网络分析方法，基于 2015 年联合国 Eora 数据库中全球 189 个经济体 26 个行业的投入产出表数据，利用网络密度、关联性等指标对全球贸易网络进行探究，并根据 CONCOR 方法对全球贸易网络进行聚类分析，发现中国在全球贸易网络中形成了双“8”字循环模式。在此基础上，本章从不同贸易群和细分产业的角度对双“8”字循环模式进行验证，发现全球中间品贸易网络及最终品贸易网络呈现如下特点：① 随着各国的合作与贸易的增加，各国之间存在大量复杂的中间品及最终品贸易关系。② 中间品贸易网络及最终品贸易网络呈现非对称的结构特点，网络中存在以发达国家为主的核心节点和以发展中国家为主的非核心节点，核心节点在贸易网络中占据重要地位，而非核心节点只与少部分节点相互联系。③ 中间品贸易网络非对称特点相对较弱，且大部分国家之间存在贸易关系，而最终品贸易网络非对称特点较强，贸易关系较多的国家集中于经济较为发达的地区。通过对中国的贸易数据进行分析我们发现：① 中国的贸易特征呈现双“8”字循环的模式，上半圈在中间品贸易网络中与经济发达国家开展大量的贸易合作，下半圈则作为连接发达国家与发展中国家的重要桥梁开展贸易合作，在全球贸易中发挥着重要作用。② 一方面，中国与大量上循环国家存在密切的中间品贸易往来，并主要以中间品出口方的角色活跃于上循环贸易群中，但中国在上循环贸易群中面临较大程度的竞争压力。另一方面，中国向较多的下循环国家出口最终品，下循环国家对中国制造的最终品依赖程度较高，中国在下循环贸易群中面临的竞争压力较小，与下循环国家存在一定程度的贸易互补现象，可以认为中国在下循环贸易群中还有进一步发展的空间，能够开拓更多的贸易市场。③ 中国双“8”字循环模式主要依赖于第二产业，就轻工业而言，中国在最终品贸易中从上循环国家进口最终品并向下循环国家出口最终品，在中间品贸易中同时与上下循环国家保持密切的进出口贸易关系，扮演着承上启下的枢纽角色；就重工业而言，中国在最终品贸易中向下循环发展中国家出口最终品并向上循环发达国家进口最终品，在中间品贸易中向下循环发展中国家进口中间品并与上循环发达国家保持密切的双向贸易关系。然而，中国在第一产业及第三产业中并未表现出明显的双“8”字循环模式，其贸易对象主要以发达国家为主。

由上述结论，本章得到如下政策启示：

第一，加快第三产业的发展和升级。根据前文分析可知，中国对外贸易主要依靠以制造业为主的第二产业，而第三产业落后于多数发达国家。事实上，第三产业的加快发展是生产力提高和社会进步的必然结果。第三产业水平是衡量现代社会经济发达程度的重要标志。加快发展第三产业，可以促进市场充分发育，提高服务的社会化、专业化水平，增强社会保障能力，有利于劳动、工资、价格、企业经营机制和流通体制等一系列改革顺利实施，有利于进一步扩大开放、更多地吸引外资，为改革开放在更广阔的领域向纵深发展创造更好的条件，因此中国应加快第三产业的发展和升级。具体来说，应充分调动各方积极性，加大对第三产业的扶持力度，同时引入竞争机制，建立充满活力的第三产业自我发展机制，推动第三产业的现代化和市场化。

第二，提高在上循环贸易群中的贸易竞争力。根据前文分析可知，中国在上循环贸易群中面临较大的竞争压力，与意大利、法国、印度等多个贸易网络核心国家存在贸易竞争关系。贸易核心国家之间的竞争实质就是科技和创新能力的竞争，创新是一国经济发展的重要推动力。因此，在对外贸易发展中，中国应坚持创新驱动的关键性作用，坚定不移地实施“科教兴国”战略，重视人力资本的投入和积累，加大科技研发的投入力度，加快产业结构升级和转型。具体而言，政府应实施出口补贴和研发补贴政策，通过对外贸企业的补贴和研发鼓励为企业减负，替企业分担高技术创新风险，降低外贸企业生产成本，提高出口产品的对外竞争力。以制造业为主的外贸企业应加大对人才的重视与培养，加强企业管理制度的创新与升级，注重基础研究和自主创新，积极与高校、科研机构展开合作，培育和发展依靠科技创新的高端精密行业，科学、合理地布局发展方向，在国际贸易合作与竞争中占据有利地位。

第三，加强与下循环国家的贸易合作。根据前文分析可知，中国在下循环贸易群中面临的竞争压力较小，与下循环国家存在一定程度的贸易互补现象。下循环国家主要包括“一带一路”沿线的发展中国家，中国与这些国家存在很多方面的贸易互补性，可以形成良性的贸易循环，开辟更多的贸易合作。中国应加强与下循环国家的贸易合作，坚持推进“一带一路”倡议，保持政策沟通、设施联通、贸易畅通、资金融通、民心相通，实现双边贸易合作共赢；积极寻找新的贸易机会，充分利用与下循环国家的贸易互补关系开展一系列贸易合作并强化合作力度，针对贸易互补强度较高的国家进行产业投资和开发；同时，提高与下循环国家的贸易便利化水平，提高贸易自由程度，形成科学、合理的多边长效机制，形成贸易畅通、合作共赢的新格局。

第8章 中国与“一带一路”沿线国家产业转移现状*

根据商务部数据，截至2021年，中国已与172个国家和国际组织签署了200多份共建“一带一路”合作文件，还与40多个国家建立了投资合作工作组，与22个国家建立了电子商务合作机制，与14个国家签署了第三方市场的合作文件。在“一带一路”倡议提出的八大重点领域中，投资与产能合作是其中重要一环。从经济角度来看，产能合作是“一带一路”的重要支撑和主要方式。中国企业作为“一带一路”倡议的排头兵，需要出海寻找技术和资金，服务“一带一路”沿线大市场。作为中国企业走出去的更高阶段，主动进行生产要素在更广阔领域的配置，是“一带一路”产能合作的真正内涵。跨境并购是产能合作的一个重要手段。20世纪90年代以来，经济全球化不断深化。在此背景下，跨境并购逐渐替代跨国创建而成为跨国直接投资的主导方式。从统计数据来看，1996年开始的全球跨境并购的规模大体上呈现快速扩大态势。受到2001年“9·11”事件以及2008年次贷危机的影响，全球暂时性的经济增速下降使得全球跨境并购浪潮在大趋势中出现了局部减缓的迹象，但从中长期的发展趋势来看，跨境并购还将得到继续发展，2015年这一数字达到近5兆美元的历史新高（见图8-1）。

并购不仅是个别企业间的动态博弈，还是推动产业转移、产能转移的重要动力。在全球化竞争的今天，大量企业在某一时期频繁发生的并购行为可在一定程度上反映国际产业结构调整的规律。2014年，中国实现全行业对外直接投资1 160亿美元，首次成为资本净输出国。普华永道报告显示，中国并购市场在2015年创下了纪录，交易

* 本章内容主要来自：张辉，黄昊，朱智彬. 2017.“一带一路”沿线国家重点行业跨境并购的网络研究[J]. 亚太经济，(5)：155-124＋176。

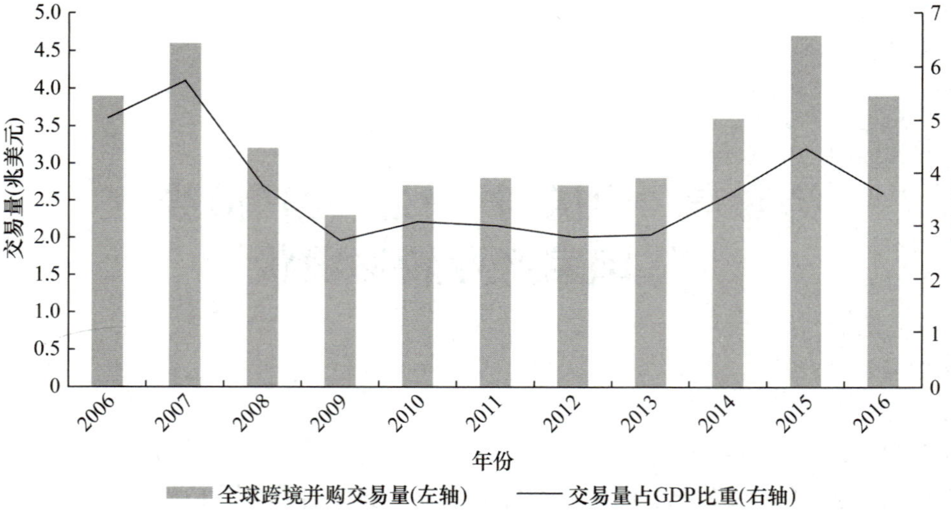

图 8-1　全球跨境并购活动

资料来源：摩根大通。

数量上升 37%，交易金额上升 84%，达到 7 340 亿美元。其中，中国企业境外并购交易数量增长 40%，金额增长 21%，创下历史新高。在“一带一路”建设的大时代背景下，越来越多的中国企业在境外投资并购中大胆闯试，加快推进企业国际化进程。但是，“一带一路”沿线国家情况复杂，发展水平各不相同，各国拥有的资源禀赋差异很大。其中虽然存在很多高风险国家，但也蕴含着很多宝贵的投资机会。所以，研究全球跨境并购，尤其是研究“一带一路”重点发展行业内跨境并购的现状及趋势，有助于优化资产配置，这无疑具有重要的现实意义。

只有采取恰当的经济策略，才能把握“一带一路”建设的历史契机，更高效地发展经济。目前，对此进行研究和讨论的文献较为丰富。杨玲（2016）实证研究后发现，进口生产性服务复杂度对“一带一路”规划包含的 18 个重点省份制造业增加值率提升有区域异质性特征；沿海 5 省处于要素驱动、资本驱动过后第二波创新驱动过渡期；西北 5 省区制造业尚处于第一波增长期；东北 3 省和重庆增加值率提升效应尚不显著；避免“一带一路”倡议下“运动式”增长，优先发展地区特色、优势制造业，产业结构升级效果更显著。林乐芬和王少楠（2016）利用广义矩估计模型（GMM 模型），探讨中国在“一带一路”建设中人民币国际化的影响因素。结果表明，经济规模、对外直接投资、贸易规模、经济自由度等因素显著影响货币国际化水平，人民币可利用“一带一路”这一平台，通过扩大对外投资、活跃欧亚贸易等途径显著提高其国际化水平。杨丽花等

(2016)从博弈论视角分析丝路基金吸引投资者参与“一带一路”沿线 PPP 项目建设的作用机制。结果表明,存在投资者参与“一带一路”沿线 PPP 项目建设的纳什均衡解,并且在该结果下达到帕累托最优;丝路基金通过改变投资者生产函数、降低交易成本、扩大资产池、优化资本结构、降低风险等,促进其参与“一带一路”沿线 PPP 项目建设。许和连等(2015)利用 2012 年联合国商品贸易统计数据库的 HS 6 分位贸易数据综合构建了“一带一路”沿线 65 个国家的高端制造业贸易网络,运用网络中心性及模拟分析考察了各国在贸易网络中的地位和贸易模式,并通过指数随机图模型探讨了“一带一路”沿线国家高端制造业贸易网络形成的主要影响因素。研究表明,中国、印度、新加坡在“一带一路”沿线国家高端制造业贸易网络中发挥着重要的“桥梁”和“枢纽”作用。邹嘉龄等(2015)采用社会网络分析方法分析“一带一路”沿线国家贸易网络的特征及演化情况。结果表明,“一带一路”沿线国家贸易网络密度在逐渐增大,中国在“一带一路”沿线国家贸易网络中的核心度在逐渐提高,到 2013 年已经成为最核心的国家,且在中国与东南亚国家构成的子贸易网络中,中国也已经成为最核心的国家。

以往对“一带一路”问题的研究在内容上大多局限于对外贸易、人民币国际化、PPP 政策等,较少涉及企业跨境并购的内容;在方法上一般局限于博弈论、计量模型、计算机仿真等,较少涉及复杂网络方法的应用。综合来看,鲜有研究用复杂网络方法研究“一带一路”沿线国家企业跨境并购问题。这体现了本章在方法上的创新性。

8.1　网络指标构建与数据

8.1.1　网络指标构建

复杂网络可以用 $G(V,E)$ 来表示,其中 V 代表节点的集合,E 代表边的集合,且在 E 中的每条边 $e_{i,j}$ 都对应 V 中的一对点(i,j)。当点(i,j)与点(j,i)对应同一条边 $e_{i,j}$ 时,那么该复杂网络被称为无向网络(Undirected Network),反之则被称为有向网络(Directed Network)。当各条边 $e_{i,j}$ 代表的数值不同时,那么该复杂网络被称为加权网络(Weighted Network),反之则被称为无权网络(Unweighted Network)。在复杂网络中,很多指标可以用来表示网络的特征,如:

度(Degree),度是复杂网络研究中十分重要的概念。度不仅可以描述整个复杂网络的拓扑结构,而且可以用来描述单个节点的特征。节点 v_i 的度 k_i 一般定义为该节点与其他节点相连接的边的条数。我们将整个网络中各个节点的度的平均值定义为

“网络的度”，用 $d(k)$ 来表示，有：

$$d(k) = \sum_{i=1}^{n} \frac{k_i}{n} \tag{8-1}$$

其中，n 代表网络中节点的个数。

网络的直径(Diameter)，指网络中任意两个节点之间距离的最大值，即

$$D = \max_V d_{i,j} \tag{8-2}$$

其中，max 的下标 V 是最大运算的定义域，即在点集 V 中进行最大值运算。

网络的平均路径长度(Length)，定义为任意两个节点之间距离的平均值，即

$$L = \frac{1}{\frac{1}{2}N(N-1)} \sum_{i,j} d_{i>j} \tag{8-3}$$

其中，N 代表网络总节点数。

我们在研究复杂网络问题时，往往通过介数(Betweenness)来描述网络的结构特征。一般将介数定义为：

$$g(v) = \sum_{s \neq v \neq t} \frac{\delta_{st}(v)}{\delta_{st}} \tag{8-4}$$

其中，δ_{st} 是节点 s 到节点 t 的所有最短路径之和，而 $\delta_{st}(v)$ 是这些路径经过 v 的次数。当某个节点的介数较大时，则被认为其在很大程度上起到了中介和联通网络的作用，即介数越大，节点在复杂网络中的“中介作用”越强。

在图论中，紧密度(Closeness)表示图中节点的中心性。紧密度倾向于表示最短路径长度，因为这样会对更多的中心节点赋予更大的值。它被定义为节点 x 到其他所有节点的最短路径长度之和的倒数。因而，紧密度越大的节点，其在整个网络中的中心性越强。

$$C(x) = \frac{1}{\sum_y d(y,x)} \tag{8-5}$$

同样地，一般认为节点的度越大，那么该节点在复杂网络中连接其他节点的“中介作用”就越强，在整个网络中的作用也就越明显。赋权度(Weighted Degree)类似于度，只是考虑了网络中的边的权值。

局部集聚系数表示网络中具体的某一个节点 $C(i)$ 与它相连的点抱成团(完全子图)的程度。用数学公式表达的话，无向网络中一顶点 $C(i)$ 的局部集聚系数是：

$$C(i) = \frac{2\,|\{e_{jk} : v_j, v_k \in L(i), e_{jk} \in E\}|}{k_i(k_i - 1)} \tag{8-6}$$

其中，e_{jk}代表节点 v_j、v_k 的边，$L(i)$代表节点 $C(i)$邻居节点中实际存在的边的集合。

8.1.2　并购网络构建

我们以 Zephyr 全球并购交易分析库中 2010 年以来的跨境并购数据为研究对象，构建跨境并购复杂网络。

网络中的每一个节点代表一个国家或地区。网络中的边代表企业之间的跨境并购活动，一个国家境内的并购活动不在复杂网络构建的考虑之列。考虑到并购天然具有方向性，我们所构建的网络是一个有向网络，它规定从 A 点出发到达 B 点的边代表 A 国或地区的企业并购了 B 国或地区的企业。单独研究所有并购交易的复杂网络显然单薄而不足，需要结合“一带一路”背景下产能合作的重点领域进行细分网络的研究。国务院 2015 年印发的《关于推进国际产能和装备制造合作的指导意见》中提出，“一带一路”建设的重点行业为钢铁、有色、建材、铁路、电力、化工、轻纺、汽车、通信、工程机械、航空航天、船舶和海洋工程等，而这些行业与中国自身的产业结构有着深刻的联系。因此，可以根据这 12 个行业自身的特点，归总为以下 3 个行业类：① 传统优势行业，其特点是技术难度低，在全球市场上竞争性强，且中国产能占全球主导地位，如钢铁、建材等行业；② 石化行业，作为工业最重要的原材料，石化行业是关乎国家经济安全和经济命脉的大产业，从长期来看，石化行业的战略意义远大于经济意义，石化行业自然是“一带一路”建设重点行业之一；③ 拥有技术优势的高端装备制造业，如高铁、航空航天等中国在世界拥有技术优势的大型装备制造业。作为国家最优秀的产业，自然需要进入国际市场与其他国家竞争。我们根据 US-SIC 行业代码，将相关行业进行归类，构建了传统优势行业、石化行业、高端装备制造业的复杂网络。①

8.2　“一带一路”沿线国家产业转移对比

8.2.1　跨境并购复杂网络拓扑结构与网络属性

根据第一节的网络构建方法，本节对全行业进行了跨境并购复杂网络构建，图 8-2 至图 8-4 展示了全行业跨境并购复杂网络的结构。

---

① 传统优势行业包括工程机械、初级金属加工、建材、电子设备、纺织等子行业；石化行业包括化学品及副产品、炼油等子行业；高端装备制造业包括采掘机械、化工装备、船舶制造、铁路运输设备、通信等子行业。

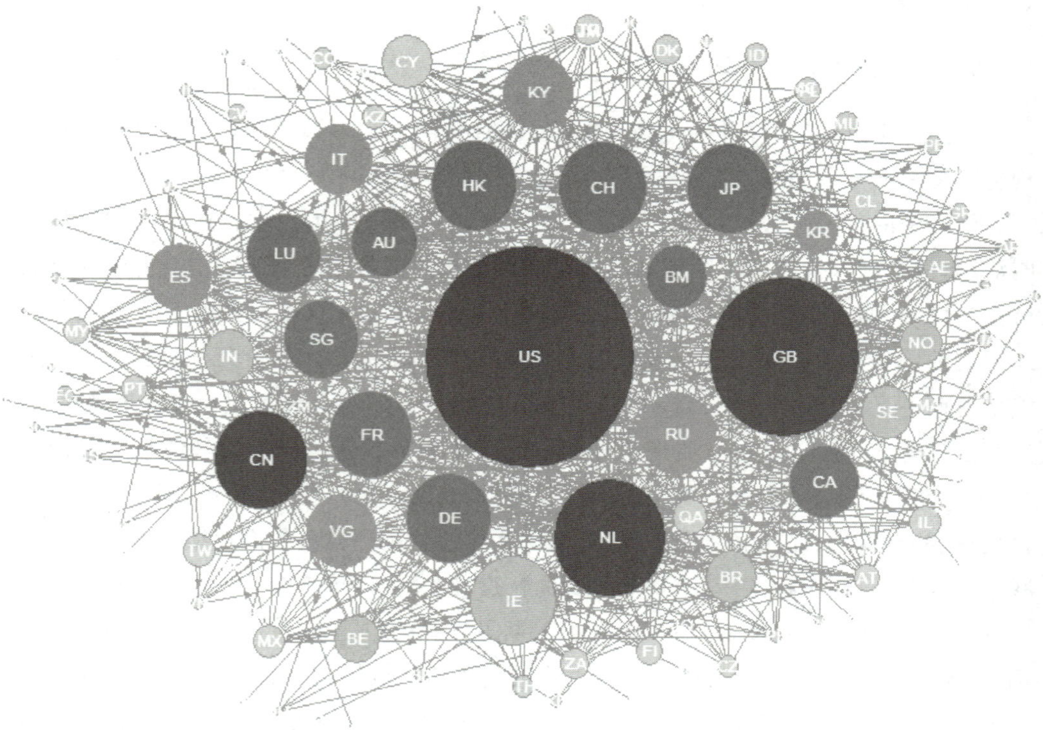

注：图 8-2 至图 8-4 中主要国家或地区的缩写释义为 AE（阿联酋）、AF（阿富汗）、AT（奥地利）、AU（澳大利亚）、BE（比利时）、BM（百慕大群岛）、BR（巴西）、CA（加拿大）、CH（瑞士）、CL（智利）、CN（中国内地）、CO（哥伦比亚）、CY（塞浦路斯）、CZ（捷克）、DE（德国）、DK（丹麦）、EG（埃及）、ES（西班牙）、FR（法国）、GB（英国）、GR（希腊）、HK（中国香港地区）、ID（印度尼西亚）、IE（爱尔兰）、IL（以色列）、IN（印度）、IS（冰岛）、IT（意大利）、JM（牙买加）、JP（日本）、KE（肯尼亚）、KR（韩国）、KY（开曼群岛）、KZ（哈萨克斯坦）、LU（卢森堡）、MA（摩洛哥）、MX（墨西哥）、MY（马来西亚）、NG（尼日利亚）、NL（荷兰）、NO（挪威）、PE（秘鲁）、PH（菲律宾）、PL（波兰）、PT（葡萄牙）、RU（俄罗斯）、SE（瑞典）、SG（新加坡）、TH（泰国）、TR（土耳其）、UA（乌克兰）、US（美国）、VG（维京群岛）、ZA（南非）。

图 8-2 全行业跨境并购复杂网络(总度数)

在图 8-2 至图 8-4 中每一个节点代表一个国家或地区，在图中已经标明每一个节点所代表国家或地区的缩写。我们认为，不同的并购方向的经济含义是不尽相同的，我们普遍认为并购交易中并购方在承接来自被并购方的产业转移。典型的例子有中国企业联想收购 IBM 的 PC（个人电脑）业务以及吉利汽车收购瑞典品牌沃尔沃汽车，这代表个人电脑制造业及汽车行业在从发达国家和地区向中国转移。因此，在以入度为节点大小的全行业跨境并购复杂网络中，节点越大表明该国或地区向外转移该产业

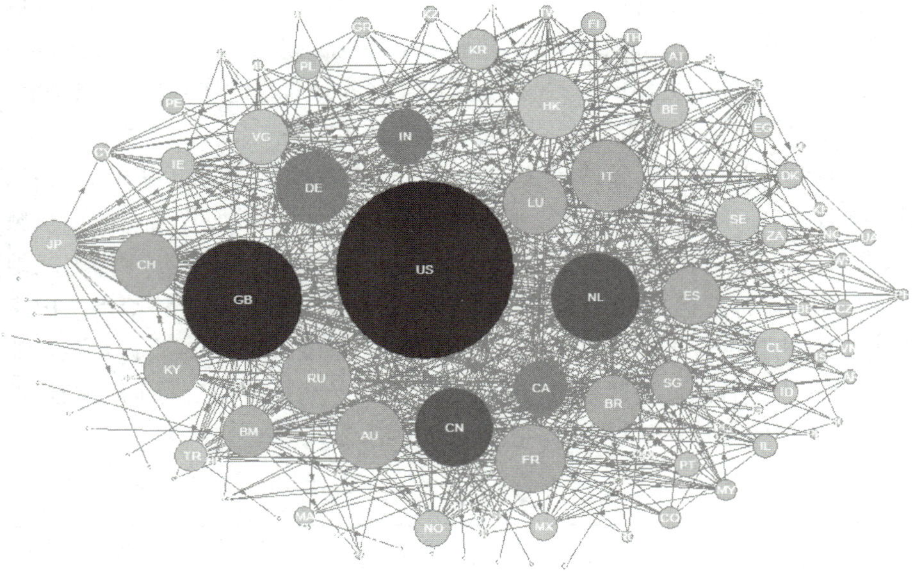

图 8-3　全行业跨境并购复杂网络(入度数)

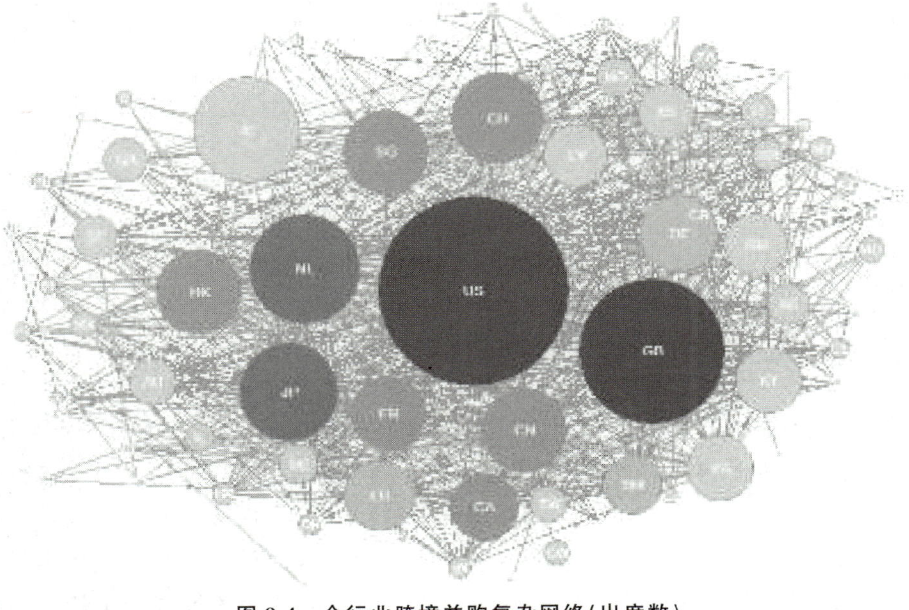

图 8-4　全行业跨境并购复杂网络(出度数)

的程度越大;与之相反,在以出度为节点大小的全行业跨境并购复杂网络中,节点越大表明该国或地区向内转移该产业的程度越大。总度数为入度和出度的和,表现的是该国或地区在该行业的并购活跃程度。根据图 8-2 不难发现，美国毫无疑问是并购最为活跃的国家，其次为英国。对比图 8-3 和图 8-4 可以发现，以出口导向型经济为主导的国家和地区相对而言更倾向于并购企业，如著名的外向型经济体日本、新加坡、爱尔兰，其在出度复杂网络中节点的大小远大于入度复杂网络。

我们对四大网络各指标值进行统计分析，结果如表 8-1 所示。从中可以看到，单从指标“加权度”的角度分析，在全行业及三大子行业网络中，加权出度的中位数小于加权入度的中位数，这说明处于并购方地位的国家或地区，往往从较少国家或地区处承接产业，而处于被并购方地位的国家或地区，往往同时将产业转移给多个国家或地区；此外，加权出度的数据跨度大于加权入度的数据跨度，即各国或地区承接产业能力的不均衡程度大于各国或地区转出产业能力的差异。从指标“度”的角度来看，即在不考虑交易规模的情况下，可以得出与上述同样的结论。

表 8-1　四大网络基本网络属性

	出度			入度		
	最大值	中位数	平均值	最大值	中位数	平均值
全行业网络	114	4	15.17	81	8	15.17
传统优势行业网络	56	2	8.02	41	4	8.02
石化行业网络	47	2	5.95	31	3	5.95
高端装备制造业网络	49	1	5.92	34	3	5.92
	加权出度			加权入度		
	最大值 (10^8)	中位数 (10^5)	平均值 (10^6)	最大值 (10^8)	中位数 (10^6)	平均值 (10^6)
全行业网络	7.46	1.67	21.52	8.45	5.89	21.52
传统优势行业网络	0.98	0.55	3.99	1.37	2.54	3.99
石化行业网络	1.12	0.98	4.78	2.69	1.37	4.78
高端装备制造业网络	1.03	0.20	4.12	1.18	1.78	4.12

对比各行业的情况可知，传统优势行业网络的平均度最大，但平均加权度最小，即该行业并购活动最为频繁，同时并购规模是三个行业中最小的，可见传统优势行业较其他两个行业更容易发生产业转移，但转移的规模不大；石化行业的并购数量与并购规模相适应，均处于中间位置；而高端装备制造业的并购数量与并购规模均小于其他两个行业，说明高端装备制造业较少对外发生产业转移，成为跨境并购中最不活跃的行业。

如表 8-2 所示，我们通过计算平均最短路径和集聚系数两个指标来描述三大子行业网络的整体特征。平均最短路径越小，表明网络越紧密；集聚系数值越大，表明网络越紧密。三大子行业网络中，传统优势行业的平均最短路径最小且集聚系数值最大，可见传统优势行业网络是三个子行业网络中最紧密的，即行业内各国或地区的并购活动紧密相关，传统优势行业受国际环境影响较大。石化行业和高端装备制造业网络的集聚度相对较低，行业内各国或地区的并购活动相对独立。

表 8-2 子行业网络的集聚度对比

	平均最短路径	集聚系数
传统优势行业	2.54157	0.33628233
石化行业	2.55038	0.27945807
高端装备制造业	2.60066	0.29251239

这三个子行业网络都有小世界网络的特征。小世界网络是指一类特殊的复杂网络结构，在这种网络中大部分的节点彼此并不相连，但绝大部分节点之间经过少数几步就可到达，从数据上看就是网络平均路径较短，网络集聚度较高。以传统优势行业为例(见图 8-5)，在这个网络中，总度数为 1—7 的国家或地区占到网络中国家或地区总数的 55%。并且随着度数增大，相对应的国家或地区数量呈指数下降趋势。

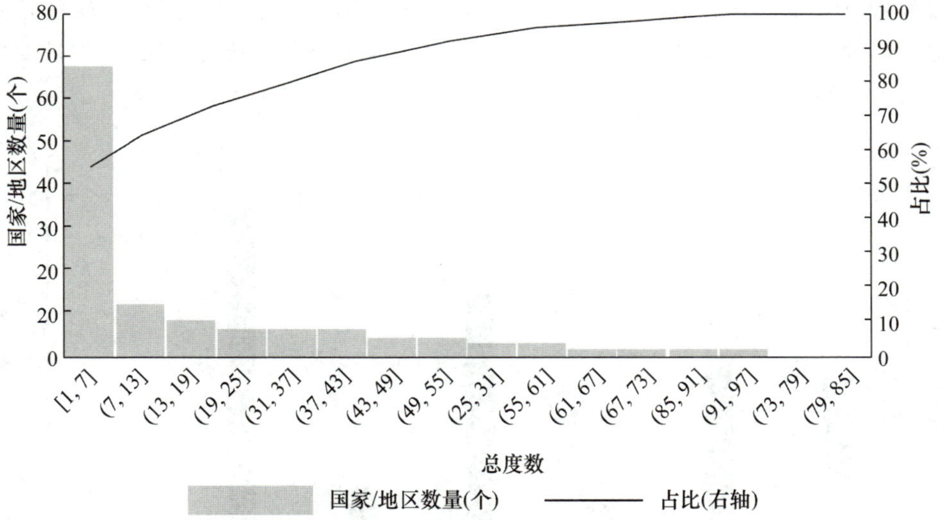

图 8-5 传统优势行业总度数频率分布

8.2.2 “一带一路”沿线国家并购网络特点

(一) 产业转移情况对比

跨境并购是对外直接投资的主要方式之一，“一带一路”倡议的实施必将对中国跨境并购活动产生重要影响。“一带一路”沿线区域幅员辽阔，总面积达到 5 161.91 万平方千米，约占世界总面积的 1/4；劳动力充足，总人口约为 45.21 亿，约占世界总人口的 62.27%。但各地区资源禀赋不同，能源化工主要分布在西亚和俄罗斯，有色金属主要分布在中东欧、东南亚和中国，农产品主要分布在南亚、东南亚；此外，各地区经济发展水平也具有很大差异，就人均 GDP 而言，中东欧、西亚多数国家人均 GDP 较高，而南亚、中亚等国家人均 GDP 较低。因此，在“一带一路”倡议背景下，中国对这些国家和地区的投资策略也应随之有所不同。中国企业应合理利用不同国家的资源优势，规避风险，以提高并购资金的利用效率。

图 8-6 反映了“一带一路”沿线国家根据地区划分的六大经济体①以及中国在高端装备制造业网络中入度与出度的分布情况。根据上小节分析可知，在以入度为节点大小的行业复杂网络中，节点越大表明该国或地区向外转移该产业的程度越大；与之相反，在以出度为节点大小的行业复杂网络中，节点越大表明该国或地区向内转移该产业的程度越大。但是值得注意的是，单一地看入度或出度不一定能分析出产业的转移情况。因为如果一个国家或地区在某一个行业收购了大量境外公司，但同时本土公司大量被其他公司收购，那么有可能这个国家或地区并没有进行产业转移，而是进行了产业升级。所以，那些净出度相对较大的国家或地区存在产业转移。具体到图 8-6，不难发现，中国对高端装备制造企业的并购活动最为活跃，表明中国在高端装备制造业上不断地进行产业升级。与中国类似的还有独联体以及西亚地区国家，如俄罗斯在通信行业并购活动频繁。

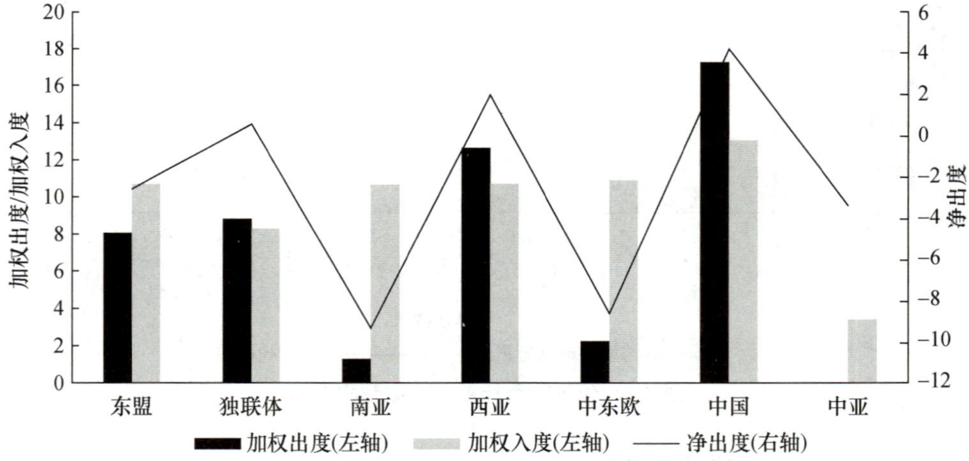

图 8-6 高端装备制造业六大经济体以及中国度数分布

① 为了便于分析，本章“一带一路”沿线国家区域划分与前面章节略有差异。

这一点也可以由表 8-3 印证，即中国在该网络中的紧密度远大于其他地区，说明相比“一带一路”沿线国家，中国在高端装备制造业网络中与各个国家联系最多。从紧密度指标来看，东盟更有可能在该产业中进行产业升级。从并购的资金流向来看，南亚、中东欧地区高端装备制造业正在流出，和中国有互补优势，中国可以考虑在这两个地区销售相关产品，或者并购相关企业。

表 8-3　高端装备制造业六大经济体以及中国平均紧密度

经济体	平均紧密度
中国	0.621212121
东盟	0.454278958
中东欧	0.434706144
独联体	0.427073596
西亚	0.426555274
中亚	0.402333995
南亚	0.397073313

图 8-7 反映了“一带一路”沿线六大经济体以及中国在传统优势行业网络中入度与出度的分布情况。从中可以看到，东盟对传统优势行业的并购活动最为活跃，且净出度值远远超过其他地区，说明东盟在承接传统优势行业的产业转移，与之情况类似的还有西亚地区。而独联体净出度值为负，明显处于产业转出的阶段，南亚、中东欧地区也有类似的情形，但并不十分明显。中亚地区加权出度值几乎为 0，加权入度值也很低，说明其经济整体活跃程度很低，且传统优势行业处于产业转出的阶段。中国的加权出度值略大于加权入度值，这与中国的实际情况相符，中国在传统优势行业不断进行产业升级，并逐步向产业转出阶段过渡。在产业转移过程中，东盟和西亚可以作

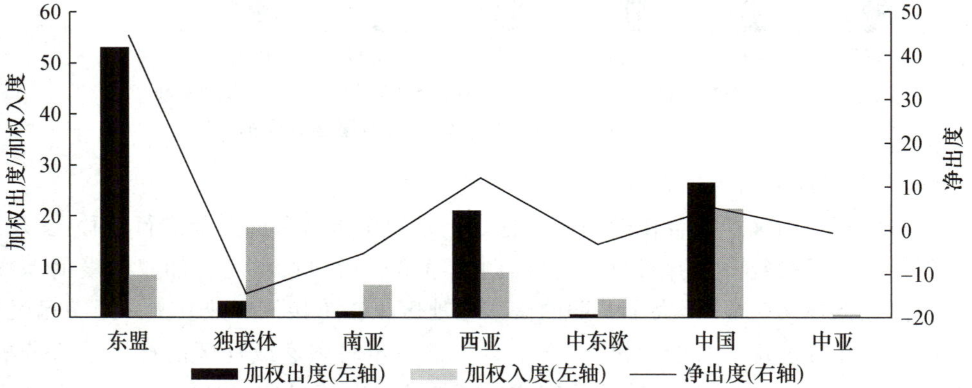

图 8-7　传统优势行业六大经济体以及中国度数分布

为中国重工业富余产能转移的对象，中国政府目前以基础设施建设为切入点，采取援建、合资等方式，将中国在钢铁等行业的富余产能转向该地区。然而，独联体国家可能成为中国富余产能转移的最大竞争对手。

图 8-8 反映了“一带一路”沿线六大经济体以及中国在石化行业网络中入度与出度的分布情况。从中可以看出，西亚地区对石化行业的并购活动最为活跃，且净出度值远远超过其他地区，说明西亚地区在承接石化行业的产业转移，与之情况类似的还有东盟，但并不十分明显。而独联体加权入度值最大，说明其石化行业明显处于产业转出的阶段，南亚、中东欧地区也有类似的情形，但其产业转出的幅度较小。中亚地区加权出度值几乎为 0，加权入度值也很低，说明其经济整体活跃程度很低，且石化行业处于产业转出的阶段。中国的加权出度值略大于加权入度值，这说明中国在石化行业仍处于产业升级阶段。在未来的产业转移过程中，西亚地区可以作为中国石化行业富余产能转移最主要的对象。然而，独联体、南亚、中东欧国家可能成为中国石化行业富余产能转移的竞争对手。

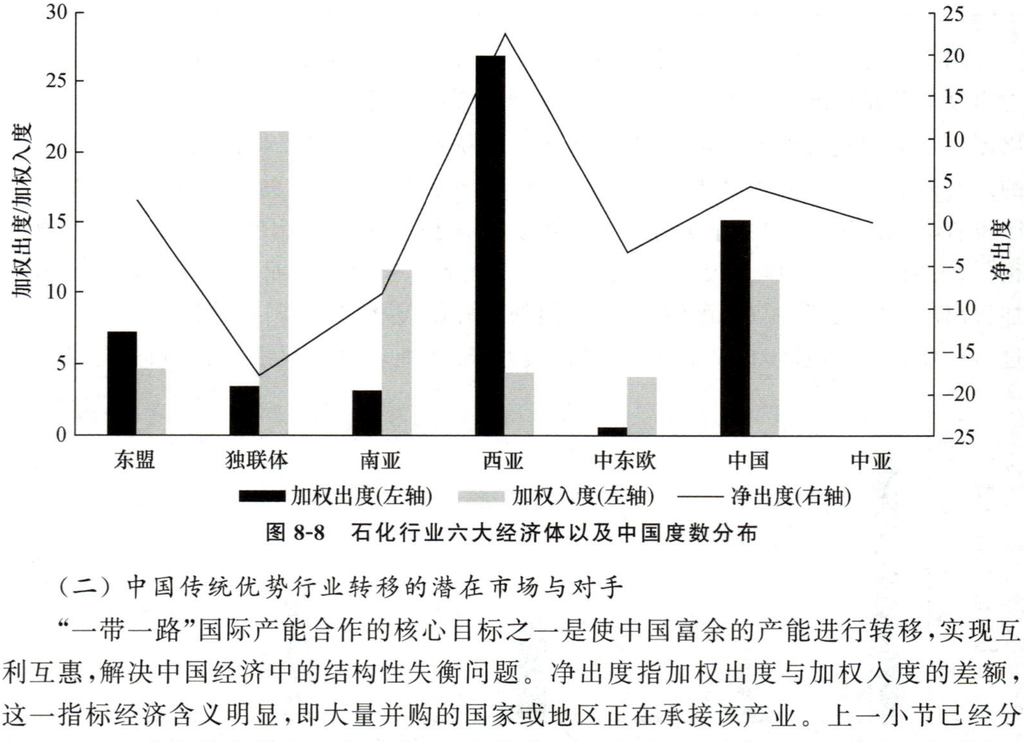

图 8-8　石化行业六大经济体以及中国度数分布

（二）中国传统优势行业转移的潜在市场与对手

“一带一路”国际产能合作的核心目标之一是使中国富余的产能进行转移，实现互利互惠，解决中国经济中的结构性失衡问题。净出度指加权出度与加权入度的差额，这一指标经济含义明显，即大量并购的国家或地区正在承接该产业。上一小节已经分析不同地区在传统优势行业的机会，本小节将进一步对国家或地区的排名进行分析。也就是说，对那些净出度大于零的国家或地区按照相对值(出度相对于入度的百分比)和绝对额进行排序，具体结果如表 8-4 所示。

表 8-4　传统优势行业净出度（除中国外）排名

排名	相对值	绝对额
1	黎巴嫩	新加坡
2	卡塔尔	塞浦路斯
3	新加坡	卡塔尔
4	塞浦路斯	马来西亚
5	文莱	文莱
6	斯洛伐克	菲律宾
7	马来西亚	黎巴嫩
8	菲律宾	斯洛伐克

从绝对额来看，新加坡为最大的需求国，但鉴于新加坡特殊的国际贸易中心的地位，这一排名是否真实代表新加坡本国的需求值得商榷。除此之外，上榜的多数为东盟国家。相对值显示该国或地区转移的程度，而绝对额反映该国或地区转移的市场空间。综合两者，从并购网络的角度来看，卡塔尔、塞浦路斯、马来西亚为最具产业转移潜力的国家。

沿着相同的思路，我们对包含全球所有国家或地区的并购复杂网络进行了分析。我们定义净出度的反向指标，即加权入度与加权出度的差额，称之为反向净出度。相应地，这一指标经济含义与净出度正好相反，一个国家或地区的反向净出度越高意味着该国或地区的相关产业正在被转移。在全球范围内研究并购复杂网络也具有非常重要的意义，这可以帮助我们分析有哪些主要的国家或地区和中国一样，正在将这类产业转移出去。从某种程度上说，这些国家或地区在这一领域与中国存在竞争关系，密切关注这些国家或地区将有助于中国更好地了解自身的优势，更加精细地规划相关的产能合作。此外，我们对反向净出度大于零的国家或地区按照相对值（出度相对于入度的百分比）和绝对额进行排序，为了保证相对值的价值，我们筛去了平均入度小于全部国家或地区均值水平的国家或地区，得到表 8-5 的结果。

表 8-5　传统优势行业反向净出度（除中国外）排名

排名	相对值	绝对额
1	巴西	美国
2	埃及	德国
3	芬兰	俄罗斯
4	印度	巴西
5	俄罗斯	意大利
6	意大利	芬兰
7	西班牙	埃及
8	意大利	西班牙

注：排名中出现了百慕大、开曼群岛等离岸中心，为了保证分析的有效性，我们将这些离岸中心从排名中抹去。

考虑到中国产能较为富余的行业大部分集中在钢铁等重工业，所得的结果与其经济学含义较为一致。巴西为最大的产业转出国，这与巴西领先的经济地位相匹配。与净出度相同，相对值显示该国或地区的转移程度，而绝对额反映该国或地区转移的市场空间。从绝对额来看，产业转出国或地区主要集中在工业实力较为发达的国家。综合两者，从并购网络的角度来看，俄罗斯、意大利、西班牙这类产业转移国家更类似于中国，可能成为中国产业转出的潜在竞争对手。

8.3 小　　结

本章以 Zephyr 全球并购交易分析库中 2010 年以来的跨境并购数据为研究对象，构建跨境并购复杂网络；结合“一带一路”重点产能合作行业以及“一带一路”沿线国家的划分，将重点产能合作行业划分成了传统优势行业、石化行业及高端装备制造业三大子网络，并且研究了“一带一路”沿线六大经济体在此三大子网络中的地位与特点，最终得出以下结论和建议：① 从全球范围来看，美国、英国等传统西方先进国家在全球并购网络中处于骨干地位。② 出口导向型的经济体在全球并购网络中更倾向于并购境外企业，日本、新加坡及爱尔兰是其中典型的例子。③ 从网络特征上看，传统优势行业并购活动最为活跃，网络复杂度最高，其次为石化行业，最后为高端装备制造业。④ 全球并购网络从度数分布上看是一个典型的小世界网络，即这种网络中大部分的节点彼此并不相连，但绝大部分节点之间经过少数几步就可到达。⑤ 在高端装备制造业中，中国的并购活动最为活跃，并且入度、出度均表现出很大的量，说明中国在此行业中正在积极进行产业升级，与中国类似的地区有独联体、西亚，而南亚、中东欧、东盟地区则正好相反，正在转出相关产业。⑥ 在传统优势行业中，东盟国家、西亚国家表现出巨大的出度，这说明这两个地区正在承接来自其他地区的相关产业转移，中国应重点关注这两个地区，进行相关产业的产能合作，消化国内产能。⑦ 在石化行业中，西亚地区的并购活动最为活跃，与之情况类似的还有东盟地区，但并不十分明显。考虑到西亚地区作为世界能源的重要产地，这一结果符合经济学直觉。⑧ 根据净出度及相关紧密度指标，卡塔尔、塞浦路斯、马来西亚可能成为中国传统优势行业转移的重点对象。

第9章 中国国内循环加速"一带一路"国际循环机制

自2008年全球金融危机以来，全球经济陷入低迷，先后经历了美国金融危机、欧洲债务危机以及新兴市场产能过剩危机，全球经济陷入"低增长、低通货膨胀和多风险"的困境。面对发达国家对全球经济增速拉动效应有限的现实，国际社会的焦点也更多地转向新兴经济体的工业化推进问题。中国作为一个拥有14亿人口的巨大经济体，中国工业化改变了全球工业化版图，中国工业化所释放的红利为其他发展中国家带来了巨大的工业化发展机遇，中国强大的需求市场也为全球经济复苏带来了无限潜力。当前，随着经济社会矛盾的凸显，发达国家的民粹主义和贸易保护主义抬头，"逆全球化"的趋势加速了全球贸易环境进一步恶化。在此背景下，中国的"规模化"发展模式在受到越来越多的关注的同时也引来了一些质疑。

9.1 中国"规模化"发展

自中华人民共和国成立，经过七十多年的工业化进程，中国实现了从一个落后的农业国到GDP世界第二、制造业增加值世界第一的工业大国的华丽转身。在改革开放前30年，中国建立了以重工业为主的完整工业体系。改革开放以来，特别是加入WTO后，伴随着全球化的浪潮，中国的工业化成绩斐然，中国自2009年以来一直蝉联全球出口贸易额首位，世界对中国经济的依存度不断攀升，然而也由此引发了国际社会对中国发展的不少争议和指责。

部分学者认为，中国经济尤其是出口贸易的发展是以牺牲美国、欧洲及日本的投资和就业为代价的(Tyers，2015)。中国加入WTO后的出口冲击直接导致了美国在2000年之后的就业恶化(Acemoglu et al.，2016)以及美国企业创新产出、销售额和利润率的降低(Autor et al.，2016)。同时，另有学者质疑中国经济崛起对世界尤其是其他新兴经济体发展的影响能力和目的。美国经济学家曾提出"金德尔伯格陷阱"理论，认为美国作为全球提供公共产品的主导国家，在自身衰落之际，新兴大国——中国无法提供必要的全球公共产品，从而导致全球治理领导力真空（王义桅，2018）。近年来，以约瑟夫·奈（Joseph Nye）为代表的美国经济学者再次提出此理论，认为中国过去一直属于“搭便车”的角色，无法承担从全球公共品受益者向提供者转变的责任（王义桅，2018）。更甚者，是国际社会对具有中国特色的经济、社会、制度发展方式的质疑。一些国家和智库针对中国“一带一路”倡议提出的“债务陷阱论”本质是对中国经济和对外开放的政治动因的质疑（金刚和范坤荣，2019）。西方固有的“零和博弈”思维对中国经济增长对世界其他经济体发展的协同作用充满疑虑（周健和丛松日，2017）。

实际上，中国的制造业产能和国际收支结构更多的是一种结果，而不是手段或目标。从国际经验来看，全球主要工业化发达国家都在其经济崛起阶段有过产能提升和出口扩张的过程，而制造业产能和国际收支结构也是一个国家在特定工业发展阶段竞争力与影响力的映射（陈卫东等，2019）。中国制造业产能的提升和对外开放步伐的加大，为全球经济带来了积极的供给冲击。一方面，中国制造业的对外输出为全球提供了更为廉价的生产要素及中间品，降低了全球企业参与制造业的门槛，提升了全球产业链的包容度，使得更多的国家享受到了经济全球化的红利；另一方面，中国经济的增长释放了本国约占全球 1/5 人口的消费能力，为全球经济持续、稳定增长提供了庞大的需求市场，刺激全球各国优化制造工艺，提高产品附加值，加快制造业与服务业融合步伐，推动科学技术更快、更好、更广泛地革新与全球流通，助力全球各国经济结构调整升级。

中国自改革开放以来创造了 GDP 年均增速近 10%的增长“奇迹”，随着市场化和宏观调控水平的提升，中国经济在高速增长的同时稳定性也不断增强。虽然 2012 年以来中国经济增长势头逐渐放缓，但经济增长趋势依然平稳，除受新冠疫情冲击的 2020 年，至 2019 年中国经济增速始终维持在 6%以上。2015 年，中国人均 GDP（2015 年不变价美元）突破 14 000 美元（见图 9-1），2018 年，中国人均 GDP（2015 年不变价美元）达到 17 176.18 美元。

为了深入探究中国发展模式与全球其他国家发展模式的差异，本章以中国 2015—2018 年的人均 GDP（2015 年不变价美元）为标准，即 14 000—17 400 美元的区间，选择美国 1947—1951 年、日本 1968—1971 年、英国 1960—1969 年、法国 1963—1967 年、德国 1954—1957 年、意大利 1963—1968 年、韩国 1990—1993 年作为参照，通过横向对比同等经济发展水平下的中国与美、欧、日、韩等发达经济体的生产能力和消费能力，直观地比较中国与其在供给层面和需求层面对世界经济增长的边际贡献。

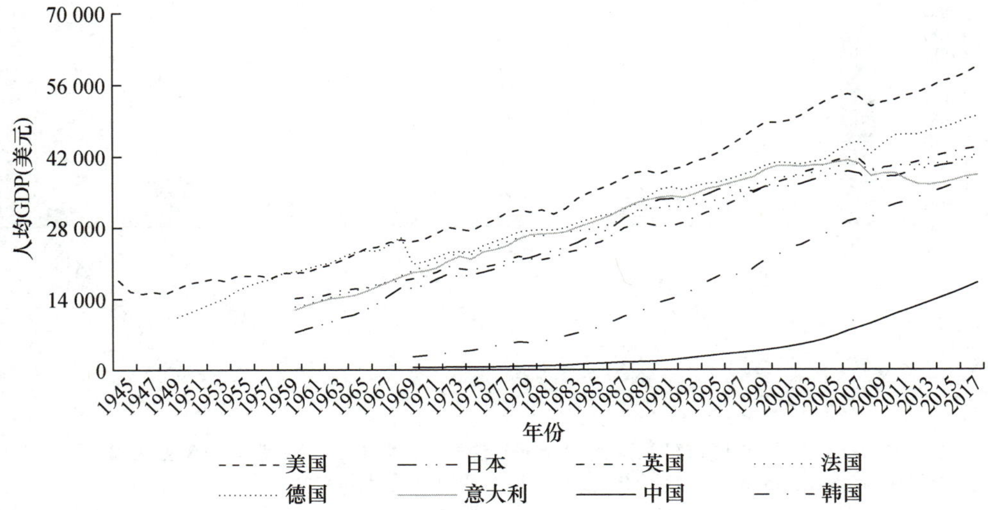

图 9-1　1945—2018 年中国与美国、日本、英国、法国、德国、意大利、韩国人均 GDP(2015 年不变价美元)

资料来源:经济合作与发展组织、世界银行、英国内阁办公室、美国经济分析局、意大利国家统计局、德国联邦统计局、法国国家统计及经济研究所、英国国家统计局。

9.2　中国国内循环的全球生产地位

9.2.1　庞大的制造业人力资本

丰富的劳动力资源一直以来是中国发展外向型经济的比较优势所在,也是中国作为“世界工厂”为世界各国生产和输送大量价廉物美的“中国制造”的基础。对比同等经济发展水平下的中国与美、欧、日、韩等发达经济体可以看出,中国制造业劳动力优势显著。2015—2018 年,中国制造业年均就业人数在 5 000 万人左右,是同等经济发展水平下美国制造业就业人数的 3 倍、日本的 4 倍、德国的 5 倍、英国和意大利的 6 倍、法国的 8 倍,以及韩国的 10 倍(见图 9-2)。

9.2.2　雄厚的工业基础

煤炭作为传统的能源产品,是早期各工业化国家主要的动力资源。2015—2018 年,中国年均原煤产量达到 35.91 亿吨,是同等经济发展水平下美国原煤产量的 7 倍、德国的 8 倍、英国的 18 倍、法国的 68 倍、日本的 75 倍,而与同等经济发展水平下的意大利和韩国的产量差距则达到百倍以上。随着工业自动化和电力化的发展,工业化国

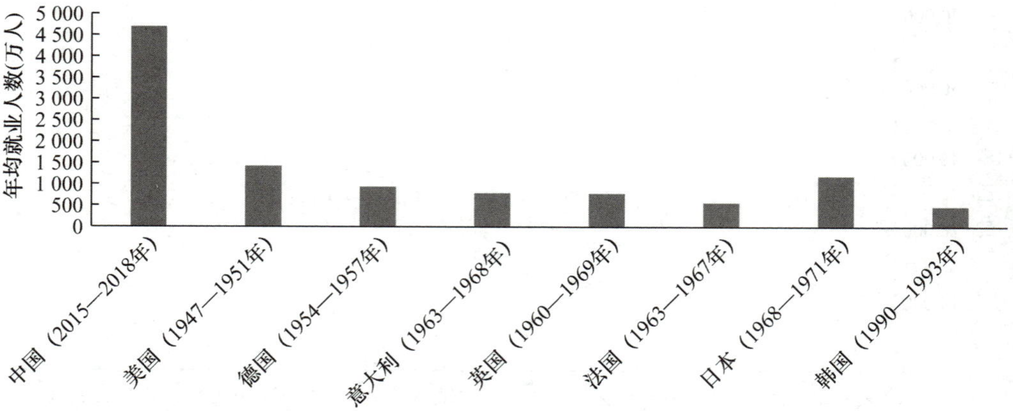

图 9-2 中国、美国、德国、意大利、英国、法国、日本、韩国制造业年均就业人数

资料来源:《帕尔格雷夫世界历史统计》三卷本及国家统计局网站。

家对电力的需求也带动了电力工业的迅速崛起。2015—2018 年,中国的年均发电量已达到 60 000 余亿千瓦时,是同等经济发展水平下美国和日本发电量的 19 倍、韩国的 46 倍,而与其他欧洲国家的差距则高达万倍以上(见表 9-1)。

表 9-1 中国、美国、德国、意大利、英国、法国、日本、韩国年均原煤产量和发电量

国家(年份)	年均原煤产量(亿吨)	年均发电量(亿千瓦时)
中国(2015—2018 年)	35.91	64 159.80
美国(1947—1951 年)	5.41	3 444.60
德国(1954—1957 年)	4.29	1.13
意大利(1963—1968 年)	0.02	0.80
英国(1960—1969 年)	1.98	1.45
法国(1963—1967 年)	0.53	0.97
日本(1968—1971 年)	0.48	3 336.70
韩国(1990—1993 年)	0.13	1 405.60

资料来源:《帕尔格雷夫世界历史统计》三卷本及国家统计局网站。

作为满足“住”“行”需求的汽车、建筑行业的基础材料,钢铁、水泥工业是推动世界基础设施建设和工业化水平提升的重要支撑。中国的生铁、粗钢等原材料产品生产能力经过七十多年工业化的发展也有了大幅的提升。2015—2018 年,中国平均生铁产量已达到 70 000 余万吨,是同等经济发展水平下美国的 13 倍、日本的 11 倍、德国的 41 倍、英国的 48 倍、法国的 47 倍,以及意大利的 151 倍。粗钢产量方面,2015—2018

年,中国年均粗钢产量是同等经济发展水平下美国的 11 倍、日本的 10 倍、英国的 38 倍、法国的 45 倍、德国的 35 倍、意大利的 74 倍,以及韩国的 30 倍(见表 9-2)。但在人均产量方面,中国的人均生铁和粗钢产量大体与同等经济发展水平下的韩国相当,均高于美国、德国、英国、法国和意大利,但比日本要略逊一筹。这也说明中国在生铁和粗钢等原材料产品方面的产能还未触及上限,在未来对经济的拉动作用上依然有提升的空间。2015 年,中国的水泥产量已超过 20 亿吨,人均水泥产量约为 1.76 吨,无论是在总量还是在人均产量层面上,均遥遥领先于同等经济发展水平下的欧洲国家和日韩。对标年份中,美国的人均水泥年产量约为中国的 1/7、日本约为 1/8、德国约为 1/9、英国和法国约为 1/6。

表 9-2　中国、美国、德国、意大利、英国、法国、日本、韩国年均生铁产量和粗钢产量

国家(年份)	年均生铁产量(万吨)	年均粗钢产量(万吨)
中国(2015—2018 年)	71 959	85 255
美国(1947—1951 年)	5 518	7 900
德国(1954—1957 年)	1 775	2 458
意大利(1963—1968 年)	475	1 156
英国(1960—1969 年)	1 493	2 271
法国(1963—1967 年)	1 538	1 913
日本(1968—1971 年)	6 281	8 273
韩国(1990—1993 年)	1 879	2 831

资料来源:《帕尔格雷夫世界历史统计》三卷本、《主要资本主义国家经济统计集》(1948—1960 年)及国家统计局网站。

在化工产业方面,2015 年中国的氮、磷、钾化肥产量已达到 7 400 余万吨,是同等经济发展水平下美国和日本的 16 倍、德国和法国的 30 倍、英国的 84 倍;中国在塑料产量上除是美国的 58 倍外,与其他同等经济发展水平下欧洲国家和日韩的差距均达到百倍以上。

9.2.3　出色的工业制成能力

汽车产业一直以来是多数工业化国家制造业的支柱产业,对整个世界制造业发展影响巨大,也是提升人民生活水平的重要工具。在过去的七十多年间,中国汽车产业发展迅速,2015—2018 年中国年均汽车产量达到 2 700 多万辆,是同等经济发展水平下美国的 5 倍、日本的 6 倍、英国的 16 倍、德国的 27 倍、法国的 16 部、意大利的 22 倍,以及韩国的 17 倍。但中国的人均汽车产量与同等经济水平下的发达国家相比还有一定的差距。在对标年份,中国平均每千人汽车产量约为 20 辆,基本与意大利(23

辆)持平,高于德国(14 辆)和韩国(4 辆),但距离美国(41 辆)、英国(33 辆)、法国(35 辆)和日本(48 辆)还有很大的上升空间。

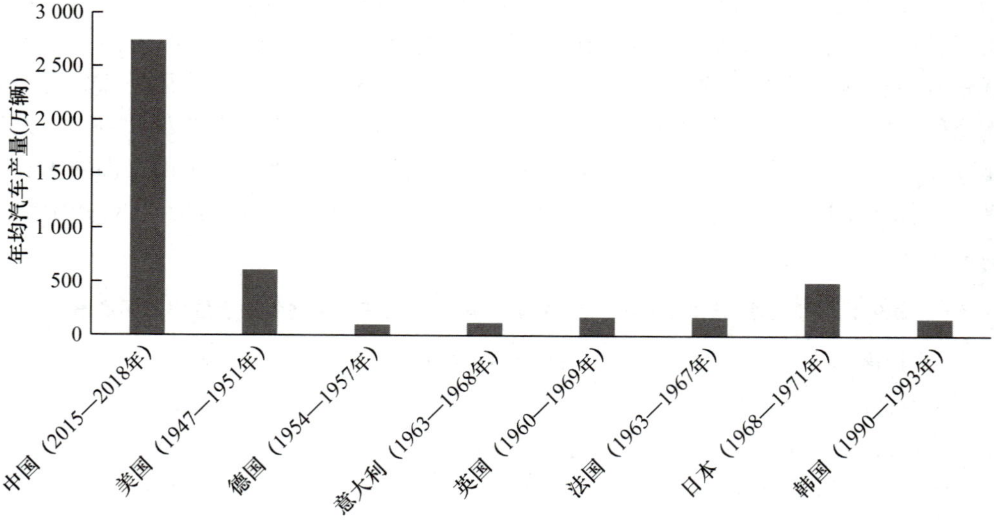

图 9-3　中国、美国、德国、意大利、英国、法国、日本、韩国年均汽车产量
资料来源:《帕尔格雷夫世界历史统计》三卷本及国家统计局网站。

机械工业的发展是工业化进程中必不可少的环节之一。从机械设备产量来看,在同等经济发展水平下,中国的生产规模亦领先于其他发达经济体。20 世纪四五十年代是美国农业机械产量的井喷时期,拖拉机产量曾一度高达 60 万台,而进入 60 年代,美国拖拉机产量骤减到 30 万台左右,并在之后长期维持在此产量水平下。即使是在美国拖拉机产量的鼎盛时期,中国在同等经济发展水平下的拖拉机产量依然是美国的 1 倍以上。而对比对标时期的日本、英国和德国,中国的拖拉机产量优势则分别扩大至 2 倍、3 倍和近 6 倍。

从纺织业来看,中国的棉纱产量和人工合成纤维产量均远远领先于同等经济发展水平下的欧洲国家和日韩。在棉纱产量方面,对标年份中国的年均棉纱产量除是美国的 20 倍、德国的 74 倍和日本的 64 倍外,与其他国家的产量差距均达到百倍以上。在人工合成纤维产量方面,对标年份中国的年均人工合成纤维产量除是美国的 95 倍、日本的 34 倍和韩国的 47 倍外,与其他国家的产量差距也均达到百倍以上,甚至与法国同等经济发展水平下的产量差距达到 200 多倍。在人均棉纱产量方面,中国也具有绝对的优势。在同等经济发展水平下,美国的人均棉纱产量(11 千克)只有中国(24 千克)的1/2,意大利(4.5 千克)、英国(4.8 千克)、日本(5 千克)和德国(6.3 千克)分别只有中国的 1/5 到 1/4，而韩国(7.6 千克)不到中国的 1/3。在人均人工合成纤维产量方面，与中国(35 千克)最接近的韩国(24 千克)、日本(14 千克)也分别仅为中国的 2/3 和 2/5，其他欧洲国家的人均人工合成纤维产量则不到中国的 1/6。

表 9-3　中国、美国、德国、意大利、英国、法国、日本、韩国年均棉纱和人工合成纤维产量

国家(年份)	年均棉纱产量(千吨)	年均人工合成纤维产量(千吨)
中国(2015—2018 年)	33 552	49 016
美国(1947—1951 年)	1 641	515
德国(1954—1957 年)	451	358
意大利(1963—1968 年)	236	303
英国(1960—1969 年)	257	285
法国(1963—1967 年)	289	229
日本(1968—1971 年)	521	1 430
韩国(1990—1993 年)	312	1 047

资料来源:《帕尔格雷夫世界历史统计》三卷本及国家统计局网站。

随着第三次科技革命的推动，世界工业体系朝着信息化与工业化不断融合的方向发展。而电子信息产业也成为工业化国家发展的新高地。中国在短短二十年间实现了电子信息产业从无到有甚至全球领先的发展奇迹。中国电子信息产业产能为世界尤其是新兴经济体信息化、工业化的发展提供了巨大的动力。20 世纪 90 年代，中国的电子产品产值仅占世界的 3%，远低于美国(27%)、日本(26%)、西欧(21%)等发达国家和地区，到 2000 年中国电子产品产值占比增长至 6%，但与发达国家和地区依然有很大的差距。进入 21 世纪，随着工业化和全球化进程的推进，中国的电子信息产业发展迅速，到 2015 年中国电子产品产值占比跃升为 36%，为世界第一(见表9-4)。按 2010 年不变价美元计算，2015—2018 年中国电子产品年均产值达到 5 615亿美元，是同期美国的 3 倍、日本的 5 倍、韩国的 7 倍、德国的 11 倍、法国的 26 倍，以及英国的 33 倍。2007—2017 年中国与美国、日本、韩国、西欧国家电子产品产值具体如图 9-4 所示。

表 9-4　中国、美国、日本、西欧电子产品产值世界占比　　(单位:%)

国家和地区	1995 年	2000 年	2015 年
中国	3	6	36
美国	27	28	12
日本	26	20	6
西欧	21	18	11

资料来源:1995 年、2000 年及 2015 年《世界电子数据年鉴》(*The Year Book of World Electronics Data*)。

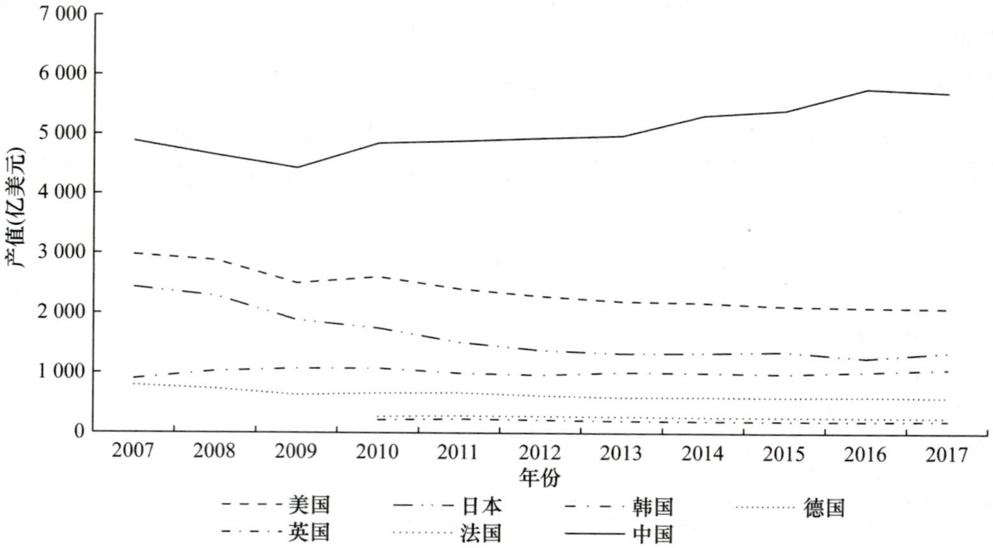

图 9-4　2007—2017 年中国、美国、德国、意大利、英国、法国、日本、韩国电子产品产值(2010 年不变价美元)

资料来源:2007—2017 年《世界电子数据年鉴》(*The Year Book of World Electronics Data*)。

9.2.4　坚实的出口能力

以 2010 年不变价美元计算,2015—2018 年中国年均商品出口额达到 1.87 万亿美元,是同等经济发展水平下美国的 26 倍、德国的 39 倍、法国的 24 倍、英国的 18 倍、日本的 10 倍,以及韩国的 21 倍(见图 9-5)。而中国的出口增长还未触及天花板,未来依然有增长的空间。2015 年,中国的商品出口额世界占比为 13.8%,高于欧洲国家和日韩,但在同等经济发展水平下美国的商品出口额世界占比则高达 20%以上。中国出口的规模和体量以及潜在的增长空间,将为世界经济增长持续蓄力。

从出口的区域分布来看,2015—2018 年中国向高收入国家的出口额略微波动下降,但仍显著高于同等经济发展水平下的发达国家;而中国对中等和低收入国家的出口额则稳步上升,年均商品出口额达 6 736.00 亿美元,是同等经济发展水平下韩国的 38 倍、日本的 120 倍、英国和法国的 180 余倍、意大利的 300 余倍(见表 9-5)。

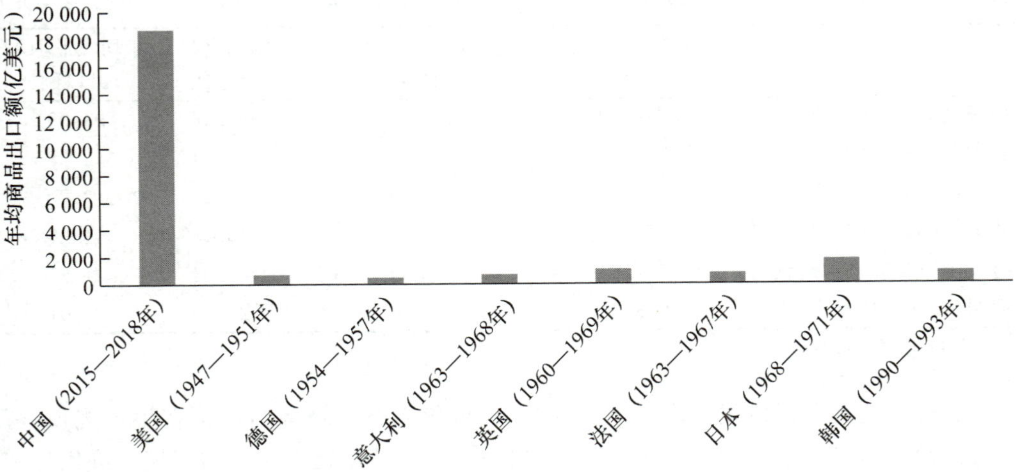

图 9-5　中国、美国、德国、意大利、英国、法国、日本、韩国年均商品出口额(2010 年不变价美元)

资料来源:世界银行、WTO 贸易数据库、英国内阁办公室、美国经济分析局、意大利国家统计局、德国联邦统计局、法国国家统计及经济研究所、英国国家统计局。

表 9-5　中国、日本、意大利、英国、法国、韩国的商品出口额区域分布

(单位:亿美元)

国家(年份)	年均高收入国家商品出口额	年均中等和低收入国家商品出口额
中国(2015—2018 年)	16 066.00	6 736.00
日本(1968—1971 年)	125.48	55.20
意大利(1963—1968 年)	51.29	18.63
英国(1960—1969 年)	77.54	35.75
法国(1963—1967 年)	63.70	36.33
韩国(1990—1993 年)	564.34	175.04

资料来源:世界银行。

从出口结构来看,中国与英、法、日、韩等发达国家出口结构相似,均以出口工业制成品为主,中国的工业制成品出口额无论是总量还是在中国总出口额中的占比,均高于同等经济水平下的发达国家。2015—2018 年,中国年均工业制成品出口额达到 21 383.39 亿美元,除是韩国的 31 倍外,与其他国家的出口额差距均在百倍以上(见表 9-6)。同时,对标时期中国年均工业制成品出口额占比达到近 94%,高于韩国(93%)、日本(92%)、英国(80%)、意大利(78%)和法国(70%)。

表 9-6 中国、日本、英国、法国、意大利、韩国的出口结构 （单位：亿美元）

国家（年份）	年均工业制成品出口额	年均燃料、矿石和金属出口额	年均食品出口额	年均农业原料出口额
中国（2015—2018 年）	21 383.39	611.17	675.16	94.09
日本（1968—1971 年）	167.58	2.74	6.14	2.98
英国（1960—1969 年）	90.29	8.86	7.27	3.20
法国（1963—1967 年）	70.80	8.19	16.23	4.27
意大利（1963—1968 年）	54.63	5.25	7.94	1.61
韩国（1990—1993 年）	688.24	19.66	21.99	9.01

资料来源：世界银行。

通过对比同等经济发展水平下美、欧、日、韩等发达经济体与中国在生产规模、劳动力供给和出口规模方面的差距，可以看出中国在全球制造业环节的规模经济优势和加工成本优势显著，能源产品、原材料产品、轻工业品和其他主要工业制成品产量远大于同等经济发展水平下的发达经济体；此外，中国的劳动力供给和出口贸易，特别是工业制成品出口也均领先于同等经济发展水平下的欧洲国家和日韩。依托门类齐全的工业体系和技术领先且熟练高效的技术工人，中国的大工业化生产为全球经济带来了积极的供给冲击，降低了全球工业的生产成本，为全球特别是发展中国家的工业化降低了门槛。

9.3 中国国内循环的全球消费能力

9.3.1 庞大的个人消费市场

2015—2018 年，中国个人消费支出从 42 710.65 亿美元[①]增长至 51 735.37 亿美元，年均个人消费支出远高于同等经济发展水平下的美国、日本、英国、法国、德国、意大利、韩国，分别是美国的 3.4 倍、日本的 5.4 倍、英国的 20.5 倍、法国的 40.4 倍、德国的 5.8 倍、意大利的 48.0 倍、韩国的 41.1 倍（见图 9-6）。同时，中国个人消费支出的增长幅度为 21.13%，高于同等经济发展水平下的美国（14.18%）、日本（19.36%）、德国（−19.14%）、韩国（3.38%），并且中国个人消费支出的年均增长速度达 6.62%，显著高于同等经济发展水平下的美国（3.41%）、日本（6.09%）、英国（2.50%）、法国（5.25%）、德国（−6.81%）、意大利（6.19%）、韩国（0.68%）。由此，相较于同等经济发展水平下的欧洲国家，中国个人消费支出规模庞大，领先于欧洲国家及日韩，并且随

① 本节美元指 2015 年不变价美元。

着中国对外开放水平的不断提升，中国个人消费观念正由保守向开明转变，消费可持续增长潜力进一步增强，从而中国个人消费市场的扩张速度极为迅速，远高于欧洲国家。

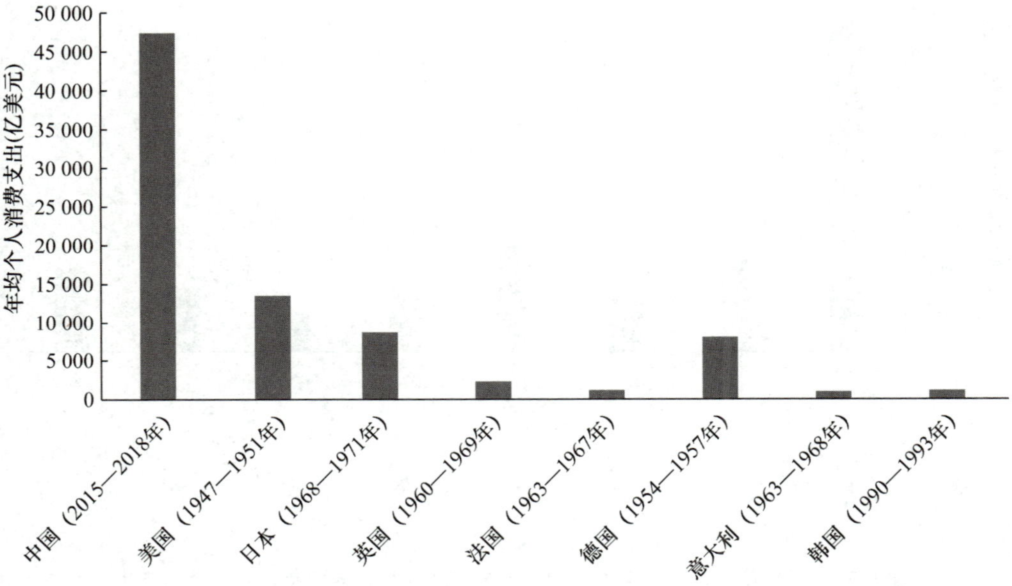

注：德国数据由 1970—1975 年个人消费支出的年均增长速度推算得出。

图 9-6　中国、美国、日本、英国、法国、德国、意大利、韩国的年均个人消费支出

资料来源：CEIC 数据库、英国内阁办公室、美国经济分析局、意大利国家统计局、德国联邦统计局、法国国家统计及经济研究所、英国国家统计局。

9.3.2　充足的政府消费动力

2015—2018 年，中国政府消费支出从 15 461.52 亿美元增长至 19 631.41 亿美元，年均规模显著大于同等经济发展水平下的美国、日本、英国、法国、德国、意大利、韩国，分别是美国的 3.2 倍、日本的 7.0 倍、英国的 3.4 倍、法国的 5.7 倍、德国的 9.5 倍、意大利的 5.6 倍、韩国的 4.3 倍(见图 9-7)。同时，中国政府消费支出的增长幅度为 26.97%，高于同等经济发展水平下的美国(14.18%)、英国(24.61%)、法国(20.11%)、德国(19.14%)、韩国(9.55%)。此外，中国政府消费支出的年均增长速度达到 8.29%，高于同等经济发展水平下的美国、英国、法国、德国、意大利、韩国，分别是美国的 2.4 倍、英国的 3.3 倍、法国的 1.8 倍、德国的 2.2 倍、意大利的 1.5 倍、韩国的 2.7 倍。因此，中国政府消费支出规模领先于同等经济发展水平下的欧洲国家，扩张速度也高于欧洲国家，中国政府消费支出的发展势头明显强于同等经济发展水平下的欧洲国家，市场消费规模不断扩大。

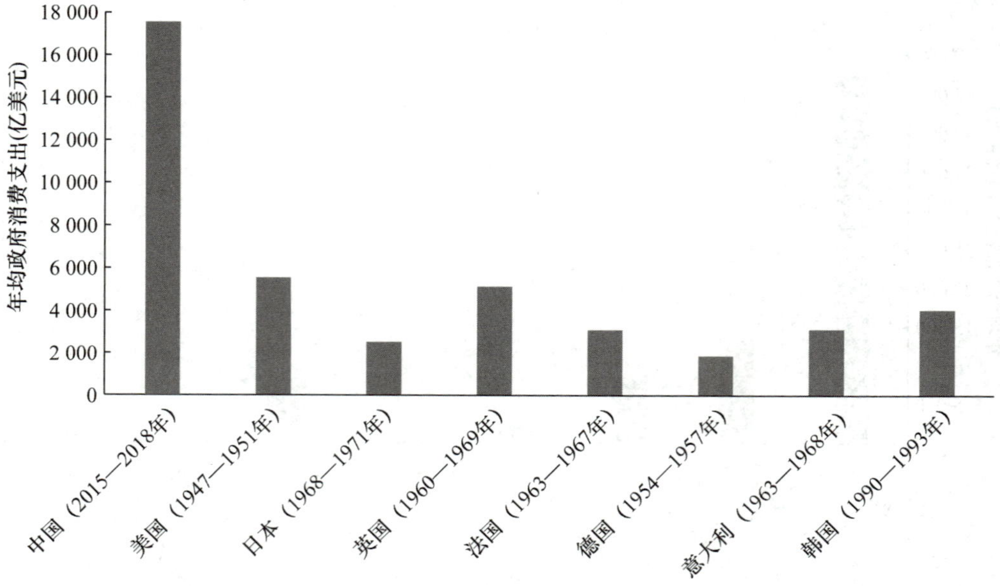

图 9-7 中国、美国、日本、英国、法国、德国、意大利、韩国的年均政府消费支出

资料来源：CEIC 数据库、英国内阁办公室、美国经济分析局、意大利国家统计局、德国联邦统计局、法国国家统计及经济研究所、英国国家统计局。

9.3.3 稳定的固定资本消费

2015—2018 年，中国固定资本消费从 48 414.86 亿美元增长至 56 573.29 亿美元，年均规模显著大于同等经济发展水平下的美国、日本、英国、法国、意大利、韩国，分别是美国的 15.5 倍、日本的 25.9 倍、英国的 47.1 倍、法国的 376.9 倍、意大利的 307.3 倍、韩国的 19.9 倍（见图 9-8）。此外，中国固定资本消费的年均增长速度达到5.33%，高于同等经济发展水平下的英国、意大利、韩国。由此可知，中国固定资本消费规模远大于欧洲国家，并且保持稳定的增长势头，增长速度高于部分西欧国家，因此中国固定资本消费仍然保持对未来经济增长的推动作用。

9.3.4 多样化的进口消费

2015—2018 年，中国进口额增长迅猛，由 16 795.66 亿美元增长至 20 995.27 亿美元，与同等经济发展水平下的欧洲国家及日韩相比规模庞大，中国年均进口额分别是同等经济发展水平下美国的 25.0 倍、日本的 15.1 倍、英国的 12.4 倍、法国的 25.2

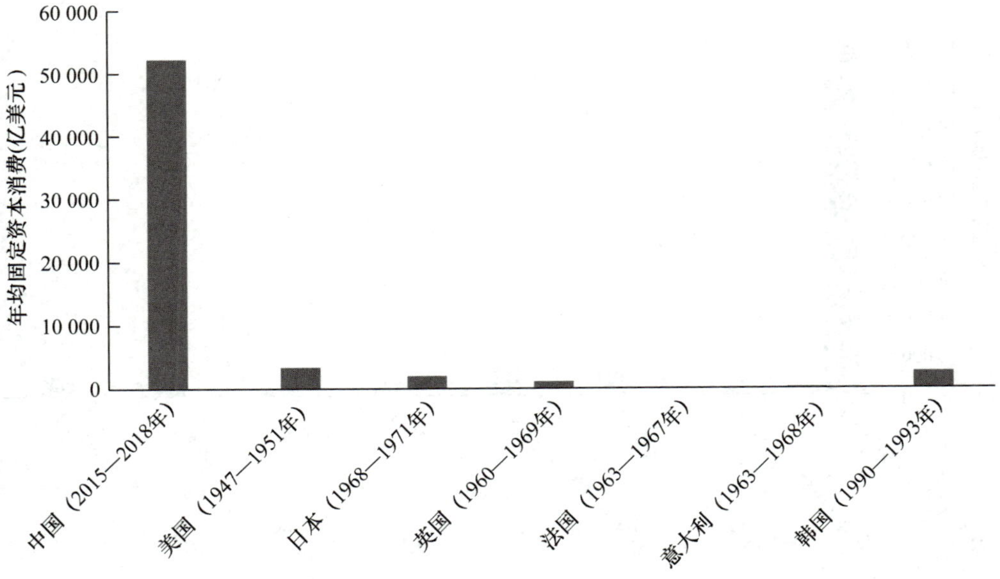

注:由于数据缺失较多,德国未纳入对比分析;法国、意大利固定资本消费水平低于 200 亿美元,所以显示不清。

图 9-8　中国、美国、日本、英国、法国、意大利、韩国的年均固定资本消费

资料来源:CEIC 数据库、英国内阁办公室、美国经济分析局、意大利国家统计局、德国联邦统计局、法国国家统计及经济研究所、英国国家统计局。

倍、德国的 58.8 倍、意大利的 23.6 倍、韩国的 17.4 倍(见图 9-9),并且中国进口额的增长幅度为 25.00%,高于日本(9.54%)、意大利(14.26%)、韩国(8.62%)。同时,中国进口额的年均增长速度为 7.88%,高于日本(3.24%)、英国(2.92%)、法国(5.91%)、意大利(3.09%)、韩国(2.93%),低于美国(11.76%)、德国(15.36%)。因此,中国进口规模远大于同等经济发展水平下的欧洲国家,并且以高于西欧国家及日韩的增长速度发展,具备较强的发展潜力。此外,相较于美国、德国,中国进口贸易依然存在较大的优化空间,应通过提高对外开放水平、调整产品需求结构,进一步释放中国消费市场的规模红利,加强进口贸易对经济增长的刺激作用。

从进口的区域分布来看,2015—2018 年,中国从高收入国家[①]进口额保持高速增长的态势,从 2015 年的 10 972.76 亿美元增长至 2018 年的 13 614.28 亿美元,年均从高收入国家进口额分别是同等经济发展水平下日本的 15.3 倍、英国的 11.3 倍、法国

① 高收入国家是指 2017 年人均 GNI 等于或高于 12 055 美元的国家。

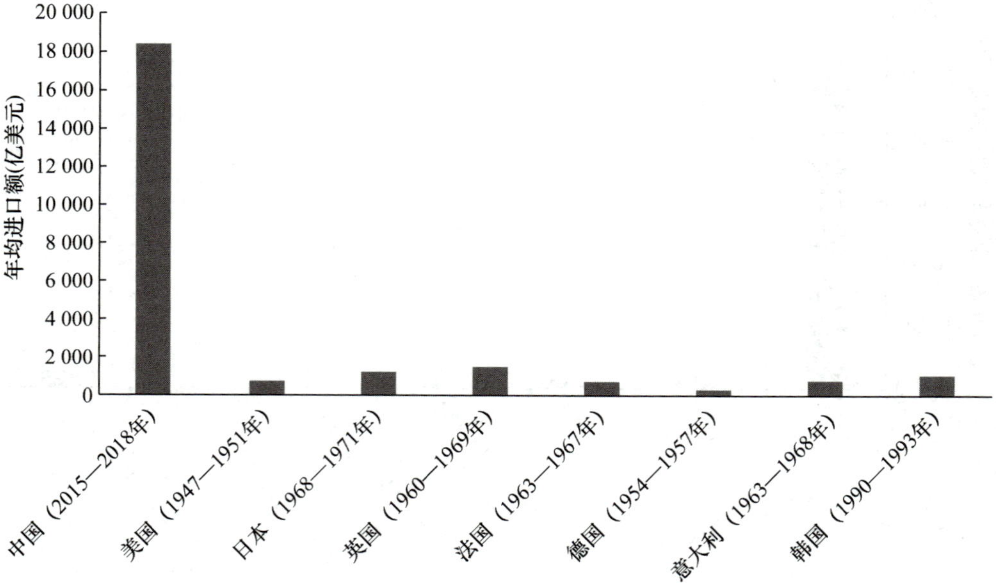

图 9-9 中国、美国、日本、英国、法国、德国、意大利、韩国的年均进口额

资料来源:CEIC 数据库、英国内阁办公室、美国经济分析局、意大利国家统计局、德国联邦统计局、法国国家统计及经济研究所、英国国家统计局。

25.5 倍、意大利的 20.9 倍、韩国的 14.3 倍(见图 9-10),且年均增长速度为 7.43%,远高于同等经济发展水平下的日本(3.97%)、英国(3.08%)、法国(7.20%)、意大利(2.08%)、韩国(3.13%);中国从低收入国家①和中等收入国家②的进口额同步增长,从 2015 年的 2 492.29 亿美元增长至 2018 年的 3 426.57 亿美元,年均从低收入国家和中等收入国家的进口额分别是同等经济发展水平下日本的 7.4 倍、英国的 8.63 倍、法国的 15.9 倍、意大利的 21.3 倍、韩国的 17.7 倍,且年均增长速度为 11.93%,高于同等经济发展水平下的日本(3.54%)、英国(2.14%)、法国(0.90%)、意大利(7.41%)。因此,无论是对高收入的发达国家,还是对中等和低收入的发展中国家,中国的国内市场都极大地支撑了各国的经济增长,其作用强度优于同等经济发展水平下的西欧国家及日韩,并且中国进口消费需求的稳定、高速扩张能够为发展中国家和发达国家的未来发展提供长期助力,是全球经济可持续发展的重要引擎之一。

---

① 低收入国家具体是指中非共和国、乌干达、乍得、也门共和国、冈比亚、几内亚、几内亚比绍共和国、刚果(金)、利比里亚、南苏丹、卢旺达、厄立特里亚、坦桑尼亚、埃塞俄比亚、塔吉克斯坦、塞拉利昂、多哥、尼日尔、尼泊尔、布基纳法索、布隆迪、朝鲜、海地、索马里、莫桑比克、贝宁、阿富汗、叙利亚、马拉维、马达加斯加、马里。

② 中等收入国家是指 2017 年人均 GNI 在 996—12 055 美元的国家。

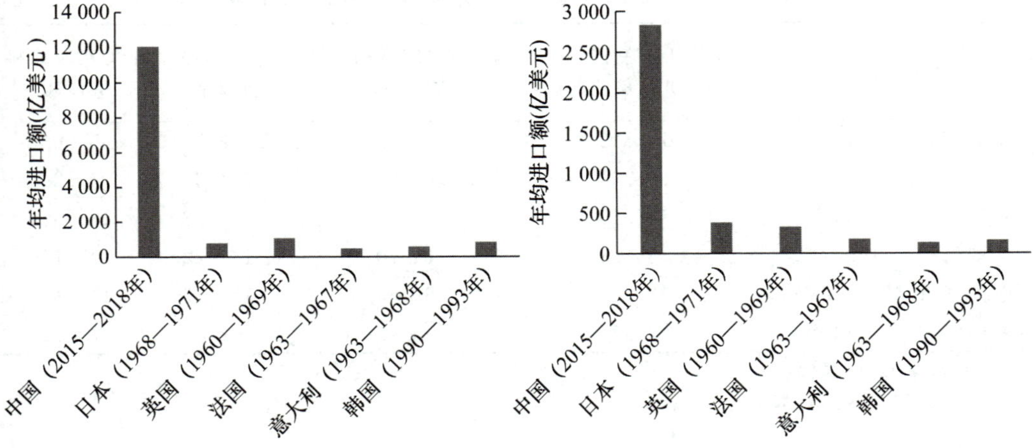

年均从高收入国家进口额　　　　年均从低收入和中等收入国家进口额

注：美国和德国数据缺失，故未列示。

图 9-10　中国、日本、英国、法国、意大利、韩国的进口的区域分布

资料来源：世界银行。

从进口结构来看，中国工业制成品进口额最多，占中国总进口额的比重超过60%。2015—2018 年，中国年均工业制成品进口额为 11 745.02 亿美元，是同等经济发展水平下日本的 40.9 倍、英国的 22.4 倍、法国的 33.9 倍、意大利的 38.2 倍、韩国的 17.4 倍（见表 9-7）；同时，年均增长速度为 5.40%，低于英国（11.97%）、法国（10.99%）、日本（6.76%），高于意大利（1.97%）、韩国（2.75%）。对标时期，中国年均燃料、矿石和金属进口额达 4 600.82 亿美元，是同等经济发展水平下日本的 9.2 倍、英国的 14.1 倍、法国的 27.9 倍、意大利的 24.3 倍、韩国的 18.7 倍；同时，年均增长速度为 15.90%，高于日本（4.97%）、英国（5.89%）、法国（4.54%）、意大利（8.83%）、韩国（5.68%）。此外，2015—2018 年，中国食品进口额逐年递增，从 1 177.70 亿美元增长至 1 326.89 亿美元，年均食品进口额是同等经济发展水平下日本的 5.7 倍、英国的 2.6 倍、法国的 8.6 倍、意大利的 7.1 倍、韩国的 19.7 倍；同时，年均增长速度为 4.57%，高于日本（3.35%）、英国（−1.29%）、法国（1.23%）、意大利（3.53%）、韩国（4.41%）。然而，中国农业原料进口额则保持相对稳定，长期在 654.68 亿美元的水平上下浮动，是同等经济发展水平下日本的 3.2 倍、英国的 3.6 倍、法国 8.5 倍、意大利的 6.1 倍、韩国的 9.0 倍。

表 9-7　中国、日本、英国、法国、意大利、韩国的进口结构　（单位：亿美元）

国家（年份）	年均工业制成品进口额	年均燃料、矿石和金属进口额	年均食品进口额	年均农业原料进口额
中国（2015—2018 年）	11 745.02	4 600.82	1 223.89	654.68
日本（1968—1971 年）	286.94	501.90	214.62	206.29
英国（1960—1969 年）	525.16	326.69	465.28	182.55
法国（1963—1967 年）	346.28	164.70	141.72	77.14
意大利（1963—1968 年）	307.32	189.53	171.77	107.11
韩国（1990—1993 年）	673.54	246.19	62.03	73.12

资料来源：世界银行。
注：美国和德国数据缺失，故未列示。

综上所述，随着人均 GDP 不断增长，中国进口结构并未像欧洲发达国家及日韩那样朝着均衡方向发展，而依然以工业制成品为核心，并且工业制成品的进口需求保持稳定的扩张活力，由此为全球各国，尤其是发展中国家的工业化提供了强大的活力，日益激励全球各国优化工业制成品的生产技艺，扩大工业生产规模。

9.4　中国国内循环发展对"一带一路"国际循环机制的影响机制

9.4.1　出口贸易拓宽全球价值链体系

20 世纪后半叶，发达国家在"新自由主义"旗帜下的贸易扩张，将发展中国家卷入全球化的浪潮里，却并未与发展中国家平等分享全球化发展成果。发展中国家的工业化进程除具备发达国家工业化出现的基本发展规律和特征外，还不得不面对"后发劣势"和全球化带来的挑战（张志彬，2007）。发展中国家在世界秩序中普遍处于弱国地位，面对早已被发达国家控制和主导的市场，以及对发达国家的资本、设备和技术的依赖，发展中国家工业化不得不受制于发达国家，这在无形中增加了其工业化的成本，也增加了其发展的不稳定性。发达国家的贸易政策始终以自身利益为核心，所谓的"自由化"也是以维护本国利益为限度的，而并未给予发展中国家以同等的权利。发达国家一面打着"贸易自由化"的旗号，另一面却在利用高技术产品出口限制等手段限制发展中国家的发展（张伟，2016）。

不同于发达国家利用自身优势与发展中国家以非等价交换形式攫取巨额利益，中国的规模化生产和出口贸易则是在适应了生产力发展的新阶段的基础上，通过将更多的国家纳入全球价值链体系，用新的生产方式代替旧的生产方式（周文和方茜，2015），为全球经济增长带来新的活力，也为全球各经济体带来更加公平和可持续的发展机会。一方面，中国依托国内完整的价值链网络有力地吸收了发达国家的国际产业转移，中国制造业对发达国家出口规模的扩大，可以通过资源的优化配置降低其高端制造业的成本，从而促进发达国家人力资本结构优化、产业结构升级和创新产出提升。另一方面，中国的规模经济和成本优势能够降低全球生产成本，为世界带来了积极的供给冲击和庞大的需求市场，将越来越多的发展中国家纳入全球价值链体系，为发展中国家带来了更多的工业化发展机遇。

同时，中国的规模化生产和出口贸易也为全球消费者带来了福利。随着不断融入全球价值链体系，中国依靠劳动力成本优势、完善的工业配套和不断提升的劳动生产率，逐渐成为全球主要产品的生产国和出口国。中国制造业产品在全球消费者产品中占 30%，“中国制造”遍布全球 230 多个国家和地区（黄慧群，2019）。中国制造业产品产能、性价比和及时交货能力在全球范围内均具有较强的竞争力。而近年来异军突起的互联网和跨境电子商务以及以中欧班列为代表的交通基础设施的飞速发展，进一步降低了中国的生产和贸易成本，提升了生产和运输效率，扩大了中国对全球经济的增长红利。中国的规模经济和成本优势能够部分消化上游生产要素价格上涨，抑制全球通货膨胀，从而提高贸易伙伴国消费者实际购买力，提升全球消费者的福利，并满足全球消费市场的多元化需求（马艳等，2019）。

9.4.2　对外投资降低工业化门槛

国际资本的跨国流动是从 20 世纪后半叶开始活跃起来的，欧洲等发达经济体作为主要的资本输出地，其资本流向和资本性质都比较单一，主要是从发达国家流向发展中国家，而资本来源也主要是包括各国政府和国际组织在内的官方资本（白宸，2009），因此，欧洲国家的对外投资通常具有浓厚的政治色彩，并伴有严苛的政治和经济条件。如第二次世界大战后初期美国对西欧国家的政府投资援助是以西欧国家必须购买美国产品以消化美国过剩产能为条件的；20 世纪七八十年代在欧洲国家对拉丁美洲国家投资援助的背后，是其推行“新自由主义”意识形态以实现欧洲国家资本的全球扩张的野心（高国力和申现杰，2019）。

而与之不同，中国的对外投资则始终坚持奉行互利、共赢、开放的战略，具有符合东道国国情、资金性价比高且不附加任何政治条件，以及包容、开放性高的特点。与同等经济发展水平下的欧洲国家不同，企业是中国对外投资的主力军。随着中国企业产业和技术实力的不断增强，其开展境外投资的目的地也不断多元化。2018 年，中国内地对外直接投资规模达到 1 430 亿美元，是仅次于日本的世界第二大对外投资国，投资区域覆盖全球 80%以上的国家和地区。在中国内地对外直接投资额的前六位中，既有美国、澳大利亚与中国香港等发达国家和地区，又有以发展中国家为主的东盟地区。中国的对外投资为当地创造了 180 余万个就业机会，贡献了近 600 亿美元的税收收入，同时也为当地的制造业升级，尤其是发展中国家的工业化推进产生了积极的影响。

中国在对外投资行业和方式选择上不仅考虑了本国的利益，更是与东道国的社会发展需求相契合，始终坚持以尊重东道国主权利益和绝不干涉内政为基础。中国提出的“一带一路”倡议，便是从沿线国家资源禀赋、经济发展水平和利益诉求的异质性出发，利用跨境并购、绿地投资、建立境外经济贸易合作区等方式投资沿线国家，通过基础设施建设援助、区域产能合作，实现优势互补，形成利益共同体（刘虹飞等 2019）。基础设施建设是一国工业化的重要基础，无论是从发达国家还是从中国、巴西等新兴经济体的工业化路径来看，基础设施建设都通过扩大就业、提高产出、降低成本、技术外溢等方面推动地方工业化进程，有利于拓展对外贸易的空间和质量，同时基础设施建设有助于创造新的生产力，从而推动经济增长，缓解投资压力。“一带一路”以基础设施前置投资来带动地方经济发展的理念恰恰契合发展中国家基础设施建设落后、相关资本和技术缺乏的背景。基础设施建设互联互通也因此成为中国对“一带一路”沿线国家投资战略的核心。中国的对外投资不仅不包含任何政治条件，而且对外贷款利率和期限相对优于欧洲等西方发达经济体（高国力和申现杰，2019）。从中老铁路、中泰铁路、蒙内铁路、亚吉铁路等交通设施建设项目的顺利推进，到中缅原油管道、中俄原油管道复线的投入使用，中国在交通设施、能源管道、公共设施等多领域对沿线国家的投资建设，一方面能够帮助当地逐步构建起国际性基础设施网络，为其工业化进程的推进打下牢固基础；另一方面在利用跨境并购等投资模式支持基础设施建设的同时，能够通过组织内部的技术与经验互动，达到知识和技术外溢的效果，促进其工业化内生动力的增长。

9.4.3 进口消费加快全球工业化升级速度

中国拥有 14 亿人口，约占世界总人口的 1/5，拥有世界最大规模的中等收入群体，2018 年中国社会消费品零售总额达到 38 万亿元，中国成为世界第二大商品消费国（依绍华，2019）。强大的国内市场与内需潜力既是中国新时代的新型战略资源和比较优势，又是全球经济增长的活力之源。一方面，中国强大的国内市场规模可以缓解产能过剩压力，提升专业化分工水平，虹吸全球生产要素特别是人才和技术要素，从而进一步降低生产成本、扩大生产能力，为全球经济带来积极的增长效应；另一方面，中国通过建立强大的内需市场倒逼进一步高水平的对外开放，形成内需市场对外贸、外资超大规模的需求，推动全球经济朝更加开放、包容、普惠的方向发展（刘志彪，2019）。

20 世纪下半叶的欧洲等发达经济体在发展国际贸易中极力推行要素禀赋论，致使发展中国家在“国际分工陷阱”中的比较利益长期集中在资源密集型和劳动密集型的初级产品上，发达国家在向发展中国家敞开大门的同时，也使发展中国家付出了产业结构失衡、物质和自然资源被掠夺、生态环境被破坏、人们生活质量下降的代价(陈玲,2014)。而不同于欧洲等发达经济体的进口结构,中国进口贸易以工业制成品为主导,这不仅能为出口国消化产能,更能为出口国制造业带来发展机遇。中国一直是欧洲等发达经济体的主要出口市场,2017 年从欧盟、北美自贸区的进口额分别占中国进口总额的 13.6%和 10.1%。中国也是日本、韩国、澳大利亚等发达国家的第一大出口市场。中国强大的需求市场为欧洲等发达经济体承接了过剩产能,促进了资本、劳动力等生产要素的优化配置,从而推动了出口国制造业的技术创新、产业升级和“再工业化”的推进,也为出口国相关产业创造了就业机会,提升了本地劳动者的工资福利。此外,中国不断加大对发展中国家出口商品的吸引力,2017 年中国已成为东盟第一大出口市场,从东盟的进口额占中国进口总额的 12.3%,并且中国也是世界最不发达国家和地区的第一大出口市场。发展中国家对中国尤其是中间品的出口,促使发展中国家的本土企业通过“干中学”效应不断加大创新研发,提升出口产品工艺质量,从而带动本国工业化的完善和产业结构的优化升级。

与欧洲等发达经济体贸易政策不同,近年来,中国不断以开放的姿态向全球分享中国消费市场的增长红利。一方面,中国进一步降低进口关税,尤其是日用消费品,根据财政部数据,中国平均进口关税水平从 2017 年的 9.8%降至 2020 年的 7.5%,远低于发展中国家的平均水平。另一方面,中国通过举办国际进口博览会,为全球各国企业提供产品展销机会,为全球货物和服务提供更便捷的交易场所,为全球各国企业进入中国、扩大对中国的出口提供平台。此外,中国以建立自由贸易试验区为突破口,探寻全面深化改革和对外开放的新路径。2018 年,中国 11 个自由贸易试验区的进口额占全国的 12.25%,利用外资规模占全国的 12.12%,自由贸易试验区成为汇集全球资源和高端生产要素的前沿阵地。中国的进口扩大战略为全球工业企业提供了更多的出口机会,为全球经济复苏注入了持续活力,特别是对发展中国家来说,中国的进口市场为其工业化的推进和融入全球产业链带来了机遇,对加快构建人类命运共同体能够产生积极的导向作用和深远的影响。

9.4.4　资本市场开放推动工业生产要素流通

20 世纪 90 年代以前,欧洲等发达经济体的资本流动一直以资本输出为主,直到 90 年代,发达国家才成为资本输入的主阵地。而发达国家的外资引入策略始终是以自身利益为核心,在资本全球化过程中不断地边缘化发展中国家。一方面,发达国家长期偏好于发达国家内部的相互投资,以追求本国产品附加价值和投资回报的最大化(白宸,2009)。另一方面,随着金融危机和国际贸易放缓,发达国家贸易保护主义抬头,开始不断加强对国际直接投资的审查,以限制外资流入。不同的是,中国无论是对发达国家还是对发展中国家,都始终保持开放、包容的姿态,对外开放领域不断拓宽、层次不断提升，既彰显出中国的制度自信、道路自信，又体现出中国对维护包括WTO在内的国际经济秩序的责任意识。

随着中国经济治理方式和外商管理体制的不断改革，营商环境不断优化，中国吸引外资的能力不断增强，外商对中国的投资区域不断扩大、投资金额不断增长、投资方式也不断创新。近年来，在全球外国直接投资流量下滑的趋势下，中国的外国直接投资逆势增长。而这背后除了中国强大的生产能力和巨大的消费市场的吸引，也离不开中国近年来通过修订外商投资法、推行外商投资负面清单管理制度等不断推进的对外开放政策。中国拥有完善的产业体系、完备的产业链和供应链、全球领先的产业配套，以及高中低齐备的人力资源体系，既能承接来自发达国家比较劣势产业的转移，推动发达国家开展生产要素再配置，加快中国生产要素向比较优势产业聚集，促进产业结构优化升级，为中国工业红利释放奠定基础；又能帮助发展中国家通过跨境并购获取先进技术、知识和管理经验，改善本国企业生产效率和创新能力（Hayakawa et al.，2013）。此外，中国拥有雄厚的基础设施和庞大的消费市场，能满足投资企业的市场需求，有利于投资母国转移边际产业、绕开贸易壁垒、扩大国际市场，从而提升其国际竞争力和产业高度（王丽和张岩，2016）。

9.5 小　　结

中国已成为国际贸易的重要枢纽之一，全球经济格局正从传统的以发达国家为主导的“中心—外围”模式转变为以中国为桥梁连接发达经济体和发展中经济体的产业链价值分工双循环体系。全球1/3到2/3的国家通过中间品和最终品贸易与中国紧密地联系在一起（张辉等，2017）。中国的规模化生产和消费能力，将成为全球经济增长的引擎，一方面为发达国家的制造业升级和经济复苏奠定基础，另一方面也为发展中国家推进工业化提供更加包容、公平的发展环境和机遇。通过对比中国与同等经济发展水平下的欧洲等发达经济体的经济模式和发展路径，既肯定了中国对推动全球经济发展的贡献，同时又对未来中国经济的持续发展具有一定的启示意义。中国的规模化生产在注重量的同时，也要保证质的提升，不仅要推动传统产业生产效率提升，而且要积极布局新兴产业，发挥创新对经济发展质量升级的驱动作用。此外，为了更好地发挥中国规模化发展红利，中国应继续扩大对外开放，积极推行以“一带一路”为代表的开放、包容的全球治理机制的构建，推进全球生产要素的流通和重组，推进收入分配改革，完善居民增加财产收入的机制，以及平衡各种所有制企业竞争条件，从而进一步做大、做强国内需求市场，让世界分享中国的发展成果。

第10章　重点行业分析:有色金属行业与农业

本章主要针对有色金属行业、农业,探究中国应如何借助国内循环推动“一带一路”国际循环,实现“一带一路”包容性发展。中亚、东南亚国家因与中国地理位置毗邻,成为中国开展有色金属行业、农业跨国直接投资,进行国际市场建设的重要对象。特别是2013年习近平总书记提出“丝绸之路经济带”以及“21世纪海上丝绸之路”两大战略理念,将有助于集中解决“一带一路”沿线国家联通不便的问题,以提升中国对中亚、东南亚“一带一路”沿线国家有色金属行业、农业投资的质量和水平。因此,认清东道国投资环境风险的高低,对于挖掘“一带一路”沿线国家有色金属行业、农业投资合作的潜力具有重要意义。

10.1　中国西北五省区与中亚五国有色金属行业合作

中国西北五省区指陕西、甘肃、宁夏、青海和新疆,是中国向西开放的主通道,其中新疆是五省区中陆上丝绸之路经济、文化辐射的桥头堡;西北五省区自然资源丰富,有色金属资源是区域内的优势资源,且是五省区重要的支柱产业。中亚五国指哈萨克斯坦、乌兹别克斯坦、土库曼斯坦、吉尔吉斯斯坦和塔吉克斯坦,是连接欧亚的枢纽,古丝绸之路经济贸易和文化交流的必经之路;中亚自然资源、能源极其丰富,是世界上重要的能源战略基地。

中国西北五省区和中亚五国自古以来相邻而居,民风习俗相近,自然环境得天独厚,经济发展水平也具有相似性,已成为陆上丝绸之路合作的前沿阵地,是中欧经济发展的新聚合地。“丝绸之路经济带”有利于整合双边资源,优化产业结构,发挥工农业产品及贸易的互补优势,促进两区域经济的持续发展。两区域是古丝绸之路的核心地区,由于地处内陆、交通落后,属于东亚沿海和欧洲经济发展的中间断裂带。

10.1.1 中国西北五省区与中亚五国宏观环境分析

（一）地理位置

中国西北五省区是中国古丝绸之路的主要通道，具有丰富的历史文化遗产和独特的自然环境。中亚五国原是苏联的加盟国，苏联解体后独立，已成为一个共同的政治文化区域，能源及矿产资源非常丰富；中亚五国处于特殊的地理位置，与中国和俄罗斯两个世界大国接壤，是美国、欧盟及俄罗斯的大国博弈及拉拢对象，地缘政治复杂，区域不稳定。

中亚五国面积（约 400 万平方千米）比西北五省区大 22%左右，人口比西北五省区少 30%，双方相邻而居，拥有悠久的历史渊源和相似的民风习俗，文化联系广泛，自古以来就有相互合作的历史。

两区域有色金属资源及市场具有很强的互补性，在"一带一路"倡议下，地理位置处于劣势的两大区域已成为双方双向开放的前沿阵地，具有广阔的合作空间，成为与欧洲、俄罗斯、中东等经济体合作的重要枢纽和承接地。"一带一路"倡议将地理位置相近、自然环境相似、民风习俗相通的两大区域联系到一起极具战略价值。打通这两大区域有助于激活中西方的多层次交流，稳定地域安全形势，与邻国一起发展。

同时，中国西北五省区和中亚五国建立了重要的高速公路交通设施，并且加强了与欧洲及俄罗斯主要公路干线的联系。交通网络的建设和通关效率的提升进一步打破了物流成本高昂的瓶颈，使得原来不具备商业价值的项目重新凸显经济价值，经重新评估后可以进行开发。

2018 年 2 月，中国与中亚在设施联通方面的一个标志性成果就是中吉乌国际公路货运正式通行，全长 950 公里的中吉乌国际公路的成功运行提高了道路运输的便利化，帮助运输企业提高了通关效率和降低了运营成本，按照乌方测算，中吉乌国际公路预计使每吨货物的运费较以前减少 300—500 美元，经济意义明显。2018 年 9 月，"双西公路"全线贯通，这是一条中国西部连接哈萨克斯坦、俄罗斯和西欧的高速公路。中国连云港与欧洲由此实现全程高速，"双西公路"建成后，东起中国的连云港，经中、哈、俄 3 国 10 多座城市，与欧洲相连，从连云港前往欧洲所需时间由海运 45 天缩短至 10 多天，极大地降低了运营成本，提高了商业效率。

（二）经济增长

1. 中国西北五省区

在地区生产总值上，西北五省区经济实力不断增强，GDP 快速发展，但与其他省份相比，仍处于相对落后状态，经济发展与国内其他省份还存在一定的差距，排名总体靠后，其中 GDP 体量最大的陕西在全国排名居于中间水平，这与其西北中心城市的身份是不相符的，而甘肃、宁夏和青海三省区 GDP 体量处于全国倒数水平。西北五省区经济发展基础比较薄弱，发展质量比较欠缺，发展能力也不强，落后于全国平均水平，且区域经济发展也极不平衡，缺乏创造力和活力。

在地区生产总值增速上，虽然西北五省区 GDP 总量落后，但其 GDP 增速是世界上最快的区域之一，远高于中亚地区。近年来，西北五省区 GDP 增速和国家 GDP 增速情况相一致，呈现下跌的趋势，其中增速较快的是新疆和陕西，较慢的是甘肃、宁夏和青海。

按照国家统计局数据，在地区人均 GDP 上，西北五省区人均 GDP 一直落后于全国平均水平，属于最后梯队的欠发达地区，其中人均 GDP 最高的是陕西，最低的是甘肃，且甘肃是全国人均 GDP 最低的省份之一，不到全国平均水平的一半。人均 GDP 的落后造成了西北五省区区域内消费水平不足，消费拉动经济增长的能力不强。

因为比较对象不同，如果与世界上其他国家或地区相比，则西北五省区经济保持多年快速增长，产业结构逐步优化，综合实力逐年增强，并且外向型经济快速发展，特色产业发展势头良好，城乡居民收入不断增加，人民生活水平逐步提高。

西北五省区应按照区域内要素禀赋，发展当地优势产业，加大科技创新力度，优化产业链条，打造与资源优势相匹配的经济发展优势，“走出去”寻找发展机遇，通过开放型、外向型战略不断缩小与其他省份的发展差距。

2. 中亚五国

按照中国驻各国经济商务参赞处、世界银行及国家统计局的数据，中亚五国 GDP 呈现哈萨克斯坦一家独大的局面，一度占中亚五国比例超过 60%(2015 年最低为 54.29%，由于当年哈萨克斯坦货币全年贬值幅度接近 90%，因此占比下降)，也是中亚五国中实力最强、最具发展潜力和竞争实力的国家。

我们以两区域 2017 年 GDP 总量为例，按照 2017 年平均汇率 1 美元兑 6.7518 元人民币计算，进行横向对比。2017 年，哈萨克斯坦 GDP 为 13 179 亿元，总量相当于贵州省(GDP 为 13 541 亿元，总量国内排名第 25 位/31 位)，比新疆维吾尔自治区的 10 920 亿元高 24%左右；吉尔吉斯斯坦 GDP 为 560 亿元，总量相当于徐州睢宁市(GDP 为 560.07 亿元，总量国内县级单位中排名第 94 位/2 854 位)，约为青海省 GDP 总量(2 643 亿元)的 21%；塔吉克斯坦 GDP 为 581 亿元，总量相当于六盘水盘州市(GDP 为 578.4 亿元，总量国内县级单位中排名第 88 位/2 854 位)，约为青海省 GDP 总量(2 643 亿元)的 22%；乌兹别克斯坦 GDP 为 4 956 亿元，总量最接近中国海南省

(GDP 为 4 463 亿元,总量国内排名第 28 位/31 位)或江西省南昌市(GDP 为 5 000 亿元,总量国内地级市中排名第 39 位/332 位),约为甘肃省 GDP 总量 7 677 亿元的 65%;土库曼斯坦 GDP 为 2 890 亿元,总量相当于青海省(GDP 为 2 643 亿元,总量国内排名第 30 位/31 位)或山东省菏泽市(GDP 为 2 880 亿元,总量国内地级市中排名第 79 位/332 位)。

中亚五国人均 GDP 差距很大,最高的哈萨克斯坦的人均 GDP 是最低的塔吉克斯坦的 10 倍以上,均以 2017 年数据为例,按照 2017 年平均汇率 1 美元兑 6.7518 元人民币计算,哈萨克斯坦的人均 GDP 为 73 081 元,与山东省的人均 GDP(72 851 元,在中国省份中排名第 8 位/31 位)相当;吉尔吉斯斯坦的人均 GDP 为 9 135 元,相当于中国 2002 年的平均水平(9 506 元),是西北五省区中最低的甘肃省(28 496 元)的 32%左右;塔吉克斯坦的人均 GDP 为 6 508 元,相当于中国 1997 年的平均水平(6 481 元),是西北五省区中最低的甘肃省(28 496 元)的 23%左右;乌兹别克斯坦的人均 GDP 为 15 178 元,相当于中国 2005 年的平均水平(14 346 元),是西北五省区中最低的甘肃省(28 496 元)的 53%左右;土库曼斯坦的人均 GDP 为 59 800 元,相当于中国 2017 年的平均水平(59 201 元),比陕西省的人均 GDP(57 266 元,在中国省份中排名 12 位/31 位)稍高。

中亚五国的 GDP 总量差异非常大,哈萨克斯坦 GDP 总量相当于中国排名靠后的省份水平,乌兹别克斯坦和土库曼斯坦 GDP 总量相当于中国较好的地级市水平,吉尔吉斯斯坦和塔吉克斯坦 GDP 总量相当于中国较好的县级单位水平。中亚五国的人均 GDP 处于明显不同的几个阶段,贫富差距也非常大,完全不在同一层次上,各自的发展目标在根本上不同,我们在研究时需要进行区别化分析。

中亚五国 GDP 增速整体上处于较高的状态,远远高于世界平均水平。2014—2017 年,中亚五国 GDP 增速呈现下跌放缓的趋势,主要原因是中亚五国依托于石油作为经济发展的主要引擎,受石油价格影响较大,近年来通货膨胀压力依然是各国面临的关键挑战。

虽然乌兹别克斯坦、吉尔吉斯斯坦、塔吉克斯坦三国仍然是世界上最落后的经济地区之一,但总体上中亚五国自独立后经济发展很快,仍然是世界上发展较快的区域经济体。如表 10-1 所示,中亚五国民族众多,基本都有上百个,为民族团结和文化协调带来了不确定性因素。另一个特点是,中亚五国自独立后人口数量连续多年快速增长,1999—2008 年十年间总人口增加了约 10.4%,2008—2017 年十年间总人口增加了约 16.8%,明显高于世界人口的平均增长速度。

表 10-1　中亚五国面积、人口数量及民族数量

国家	面积（万平方千米）	1999 年人口（万人）	2008 年人口（万人）	2017 年人口（万人）	民族数量（个）
哈萨克斯坦	272.49	1 495	1 564	1 803	125
吉尔吉斯斯坦	19.99	485	570	613	84
塔吉克斯坦	14.31	612	728	910	120
乌兹别克斯坦	44.89	约 2 420	2 730	3 265	134
土库曼斯坦	49.12	约 500	492	576	>120
合计	400.80	5 512	6 084	7 104	—

资料来源：世界银行及互联网数据。

表 10-2 为 2006—2015 年中亚五国经济发展质量指数，从中可以看到，中亚五国经济发展质量指数很少大于当年 GDP 增速，说明中亚五国的经济增长基本处于重数量、轻质量的状态，与巴西、印度、俄罗斯、中国及南非这几个“金砖国家”相比也存在较大的差距，其中仅哈萨克斯坦部分年份经济发展质量指数超过“金砖国家”，主要是资源依赖性和经济发展单一的问题，对其经济发展质量的提升有着多方面的影响和阻碍。对单一能源体系的依赖导致其经济发展波动较大，中亚五国正在逐步实施产业结构调整，加快招商引资步伐，提高投资环境的吸引力。

表 10-2　2006—2015 年中亚五国经济发展质量指数

年份	哈萨克斯坦	吉尔吉斯斯坦	塔吉克斯坦	乌兹别克斯坦	土库曼斯坦
2006	1.0718	0.8843	0.8694	0.6979	0.8917
2007	1.1076	0.8976	0.8244	0.7330	0.8684
2008	1.1361	0.8905	0.8538	0.7102	0.9054
2009	1.1788⁺	0.9128	0.8848	0.7752⁺	0.9025
2010	1.2016	0.8948	0.8642	0.7807	0.9211
2011	1.2149	0.8786	0.8757	0.7747	0.9131
2012	1.2576*	0.8643	0.8912	0.7728	0.9533
2013	1.2820*	0.9126	0.8596	0.8006	0.9754
2014	1.3777*⁺	0.9207	0.8615	0.8137	1.0365
2015	1.3843*	0.9360	0.8623	0.8121	0.9884
均值	1.1691	0.8752	0.8587	0.7555	0.9325
增幅（%）	36.47	14.96	3.81	2.11	9.45
年均增速（%）	2.20	1.02	0.34	0.20	0.68

资料来源：李金叶，等，2017. 中亚俄罗斯经济发展研究报告 2016 年［M］. 北京：经济科学出版社。

注：⁺表示该国当年经济发展质量指数大于当年 GDP 增速，*表示该国经济发展质量指数超过当年“金砖国家”经济发展质量指数的平均值（1.25）。

总体上中亚五国经济发展处于两极分化状态，哈、土两国经济发展处于世界中等水平，其余三国处于落后状态。中亚五国属于资源出口型经济，具有较强的资源依赖性，经济自主性较低，产业结构较差，发展质量也不高。然而，作为“一带一路”沿线核心区域，从世界范围内来看中亚五国却充满活力、发展空间广阔，西北五省区的有色金属企业可以率先“走出去”与中亚五国进行商贸及项目合作，在有色金属产业上优势互补，打造经济增长的新动能。

综上所述，中国西北五省区和中亚五国存在很多相同点：① 基本上都是资源性地区，依靠自然资源禀赋发展经济，产业体系以资源型产业居多，存在同质性竞争现象，限制了这些区域之间的贸易发展。② 大部分工业产品为资源型初级产品，产品层次低且单一，由于西北五省区有中国其他省份的互补支持，存在比较优势，与中亚五国的协作、互补性同时存在。③ 共同的历史渊源影响相似的民风习俗，依旧存在政府干预、计划经济烙印以及企业管理的行政化现象。④ 经济增长速度都相对较快，但是经济发展质量欠佳，有着类似的经济发展目标和升级转型的愿望。

（三）贸易发展

1. 中国西北五省区进出口贸易

表 10-3 为 2008—2017 年中国西北五省区进出口额。从中可以看出，2014—2016 年，中国西北五省区进出口额占全国比重较高，但其他年份不到全国进出口总额的 2%，远远落后于沿海地区水平，对外贸易水平和能力均处于绝对劣势地位。然而，中国西北五省区能够挖掘自身优势，利用边境线长以及与中亚五国等周边国家毗邻的优势，积极摆脱进出口的不利地位，提高出口商品在中亚五国及国际贸易中的竞争力。

新疆依靠其独特的资源优势及地理位置，出口额在五省区中处于领先地位，且表现为贸易顺差；陕西紧随其后，净出口额也多为正值；青海一度表现出贸易逆差，近年来随着“一带一路”等政策的支持，青海逐步摆脱了贸易逆差。然而，甘肃却表现出相反的发展趋势，进出口额呈下降趋势，2017 年甘肃一度由贸易顺差转为贸易逆差。宁夏进出口额则呈稳步上升趋势。

表 10-3　2008—2017 年中国西北五省区进出口额　（金额单位：亿美元）

项目	年份	陕西	甘肃	青海	宁夏	新疆	小计	全国	占比
进出口额	2008	83.3	60.9	6.9	18.8	222.2	392.1	25 632.6	1.53%
	2009	84.1	38.6	5.9	12.0	138.3	278.8	22 075.4	1.26%
	2010	120.8	73.7	7.9	19.6	171.3	393.3	29 740.0	1.32%
	2011	146.2	87.5	9.2	22.9	228.2	494.1	36 418.6	1.36%
	2012	148.0	89.0	11.6	22.2	251.7	522.5	38 671.2	1.35%
	2013	201.3	102.8	1.4	32.2	275.6	613.3	41 589.9	1.47%
	2014	273.6	86.5	17.2	54.4	276.7	2115.4	43 015.3	4.92%

（金额单位：亿美元）（续表）

项目	年份	陕西	甘肃	青海	宁夏	新疆	小计	全国	占比
进出口额	2015	293.9	79.5	19.3	37.9	196.8	2228.8	39 530.3	5.64%
	2016	297.5	68.2	15.1	32.5	179.6	2271.7	36 855.6	6.16%
	2017	402.1	50.6	6.6	50.5	206.6	716.4	41 071.6	1.74%
出口额	2008	53.8	16.0	2.7	12.6	193.0	278.1	14 306.9	1.94%
	2009	39.9	7.4	2.5	7.4	108.2	165.4	12 016.1	1.38%
	2010	62.1	16.4	4.7	11.7	129.7	224.5	15 777.5	1.42%
	2011	70.1	21.9	6.6	16.0	168.3	282.9	18 983.8	1.49%
	2012	86.5	35.7	7.3	16.4	193.5	339.4	20 487.1	1.66%
	2013	102.3	46.8	8.5	25.5	222.7	405.7	22 090.0	1.84%
	2014	139.3	53.3	11.3	43.0	234.8	1197.9	23 422.9	5.11%
	2015	142.5	58.1	16.4	29.8	175.1	1197.8	22 734.7	5.27%
	2016	157.3	40.5	13.7	24.9	159.1	1283.2	20 976.3	6.12%
	2017	245.8	18.3	4.3	36.7	177.3	482.4	22 633.7	2.13%
进口额	2008	29.5	44.9	4.2	6.2	29.2	114.0	11 325.7	1.01%
	2009	44.2	31.3	3.3	4.6	30.0	113.4	10 059.2	1.13%
	2010	58.8	57.3	3.2	7.9	41.6	168.8	13 962.5	1.21%
	2011	76.1	65.7	2.6	6.9	59.9	211.2	17 434.8	1.21%
	2012	61.5	53.3	4.3	5.8	58.2	183.0	1 814.1	10.09%
	2013	99.0	56.0	5.6	6.7	52.9	220.2	19 499.9	1.13%
	2014	134.3	33.2	5.9	11.3	41.9	917.5	19 592.4	4.68%
	2015	151.5	21.4	2.9	8.1	21.7	1031.0	16 795.6	6.14%
	2016	140.2	27.7	1.5	7.6	20.5	988.5	15 879.3	6.23%
	2017	156.3	32.3	2.3	13.9	29.3	234.1	19 437.9	1.20%

资料来源：中国经济与社会发展统计数据库；陕西、甘肃、青海、宁夏、新疆 2017 年统计年鉴。

2. 中亚五国进出口贸易

图 10-1 为 2008—2017 年中亚五国进出口额。因资源价格变化及汇率波动，2014—2017 年中亚五国进出口贸易额呈下降趋势。

图 10-2 为 2008—2017 年中亚五国对外贸易依存度。从中可以看出，虽然总体上中亚五国对外贸易依存度有下降的趋势，但依旧较高，进出口贸易是推动其经济发展的主要动力之一，说明中亚五国具有较强的资源依赖性，经济结构单一。其中，吉尔吉斯斯坦、土库曼斯坦对外贸易依存度明显高于其他三国，2008—2014 年吉尔吉斯斯坦对外贸易依存度高达 100%以上，为中亚五国最高水平；土库曼斯坦对外贸易依存度也均在 70%以上。中亚五国需要进一步加大与世界其他国家的贸易联系及商业合作，重点激活其劳动力及资源要素的相对优势。

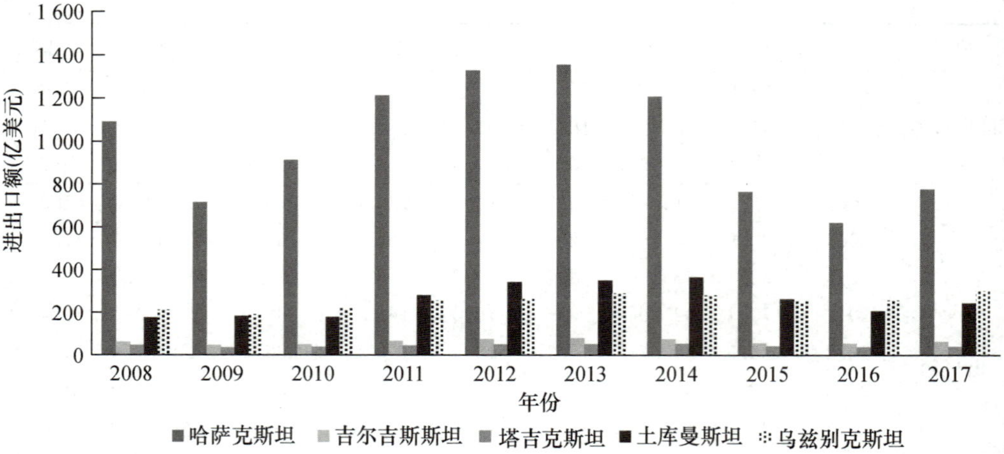

图 10-1 2008—2017 年中亚五国进出口额

资料来源:中亚五国央行、统计委员会及世界银行。

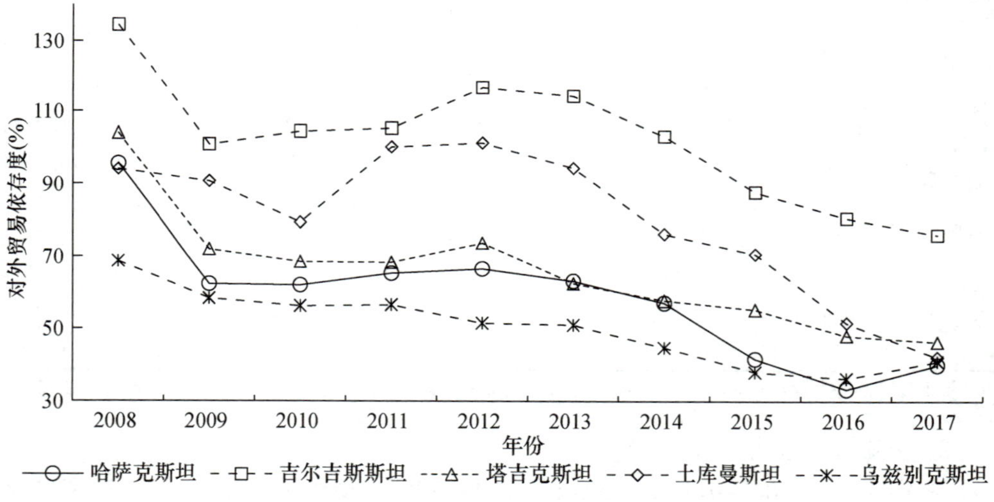

图 10-2 2008—2017 年中亚五国对外贸易依存度

资料来源:中亚五国央行、统计委员会及世界银行。

3. 中国西北五省区与中亚五国的贸易情况

表 10-4 为 2014—2017 年西北五省区与中亚五国进出口额。“一带一路”倡议提出后,西北五省区与中亚五国的进出口额快速增长,其中新疆始终是西北五省区中与中亚五国进行贸易的主要对象,处于绝对优势地位。2014—2017 年,西北五省区与中亚五国进出口总额中新疆占比均高于 90%,远高于其他四省区之和,主要原因是地理位置、运输条件和地域因素,以及其他四省区到中亚五国均要经过新疆。而中亚五国

中哈萨克斯坦占比始终最高，是中亚五国经济和贸易的龙头，是中亚最大的经济和资源国。因此，两区域贸易中，新疆和哈萨克斯坦是主要代表，也是研究两区域贸易的重点。

表 10-4　2014—2017 年西北五省区与中亚五国进出口额

年份	进出口总额（万美元）	进出口总额中新疆占比（%）	出口额（万美元）	出口额中新疆占比（%）	进口额（万美元）	进口额中新疆占比（%）
2014	1 786 221	95.94	1 552 029	99.73	234 192	70.82
2015	1 129 482	97.36	1 036 655	99.12	92 827	77.71
2016	1 281 746	93.87	1 150 255	97.55	131 491	61.74
2017	1 691 130	90.71	1 419 173	99.13	271 956	46.77

资料来源：陕西、甘肃、青海、宁夏、新疆海关。

表 10-5 为 2014—2017 年中国西北五省区部分省份与中亚五国的进出口额。从中可以看出，除陕西进出口额相对较高外，甘肃和青海只有零星的进出口贸易，均处于极低量水平。西北五省区与中亚五国的贸易额有限，有色金属产业方面也仅有几家企业有较少的贸易往来，部分已投产或正在进行投资的项目尚没有释放基本产能。随着时间的推移，双方之间的进出口贸易潜力很大，呈现快速增长的状态。

表 10-5　2014—2017 年西北五省区部分省份与中亚五国的进出口额

（单位：百万美元）

贸易方	2014 年			2015 年			2016 年			2017 年		
	进出口总额	出口额	进口额	进出口总额	出口额	进口额	进出口总额	出口额	进口额	进出口总额	出口额	进口额
陕与哈	1 718.0	1 718.0	—	898.0	898.0	—	2 575.0	2 208.0	367.0	6 257.0	4 610.0	1 647.0
陕与吉	86.0	86.0	—	218.0	218.0	—	—	—	—	—	—	—
陕与塔	442.0	442.0	—	1 043.0	1 043.0	—	675.0	675.0	—	649.0	649.0	—
陕与土	571.0	571.0	—	253.0	253.0	—	53.0	53.0	—	39.0	39.0	—
陕与乌	470.0	470.0	—	1 082.0	1 082.0	—	717.0	717.0	—	1 822.0	1 798.0	23.0
甘与哈	693.0	9.5	684.0	263.0	56.0	207.0	587.0	88.0	499.0	1 451.0	20.0	1 431.0
青与吉	—	—	—	—	—	—	—	137.8	—	—	32.4	—
青与塔	—	—	—	—	—	—	—	15.3	—	—	—	—
青与乌	—	—	—	—	—	—	—	4.6	—	—	—	—

资料来源：陕西、甘肃、青海、宁夏、新疆海关，“—”表示没有数据或没有收集到数据。

（四）对外投资

表 10-6 为 2012—2016 年中亚五国外国直接投资（FDI）流入和流出情况，外国直接投资流入代表外来企业对其投资的动力，是在考虑当地多方面投资要素后做出的决策，也反映了该国的投资环境优劣。中亚五国中除哈萨克斯坦外，其他四国都是 FDI 流入国，几乎没有流出，说明除了哈萨克斯坦有初步的对外投资能力，其他四国基本没有直接对外投资的能力，这也符合中亚五国的经济发展状态。因此，本节的研究主要

侧重于中国西北五省区对中亚五国的直接投资。

表 10-6　2012—2016 年中亚五国外国直接投资　（单位：百万美元）

国家	项目	2012 年	2013 年	2014 年	2015 年	2016 年
哈萨克斯坦	FDI 流入	13 337.0	10 321.0	8 405.9	4 012.1	9 069.3
	FDI 流出	1 481.1	2 286.6	3 814.8	888.9	−5 367.0
吉尔吉斯斯坦	FDI 流入	292.7	626.1	248.0	1 141.7	466.8
	FDI 流出	−0.264	−0.007	0.0467	−1.2358	0.0078
塔吉克斯坦	FDI 流入	261.6	168.3	408.0	545.3	434.2
	FDI 流出	—	—	—	—	—
土库曼斯坦	FDI 流入	3 129.6	3 527.8	3 830.1	4 397.7	4 522.5
	FDI 流出	—	—	—	—	—
乌兹别克斯坦	FDI 流入	563.0	628.9	631.8	65.4	66.5
	FDI 流出	—	—	—	—	—
五国合计	FDI 流入	17 583.9	15 272.1	13 523.8	10 162.2	14 559.3
	FDI 流出	1 480.8	2 286.6	3 814.8	887.7	−5 367.0

资料来源：联合国贸易和发展会议。

表 10-7 展示了 2009—2017 年中国对中亚五国直接投资流量和存量。从中可以看出，中国对中亚五国直接投资流量和存量都保持在较高水平，2013—2015 年因货币贬值和有色金属周期性价格变动而有所波动，剔除汇率因素保持增长趋势。中国对中亚五国直接投资的国别比重分布不均衡，哈萨克斯坦是中国在中亚直接投资的重点，对其直接投资存量占中亚五国的 60%左右，实际情况也是多年聚焦于投资哈萨克斯坦，这也符合中亚五国的经济发展情况和哈萨克斯坦在中亚五国中的重要地位，此外，中国对哈萨克斯坦外其他四国的投资也基本呈增长状态。

表 10-7　2009—2017 年中国对中亚五国直接投资　（单位：百万美元）

国家	类别	2009 年	2010 年	2011 年	2012 年	2013 年	2014 年	2015 年	2016 年	2017 年
哈萨克斯坦	流量	66.8	36.1	581.6	2 996.0	811.5	−40.1	−2 510.0	48.77	2 070.5
	存量	1 516.2	1 590.5	2 858.5	6 251.4	6 956.7	7 541.1	5 095.5	5 432.3	7 561.5
吉尔吉斯斯坦	流量	136.9	82.5	145.1	161.4	203.4	107.8	151.6	158.74	123.7
	存量	283.7	394.3	525.1	662.2	885.8	984.2	1 070.6	1 237.8	1 299.4
塔吉克斯坦	流量	16.7	15.4	22.1	234.1	72.3	107.2	219.3	272.4	95.0
	存量	162.8	191.6	216.7	476.1	599.4	729.0	900.9	1 167.0	1 616.1
土库曼斯坦	流量	119.7	450.5	−383.0	12.3	−32.4	195.2	−314.6	−23.8	46.7
	存量	208.0	658.5	276.5	287.8	253.2	447.6	133.0	249.1	342.7
乌兹别克斯坦	流量	4.9	−4.6	88.3	−26.8	44.2	180.6	127.9	178.9	−75.8
	存量	85.2	83.0	156.5	146.2	197.8	392.1	882.0	1 057.7	946.1
流量合计		345.0	580.0	454.0	3 377.0	1 099.0	551.0	−2 326.0	635.0	2 260.0
存量合计		2 256.0	2 918.0	4 033.0	7 824.0	8 893.0	10 094.0	8 090.0	9 144.0	11 766.0

资料来源：中华人民共和国商务部对外投资和经济合作司。

表 10-8 为 2009—2017 年中国西北五省区对外直接投资情况。从中可以看到，2009—2017 年中国西北五省区整体对外投资能力较弱，但是呈现快速增长的状态。其中，陕西、甘肃和新疆处于对外直接投资的第一梯队，具有相对较强的对外投资能力；宁夏在 2014—2016 年期间对外直接投资存量快速增长，这与非周期个别项目型投资有关；青海的对外投资能力较弱，处于西北五省区中垫底位置。

表 10-8　2009—2017 年中国西北五省区对外直接投资　　（单位：万美元）

年份	陕西		甘肃		青海		宁夏		新疆	
	流量	存量	流量	存量	流量	存量	流量	存量	流量	存量
2009	224.6	415.2	18.5	610.9	2.1	7.5	15.1	39.8	219.3	965.1
2010	260.6	697.9	101.8	711.6	1.4	8.9	7.1	46.7	168.9	1 195.8
2011	448.2	1 138.1	649.2	1 339.5	1.7	13.0	13.0	59.6	412.4	1 627.1
2012	607.8	1 793.9	1 382.1	2 685.6	12.8	31.5	64.2	119.3	483.1	2 100.3
2013	307.9	2 002.9	431.8	3 159.9	36.0	90.6	86.3	196.2	333.2	2 402.3
2014	414.1	2 465.1	273.2	3 204.0	16.0	101.3	338.8	497.3	636.1	3 097.3
2015	624.1	2 855.3	122.9	3 211.6	78.3	222.9	1 089.6	1 600.3	687.6	3 809.8
2016	796.9	3 611.7	770.5	4 077.4	81.6	270.3	577.5	2474.2	1 256.9	4 390.9
2017	1 260.6	4 220.1	484.0	4718.3	11.3	598.3	97.2	2 106.5	896.1	5 530.5

资料来源：中华人民共和国商务部对外投资和经济合作司。

综上所述，中亚与中国在资源及经济上的互补性强、合作潜力大。虽然目前中亚与中国的经济合作规模不大，在中国对外经济贸易中的占比也很低，但中亚占据着中国对外合作关系的重要地位，加强经济贸易合作是有利于双方经济发展的战略选择。

10.1.2　中国西北五省区与中亚五国有色金属行业发展现状

（一）中国西北五省区有色金属行业发展现状

西北五省区有色资源储量丰富，常用的铜、铅、锌、铝和镁等有色金属是区域内优势矿产，锑、钨、钽、铌、铍储量极其丰富，这些有色资源成为行业发展的基础。利用当地资源，依矿开采和建选冶加工厂成为有色金属企业发展的基本路径。陕西钼、铝、锌、镁、铅储量丰富，有色金属生产制造水平较强；甘肃是中国“有色金属之乡”，镍和铂储量极其丰富，占全国的 60%左右，铜、铅、锌、锑和钨是甘肃优势矿产；宁夏有铜、金和镁矿资源，钽、铌、铍产量处于全国首位；青海镁、锂、钴、锡、铅、锌、铜储量丰富；新疆是重要的黄金和有色金属资源基地，铜、铅、锌、铝、镁、镍等有色金属和金、银、铂族贵金属储量丰富。

按照中华人民共和国自然资源部相关数据统计，甘肃的主要有色金属铜、铅、镍和锌在国内具有比较优势，但是储量占比有逐步下降的趋势，加上资源开采难度加大，需要寻找外部的资源储备；新疆的主要有色金属同样具有比较优势，而且储量占比有逐步上升的趋势，是西北五省区中有色资源储量最有潜力的省份，也是未来发展的重点；陕西的有色资源储量占比相对平稳，总体储量在西北五省区中排在新疆、甘肃之后；青海的储量占比有不断下降的趋势，这对青海有色金属产业发展具有消极影响。2009—2016 年西北五省区有色金属基础储量具体如表 10-9 所示。

表 10-9　2009—2016 年西北五省区有色金属基础储量　（单位：万吨）

省份	有色资源	2009 年	2010 年	2011 年	2012 年	2013 年	2014 年	2015 年	2016 年
陕西	铜	16.00	16.03	19.83	20.02	19.45	19.95	20.00	19.93
	铅	13.50	14.82	27.90	31.10	30.65	29.92	36.60	36.94
	锌	64.20	84.92	65.29	75.90	73.20	72.19	97.40	100.53
	铝	725.90	725.60	1.31	0.89	0.89	0.89	0.90	0.89
甘肃	铜	178.20	171.98	164.64	159.46	152.65	144.62	138.60	132.45
	铅	103.00	84.15	82.43	79.82	77.55	76.60	82.50	79.63
	锌	436.10	379.51	332.92	323.95	313.66	312.75	316.70	304.81
青海	铜	45.90	41.19	36.40	35.70	25.63	25.08	20.60	18.04
	铅	86.40	79.38	79.98	73.41	55.96	51.58	48.00	43.68
	锌	145.70	137.76	149.97	140.94	115.51	109.74	104.50	97.79
新疆	铜	71.60	71.67	80.46	82.06	168.20	210.87	226.70	224.76
	铅	32.10	35.01	48.85	78.86	87.07	87.37	102.60	102.62
	锌	86.80	90.53	90.81	118.12	167.98	177.88	188.30	196.35

资料来源：中华人民共和国自然资源部。
注：宁夏数据缺失。

有色金属产业为西北五省区支柱产业，整体产业发展水平在全国中等偏上，生产能力和技术水平不断提升。2016 年西北五省区主要有色金属产量占全国的比重为铜 16.8%、铅 8.3%、锌 19.9%、镍 93.1%、锡 0%、锑 0.9%、钨 1.9%、钼 15.5%和钴 100%。区域内铜、铅、锌、镍、钼和钴具有极强的产量优势，也是区域内重点发展的有色产品。

表 10-10 和表 10-11 分别为 2016 年西北五省区主要有色精矿、有色金属产量。2016 年中国西北五省区铜精矿产量占比高于精炼铜金属产量占比，铅精矿产量占比高于铅金属产量占比，锌精矿产量占比低于锌金属产量占比，镍精矿产量占比高于镍金属产量占比。可以发现，西北五省区铜和铅的深加工能力不足，尤其铜的深加工能力严重不足，很多精矿产品到区域外深加工；锌的金属产量和精矿加工能力持平；镍基本上在区域内加工。

表 10-10　2016 年西北五省区主要有色精矿产量　　(单位:万吨)

省份	六种精矿合计	铜	铅	锌	镍	锡	锑
陕西	36.81	0.21	4.03	32.32	0.16	0.00	0.10
甘肃	63.67	15.40	6.59	33.76	7.92	0.00	0.00
青海	20.01	3.28	6.07	10.46	0.19	0.00	0.00
宁夏	0.00	0.00	0.00	0.00	0.00	0.00	0.00
新疆	33.37	12.25	2.69	17.36	1.07	0.00	0.00
五省小计	153.86	31.14	19.38	93.91	9.33	0.00	0.10
全国合计	920.36	185.07	233.75	471.05	10.02	9.70	10.80

资料来源:《中国有色金属工业年鉴 2017》。

表 10-11　2016 年西北五省区主要有色金属产量　　(单位:万吨)

省份	精炼铜	原铝	铅	锌	镍	锑	镁	汞
陕西	0.14	72.80	1.80	97.20	2.87	0.00	46.67	0.06
甘肃	43.10	227.90	2.20	30.90	14.30	0.00	0.00	0.00
青海	2.03	224.40	1.86	5.10	0.00	0.06	2.30	0.00
宁夏	0.00	105.10	2.55	0.67	0.00	0.00	14.30	0.00
新疆	5.90	633.90	3.95	1.25	1.18	0.00	42.20	0.00
五省小计	51.20	1 264.20	12.40	135.10	18.40	0.06	67.40	0.06
全国合计	843.60	3 270.00	460.00	619.60	22.17	21.00	87.30	0.35

资料来源:《中国有色金属工业年鉴 2017》。

表 10-12 是 2016 年西北五省区有色金属年度产量全球占比,从中可以看出,西北五省区有色金属产量有较大的差异,在常规有色金属产量上,锌和镍产品的产量较高,加工能力较强,具有极强的产量优势;在部分稀有或贵金属上,西北五省区占据明显的产量优势,如汞、钼和钴三种产品;西北五省区铜和铅的产量处于相对优势地位。

表 10-12　2016 年西北五省区有色金属年度产量全球占比

种类	西北五省区年度产量(万吨)	全球年度产量(万吨)	西北五省区年度产量全球占比(%)
铜	51.20	2 308.00	2.22
铅	19.38	1 012.00	1.92
锌	135.10	1 380.00	9.79
钨	0.23	8.94	2.58
锑	0.10	15.00	0.66
汞	0.06	0.19	33.70
铝土矿	1 264.20	5 800.00	21.80
钼	4.47	24.70	18.10
镍	18.37	235.00	7.82
钴	0.93	10.20	9.12

资料来源:《中国有色金属工业年鉴 2017》。

西北五省区有色金属工业存在结构性产能过剩，一方面，部分原料依赖进口、储量不足；另一方面，区域内加工能力过剩，特别是冶炼加工能力。此外，存在市场供求失衡等问题。部分企业的冶炼加工原料50%以上需要从西北五省区外的区域采购。西北五省区矿业结构不合理，附加值较高、替代性较小的加工业相较于采选业落后，导致产品附加值低，不利于对外竞争。

西北五省区有色矿山的开采难度逐步加大，探明的储量不断下降，越来越向深部开发，成本也在不断上升。以铜为例，铜是西北五省区重点发展的有色品种之一，以西北五省区的铜金属为例，区域内14座铜矿区中有11座处于已用状态，一半左右的矿山呈现开采难度加大、开采量减少、成本上升的“衰竭”状态，一旦遭遇盈亏不平衡或不确定性风险就将面临关闭风险。

（二）中亚五国有色金属行业发展现状

中亚五国有色资源储量丰富，是世界重要的能源和原料基地，优势资源较多，其产业发展围绕着这些优势资源展开。按照世界银行数据库和中亚五国发展报告，哈萨克斯坦拥有丰富的铜、铅、锌、铀、金等有色资源，矿产资源开采、冶金和深加工以及铀矿开采和加工是其优势产业；吉尔吉斯斯坦拥有丰富的钨、金、锡、汞、锑矿储量，矿山（金）开采和冶金、加工是其优势产业；土库曼斯坦拥有丰富的有色及稀有金属，电力和化学工业是其优势产业；塔吉克斯坦拥有丰富的铅、锌、铜、金、银及铀矿储量，铝锭生产和加工、矿产资源开采、冶金和化学工业是其优势产业；乌兹别克斯坦拥有丰富的金、银、铀、锌、铜、钨等资源，铀矿开采以及金、铜等有色金属开采和冶金是其优势产业。2016年中亚五国有色矿物原料探明储量具体如表10-13所示。

表10-13 2016年中亚五国有色矿物原料探明储量

矿种	单位	哈萨克斯坦	乌兹别克斯坦	土库曼斯坦	吉尔吉斯斯坦	塔吉克斯坦
铀	10^4 吨	59.48	11.54	无	大量	较大量
铁矿石	10^8 吨	83.00	不详	极少量	50	0.60
锰矿石	10^8 吨	4.26	不详	极少量	少量	少量
铬矿石	10^8 吨	4.10	无	无	无	无
铝土矿石	10^8 吨	3.60	不详	不详	少量	少量
铜	10^4 吨	1 400.00	140.00	极少量	150.00	少量
铅	10^4 吨	500.00	110.00	少量	一般量	大量
锌	10^4 吨	3 000.00	75.00	少量	一般量	大量
钨	10^4 吨	不大	3.50	无	38.60	少量
锡	10^4 吨	一般量	无	无	1 164.92	一般量
锑	10^4 吨	无	无	无	30.00	5.00

（续表）

矿种	单位	哈萨克斯坦	乌兹别克斯坦	土库曼斯坦	吉尔吉斯斯坦	塔吉克斯坦
汞	10^4 吨	无	无	无	8.00	无
金	吨	1 500.00	5 000.00	无	3 000.00	429.00
银	吨	2 000.00	980.00	无	一般量	70 919.00

资料来源:刘春涌,2006.投资中亚五国矿业市场是中国的必然选择[J].科技与经济,(11):3-7;王正立,张迎新,耿卫红,等,2005.中亚五国矿业投资环境分析[M].北京:中国大地出版社。

中亚五国地质上属于北亚陆间区,受环太平洋火山带影响较大,有色资源储量丰富,资源潜力巨大,2016 年全球占比超过 5%的优势品种有铜、铅、锌、钨、汞、金、钼和铀(见表 10-14),上述各种有色金属是西北五省区"走出去"合作的主要品种,除了部分稀有金属,最主要的合作品种是铜、铅、锌和金。此外,中亚五国锡、锑、铝土和钒也具有相对优势,具有一定的合作开发价值。

表 10-14　2016 年中亚五国有色金属储量全球占比

种类	中亚五国储量（万吨）	全球储量（万吨）	中亚五国储量全球占比(%)	备注
铜	3 800.0	70 000.0	5.4	主要在哈萨克斯坦、吉尔吉斯斯坦、乌兹别克斯坦三国,优势品种,世界前 10 位
铅	700.0	8 900.0	7.9	优势品种
锌	1 600.0	20 000.0	8.0	主要在哈萨克斯坦,优势品种,世界前 4 位
钨	238.6	510.0	46.8	优势品种
锡	14.9	479.0	3.11	—
锑	5.0	180.0	2.8	主要在吉尔吉斯斯坦,世界前 5 位
汞	7.9	70.0	11.3	优势品种
金	0.4	5.5	7.9	优势品种
铝土	65 000.0	2 800 000.0	2.3	主要在哈萨克斯坦,世界前 11 位
钒	2 200.0	6 300.0	3.5	—
钼	70.0	1 000.0	7.0	主要在哈萨克斯坦、吉尔吉斯斯坦、乌兹别克斯坦三国,优势品种,世界前 10 位
铀	170.0	1 500.0	11.3	主要在哈萨克斯坦、乌兹别克斯坦两国,世界前 2 位

资料来源:作者根据相关数据整理。

2009—2015 年,哈萨克斯坦有色矿物出口平均占总货物出口的 12%左右,吉尔吉斯斯坦平均占 5.5%;进口占比则较低,哈萨克斯坦平均占 1.72%,吉尔吉斯斯坦平均占 1.34%(见表 10-15)。有色资源储量丰富的中亚五国,有色矿物的出口占比处于较高水平,仅次于石油、天然气能源的出口,经济发展极大地受益于有色矿业开采。

表 10-15　2009—2015 年哈萨克斯坦、吉尔吉斯斯坦有色矿物出口和进口占总货物出口和进口的比重

（单位：%）

项目	2009 年	2010 年	2011 年	2012 年	2013 年	2014 年	2015 年
哈萨克斯坦出口占比	11.2	—	12.9	13.0	9.9	8.6	12.1
吉尔吉斯斯坦出口占比	3.0	4.2	6.8	10.0	5.3	—	5.9
哈萨克斯坦进口占比	1.1	—	1.3	2.1	1.4	2.0	2.6
吉尔吉斯斯坦进口占比	0.9	0.9	1.0	1.0	1.2	—	1.2

资料来源：世界银行。

与此相对，2009—2015 年哈萨克斯坦有色金属贸易竞争力指数①比较稳定（见表 10-16），其各类金属精矿以及非货币用黄金等产品的贸易竞争力指数都趋于 1，表明这些产品具有明显的竞争优势。

表 10-16　中亚五国有色金属贸易竞争力指数

国家	种类	2009 年	2010 年	2011 年	2012 年	2013 年	2014 年	2015 年
哈萨克斯坦	非货币用黄金	1.00	1.00	1.00	1.00	1.00	1.00	1.00
	铁矿砂及精矿	0.99	0.92	0.99	1.00	1.00	1.00	1.00
	银及白金类	1.00	0.99	0.99	0.99	0.99	0.99	1.00
吉尔吉斯斯坦	金属精矿	—	—	0.95	—	1.00	—	0.98
	银、白金类	1.00	0.99	1.00	1.00	1.00	—	0.99
塔吉克斯坦	铜矿石	—	1.00	1.00	1.00	1.00	1.00	1.00
	有色金属废料	0.93	1.00	1.00	1.00	1.00	1.00	1.00
	铝	0.97	0.98	0.96	0.96	0.95	0.94	0.95
	铅	0.3	0.59	0.83	0.82	0.93	0.83	0.89
乌兹别克斯坦	金属精矿	1.00	1.00	1.00	1.00	1.00	1.00	1.00
	锌	0.99	0.99	0.99	1.00	0.99	1.00	0.99
	铜	0.99	0.99	0.99	0.99	0.99	0.99	0.99
土库曼斯坦	金属精矿	0.81	0.96	0.95	0.95	0.89	0.97	0.98
	有色金属废料	0.87	0.91	0.93	0.88	0.88	0.90	0.94

资料来源：联合国商品贸易统计数据库。

注：金属精矿中金除外。

① 贸易竞争力指数（TC）用于分析产品国际竞争力的强弱，其含义是一国进出口差额占进出口总额的比重，公式为：

TC 指数＝（出口额－进口额）/（出口额＋进口额）

指标值在[－1，1]，“1”表示只有出口没有进口，竞争力强，“－1”的含义则相反。

吉尔吉斯斯坦金属精矿和银、白金类产品的贸易竞争力指数大多数年份为 1，说明这些产品只有出口没有进口，具有极强的竞争力。

塔吉克斯坦贸易竞争力指数排前列的有色金属主要为初级产品，表明塔吉克斯坦初级产品的竞争力较强，工业制成品的竞争力较弱。2010 年后，铜矿石、有色金属废料的贸易竞争力指数接近 1，说明塔吉克斯坦上述产品只有出口没有进口，具有极强的竞争力；铝基本处于出口状态，铅的贸易竞争力有波动，近年来处于具有竞争优势状态。

乌兹别克斯坦初级产品的竞争力较强，其中金属精矿、锌和铜的贸易竞争力指数接近 1，说明这三种产品具有很强的竞争力。

土库曼斯坦整体的贸易竞争力很弱，其金属精矿及有色金属废料具有一定的贸易竞争力，几乎用于出口，其他有色金属缺乏贸易竞争力。

哈萨克斯坦的有色金属优势主要集中在铜、锌、铀矿等金属矿开采和后道工序加工冶炼等。哈萨克斯坦在铀储备方面遥遥领先、优势显著，但哈萨克斯坦并不具备生产燃料元件的完整过程，产业化水平有待提升，它在俄罗斯进行铀转化和浓缩、部分国内生产后再出口。整体上，哈萨克斯坦的有色产品具有较高的国际市场占有率和较高的影响力，产业竞争力也较强，在中亚五国中遥遥领先。但哈萨克斯坦工业体系不完整，模式相对单一，产业链不健全，有色产品深加工能力比较薄弱，可以用“强于自然资源，弱于生产制造”来描述。

吉尔吉斯斯坦基础设施落后，经济实力不强，发展缓慢，有色金属产业发展的主要环节均比较落后，一直保持着较高的对外贸易依存度，农业、矿山开采、加工和电力是其支柱产业。优势产品主要集中在初级产品、原材料和矿产资源，但是优势产品的国际市场占有率很低，矿产资源开发尚处于初级水平，自然资源与相对区位优势未转化为有色金属产业发展的竞争优势。

塔吉克斯坦工业基础落后，经济实力较差，对中亚及周边国家的贸易格局影响较小。优势产品主要集中在初级产品，尽管塔吉克斯坦矿产资源较为丰富，但是国际市场占有率并不高。优势产品主要是原材料和农产品，这与塔吉克斯坦是农牧业大国的现实相符，而有色金属产业发展没有优势。相对丰富的矿产资源和水资源没有转化为有色金属产业发展的竞争优势。

乌兹别克斯坦优势产品主要集中在初级产品、原材料及矿产资源，劣势产品主要集中在动物油脂、染料等农牧品，优势产品的国际市场占有率相对较高。在中亚五国中，乌兹别克斯坦综合实力仅次于哈萨克斯坦，而且在工业及制造业领域积极引进国外企业和投资者，具有较强的工业竞争力，其中采矿业是乌兹别克斯坦的优势产业，铀开采和加工具有一定的工业基础，消费市场潜力较大，位居中亚之首。

土库曼斯坦在国际市场上整体竞争力较弱，贸易竞争力和比较优势均较低，有色金属及稀有金属有初步的工业基础，也仅限于初级开采和加工。

综上所述，哈萨克斯坦具有一定的有色金属开采、冶炼及加工的工业基础，在中亚五国中相对最好，有色金属产业化水平最高。吉尔吉斯斯坦加工业落后，有色金属开发尚处于初级水平，资源与区位优势未转化为产业优势。塔吉克斯坦有色金属开采、冶炼及加工能力落后，只有初步加工能力，丰富的矿产资源优势没有转化为产业竞争优势。乌兹别克斯坦具有相对较好的工业基础，但是有色金属产业依然处于初级阶段，有色金属开采、冶炼及加工能力落后。土库曼斯坦与吉尔吉斯斯坦类似，矿产资源开发尚未能转化为产业竞争优势，还需加强对相应产业的培育和发展。

10.1.3 中国西北五省区与中亚五国有色金属行业协同发展

（一）中国西北五省区与中亚五国有色金属行业投资环境

有色金属产业是中国的战略性基础产业，随着供给侧结构性改革的不断深入，有色金属产业呈现逐步提升的状态，有色金属产业的三大结构性生产单元——采选、冶炼和加工发展处于平稳上升的状态，产值和效益均朝好的方向发展。2016 年，中国有色金属企业采选的利润率（不含黄金）仅为 3.98%，有色金属冶炼的利润率仅为 2.86%，有色金属加工的利润率约为 4.51%，依然处于低利润率状态，远远低于发达国家的水平，中国有色金属企业还处于低附加值、低质量、高污染的发展模式状态，大而不强。2017 年，中国全年有色金属产业实现业务收入 56 005.4 亿元，利润总额 2 298.33 亿元，利润率 4.1%，与 2016 年保持稳定；资产利润率从 2016 年的 4.3%提升为 2017 年的 5.35%，资产负债率从 2016 年的 63.72%下降为 2017 年的 62.31%，说明 2017 年有色金属产业的经营情况在 2016 年的基础上明显好转。

在三大结构性生产单元中，冶炼处于利润率最低的状态，而西北五省区冶炼部分的利润率要低于全国平均水平，众多冶炼企业处于关闭或亏损状态，部分企业冶炼环节的生产成本在不断上升。虽然综合实力和核心竞争力有所提高，但有色金属产业整体利润率仍处于低水平状态，附加值较低，普遍面临资源、环保和可持续发展的多重压力。总体而言，中国有色金属企业的投资环境依然非常严峻，行业投资额呈现下滑趋势，下行压力很大。

2017 年中国 500 强企业中西北五省区的有色金属企业有 7 家（表 10-17 中企业名称前标 * 的），2016 年其平均营业收入约为 920.5 亿元，平均利润为 1 016.4 万元，平均利润率为 0.53%，利润率远低于全国平均水平，这也从侧面说明西北五省区经济的单一性和竞争性较弱，与中亚五国经济发展模式具有相似性。有色金属产业是中国西北五省区的支柱产业，总体上企业的利润率很低，竞争力较弱，也反映出西北五省区的整体竞争力较弱，对外投资的各种溢出效应薄弱。

表 10-17　2017 年中国 500 强企业中西北五省区企业

排名	企业名称	地区	2016 年营业收入（万元）	2016 年利润（万元）	2016 年利润率（%）	行业
64	陕西延长石油(集团)有限责任公司	陕西	23 529 219	－15 040	－0.06	能源
74	陕西煤业化工集团有限责任公司	陕西	21 209 513	－168 992	－0.80	能源
88	*金川集团股份有限公司	甘肃	19 313 227	－358 536	－1.86	有色
116	新疆广汇实业投资(集团)有限责任	新疆	14 561 731	167 267	1.15	能源
128	*陕西有色金属控股集团有限责任公司	陕西	12 412 110	21 456	0.17	有色
161	*东岭集团股份有限公司	陕西	9 640 568	50 300	0.52	有色
185	酒泉钢铁(集团)有限责任公司	甘肃	8 131 043	126 837	1.56	钢铁
190	*西安迈科金属国际集团有限公司	陕西	7 917 063	20 169	0.25	有色及贸易
197	陕西建工集团有限公司	陕西	7 610 219	62 471	0.82	建筑
251	*宁夏天元锰业有限公司	宁夏	6 001 122	246 124	4.10	有色
266	甘肃省公路航空旅游投资集团有限公司	甘肃	5 716 848	143 044	2.50	服务
271	*白银有色集团股份有限公司	甘肃	5 594 960	25 152	0.45	有色
300	甘肃省建设投资(控股)集团总公司	甘肃	5 039 887	9 353	0.19	建筑
304	新疆特变电工集团有限公司	新疆	5 011 487	238 056	4.75	制造
318	宝塔石化集团有限公司	宁夏	4 697 635	78 625	1.67	能源
387	陕西汽车控股集团有限公司	陕西	3 681 227	－684	－0.02	汽车
398	*西部矿业集团有限公司	青海	3 555 080	2 450	0.07	有色

资料来源:各企业官方网站。

西北五省区共有 12 家有色金属公司上市(其中有 1 家在境外上市),数量约为有色金属上市公司总数量的 12%,其中 8 家为国有企业(见表 10-18)。2017 年这 12 家上市公司平均营业收入为 94.43 亿元,平均利润为 1.00 亿元,平均净利润率为3.30%

(如果不包括盛达资源,则平均净利润率仅为0.84%)。这些上市公司代表西北五省区较好的有色金属企业,企业规模和盈利能力在全国范围内属于较低水平,反映出区域内有色金属企业核心技术的欠缺和管理的落后,竞争力普遍较弱,还需苦练内功,从根本上进行提升。

表10-18　西北五省区有色金属上市公司统计

省份	代码名称	项目	2013年	2014年	2015年	2016年	2017年
陕西	601958,金钼股份(国企)	营业收入(亿元)	86.16	85.26	95.53	101.65	101.65
		净利润(亿元)	1.78	1.92	0.34	0.54	0.54
		净利润率(%)	2.07	2.25	0.36	0.53	0.53
陕西	600456,宝钛股份(国企)	营业收入(亿元)	65.89	69.36	21.42	25.10	28.76
		净利润(亿元)	0.195	0.12	−1.87	0.37	0.21
		净利润率(%)	0.3	0.17	−8.72	1.47	0.75
陕西	002149,西部材料(国企)	营业收入(亿元)	11.45	12.25	9.83	12.13	15.59
		净利润(亿元)	0.21	0.055	−1.32	0.21	0.54
		净利润率(%)	1.83	0.45	−13.43	1.73	3.46
甘肃	000603,盛达资源(民企)	营业收入(亿元)	8.43	7.41	8.24	6.86	10.96
		净利润(亿元)	2.90	2.36	2.53	2.02	2.83
		净利润率(%)	34.40	31.85	30.70	29.45	25.82
甘肃	002145,中核钛白(民企)	营业收入(亿元)	15.85	17.34	16.29	20.48	32.56
		净利润(亿元)	0.16	0.31	−1.26	0.84	3.89
		净利润率(%)	1.01	1.79	−7.73	4.10	11.95
甘肃	601212,白银有色(国企)	营业收入(亿元)	341.70	462.70	549.04	559.50	566.34
		净利润(亿元)	3.24	1.21	1.11	2.52	2.39
		净利润率(%)	0.95	0.26	0.20	0.45	0.42
甘肃	600687,刚泰控股(民企)	营业收入(亿元)	14.08	47.42	88.45	106.64	82.18
		净利润(亿元)	0.89	2.51	3.48	4.96	5.45
		净利润率(%)	6.35	5.30	3.93	4.65	6.63
宁夏	000962,东方钽业(国企)	营业收入(亿元)	28.73	24.53	10.81	8.71	9.45
		净利润(亿元)	0.04	−3.37	−6.37	0.29	−3.80
		净利润率(%)	0.12	−13.74	−58.93	3.33	−40.21
青海	601168,西部矿业(国企)	营业收入(亿元)	281.83	258.29	267.67	277.76	273.77
		净利润(亿元)	3.5	2.9	0.30	1.00	2.61
		净利润率(%)	12.4	11.23	0.11	0.36	0.95

(续表)

省份	代码名称	项 目	2013 年	2014 年	2015 年	2016 年	2017 年
新疆	601069,西部黄金(国企)	营业收入(亿元)	10.87	10.75	10.14	11.13	13.93
		净利润(亿元)	1.18	0.78	0.61	1.27	0.22
		净利润率(%)	10.82	7.29	6.00	11.37	1.57
新疆	HK03833,新鑫矿业(国企)	营业收入(亿元)	8.45	33.92	26.86	20.42	13.86
		净利润(亿元)	0.67	0.13	9.43	2.36	0.83
		净利润率(%)	7.93	0.38	35.11	11.56	5.99
新疆	600888,新疆众和(民企)	营业收入(亿元)	80.81	88.04	76.27	55.47	60.06
		净利润(亿元)	0.87	−5.30	0.25	0.39	1.21
		净利润率(%)	1.08	−6.00	0.32	0.71	2.01

资料来源:中国有色工业协会、招商证券研究发展中心。

注:刚泰控股 2021 年已退市。

从表 10-19 可以看出,在最主要的有色金属铜上,哈萨克斯坦和乌兹别克斯坦均具有相对竞争力,尤其是哈萨克斯坦具有世界性的竞争力,铜也是其最主要的对外合作品种。乌兹别克斯坦虽然精炼铜产量排在世界第 26 位,但由于人口基数为中亚最大,其消费量排在世界第 33 位,出口并不具备优势;同样,乌兹别克斯坦的锌锭也是此种情况。其他具有世界竞争力的有色金属除了塔吉克斯坦的铝出口量排在世界第 25 位,均在哈萨克斯坦,其锌锭出口量、精炼铅产量均排在世界第 6 位,铝出口量排在世界第 25 位,但是考虑到中国在铝产品上已经产能过剩,因此不作为合作考虑对象。哈萨克斯坦的精炼镁和海绵钛产量也高居世界前列。

表 10-19　中亚五国具有世界竞争力的有色金属产品　　(单位:万吨)

产品	世界位次	国家	2012 年	2013 年	2014 年	2015 年	2016 年
精炼铜产量	14	哈萨克斯坦	36.95	35.35	29.75	39.66	41.28
	26	乌兹别克斯坦	9.00	8.52	9.96	10.08	10.08
精炼铜消费量	33	乌兹别克斯坦	3.48	2.54	1.56	4.12	4.91
	43	哈萨克斯坦	5.52	5.52	5.52	4.48	1.70
精炼铜出口量	7	哈萨克斯坦	36.73	37.10	25.63	35.17	39.59
精矿(含铜量)出口量	10	哈萨克斯坦	—	—	10.74	6.68	8.75
精矿(含铜量)进口量	19	哈萨克斯坦	—	—	0.17	0.17	0.28

（单位：万吨）（续表）

产品	世界位次	国家	2012 年	2013 年	2014 年	2015 年	2016 年
半成品及铜合金半成品出口量	29	哈萨克斯坦	1.39	0.69	0.10	0.18	0.03
锌锭产量	9	哈萨克斯坦	31.98	31.99	32.48	32.43	32.55
	26	乌兹别克斯坦	7.20	6.40	6.60	7.20	5.50
锌锭消费量	28	哈萨克斯坦	5.50	7.68	6.16	5.76	6.33
	38	乌兹别克斯坦	0.70	0.70	1.56	2.06	2.06
锌锭出口量	6	哈萨克斯坦	55.36	24.31	26.31	26.67	26.22
精炼铅产量	6	哈萨克斯坦	8.79	9.08	12.53	11.99	13.41
精炼铅消费量	47	哈萨克斯坦	0.86	0.86	0.86	0.86	0.86
精炼铅出口量	6	哈萨克斯坦	16.42	7.83	10.57	10.91	12.14
再生精炼铅产量	17	哈萨克斯坦	4.80	4.80	6.92	6.60	7.40
精炼铝产量	27	哈萨克斯坦	25.03	25.06	20.79	21.90	23.50
铝出口量	25	塔吉克斯坦	29.56	20.51	9.96	14.12	14.50
精炼锡消费量	39	哈萨克斯坦	0.06	0.06	0.04	0.04	0.05
精炼镁产量	8	哈萨克斯坦	—	—	2.00	0.80	1.00
海绵钛产量	6	哈萨克斯坦	2.20	0.99	0.99	0.99	0.99

资料来源：2013—2017 年《中国有色金属工业年鉴》。

（二）“一带一路”倡议对两大区域有色金属行业协同发展的影响

1. 从产业结构和行业转型的角度

首先，发挥产业规模优势，促进产业开放式发展。两大区域有色资源种类、产业结构趋同，但在产业发展层次上具有较强的互补性。通过开放合作，共同驱动行业发展从粗放型向精细型转变、从中小矿山到大型联合矿山转变，通过合作实现高质量发展。西北五省区与中亚五国的资源互补性强，相互合作可以优化资源配置，发挥规模效应的优势，提高两大区域的全球技术竞争力。“一带一路”倡议有助于地理位置、交通运输均不占优势的西北五省区与中亚五国产业间协同互补发展，打破地理位置的隔阂，从封闭走向开放，加快有色金属产业的再造，加快形成产业集群优势。对部分产能过剩的行业如电解铝进行产能置换和产能转移，逐步淘汰不具有竞争力的产品，实现产品结构升级。通过充分发掘双方在有色金属行业的比较优势，带动两区域间有色金属产业的合作，推动整个区域有色金属产业结构优化升级。对于中亚五国具有优势的铜、铅、锌、金有色原料丰富而国内缺乏的现状，西北五省区企业要主动“走出去”，抢占合作的先机。

其次,推动供应链优化,加快资源整合。“一带一路”倡议有助于弥补两区域供应链和产业链体系中的缺陷,加快原料资源的整合,提升资源的利用效率和价值。中国的一些净进口有色产品可以从中亚五国获取,在开放型市场中获取更多的原料来源,抵御原料成本的刚性上涨。

最后,促进区域产业合作和有色金属产业结构调整,形成高效、高质量的互补优势。打破中国西北五省区和中亚五国的封闭性历史,加快区域间资源整合和流动,推动有色金属产业结构升级和提升产业发展水平,形成高效的产业互补发展格局。

2. 从资源型城市发展的角度

“一带一路”倡议影响沿线资源型城市的发展。从资源型城市发展的角度考虑,“一带一路”倡议对沿线国家和部分城市的经济发展影响较大,西北五省区是中国有色资源的富集区,形成了一批以矿产资源开采、加工和制造为主的资源型城市。顺应有色矿山的发展周期,按照“成长型、成熟型、衰退型、再生型”几种类型,部分城市逐步进入资源枯竭阶段趋势更加明显和集中,有色矿山转型发展涉及面大、影响广。西北五省区与中亚五国的合作刚好弥补了上述缺陷,对于衰退型的矿山,如果有中亚五国作为资源储备保障则可以避免企业的衰退。

参照《全国资源型城市可持续发展规划(2013—2020年)》,西北资源成长型城市有海西蒙古族藏族自治州(有色盐化工);武威市(煤炭和矿产);阿勒泰(矿石);陇南市(铅锌)。成熟型城市有渭南市、宝鸡市和中宁县(煤炭和矿产);略阳县、洛南县和和田市(矿产);金昌市(有色金属)及玛曲县(金属冶炼)。衰退型城市有潼关县(金矿工业)和白银市(有色金属)。再生型城市有张掖市(煤炭和矿产)。“一带一路”沿线资源型城市的发展更需要主动走出去有所作为,将城市的发展与政策导向融合到一起,推动城市经济的可持续发展。

“一带一路”倡议对资源型城市科技创新和绿色环保的影响很大。中国西北五省区和中亚五国均处于内陆地区,气候干燥,自然环境和生态系统比较脆弱,应从区域整体出发考虑发展,不断深化矿山的绿色建设、科技创新,促进资源开发的可持续发展。两大区域企业间合作有助于提高各自实力,有能力在科技创新和绿色环保上进行大投入,承担更多的社会责任。

当然,上述影响需要发挥政府的作用。没有政府政策的支持,前期阶段的勘察及技术风险是非常大的,常规的有色金属企业不愿意承担如此大的风险。矿产资源充分开发不仅是西北五省区及中亚五国资源型经济发展的支柱,而且是区域经济发展的引擎,对经济社会发展有着重要的影响。

3. 从行业发展机会的角度

“一带一路”倡议所提倡的开放、合作的理念为中国西北五省区和中亚五国的有色金属行业带来了整合发展的机会,包括产业转型优化、核心技术提升、可持续发展、绿色发展、市场竞争力提高及成本下降。“一带一路”倡议对中国西北五省区而言是积极探索有色金属产业转型发展和高质量发展之路，对中亚五国而言是经济转型发展之路。“一带一路”倡议探索符合当地企业发展现状的转型之路，通过新的发展模式实现两大区域产业的互惠互利发展。

为了能够抓住和利用“一带一路”建设机会，中国西北五省区应加大“走出去”的力度，发挥比较优势和先入优势，依靠核心技术从规模型企业转变为高质量发展型企业。中亚五国应不断加大资源开放的力度，通过“资源＋技术＋市场＋资金”的多维互动合作，系统性提升企业的发展层次。

（三）中国西北五省区与中亚五国有色金属行业协同发展的机遇和挑战

1. 全球经济形势

第一，全球经济下行风险加大，多种风险因素错综复杂，不确定性因素增加。预计未来全球货物出口量增速进一步下降，全球经济形势不利于新兴经济体快速发展，局部爆发金融风险的可能性上升。

第二，全球新旧动能转换加快，传统经济呈现衰落趋势。新经济、新模式和新业态不断涌现，各种新技术的出现和运用改变了经济发展的格局。智能制造成为全球新的发展方向，全球新旧动能转换深刻与鲜明，抓住此机遇的国家将获得先机，对全球各个经济体都会产生很大的影响。

第三，全球通货膨胀水平在波动中不断抬升，中亚五国受外部冲击较大。中亚五国经济结构外部依赖性的特点，特别是依赖原料资源的出口将会加剧国内货币的贬值，常见的是难以解决的输入性通货膨胀。过去几年，按照中亚五国统计委员会的数据，中亚五国的通货膨胀水平在4%—15%，严重影响了外商投资。

第四，全球投资前景不确定性加大，冲击国际贸易和全球投资。以美国为首的国家的税收改革，将导致跨国公司撤回本土，这会对全球投资格局带来巨大的影响，影响新兴经济体和发展中国家的经济发展，特别是地缘政治的多变和政策不确定性的加大影响未来全球经济的发展。

总之，有色金属是全球化开采和交易的商品，全球经济形势的变化对其具有重要的影响，大环境的变化快速传递到有色金属产业的各个发展环节，分析有色金属产业需要放在全球经济形势的大环境下考虑。

2. 行业兼并重组趋势

第一，战略重组和兼并整合始终伴随着有色金属工业的发展。有色金属工业由于涉及自然资源的开发和利用，具有天然的自然垄断趋势，小企业往往成为被兼并重组的对象，在世界上形成了寡头垄断的格局。兼并重组导致高质量资源高度集中于几家大企业，挤压了地域性中小有色金属企业的生存空间。

第二，有色金属行业进行大规模兼并重组是行业发展的主基调和必然趋势。中国西北五省区的有色金属企业与国际上大型公司的差距非常大,呈现规模小、收益比很低的特征。规模化和专业化是未来有色金属行业发展的必然选择,有色金属企业需要主动进行跨行业、跨地区、跨所有制的合作重组,优化产能配置,实现高质量、高效率和差异化发展,不断提升有色资源的保障能力和产业集中度水平。

第三,中国西北五省区企业需要抓紧出击,抢占获取原料资源的先机。资金、技术和管理只有在拥有稳定资源储备的基础上才能发挥价值。欧洲、日本等发达经济体早在几十年前就对有色金属行业进行了兼并重组,资源和生产高度集中在几家厂商手中,中国在有色金属产业上依然处于国际产业链分工的中低端环节。中国有色金属企业应通过产业链整合,优化产能布局,完成全产业链的资源布置,努力实现有色金属加工朝高技术、高附加值方向发展。

作为全球性配置资源、全球化产业链分工合作和市场充分竞争的资源型产业,外部环境对有色金属行业的影响不容小觑,甚至具有很强的放大效应。中国西北五省区有色金属企业"走出去"投资全球地缘政治复杂的中亚五国,需要时刻考虑欧、美、俄及中东地区对中亚五国多方面的宏观影响力,以及政治、经济、军事、社会和外交出现的细微变化。

3. 中美贸易摩擦

第一,随着中美贸易摩擦的加剧,进出口贸易较大的有色金属将会受到冲击。中国对部分有色金属的出口退税招致欧洲国家的反倾销、反补贴调查,如国内产能过剩的电解铝产品,欧洲国家对中国多轮的调查导致中国不得不取消电解铝等多种有色金属出口退税政策。国际产能转移不是一厢情愿的,实现转移的基础是双方或多方受益,中国在中亚的投资尤其要重视对方的评估。

第二,影响跨国公司的发展,抑制跨国公司的活力和效率。中国企业在"一带一路"倡议下与沿线几十个国家展开了新的投资和合作关系,对外投资的企业不断增多,"走出去"成为跨国公司发展战略的重要组成部分。全球最大两个经济体的贸易摩擦势必影响双方对外投资和经贸发展,抑制对外投资的潜力和动力,影响有色金属跨国公司的发展。

第三,影响部分行业的长远发展。美国征收附加关税的相关行业将首先受到冲击。特别是中国出口到美国占比较高的商品更容易成为征收附加关税的对象。截至2017年,中国出口到美国的所有商品中,有色金属产品占据7%左右,主要是一些低端初级产品和附加值低的普通金属加工品,属于劳动密集型产品,附加值低、抵御风险能力差,从多方面影响中国外向型有色金属企业的发展。

第四,中美贸易摩擦对中国西北五省区有色金属行业的直接影响相对较小。西北五省区进出口额占比很小,区域内数家大中型有色金属企业甚至没有对外贸易业务。但是贸易摩擦的间接影响很大,为西北五省区与中亚五国有色金属企业的长期发展设置了很多障碍。

4. 俄罗斯的地域影响力

俄罗斯多方面影响进入中亚投资的所有企业，西方对俄罗斯的制裁也会极大地影响中亚五国。对中亚五国经济及社会政治而言，俄罗斯的影响因素是所有外部影响因素中最重要的因素之一。

首先是历史渊源的影响。俄罗斯是中亚五国地缘政治中最重要的一极，具有政治和军事上绝对主导的影响力，经济影响力也较大。中亚五国基础设施、经济发展及外交政策等均受到俄罗斯的制约。苏联时期以今俄罗斯为中心建成的交通、能源、电力等基础设施布局成为中亚各国高度依赖俄罗斯的重要原因，特别是能源矿山领域。中亚五国通往世界各地最重要、最经济的运输方式就是铁路，其中离不开俄罗斯。在交通物流上，俄罗斯与中亚五国同样采用宽轨，物流成本较低，和中亚在经济及工业上的互补性更强。

其次是经济联系密切的影响。中亚五国与俄罗斯经济之间的联系依然密切，中亚五国的工业体系、生产设备、产品市场等需要俄罗斯的工业体系及市场。中亚五国希望通过俄罗斯的巨大需求来带动本国经济的增长。中亚五国有大量的劳务移民在俄罗斯打工，甚至部分国家移民汇回的工资外汇占其国内 GDP 的 20%—30%。现实中，中亚五国的各种经济政策及外交关系都会与俄罗斯保持密切联系。表 10-20 为 2015 年中亚五国与主要贸易伙伴的商品流转额，从中可以看出，虽然中国与中亚五国的总商品流转额大于俄罗斯，但是在重要的哈萨克斯坦和乌兹别克斯坦两国，俄罗斯的商品流转额超过中国，其中还需要考虑中国的支援性影响因素。俄罗斯在中亚五国与主要贸易伙伴的商品流转中占据重要地位，中国在中亚五国经济上不断加大的影响力势必抑制俄罗斯的经济参与度，这需要中国平衡好三方的全方面关系。

表 10-20　2015 年中亚五国与主要贸易伙伴的商品流转额

国家	哈萨克斯坦		吉尔吉斯斯坦		塔吉克斯坦		土库曼斯坦		乌兹别克斯坦	
	总量（十亿美元）	份额（%）	总量（十亿美元）	份额（%）	总量（十亿美元）	份额（%）	总量（十亿美元）	份额（%）	总量（十亿美元）	份额（%）
中国	23.1	17.4	3.1	42.4	1.7	32.6	12.9	50.5	3.9	17.7
俄罗斯	26.2	19.7	1.2	17.1	0.7	13.3	1.6	6.2	5.0	22.8

资料来源：孙力，2017. 中亚国家发展报告(2017)[M]. 北京：社会科学文献出版社.

最后是在有色金属方面的深层次影响。俄罗斯也是世界上的有色金属储量大国，并且在中亚五国有多个项目在投资合作。俄罗斯的经济规模虽大，但经济结构和技术水平存在诸多问题，由于过分依赖能源和其他原料的开采，俄罗斯经济尚处于工业化中后期阶段，和中亚一样属于资源型经济。俄罗斯尚未建立成熟的市场经济体制，不具有对中亚五国的溢出效应，包括资本、技术和管理的溢出，难以发挥市场经济制度的传递作用。总体而言，区域联合、共同发展才是中国、中亚五国和俄罗斯的大势所趋。表 10-21 为 2010—2015 年俄罗斯主要有色产品国际市场占有率和贸易竞争力指数，从中可以看出，俄罗斯有色产品的国际市场占有率和贸易竞争力具有明显的区域优势。以 2015 年为例，俄罗斯具有优势的有色金属镍、铝和铜的国际市场占有率均高于中亚五国之和，具有较强的国际竞争力。这有利于发挥区域资源聚集效应，同时又具有相互竞争的抑制效应。中国在中亚五国的投资势必与俄罗斯相关的企业形成竞争，这需要中国将俄罗斯放入有色金属产业共同发展的商业圈子里予以考虑，双方或多方在经济发展上受益才是长期发展战略。

表 10-21　2010—2015 年俄罗斯主要有色产品国际市场占有率和贸易竞争力指数

类别	产品	2010 年	2011 年	2012 年	2013 年	2014 年	2015 年
国际市场占有率（%）	镍	28.12	20.26	19.45	17.88	17.16	13.97
	铝	6.64	6.55	6.68	6.54	5.42	6.88
	铜	3.86	3.41	4.28	3.82	3.98	5.11
贸易竞争力指数	镍	0.96	0.95	0.93	0.94	0.94	0.96
	铝	0.97	0.99	0.97	0.94	0.97	0.97
	铜	0.84	0.79	0.81	0.82	0.73	0.88
	铅	0.89	0.88	0.81	0.78	0.79	0.87

资料来源：联合国商品贸易统计数据库。

综上分析，俄罗斯有色资源储量丰富，也是有色资源大国，其有色金属产业具有很强的竞争优势，出口较多，与中亚五国存在很多相似性，在有色资源上竞争大于合作关系。俄罗斯的镍、铝和铜三种有色产品具有较高的国际市场占有率及显著的出口比较优势，铅从 2010 年开始有很强的贸易竞争优势，上述有色产品的专业化程度均高于中亚五国。俄罗斯与中国在有色资源上也有极强的互补性，而且俄罗斯与中国是邻居、战略合作伙伴，中国在中亚投资运营需要密切关注俄罗斯的影响力和相关产业政策，只有平衡好与俄罗斯的关系才能走进中亚，实现双赢或多赢格局。

10.1.4　中国西北五省区与中亚五国有色金属行业协同发展的现状

（一）"走出去"发展路径三部曲

西北五省区国有大型企业作为有色金属产业发展龙头，在各省区属支柱性企业，是区域经济发展的标杆，引领区域有色金属企业共同提升和发展。然而，这些企业"走出去"的步伐缓慢，核心竞争力不强，在国内处于二流技术状态。

由于中亚五国政治、经济环境存在很大的不确定性，在"一带一路"倡议下，应由掌握较多核心资源的国有大型企业作为第一波“冲锋队”，通过企业间合作，消化前期阶段的不确定性风险，为未来的发展奠定基础。此时风险大于机会，政策引导支持是它们“走出去”的动因。当前中国有色金属企业“走出去”处于第一阶段，主要由国有企业参与中亚的有色金属产业投资合作。

随着中国国有企业在中亚五国的发展进入初步稳定状态，相关不确定性投资风险几乎被排除，此时机会大于风险，民营企业可以作为第二波“走出去”投资中亚的企业。由于民营企业自身具有的机制优势、企业活力和竞争力，民营企业是未来有色金属行业走向国际舞台的重要力量，也是未来引领行业技术进步和产业发展的主导力量。由于当前中亚投资依然存在很大的风险，中国民营企业还处于谨慎观望阶段，没有进行实质性的行动。

第三波是中国的国有企业和民营企业共同“走出去”，形成组合力量，充分发挥各自优势，共同提升、共同发展，从“走出去”到“走得好”。只有到了第三阶段，“走出去”形成“竞争合作”的局面，中国与中亚五国有色金属产业的合作格局才算完全打开。

中国应鼓励国内企业实施集群式“走出去”投资中亚五国，投资有色金属产业链的上下游项目，建立项目合作项目库，拓展深加工项目，实现集群式发展、产业链发展。

（二）“走出去”合作的方式

西北五省区有色金属企业与中亚五国的合作有中方独资、中方控股和中方参股三种股权方式，目前中方参与的项目以中方控股最为常见，这也有利于发挥中国的技术和市场优势；有施工（E，Engineering）、设计采购总承包（EP，Engineering Procurement）、采购施工承包（PC，Procurement Construction）、设计采购施工承包（EPC，Engineering Procurement Construction）、设计采购与施工管理承包（EPCM，Engineering Procurement Construction Management）、建设（B，Build）、建设—移交（BT，Build-Transfer）、建设—运营—移交（BOT，Bulid-Operate-Transfer）、政府和社会资本合作（PPP，Public-Private Partnership）等多种建设方式，这些建设方式都是中国的强项，企业可以按需采取任何方式进行运作，目前最常见的是 EPC 方式；有进口原矿石、进口矿粉、进口成品三种贸易方式，由于中国西北五省区距离中亚主要城市的距离遥远，乌鲁木齐到哈萨克斯坦首都努尔苏丹的直线距离约为 1 460 公里，考虑矿山之间的运输距离，中国西北五省区与中亚五国的距离在 3 000 公里以上，而且涉及复杂的过关手续，因此进口成品是主要的方式，在中亚所在国建厂，成品进口到国内。对于部分单价较高的金属，如铜（约 4.95 万元人民币/金属吨）、镍（约 10 万元人民币/金属吨）等也有将原矿粗加工后进口到国内。

（三）由粗放型发展模式向精细化、专业化转型

不论采用何种方式，对外投资的核心都是技术实力和成本竞争力，精细化、专业化发展是必由路径，大而全、粗放式经营在跨国投资中很容易导致失败。在精细化发展

中,对低品位矿的选矿是需要克服的最大难点之一,能否有效运用体现出企业的长远竞争力。

10.1.5　中国西北五省区与中亚五国有色金属行业协同发展的措施

(一) 加强技术研发与创新驱动

中国西北五省区有色金属企业应加大技术开发投入,培养企业原始创新能力,加快新材料开发和生产工艺创新,这将直接影响有色金属企业的核心竞争力。

第一,塑造技术溢出效应。国际贸易之所以具有溢出效应,是因为一国进口先进的工业制成品,特别是生产设备能够提高本国的劳动生产率,同时通过先进技术进行扩散,提高本国的整体技术水平,实现双赢。

第二,联合研发,共同创新。优秀的企业在技术创新过程中不是单打独斗的,而是采用了"协同创新、共同创新和合作创新"等方式方法,采用了多企业、多组织以及与社会机构合作的方式提高研发的效率及创新的质量。

第三,有色金属企业寻求技术突破的前提是专注,需要在重点环节上全力攻关。在技术及科研管理上,中国西北五省区有色金属企业应集中并加大局部技术研发投入,与大型有色金属企业建立战略合作联盟,购买先进的技术和专利。这有利于提升资源的有效性,提高产品的竞争力,避免重复性劳动。作为具有多点劣势的西北五省区有色金属企业,需要系统的提升和根本的改变才能实现跨越式发展,没有必要贪多求全,而是要找准某一方面进行集中训练作为突破口。

第四,坚持以环保和绿色生产为导向。矿山开采对环境的影响很大,环境保护是任何一家对外投资的矿山企业的首要责任,企业必须坚持资源开发与环境保护协调一致的发展理念。中国西北五省区有色金属企业应通过不断加快节能、环保技术的研发和创新,提高环保要求,加快落后产能的淘汰步伐;坚持以节能、环保为导向的可持续发展理念,承担好企业的社会责任;加快产业结构的调整和优化升级,节能、环保是矿山企业绿色发展方式的基础。

(二) 加大人才培养与教育培训力度

长期对外投资需要加大人才培养与教育培训力度。中国西北五省区有色金属企业应以人才为中心,采用灵活的、市场化的政策提升人力资源的"作战能力"。人力资本投资才是提升组织效率,进而提高企业经济效益的根本源泉。培养一批知中亚、擅合作的技术人才,有利于中国同中亚各国的合作,实现各方共赢。

(三) 调整产业结构和生产效率

中国西北五省区的有色金属产业虽然是当地支柱产业,但优势主要集中在采矿环节,采矿具有地域性特点,技术含量低,不可复制;选矿技术受制于药剂要素及中间生产原料的影响,处于国内中等水平,在核心问题上,中国西北五省区有色金属企业的研发能力薄弱；此外，后续冶炼加工技术相对落后，劣势明显，从技术、生产、设备到运输物流等环节均处于劣势，即使集团盈利的企业其冶炼环节仍处于亏损状态。西部矿业的三大冶炼厂建成后一直处于亏损状态，在行情相对较好的2017—2018年，公司依然年亏损四五亿元。在精益化生产的今天，中国西北五省区有色金属企业仍处于粗放型管理阶段。

真正的产业链延伸、附加值提高是以核心技术为基础的，优化有色金属产业结构需要依靠技术和研发优势，提高采选业的综合回收率和生产力，提升矿产品的科技含量，需要经过多年的不懈努力和持续培育。

中国西北五省区应引导民营企业参与竞争，通过灵活的机制、强大的要素整合能力，推动市场经济下的产业结构优化。

中国部分有色金属企业属于低品质落后的产能，重复建设现象严重，低层次的产品过剩，需要坚决淘汰落后产能才能避免恶性竞争。对结构性过剩的产品进行产能转移是企业实现跨越式发展的重要一步，中国西北五省区有色金属企业应通过开展有效的国际产能合作，利用双方的互补性进行产能调整。淘汰是为了新的发展，社会在不断更新，技术在快速变化，低附加值、低质量的产品越来越无法在市场上获得认可。通过淘汰落后产能，不断聚焦于高附加值的产品，只有具有引领型能力的领头羊企业才能在竞争中生存下来。事实证明，中国西北五省区部分有色金属企业通过对老旧生产线的更新换代和技术的升级获得了新生，成本明显降低、效率显著提升，生产力变强。

（四）加快兼并重组和整合步伐

中国西北五省区规模较大的有色金属企业基本是国有企业，同时是当地的支柱产业，由于地方政府的干预，这些企业几乎不可能被收购，除非是面临破产、无法自救的企业，当地政府才有可能寻找收购方，但往往错过了扭转企业局势的最佳时机。

中亚五国资源丰富，多年以来都是全球有色金属企业投资的必争之地，如美国、澳大利亚等国的大型跨国公司很早就在中亚五国投资，俄罗斯长期控制中亚五国的矿产资源和物流中转，影响了外来企业的投资。中国西北五省区的有色金属企业尚不具备与跨国巨头直接竞争的能力，可以通过制定全国或跨区域的协同与合作机制，采取联合"走出去"的形式对外投资；也可以通过控股或独资的方式，但是需要注意将风险控制在一定的范围内。只有规模大、竞争力强的企业才能在国际贸易中拥有谈判的主动权。

西北五省区有色金属企业需要加快区域及周边有色金属企业兼并重组的步伐，不断提高产品竞争力和市场占有率。规模扩大的同时才有能力创造企业的品牌，只有做大做强才会具有广泛的辐射力，具有应对各种风险的能力。以西部矿业为例，公司需要加快兼并重组的步伐，在现有基础上有色资源保有量扩大3—5倍，形成以西部地区为聚集群的有色金属产业群，真正成为西部地区最大的有色金属企业。中亚五国提供了兼并重组的机遇,这一步能否实现突破,关系到西部矿业未来几十年的发展。

中国西北五省区的有色金属企业虽处于竞争合作的双重关系中,但加强区域合作有利于促进区域内企业的共同发展,提升各企业的竞争力。西北五省区在地域上具有合作的有利条件,通过区域之间的合作有利于实现共同发展,提高矿产品的附加值和产业的集中度,进而转化为企业的经济效益,提升各企业的生产运营能力。

(五) 加快信息化和智能化建设

中国西北五省区的有色金属企业由于地处偏远、高海拔、高寒地区,采矿条件较差,推进信息化和智能化建设是矿山发展的必然之路。如西北五省区的矿山分布在不同的省份,大型企业集团下面往往有数座甚至十几座矿山,如果缺乏信息化管理,则各分子公司将成为无序的孤岛。矿山要发展,则必须向深部开采,随着矿山开采深度的增加,需要解决的瓶颈问题逐渐增多,难度急剧增大,如果没有信息化和智能化作为辅助手段,则将无法解决很多现场实际问题。信息化和智能化是企业未来生存发展的两大法宝。

10.2　中国与东南亚地区农业合作

2018 年 8 月 29 日,习近平总书记在推进“一带一路”建设工作 5 周年座谈会上发表的重要讲话中指出:我们要具备战略眼光,树立全球视野,既要有风险忧患意识,又要有历史机遇意识。因此,中国在推进与东南亚国家的合作中需确保稳中求进、行稳致远。从农业合作着手逐步建立互信机制,能减少在基建、能源、产业园等领域开展进一步合作的阻力和风险。2018 年 9 月 13 日,由农业农村部对外经济合作中心和广西壮族自治区农业农村厅共同主办的“一带一路”农业投资合作论坛在南宁成功举办,旨在共同营造良好的营商环境,推进中新互联互通南向通道建设,搭建产业合作平台。“一带一路”倡议为世界农业播撒下一粒粒承载希望的种子,也收获了一颗颗广结善缘的果实。在东南亚,中国的农业企业结束了老挝稻米零出口的历史;而中国赣南的脐橙可通过定南公路口岸,直接出口到东南亚等地。

多年来,中国在农业领域的砥砺坚持,正在潜移默化消除东南亚人民对中国输出和中国“威胁”的疑虑与误解。“民以食为天”,东南亚人民同样需要“米袋子,菜篮子”,多层次的农业合作已逐渐步入“深耕细作区”,双方的期待与依赖逐渐加深。在这方面,中国的相关研究尚在摸索阶段,农业合作与交流方面的经验也比较欠缺,尚待有为之士不断探索精进。

10.2.1　中国对东南亚农业投资现状

在农业合作方面,相较于东南亚国家,中国具有一定的技术和资金优势,而东南亚国家在生产许多特定农产品上具有气候、土壤等自然条件优势，因此中国和东南亚国家的农业合作具有坚实基础和巨大潜力。总体而言，中国与东南亚国家的农业合作投资存量增长迅速，接下来将从多角度分析中国对东南亚国家的农业投资现状。

（一）农业投资现状

1. 农业投资存量增长迅速

中华人民共和国商务部、国家统计局、国家外汇管理局联合发布的《中国对外直接投资统计公报》资料显示，2019 年中国对东盟农业投资流量约为 5.6 亿美元，年末存量约为 53.6 亿美元（见表 10-22）。2011—2019 年中国对东盟农业投资的流量有所起伏，但对东盟农业投资存量平均年增长率超过 30%，整体呈增长态势。随着中国—东盟关系的升温、自贸区的升级，以及互联互通总体规划的顺利实施，中国对东南亚农业投资将在广度和深度上得到进一步拓宽。

表 10-22　中国对东盟及对外农业投资规模情况

年份	对东盟农业投资		对外农业投资		对东盟农业投资		对外农业投资	
	流量（亿美元）	增长率（%）	流量（亿美元）	占比（%）	存量（亿美元）	增长率（%）	存量（亿美元）	占比（%）
2011	1.9		8.0	23.75	7.1		34.2	20.76
2012	3.0	57.89	14.6	20.55	10.0	40.85	49.6	20.16
2013	5.4	80.00	18.1	29.83	16.0	60.00	71.8	22.28
2014	7.8	44.44	20.4	38.24	24.4	52.50	96.9	25.18
2015	5.0	−35.90	25.7	19.46	23.1	−5.33	114.8	20.12
2016	3.7	−26.00	32.9	11.25	31.4	35.93	148.9	21.09
2017	6.2	67.57	25.1	24.70	45.3	44.27	165.6	27.36
2018	5.9	−4.84	25.6	23.05	49.3	8.83	187.7	26.27
2019	5.6	−5.08	24.4	22.95	53.6	8.72	196.7	27.25

资料来源：各年度《中国对外直接投资统计公报》。
注：表中农业指农、林、牧、渔业。

2. 农业基础设施投资增加

随着多年来中国与东南亚国家合作的不断深化，当地以水利项目为代表的农业基础设施日臻完善。在柬埔寨，中国援建的柬斯伦河水利开发项目建成后，雨季可灌溉田地 31 600 公顷，旱季可灌溉田地 25 500 公顷；在老挝，截至 2018 年 1 月中国电力建设集团已累计投资超过 30 亿美元，在投项目能从防范洪涝灾害、提供灌溉资源等方面改善老挝的农业基础设施；此外，中国在交通、能源等领域对东盟有许多基础设施投资，这些投资能提高当地农业生产效率、便利农产品运输，如中国投资参建的马来西亚东海岸铁路、中泰铁路、中老铁路、雅万高铁等项目,客观上改善了东盟的农业基础设施环境。

3. 农业科技领域投资范围广泛

农业科技是农业发展提质增效的重要动力,中国相较于东盟有显著的科技优势,双方在农业科技领域有广泛的合作基础。2012 年"中国—东盟科技伙伴计划"启动,其中农业科技领域涉及范围较广,包括农作物育种与栽培、农产品加工、农业机械化、土壤改良等领域,投资合作成果丰硕,如帮助越南治理农作物病虫害的"中越作物病虫害综合防控联合实验室建设"和"中越边境地区农业科技走廊建设"项目、云南云天化集团与缅甸企业签订的化肥投资协议、中国与泰国共同建立的中泰气候与海洋生态联合实验室等。这些合作有利于提升东盟各国农业科技水平、增进中国与东盟各国友谊,有利于中国在东盟地区的"一带一路"国际合作。

4. 民营企业占据农业投资主导地位

除国有企业主导的与东盟合作的大型项目外,随着"一带一路"倡议热度的持续升温,许多中国的民营企业也将目光投向东盟各国,民营资本的参与有利于丰富中国与东盟农业合作的资本构成,从而提升双方合作的灵活性和效率。有关研究显示,2017 年中国企业对东盟农业投资总额为 6.23 亿美元,其中国有企业为 0.49 亿美元,民营企业为 5.74 亿美元(姜晔等,2019)。可见,民营企业已在中国对东盟的农业投资中具有举足轻重的作用,其中广东农垦集团斥资 2.8 亿美元收购泰国最大橡胶种植集团泰华的股份、2017 年天津聚龙集团达成和印度尼西亚的农业产业合作、黑龙江幸福人生态农业开发股份有限公司同马来西亚国家创新中心签署投资办厂协议、湖南尔康制药股份有限公司向柬埔寨尔康生物淀粉有限公司投资 1 亿美元等均为有代表性的案例(姜晔等,2019)。

(二) 农业投资特点

1. 农业投资比重相对较低

虽然中国对东南亚国家的农业投资规模不断扩大,但整体比重较低。数据显示,2011—2019 年,中国对东盟农业投资流量从 1.9 亿美元飙升到 5.6 亿美元,平均年增长率达到 60.43%;投资存量从 7.1 亿美元上升到 53.6 亿美元,平均年增长率达到 33.86%。但从中国对东盟农业投资占对外农业总投资比重来看,流量平均占比为 23.75%,存量平均占比为 23.39%,可见占比相对较低。

2. 农业投资方式相对单一

东南亚国家的农业人口较多,劳动力成本较低,因此中国的农业投资以劳动密集型产业为主,投资方式简单、直接,有待升级。新加坡、文莱两国的农业 GDP 在本国 GDP 中占比较小,其他国家的农业 GDP 在国民经济发展中举足轻重。

3. 农业投资以农作物种植为主

2019 年，中国对外农业投资流量总额为 24.4 亿美元，东盟国家占比 22.95%；中国对外农业投资存量总额为 196.7 亿美元，东盟国家占比 27.25%。东南亚地区农作物高产，具备农业投资的天然优势和非凡潜力。2015 年，中国在越南、缅甸、老挝、柬埔寨等国投资的粮食作物产量为 9.1 万吨，在泰国、老挝、柬埔寨等国投资的经济作物产量为 248.5 万吨，在泰国、老挝投资的畜产品产量为 30.9 万吨，以上数据支撑了中国农业企业“走出去”的决心（王琦，2017），为今后双边农业合作进一步拓展和深化奠定了经验基础。

4. 农业投资流向传统农业国

东南亚国家分为发达的工业国和传统的农业国，经济发展水平参差不齐。撖晓宇和赵霞（2018）的研究数据显示，2015 年，中国在老挝、缅甸、柬埔寨三个传统的农业国设立的农业企业数量分别是 78 家、43 家和 38 家，高于东南亚其他国家；从投资存量来看，中国对老挝、印度尼西亚的投资存量分别为 6.04 亿美元和 10.67 亿美元，排名靠前；从投资流量来看，中国对印度尼西亚的投资流量为 5.74 亿美元，投资力度之大可见一斑。从上述三个方面可以看出中国对东南亚国家的投资取向和投资偏好。

5. 农业投资的层级化明显

东南亚国家的经济发展水平层级化明显，在不同层级的国家开展农业投资合作应有不同的策略。参考撖晓宇和赵霞（2018）的做法，将东南亚各国按照农业产值占比升序排列，可大致将东南亚各国划分为三个层级：第一层为工业较发达的国家，如新加坡、文莱；第二层为新兴农业国家，如泰国、越南、菲律宾、马来西亚；第三层为传统农业国家，如老挝、缅甸、柬埔寨和印度尼西亚等。一般而言，农业产值占比较低的国家，投资风险相对较小，营商环境相对较好，具备在此进行绿地投资并长线经营的土壤；而传统农业产值占比较高的国家，产权保护等制度保障往往还不够健全，因此在这类国家的投资策略应更为灵活谨慎。

10.2.2 农业“互联互通”现状

“一带一路”倡议以“五通”为宗旨层层展开，即政策沟通、设施联通、贸易畅通、资金融通和民心相通。中国与东南亚国家之间的农业“五通”作为“一带一路”倡议的重要组成部分，在紧扣互联互通总体战略目标的同时，又具有其独到之处。中国与东南亚国家的农业“五通”以符合对象国的农业发展诉求为基点，符合“共商共享共建”的理念，有利于两国间的互利共赢。

（一）农业政策沟通

东南亚国家经济发展程度不一，各国因其不同的利益诉求而派生出多元化的发展战略。农业相对发达的国家，正在稳步加快农业现代化发展，夯实在全球范围内的农业竞争力基础；农业相对落后的国家，其农业发展的主旨则在于消除贫困。中国投资东南亚国家农业的政策风险主要是由当地政策的不确定性造成的，在相对落后的国家，由于产权制度不完善和当地政府的短视，可能加剧政策风险。因此，中国在制定相关政策时，应重点考虑各国国内经济状况及农业发展水平，采取有针对性的方式，共同协商与对象国之间的合作事宜，这将有助于双方形成互信合作、利益均沾的局面。

（二）农业设施联通

东南亚地区的农产品贸易有如下特点：一是保鲜期短，如果蔬、香料等产品时效性强，急需便捷、高效的物流体系和绿色运输通道；二是体量大，如运送大宗农产品时，对运输基础设施要求较高。《东盟互联互通总体规划》中的数据显示：陆路运输方面，需升级的高速公路有5 300千米，需修建的铁路为4 069千米；海陆方面，涉及内河网、海运网和47个海港码头的建设；能源方面，尚有2 200千米的分布于缅泰、缅新、泰马和新马的国家间天然气管道铺设亟待进行；此外还有宽带网、能源网需要搭建及配套设施需要完善。为了支持东南亚地区的设施联通，中国在2009年向该地区提供了150亿美元的信贷，重点扶持一些国家的基础设施建设，并设立了400亿美元的丝路基金以备不时之需（王玉主，2015）。

（三）农业贸易畅通

中国是传统的农业大国，与东南亚国家的商贸往来自古有之。2002年中国与东盟签订了《中国—东盟全面经济合作框架协议》后，两地区农产品贸易逐渐占据主导地位，比如“早期收获计划”所列的五百多种降税产品中主要是农、林、牧、渔业产品，中国方面按照早期收获产品不同的税率，并依据各国农业的发展水平，采取分类、分时有针对性逐步降低关税的方法，避免了可能由于“一刀切”政策而带来的贸易波动，为正常轨道产品降税营造了平稳过渡的贸易环境。为了节省通关费用和时间、进一步实现农产品贸易的高效畅通，中国和东南亚各国已就建立“单一窗口”报关服务事宜进行磋商，中国为实现农产品贸易畅通的决心、态度和诚意昭然可见。

（四）农业资金融通

中国与东南亚国家间农业资金融通有利于提升效率，但资金融通不能以汇率、利率及通货膨胀率的大幅波动为代价，因此在资金融通机制设计上需要各方审慎合作。中国企业在对东南亚国家的农业投资中，也需要高度关注投资项目的利率及通货膨胀风险，从而避免不必要的损失。近年来，由于东南亚部分国家的通货膨胀率居高不下，中国投资企业的运营成本逐年升高，获利十分困难，如2013年缅甸、老挝、越南、印度尼西亚的通货膨胀率分别高达5.52%、6.36%、8.2%和6.41%。

当然,东南亚地区农业资源丰富,先天禀赋良好,是农业投资的上佳之选。自从中国与东盟签订了《中国—东盟全面经济合作框架协议》,双方相互给予最惠国待遇,对投资者则给予国民待遇、投资公平公正待遇,彼此间提高了相关法律法规的透明度,提升了投资的自由度,加强了制度保障,削弱了信息不对称性,为双方创造了良好的投资环境和便利条件。截至 2018 年年底,中国与东盟国家双向投资额累积超过 2 057.1 亿美元,其中中国对东盟国家投资额达 890.1 亿美元,东盟国家对华投资额达 1 167.0 亿美元,中国希望通过集群式投资来提升双方合作的水平。随着投资力度加大、发展加快,2010 年之后,对东盟国家新增投资占中国对外投资总量的 60%以上,从投资流向分析,农业投资占比为 3%,尚在初始阶段,但投资潜力巨大,资金融通有望带来双方的利益共享。

(五)农业民心相通

东南亚国家与中国国土相邻,农业产业结构相似,边境地区气候相同,民俗民风相近,农业技术相通。中国一直将农业技术互通作为民心相通的重点内容。民心相通是技术互通的前提和基石,技术互通强化了民心相通,热心友善的技术合作为两区域农业合作带来了实实在在的成果,彰显了中国的大国气度和为建立人类命运共同体而做出的努力。这些年来,中国结合自身农业发展优势,开展技术培训及研发,切实提升了一些国家农民的技术能力,实现了技术共享,促进了民心大同。

中国—东盟农业互联互通所包含的"五通",正是中国"一带一路"倡议的重要目标。共建"一带一路"就是为促进经济要素自由流动、资源高效配置和市场深度融合,推动沿线各国实现经济政策协调,开展更大范围、更高水平、更深层次的区域合作,共同打造开放、包容、均衡、普惠的区域经济合作框架。作为亚洲农业合作的新模式,中国与东南亚国家共建农业互联互通平台实现了区域农业资源整合,形成了一体化的农业经济,扩大了农业产业国际贸易的规模,提高了资源利用效率。

10.2.3 东南亚农业投资风险综合评价方法

(一)指标体系构建

本小节在参考前人研究成果的基础上,筛选出了能够反映地区农业投资风险的不同指标,并进行了 Spearman 相关性检验,剔除了各子系统内部相关系数在 0.9 以上的指标。我们以二级指标中的"政治环境"为例,该项指标下原有 6 项指标,但由于"政府效能"指标与"政府监管质量"指标的相关系数达到 0.917,同时该项指标与"法律法规"指标的相关系数达到 0.967,属于高度相关(见表 10-23),因此应将该项指标从"政治指标"中予以剔除。

表 10-23　"政治环境"系统内部的 Spearman 相关性检验

政治环境	腐败控制	政府效能	政治稳定及无恐怖主义威胁	政府监管质量	法律法规	政府责任
腐败控制	1.000					
政府效能	0.850	1.000				
政治稳定及无恐怖主义威胁	−0.150	0.200	1.000			
政府监管质量	0.783	0.917	0.083	1.000		
法律法规	0.800	0.967	0.217	0.850	1.000	
政府责任	0.450	0.117	−0.350	0.300	−0.067	1.000

其他各子系统的指标体系构建方法和上述方法一致，在此不再赘述。

本小节通过对各子系统指标的一系列筛选分析，并经过综合考虑，最终构建了由区域投资环境、农业投资风险、一带一路"互联互通"情况等 3 个一级指标，政治环境、经济环境、社会环境、技术环境、农业资源禀赋、农业基础设施、农业生产效率、农业自然灾害、农业政策沟通、农业设施联通、农业贸易畅通、农业资金融通、农业民心相通等 13 个二级指标及其细化的 41 个三级指标组成的"一带一路"背景下中国对东南亚农业投资风险综合评价指标体系（见表 10-24）。

表 10-24　"一带一路"背景下中国对东南亚农业投资风险综合评价指标体系

一级指标	二级指标	三级指标
区域投资环境（REGI）	政治环境（POLI）	腐败控制分数 RP1 政治稳定及无恐怖主义威胁分数 RP2 政府监管质量分数 RP3 法律法规分数 RP4 政府责任分数 RP5
	经济环境（ECON）	人均 GDP（现价美元）RE1 GDP 增长率（年%）RE2 失业率（%）RE3 经济自由度分数 RE4 营商环境便利度分数 RE5
	社会环境（SOCI）	政府卫生支出占比（占 GDP%）RS1 人口增长率（年%）RS2 社会保险覆盖率（%）RS3
	技术环境（TECH）	研发支出占比（占 GDP%）RT1 研发人员（每百万人）RT2 专利申请总量（每百万人）RT3

（续表）

一级指标	二级指标	三级指标
农业投资风险（AGRI）	农业资源禀赋（RESO）	农业用地占比（%）AR1 人均可再生内陆淡水资源（立方米）AR2
	农业基础设施（INFR）	通电率（占人口%）AI1 人均使用互联网比率（%）AI2 物流绩效指数综合分数 AI3 地均联合收割机（台/每百平方公里）AI4
	农业生产效率（EFFI）	农业就业人员占比（占就业总数%）AE1 农业增加值占比（占 GDP%）AE2 地均农业二氧化碳排放物（十亿克/每百平方公里）AE3
	农业自然灾害（DISA）	干旱、洪水和极端气温等受灾人口比重（%）AD1
"一带一路"互联互通情况（CONN）	农业政策沟通（POLI）	合作基础分数 CP1 政治互信分数 CP2 合作成果分数 CP3
	农业设施联通（INST）	交通设施分数 CI1 通信设施分数 CI2 能源设施分数 CI3
	农业贸易畅通（TRAD）	贸易环境分数 CT1 畅通程度分数 CT2 产能合作分数 CT3
	农业资金融通（CAPI）	金融合作分数 CC1 信贷体系分数 CC2 金融环境分数 CC3
	农业民心相通（FRIE）	旅游活动分数 CF1 科教交流分数 CF2 民间来往分数 CF3

从表 10-25 中可以发现，本小节选取的绝大多数指标属于正向指标，仅有个别指标属于负向指标。因此，本小节会在后文各指标数据分布等级的经典域中将其进行特殊设置。

表 10-25 各指标的农业风险度量

指标代号	指标名称	农业风险度量解释
RP1	腐败控制分数	该分数越高，区域投资政治环境越好，农业投资风险越低
RP2	政治稳定及无恐怖主义威胁分数	该分数越高，区域投资政治环境越好，农业投资风险越低
RP3	政府监管质量分数	该分数越高，区域投资政治环境越好，农业投资风险越低

（续表）

指标代号	指标名称	农业风险度量解释
RP4	法律法规分数	该分数越高，区域投资政治环境越好，农业投资风险越低
RP5	政府责任分数	该分数越高，区域投资政治环境越好，农业投资风险越低
RE1	人均 GDP(现价美元)	该数值越高，区域投资经济环境越好，农业投资风险越低
RE2	GDP 增长率(年%)	该数值越高，区域投资经济环境越好，农业投资风险越低
RE3	失业率(%)	该数值越低，区域投资经济环境越好，农业投资风险越低
RE4	经济自由度分数	该分数越高，区域投资经济环境越好，农业投资风险越低
RE5	营商环境便利度分数	该分数越高，区域投资经济环境越好，农业投资风险越低
RS1	政府卫生支出占比(占 GDP%)	该数值越高，区域投资社会环境越好，农业投资风险越低
RS2	人口增长率(年%)	该数值越高，区域投资社会环境越好，农业投资风险越低
RS3	社会保险覆盖率(%)	该数值越高，区域投资社会环境越好，农业投资风险越低
RT1	研发支出占比(占 GDP%)	该数值越高，区域投资技术环境越好，农业投资风险越低
RT2	研发人员(每百万人)	该数值越高，区域投资技术环境越好，农业投资风险越低
RT3	专利申请总量(每百万人)	该数值越高，区域投资技术环境越好，农业投资风险越低
AR1	农业用地占比(%)	该数值越高，农业资源禀赋越好，农业投资风险越低
AR2	人均可再生内陆淡水资源(立方米)	该数值越高，农业资源禀赋越好，农业投资风险越低
AI1	通电率(占人口%)	该数值越高，农业基础设施越好，农业投资风险越低
AI2	人均使用互联网比率(%)	该数值越高，农业基础设施越好，农业投资风险越低
AI3	物流绩效指数综合分数	该分数越高，农业基础设施越好，农业投资风险越低
AI4	地均联合收割机(台/每百平方公里)	该数值越高，农业基础设施越好，农业投资风险越低
AE1	农业就业人员占比(占就业总数%)	该数值越高，农业生产效率越高，农业投资风险越低
AE2	农业增加值占比(占 GDP%)	该数值越高，农业生产效率越高，农业投资风险越低
AE3	地均农业二氧化碳排放物(十亿克/每百平方公里)	该数值越低，农业生产效率越高，农业投资风险越低
AD1	干旱、洪水和极端气温等受灾人口比重(%)	该数值越低，农业受灾风险越小，农业投资风险越低
CP1	合作基础分数	该分数越高，农业政策沟通情况越好，农业投资风险越低
CP2	政治互信分数	该分数越高，农业政策沟通情况越好，农业投资风险越低
CP3	合作成果分数	该分数越高，农业政策沟通情况越好，农业投资风险越低
CI1	交通设施分数	该分数越高，农业设施联通情况越好，农业投资风险越低
CI2	通信设施分数	该分数越高，农业设施联通情况越好，农业投资风险越低
CI3	能源设施分数	该分数越高，农业设施联通情况越好，农业投资风险越低
CT1	贸易环境分数	该分数越高，农业贸易畅通情况越好，农业投资风险越低

（续表）

指标代号	指标名称	农业风险度量解释
CT2	畅通程度分数	该分数越高，农业贸易畅通情况越好，农业投资风险越低
CT3	产能合作分数	该分数越高，农业贸易畅通情况越好，农业投资风险越低
CC1	金融合作分数	该分数越高，农业资金融通情况越好，农业投资风险越低
CC2	信贷体系分数	该分数越高，农业资金融通情况越好，农业投资风险越低
CC3	金融环境分数	该分数越高，农业资金融通情况越好，农业投资风险越低
CF1	旅游活动分数	该分数越高，农业民心相通情况越好，农业投资风险越低
CF2	科教交流分数	该分数越高，农业民心相通情况越好，农业投资风险越低
CF3	民间来往分数	该分数越高，农业民心相通情况越好，农业投资风险越低

（二）指标数据来源

依据指标数据选取的客观性和可行性原则，本小节的指标数据主要来自世界银行、亚太经济合作组织、联合国粮食及农业组织（FAO）以及美国传统基金会等国际组织公布的权威资料，具体如表 10-26 所示。

表 10-26 指标数据来源

一级指标	二级指标	数据来源
区域投资环境（REGI）	政治环境（POLI）	全球治理指标（WGI）数据库
	经济环境（ECON）	美国传统基金会 世界银行世界发展指标（WDI）数据库 联合国商品贸易统计数据库
	社会环境（SOCI）	世界银行 WDI 数据库
	技术环境（TECH）	
农业投资风险（AGRI）	农业资源禀赋（RESO）	UNCTAD 数据库 联合国粮食及农业组织（FAO）数据库 《中国对外直接投资统计公报》 《中国—东盟统计年鉴》 《中国统计年鉴》
	农业基础设施（INFR）	
	农业生产效率（EFFI）	
	农业自然灾害（DISA）	
“一带一路”互联互通情况（CONN）	农业政策沟通（POLI）	《中国经济年鉴：一带一路卷》 北京大学“一带一路”五通指数
	农业设施联通（INST）	
	农业贸易畅通（TRAD）	
	农业资金融通（CAPI）	
	农业民心相通（FRIE）	

（三）样本数据筛选

如前文所述,国家的产业结构往往与其产权保护情况乃至投资风险存在相关性,因此本小节在样本的时间维度方面,选择 2013—2017 年东南亚各国农业附加值占 GDP 的比重数据来分析“一带一路”倡议下东南亚地区的农业投资风险现状。

在样本的国家数量方面,本小节观察到 2013—2017 年“一带一路”东南亚国家农业增加值占 GDP 的比重多数高于世界平均值(3.57%),其中最高的是柬埔寨,该国农业增加值占 GDP 比重的平均值达 27.03%,其次是缅甸,该国农业增加值占 GDP 比重的平均值达 26.59%,但同时本小节发现,2013—2017 年文莱和新加坡两国农业增加值占 GDP 的比重平均分别为 0.99%、0.03%,均不足 1%(见表 10-27)。因此,在考虑目前中国农业“走出去”的地理分布的基础上,本小节最终选取“一带一路”东南亚地区 9 个国家(印度尼西亚、柬埔寨、老挝、缅甸、马来西亚、菲律宾、泰国、东帝汶、越南)作为评价对象,新加坡和文莱两国因其农业增加值占 GDP 的比重不足 1%而被从样本中予以剔除。

表 10-27　2013—2017 年“一带一路”东南亚国家农业增加值占 GDP 的比重 (单位:%)

国家	2013 年	2014 年	2015 年	2016 年	2017 年	平均值
文莱	0.68	0.86	1.10	1.20	1.09	0.99
印度尼西亚	13.36	13.34	13.49	13.47	13.14	13.36
柬埔寨	31.60	28.87	26.58	24.74	23.38	27.03
老挝	17.93	17.85	17.59	17.23	16.20	17.36
缅甸	29.53	27.83	26.77	25.47	23.33	26.59
马来西亚	9.11	8.87	8.47	8.65	8.78	8.78
菲律宾	11.25	11.33	10.26	9.66	9.66	10.43
新加坡	0.03	0.03	0.03	0.03	0.03	0.03
泰国	11.32	10.09	8.99	8.50	8.65	9.51
东帝汶	5.23	7.36	8.93	11.35	10.40	8.66
越南	17.96	17.70	16.99	16.32	15.34	16.86
世界	3.71	3.61	3.59	3.55	3.38	3.57

资料来源:UNCTAD 数据库、《中国—东盟统计年鉴》。

（四）指标分级标准

本小节参考了世界银行 WDI 数据库和 FAO 数据库中东南亚地区 9 个国家 2013—2017 年的指标数据,基于张汉亚和张长春 2005 年出版的《投资环境研究》中提出的投资环境评价指标分级标准设置方法及相应的评价指标分级标准,设定了每个指标的经典域和对应的四个评价等级,即第Ⅰ、Ⅱ、Ⅲ和Ⅳ级分别表示为农业投资环境好、环境较好、环境较差和环境差,结果如表 10-28 所示。

表 10-28 中国对东南亚农业投资风险综合评价指标体系的经典域

区域投资环境(REGI)				
政治环境(POLI)				
指标	Ⅰ	Ⅱ	Ⅲ	Ⅳ
腐败控制分数	[1.25,2.5]	[0,1.25)	[-1.25,0)	[-2.5,-1.25)
政治稳定及无恐怖主义威胁分数	[1.25,2.5]	[0,1.25)	[-1.25,0)	[-2.5,-1.25)
政府监管质量分数	[1.25,2.5]	[0,1.25)	[-1.25,0)	[-2.5,-1.25)
法律法规分数	[1.25,2.5]	[0,1.25)	[-1.25,0)	[-2.5,-1.25)
政府责任分数	[1.25,2.5]	[0,1.25)	[-1.25,0)	[-2.5,-1.25)
经济环境(ECON)				
指标	Ⅰ	Ⅱ	Ⅲ	Ⅳ
人均 GDP(现价美元)	≥50 000	[14 257.51,50 000)	[3 207.23,14 257.51)	≤3 207.23
GDP 增长率(年%)	≥6.46	[3.35,6.46)	[0,3.35)	≤0
失业率(%)	≤4	[4,6.82)	[6.82,8.21)	≥8.21
经济自由度分数	[75,100]	[50,75)	[25,50)	[0,25)
营商环境便利度分数	[75,100]	[50,75)	[25,50)	[0,25)
社会环境(SOCI)				
指标	Ⅰ	Ⅱ	Ⅲ	Ⅳ
政府卫生支出占比(占 GDP%)	≥4.5	[3.90,4.50)	[1.62,3.90)	≤1.62
人口增长率(%)	≥2	[1,2)	[0,1)	≤0
社会保险覆盖率(%)	[75,100]	[50,75)	[25,50)	[0,25)
技术环境(TECH)				
指标	Ⅰ	Ⅱ	Ⅲ	Ⅳ
研发支出占比(占 GDP%)	≥3.15	[2.1,3.15)	[1.05,2.1)	[0,1.05)
研发人员(每百万人)	≥4 000	[3 000,4 000)	[1 500,3 000)	[0,1 500)
专利申请总量(每百万人)	≥1 200	[800,1 200)	[400,800)	[0,400)
农业投资风险(AGRI)				
农业资源禀赋(RESO)				
指标	Ⅰ	Ⅱ	Ⅲ	Ⅳ
农业用地占比(%)	[75,100]	[50,75)	[25,50)	[0,25)
人均可再生内陆淡水资源(立方米)	≥389 448.54	[259 632.36,389 448.54)	[129 816.18,259 632.36)	≤129 816.18
农业基础设施(INFR)				
指标	Ⅰ	Ⅱ	Ⅲ	Ⅳ
通电率(占人口%)	≥86.86	[78.68,86.86)	[47.57,78.68)	≤47.57
人均使用互联网比率(%)	≥44.95	[37.34,44.95)	[8.41,37.34)	≤8.41
物流绩效指数综合分数	[4,5]	[3,4)	[2,3)	[1,2)
地均联合收割机(台/每百平方公里)	≥387.88	[258.59,387.88)	[129.29,258.59)	<129.29

（续表）

农业生产效率(EFFI)				
指标	Ⅰ	Ⅱ	Ⅲ	Ⅳ
农业就业人员占比（占就业总数%）	≥68.52	[45.68,68.52)	[22.8,45.68)	<22.8
农业增加值占比(占GDP%)	≥16.06	(12.75,16.06]	(10,12.75]	(0,10]
地均农业二氧化碳排放物（十亿克/每百平方公里）	[0,172.3)	[172.3,344.66]	[344.66,517]	≥517
农业自然灾害(DISA)				
指标	Ⅰ	Ⅱ	Ⅲ	Ⅳ
干旱、洪水和极端气温等受灾人口比重(%)	[0.2.5)	[2.5,5.0)	[5.0,7.5)	≥7.5
"一带一路"互联互通情况(CONN)				
农业政策沟通(POLI)				
指标	Ⅰ	Ⅱ	Ⅲ	Ⅳ
合作基础分数	[4.5,6]	[3,4.5)	[1.5,3)	[0,1.5)
政治互信分数	[4.5,6]	[3,4.5)	[1.5,3)	[0,1.5)
合作成果分数	[6,8]	[4,6)	[2,4)	[0,2)
农业设施联通(INST)				
指标	Ⅰ	Ⅱ	Ⅲ	Ⅳ
交通设施分数	[3.75,5]	[2.5,3.75)	[1.25,2.5)	[0,1.25)
通信设施分数	[4.5,6]	[3,4.5)	[1.5,3)	[0,1.5)
能源设施分数	[6.75,9]	[4.5,6.75)	[2.25,4.5)	[0,2.25)
农业贸易畅通(TRAD)				
指标	Ⅰ	Ⅱ	Ⅲ	Ⅳ
贸易环境分数	[2.25,3]	[1.5,2.25)	[0.75,1.5)	[0,0.75)
畅通程度分数	[6,8]	[4,6)	[2,4)	[0,2)
产能合作分数	[6.75,9]	[4.5,6.75)	[2.25,4.5)	[0,2.25)
农业资金融通(CAPI)				
指标	Ⅰ	Ⅱ	Ⅲ	Ⅳ
金融合作分数	[9,12]	[6,9)	[3,6)	[0,3)
信贷体系分数	[3,4]	[2,3)	[1,2)	[0,1)
金融环境分数	[3,4]	[2,3)	[1,2)	[0,1)
农业民心相通(FRIE)				
指标	Ⅰ	Ⅱ	Ⅲ	Ⅳ
旅游活动分数	[5.25,7]	[3.5,5.25)	[1.75,3.5)	[0,1.75)
科教交流分数	[5.25,7]	[3.5,5.25)	[1.75,3.5)	[0,1.75)
民间往来分数	[4.5,6]	[3,4.5)	[1.5,3)	[0,1.5)

（五）评级模型应用

由于区域投资环境因素的不确定性和模糊性，国内外学者对投资风险的评价主要采用的是主成分投影法、模糊综合评价法、灰色关联度法等。但是，上述评价方法存在两大共性问题：一是该类方法属于静态模型，对投资变量选择的前提是对大量数据和相关信息的占有与提取，因此模型自身缺乏对信息的适应性及记忆功能；二是该类方法存在较大的主观性，即该类方法在很大程度上可能依赖专家的经验知识或者有实践经验的投资者的主观感受，然而跨国投资环境复杂多变，影响因素众多，因此很难保证每一个主观决策过程的精度，加之专家人数的增加易造成评价意见的分歧，从而导致评价成本的上升。这会使指标体系的科学性、客观性原则存在一定瑕疵，并且由于评价体系的权重值对最终的评价结果存在较大影响，即使结果符合主观预期，也容易产生较大的失真问题。

相比之下，BP 神经网络拥有较强的自学习、自适应能力，并且在处理内部模糊复杂的关系时比一般的计量方法拥有较强优势，主要体现在：一是 BP 神经网络建模简便，由于 BP 神经网络为隐式模型，会将系统的结构隐含于网络的权值和阈值当中，并不需要建立数学模型，只需输入数据，网络就会自选合适模型，且一般情况下都能较好地解决问题；二是 BP 神经网络具备非线性映射功能，因此可避开较为复杂的参数估计过程；三是 BP 神经网络比计量方法更能容忍噪声，特别是时间序列大都含有大量的噪声，因此 BP 神经网络更适合应用在时间序列数据的计量处理上。

基于此，BP 神经网络作为研究复杂风险评价问题的有力工具，在跨区域农业投资风险评价方面具有其他方法不具备的优势，为此本小节选择 BP 神经网络模型并利用 MATLAB 软件对东南亚农业投资风险进行综合评价分析。

1. 网络结构建立

本小节使用 MATLAB 软件实现编程，建立风险评价的三层 BP 神经网络结构，并使用 randn 函数在各评价等级阈值间通过随机内插的方式，生成符合正态分布原则的样本数据。因此，本小节将各评价等级阈值间通过随机内插方式生成的 300 组样本，通过随机方式选取 200 组样本作为 BP 神经网络模型的训练样本，将剩余的 1/3 即 100 组样本作为检验样本，由于本小节将投资风险设定为四个等级，因此共随机生成 1 200 组数据，其中 800 组数据可作为训练样本，400 组数据可作为检验样本（以检测该模型的可行性）。风险评价等级为 Ⅰ—Ⅳ 级的对应样本可以分别设定为 1—300 组、301—600 组、601—900 组和 901—1 200 组。

由于 sigmoid 函数取值和神经网络最后一个节点的输出范围是[0,1]，因此本小节先对样本数据进行归一化处理（即无量纲化），以尽量消除数据单位及其数量级对模型评价结果的不良影响。同时，为了保持相对合理性，本小节将剔除 0 和 1 这两个极值，以使模型结果更加贴近现实、拟合效果更好，并且在归一化公式(式 10-1)的基础上，通过线性变换(式 10-2)，使数据分布在[0.1,0.9]。

$$x_{ij}=\frac{x_{ij}-\min}{\max-\min} \tag{10-1}$$

$$x_{ij}=0.1+\frac{(x_{ij}-\min)(0.9-0.1)}{\max-\min} \tag{10-2}$$

2. 隐含层神经元设定

在已有神经网络的相关文献基础上，本小节选择了隐含层神经元数量的经验公式：

$$s=\sqrt{n+m}+\alpha \tag{10-3}$$

其中，s 为隐含层神经元的数量，n 为输出层神经元的数量，m 为输入层神经元的数量，α 为常数，从[0,10]随机选取。

通过经验公式，本小节可以计算出神经元数量的一个大致变化范围，然后通过网络训练/检验，最终确定隐含层的最佳神经元个数。

3. 输出层神经元设定

本小节将输出层神经元的数量设置为 1，并将东道国的农业投资风险设定为四个等级，然后采用正态分布法及极值—均值法把农业投资风险评价指标的经典域划分为四个区间，每一区间对应上述相应的风险等级，即第 I、II、III、IV 级。其中，第 IV 级表示高度风险，在这种状态下可认为该国可能出现了严重的农业投资风险问题，会给投资者带来严重的损失，不建议对该国投资；第 III 级表示中度风险，在这种状态下可认为该国出现了较为明显的农业投资风险问题，会使投资者遭受较大损失，但不至于构成致命的威胁，建议投资者采取保守策略；第 II 级表示低度风险，在这种状态下可认为该国存在轻度农业投资风险问题，这种风险会对投资者造成局部或轻微的损失，建议投资者根据实际情况通过相关预防措施来控制风险；第 I 级别表示无风险，在这种状态下可认为该国基本不太可能存在农业投资风险，建议投资者采取激进策略。

4. 初始参数设置

设置合适的初始参数对 BP 神经网络应用是非常重要的环节。如果要使 BP 神经网络达到最有效的收敛状态并同时令误差值控制在有效的范围内，则本小节必须选取合适的参数值，具体内容如表 10-29 所示。

表 10-29　BP 神经网络的参数原理及其设置

参数名称	原理阐释	本小节的设置方法
初始权值	在模型应用过程中,为了使目标值与期望值之间的误差最小化,本小节需要挑选合适的初始权值和阈值,如果设置过大,则极易使网络进入饱和状态,进而会使网络训练终止	均匀分布在(−1,1)的随机数可以作为初始权值和阈值
学习速率	学习速率一般分布在[0,1],取值越大表示对网络权值的调整度越大;但是如果学习速率过大,则会诱发网络的不稳定现象以及误差尚未达到有效范围时就开始发散的现象;如果学习速率过小,则会使网络训练时间变长,收敛速度也会随之减缓	通过选取该范围内的较小值,观察误差曲线的下降速度来选取合适的学习速率:若曲线波动较大,则表示该学习速率过大。本小节选取的学习速率为 0.01
训练次数	训练次数一般根据实际情况设定,仅当网络其他参数设置合理的情况下,训练次数较大会使训练结果更满意,否则会导致模型的不稳定	从小到大逐次调整训练次数来获得最佳训练次数。本小节把训练次数设置为 5 000 次
期望误差	网络训练阶段通过不断调整训练次数和期望误差以实现实际输出值与期望值的一致性。通过多次训练后,本小节可以确定一个合适的期望误差值,而该值是通过不断调整隐含层神经元数量来确定的,因为隐含层神经元数量和训练时间的增加将会使期望误差值变小	期望误差大体设置为 0.0000001 可实现训练目标
动量因子	为克服网络算法中收敛速度缓慢或局部极小值的弊端,本小节在权值的调整量中加入了一个动量因子。它表示一次学习训练过程中权值调整对本次权值修正的影响度大小	取值范围在(0,1)的合适值:若设置过小则会使动量因子加入后的效果不明显;反之,若太逼近 1 则会使网络不稳定

5. 网络函数选择

BP 神经网络模型在软件 MATLAB 工具箱中的常用函数主要包含六大类,每一类函数有着各自不同的适用范围,本次研究中使用到的函数主要有以下几类:

(1) BP 神经网络参数设置函数。本小节采用 newff 函数构建一个 BP 神经网络,其函数形式为:

$$\text{net} = \text{newff}(P, T, S, \text{TF}, \text{BTF}, \text{BLF}, \text{PF}, \text{IPF}, \text{OPF}, \text{DDF}) \tag{10-4}$$

newff 函数的含义及其设置方法具体如表 10-30 所示。

表 10-30　newff 函数的含义及其设置方法

代号	含义	本小节的设置方法
P	输入数据矩阵	归一化处理
T	输出数据矩阵	归一化处理
S	隐含层节点数	$S=\sqrt{n+m}+\alpha$,α 为[0,10]的常数

（续表）

代号	含义	本小节的设置方法
TF	节点传递函数	输入层的传递函数:S 形的正切函数(tansig) 隐含层的传递函数:S 形的正切函数(tansig) 输出层的传递函数:S 形的对数函数(purelin)
BTF	训练函数	默认 Levenberg-Marquardt① 函数(trainlm)以达到较快收敛速度
BLF	网络学习函数	基于梯度下降法的 learngd 学习函数
PF	性能分析函数	衡量误差的网络默认函数:MSE
IPF	输入处理函数	网络默认函数
OPF	输出处理函数	网络默认函数
DDF	验证数据划分函数	网络默认函数

(2) BP 神经网络训练函数。本小节通过使用 train 函数对网络进行训练，其函数形式为：

$$[net, tr] = train(NET, X, T, P_i, A_i) \tag{10-5}$$

train 函数的含义及其设置方法具体如表 10-31 所示。

表 10-31　train 函数的含义及其设置方法

代号	含义	本小节的设置方法
NET	待训练网络	newff 函数
X	输入数据	归一化处理
T	输出数据	归一化处理
P_i	初始化的输入层条件	网络默认函数
A_i	初始化的输出层条件	网络默认函数
net	训练好的网络	网络默认函数
tr	训练过程的记录	默认值

6. 网络训练及检测

本小节使用 MATLAB 软件实现编程，建立农业投资风险评价的三层 BP 神经网络结构，用经典域内生成的随机数据作为训练集，训练各神经网络。其中，隐含层、输出层传递函数分别采用 tansig 和 purelin，训练函数采用 trainlm，性能分析函数采用均方误差 MSE。本小节把其他相关参数设定为：训练次数为 5 000 次，期望误差为 10^{-7}，学习速率为 10^{-2}，MSE 为 10^{-1}。对于隐含层神经元数量的确定，本小节采用业

① Levenberg-Marquardt 方法是一种在数值优化方法的基础上发展而成的网络训练方法，它是通过结合牛顿法和梯度下降法而形成的一种新的方法，其优点是在网络权值数量较少的情况下能比较迅速地实现收敛。

界普遍使用的经验公式 $s=\sqrt{n+m}+\alpha$。基于该公式，本小节初步确定绝大多数神经网络系统的隐含层节点个数的变化值域为[2,12]，然后将该值域范围的每个神经元各训练/检验 10 次，直到各神经网络系统的 MSE 输出值达到 0.1 之下，说明训练结果与期望输出拟合误差较小，拟合程度较高，即可依次确定不同神经网络的隐含层节点个数，并据此确定 BP 神经网络模型的拓扑结构。

7. 风险评价结果

本小节利用上述训练/检验的 BP 神经网络模型，将东南亚地区 9 个国家 2013—2017 年各项指标平均值作为测试样本，代入训练好的网络模型，得出相应的输出值即风险评价值，并将其分别与临界值进行对照分析，即可得出农业投资风险的综合评价等级，具体如表 10-32 所示。

表 10-32 “一带一路”背景下中国对东南亚农业投资风险综合评价结果

神经网络名称	越南	菲律宾	柬埔寨	老挝	泰国	缅甸	东帝汶	马来西亚	印度尼西亚	国家均值
REGI	1.45	1.02	1.48	1.78	0.96	1.26	0.48	2.77	0.64	1.32
风险等级	Ⅴ级	Ⅵ级	Ⅴ级	Ⅴ级	Ⅵ级	Ⅴ级	Ⅵ级	Ⅳ级	Ⅵ级	Ⅴ级
REGI_POLI	2.97	2.81	3.01	3.05	2.83	2.31	2.93	3.12	2.90	2.88
风险等级	Ⅳ级	Ⅳ级	Ⅲ级	Ⅲ级	Ⅳ级	Ⅳ级	Ⅳ级	Ⅲ级	Ⅳ级	Ⅳ级
REGI_ECON	3.41	3.07	2.86	2.55	4.13	2.17	3.70	4.02	3.44	3.26
风险等级	Ⅲ级	Ⅲ级	Ⅲ级	Ⅳ级	Ⅱ级	Ⅳ级	Ⅲ级	Ⅱ级	Ⅲ级	Ⅲ级
REGI_SOCI	1.88	1.11	1.03	1.04	2.73	1.04	1.14	1.29	1.08	1.37
风险等级	Ⅴ级	Ⅴ级	Ⅵ级	Ⅵ级	Ⅳ级	Ⅵ级	Ⅴ级	Ⅴ级	Ⅵ级	Ⅴ级
REGI_TECH	2.29	1.42	1.36	1.28	2.90	1.27	1.02	3.53	1.17	1.81
风险等级	Ⅳ级	Ⅴ级	Ⅴ级	Ⅴ级	Ⅳ级	Ⅴ级	Ⅴ级	Ⅲ级	Ⅴ级	Ⅴ级
AGRI	3.18	5.57	5.15	1.01	5.51	1.01	0.77	1.29	1.63	2.79
风险等级	Ⅲ级	Ⅰ级	Ⅰ级	Ⅴ级	Ⅰ级	Ⅴ级	Ⅵ级	Ⅴ级	Ⅴ级	Ⅳ级
AGRI_RESO	4.04	4.78	2.80	1.14	5.07	1.55	2.16	1.99	2.88	2.94
风险等级	Ⅱ级	Ⅱ级	Ⅳ级	Ⅴ级	Ⅰ级	Ⅴ级	Ⅳ级	Ⅴ级	Ⅳ级	Ⅳ级
AGRI_INFR	3.26	2.40	2.34	1.96	3.30	1.34	1.42	3.76	2.78	2.51
风险等级	Ⅲ级	Ⅳ级	Ⅳ级	Ⅳ级	Ⅲ级	Ⅴ级	Ⅴ级	Ⅱ级	Ⅲ级	Ⅲ级
AGRI_EFFI	4.20	0.98	3.74	5.22	1.17	4.99	1.11	0.10	1.60	2.57
风险等级	Ⅱ级	Ⅵ级	Ⅲ级	Ⅰ级	Ⅴ级	Ⅱ级	Ⅴ级	Ⅵ级	Ⅴ级	Ⅳ级
AGRI_DISA	4.15	4.50	1.00	2.34	1.18	4.87	4.90	3.95	4.83	3.53
风险等级	Ⅱ级	Ⅱ级	Ⅴ级	Ⅳ级	Ⅴ级	Ⅱ级	Ⅱ级	Ⅲ级	Ⅱ级	Ⅲ级
CONN	3.98	3.28	4.19	3.97	4.32	4.71	2.44	4.32	3.24	3.83
风险等级	Ⅲ级	Ⅲ级	Ⅱ级	Ⅲ级	Ⅱ级	Ⅱ级	Ⅳ级	Ⅱ级	Ⅲ级	Ⅲ级
CONN_POLI	4.46	4.11	3.29	2.23	1.70	4.04	1.54	3.01	4.70	3.23

（续表）

神经网络名称	越南	菲律宾	柬埔寨	老挝	泰国	缅甸	东帝汶	马来西亚	印度尼西亚	国家均值
风险等级	Ⅱ级	Ⅱ级	Ⅲ级	Ⅳ级	Ⅴ级	Ⅱ级	Ⅴ级	Ⅲ级	Ⅱ级	Ⅲ级
CONN_INST	2.88	1.88	2.26	1.87	2.29	3.96	1.84	2.93	2.45	2.48
风险等级	Ⅳ级	Ⅴ级	Ⅳ级	Ⅴ级	Ⅳ级	Ⅲ级	Ⅴ级	Ⅳ级	Ⅳ级	Ⅳ级
CONN_TRAD	4.90	4.55	4.61	4.62	4.23	4.47	2.87	4.53	4.72	4.39
风险等级	Ⅰ级	Ⅱ级	Ⅱ级	Ⅱ级	Ⅱ级	Ⅱ级	Ⅳ级	Ⅱ级	Ⅱ级	Ⅱ级
CONN_CAPI	3.01	3.00	2.70	2.90	4.21	2.39	2.28	4.19	5.12	3.31
风险等级	Ⅲ级	Ⅲ级	Ⅳ级	Ⅳ级	Ⅱ级	Ⅳ级	Ⅳ级	Ⅱ级	Ⅰ级	Ⅲ级
CONN_FRIE	4.14	3.37	3.55	4.32	4.71	3.18	3.01	4.60	5.04	3.99
风险等级	Ⅱ级	Ⅲ级	Ⅲ级	Ⅱ级	Ⅱ级	Ⅲ级	Ⅲ级	Ⅱ级	Ⅰ级	Ⅲ级
COMP	2.71	4.23	3.98	1.42	4.04	1.43	1.31	1.55	1.48	2.46
风险等级	Ⅳ级	Ⅱ级	Ⅱ级	Ⅴ级	Ⅱ级	Ⅴ级	Ⅴ级	Ⅴ级	Ⅴ级	Ⅳ级

10.2.4　东南亚农业投资风险综合评价结果

（一）区域投资环境评价

东南亚地区区域投资环境的国家均值为 1.32,说明该地区处于较高的风险状态。其中,菲律宾、泰国、东帝汶、印度尼西亚四国处于高风险等级,马来西亚处于适中偏高风险等级,其余国家均处于较高风险等级。东南亚地区整体投资环境有待改善,具体而言,可以从以下四个方面进行深入分析:

一是区域政治环境。该项国家均值为 2.88,处于适中偏高风险等级,代表国家有越南、菲律宾、泰国、缅甸、东帝汶、印度尼西亚,其余国家均处于适中偏低风险等级。

二是区域经济环境。该项国家均值为 3.26,处于适中偏低风险等级,代表国家有越南、菲律宾、柬埔寨、东帝汶、印度尼西亚,而泰国和马来西亚两国的经济环境处于较低风险等级,老挝和缅甸两国的经济环境风险等级适中偏高。

三是区域社会环境。该项国家均值为 1.37,处于较高风险等级,在 9 个样本国家中,只有泰国处于适中偏高风险等级,越南、菲律宾、东帝汶、马来西亚四国处于较高风险等级,其余国家均处于高风险等级,整体社会环境风险等级较高。

四是区域技术环境。该项国家均值为 1.81,处于较高风险等级,在 9 个样本国家中,马来西亚处于适中偏低风险等级,泰国和越南两国处于适中偏高风险等级,其余国家均处于较高风险等级,整体技术环境风险等级较高。

（二）农业投资风险评价

东南亚地区农业投资风险的国家均值为 2.79,处于适中偏高风险等级。其中,菲律宾、柬埔寨、泰国的农业投资风险处于低风险等级,越南次之,处于适中偏低风险等级，东帝汶的风险等级最高，其余国家均处于较高风险等级，说明整体农业投资环境尚需改善。具体而言，可以从以下四个方面进行深入分析：

一是农业资源禀赋。该项国家均值为2.94，处于适中偏高风险等级。其中，泰国农业资源禀赋风险等级最低，越南和菲律宾处于较低风险等级，而柬埔寨、东帝汶、印度尼西亚三国则处于适中偏高风险等级，其余国家均处于较高风险等级。

二是农业基础设施。该项国家均值为2.51，处于适中偏低风险等级。其中，马来西亚处于较低风险等级，越南、泰国、印度尼西亚处于适中偏低风险等级，菲律宾、柬埔寨、老挝三国处于适中偏高风险等级，其余国家均处于较高风险等级。

三是农业生产效率。该项国家均值为2.57，处于适中偏高风险等级。其中，老挝处于低风险等级，越南和缅甸处于较低风险等级，柬埔寨处于适中偏低风险等级，泰国、东帝汶、印度尼西亚处于较高风险等级，菲律宾和马来西亚处于高风险等级。

四是农业自然灾害。该项国家均值为3.53，处于适中偏低等级。其中，越南、菲律宾、缅甸、东帝汶、印度尼西亚等国处于较低风险等级，马来西亚处于适中偏低风险等级，老挝处于适中偏高风险等级，而柬埔寨和泰国处于较高风险等级。

（三）“一带一路”互联互通情况评价

东南亚地区“一带一路”互联互通情况的整体风险评价值为3.83，处于适中偏低风险等级。其中，柬埔寨、泰国、缅甸、马来西亚处于较低风险等级，越南、菲律宾、老挝、印度尼西亚处于适中偏低风险等级，东帝汶处于适中偏高风险等级。具体而言，可以从以下五个方面进行深入分析：

一是农业政策沟通。该项国家均值为3.23，处于适中偏低风险等级。其中，越南、菲律宾、缅甸、印度尼西亚处于较低风险等级，柬埔寨和马来西亚处于适中偏低风险等级，老挝处于适中偏高风险等级，泰国与东帝汶处于较高风险等级。

二是农业设施联通。该项国家均值为2.48，处于适中偏高风险等级。其中，缅甸处于适中偏低风险等级，越南、柬埔寨、泰国、马来西亚、印度尼西亚处于适中偏高风险等级，菲律宾、老挝、东帝汶则处于较高风险等级。

三是农业贸易畅通。该项国家均值为4.39，处于较低风险等级。其中，越南处于低风险等级，东帝汶处于适中偏高风险等级，其余国家均处于较低风险等级。

四是农业资金融通。该项国家均值为3.31，处于适中偏低风险等级。其中，印度尼西亚处于低风险等级，泰国、马来西亚处于较低风险等级，越南和菲律宾则处于适中偏低风险等级，其余国家均处于适中偏高风险等级。

五是农业民心相通。该项国家均值为3.99，处于适中偏低风险等级。其中，印度尼西亚处于低风险等级，越南、老挝、泰国、马来西亚处于较低风险等级，其余国家均处于适中偏低风险等级。

(四) 农业投资风险综合评价

“一带一路”背景下东南亚地区农业投资风险综合评价值为 2.46，处于适中偏高风险等级，尽管如此，但其中仍不乏综合农业投资风险状况良好的国家。比如，菲律宾、柬埔寨、泰国均处于较低风险等级，本小节鼓励投资者进行适当投资；越南处于适中偏高风险等级，本小节建议投资者谨慎投资，投资体量不宜过大；对于像老挝、缅甸、东帝汶、马来西亚、印度尼西亚等处于较高风险等级的国家，本小节认为应采取保守策略，避免投资损失。

10.2.5　中国与东南亚地区农业合作路径

(一) 农业区域合作升级

在“一带一路”倡议的大背景下，中国与东南亚国家的农业合作还有广泛的空间，不应仅停留在以量为目标，以完成项目多少论英雄，而应观照整个投资环境，继续发掘政策合作、改善投资环境、以人文促合作等方面的潜力，实现农业合作升级。

第一，提升农业投资政策的实效性。中国与东道国联合建设境外农业合作示范区和农业对外开放合作试验区，为中国企业提供更好的保障，有利于它们更好地融入当地环境。一方面，通过共建农业合作园区，可以全面发挥园区的样板示范作用，加速当地农业的发展进程，带动整体发展水平；另一方面，通过共建农业合作园区，可以把国内先进的云计算、大数据、人工智能等技术应用到合作领域，促进当地产业的升级改造。

第二，均衡双方农业投资的经济条件。在后续合作中，为了保证中国对东南亚国家农业投资的实际效果能够适应“一带一路”建设的需求，并取得预期的综合效益，中国应致力于均衡双方农业投资的经济条件，即中国政府在投入资金时，东南亚国家方面可以匹配一定的资金投入。

第三，完善农业合作的人文社会氛围。现阶段中国对东南亚国家农业投资的实际绩效未能匹配预期规划，双方之间存在误解和进入壁垒，尤其是东南亚国家农业投资的社会融入程度较低，制约了双方实现互利共赢。因此，在今后的合作中，中国应突出农业合作的社会氛围，加深东南亚国家的社会参与程度和融入程度，比如借助媒体宣传扩大影响力，及时破除谣言，提升东南亚国家农民对农业投资的关注度和认可度，从而能以较好的心态参与其中。

第四，匹配适宜农业投资的技术创新。对于计划对东南亚国家进行农业投资的企业而言，应加大科技投入力度，在技术、营销、结构三方面着力创新，注重科技人才培养。同时，整合优质资源，储备涉外农业专家智库，组建风险应对小组，通过专业数据分析及时提供境外投资环境分析报告，提前做出战略调整或制定应急预案。

（二）农业投资环境改善

农业投资环境的改善将重点围绕强化政府对市场的宏观调控、深化农业供给侧结构性改革、培育农业投资跨国公司等，优化农业农村的投资环境，引导和撬动更多社会资本与金融资本投入农业投资环境改善当中，助力更多国内农业企业走出国门。

第一，强化政府对市场的宏观调控。从政府宏观调控的角度来看，政府部门应有效把握中国与东南亚国家农业投资的相互关系，确保宏观调控政策有利于双方的农业经济发展，避免出现政府农业资金投入的无效行为。涉外农业投资企业应及时关注政策走向，并根据政府部门的宏观调控做好必要的匹配工作，保证对东南亚国家的农业投资顺应中国战略发展的需求。

第二，深化农业供给侧结构性改革。农业对外投资的多元化解决了中国高质量农产品供给短缺的困境，但仍处于起步阶段。农业供给侧结构性改革自实施以来，颇见成效。继续深化农业供给侧结构性改革，同时加快农业对外投资战略的顶层设计，将有助于优化农产品结构，提高优质农产品的生产比重，进而借助农业对外投资带动“一带一路”东南亚国家农业结构的整体升级。

第三，培育农业投资跨国公司。跨国公司对全球资源进行优化配置，能够形成高效的价值链，对国际分工和利益分配有着高度影响力。对于具有较强的跨国经营管理能力与核心竞争力的农业投资企业，政府可有意识、按步骤地重点提携和栽培，甚至给予其优惠的政策性扶持，将其培养成实力雄厚、应对风险经验丰富的跨国公司或集团，提升中国企业的国际地位、国际声誉和国际竞争力，成为“一带一路”倡议在农业投资领域的重要战略支点。

（三）农业互联互通建设

中国在对东南亚国家进行农业投资时，对于风险的防范需多方合作，帮扶共建；同时，也亟待政府方面出台相关政策，在完善财政扶持、税收减免、金融支持、农业补贴及保险以及市场拓展等政策方面加强集中规范管理，发挥政府的宏观调控和政策引导作用。

第一，推进农业政策沟通。“一带一路”倡议的提出有利于中国与东南亚国家之间的农业合作顺畅，政府相关部门应高度关注世界格局及国内外农业发展前沿的变化，统筹调配国内农业资源，为农业投资提供全局性、关键性、引领性的政策和制度体系，降低政策风险，具体包括营造较为宽松的政策环境、深入研究东道国的政策环境、大力推进农业双赢的整体思路，以及因地制宜推出创新合作机制。

第二，夯实农业设施联通。东南亚地区拥有先天优良的农业资源，目前存在基础设施不足、信息覆盖率较低、农业生产成本较高和资源利用率较低等问题。这对于农业投资而言，有可能降低投入产出比，更有可能带来不可避免的系统性风险。因此，中国应首先加大投资企业合作力度，高质、高效地帮助东道国完善基建设施；通过协助东道国优化升级“信息化的软环境”,建设高效的信息化平台、可共享的海量数据资源,以及安全的网络交易环境,提高双方的合作效率。

第三,促进农业贸易畅通。为了保障农业贸易畅通,中国应加大税收减免及抵扣的力度,升级退税服务的质量和效率,并注重营造优越、宽松的投资环境。

第四,保障农业资金融通。在“一带一路”倡议下,中国需从注重财政专项资金的配备、夯实信贷方面的支持、扩充融资渠道及农业担保范围、为不同国家量身定制新型金融产品和拓展多种多样的市场推广方式等方面加强双方资金融通。

第五,促进农业民心相通。“一带一路”沿线部分国家地缘政治复杂,东南亚国家具有政权更迭快、教派各异、民族众多等地域特点,这将影响农业生产效率,导致中国投资企业与东道国间矛盾不断。因此,中国投资企业应注重尊重各国文化与宗教信仰,联合当地的华人、华侨群体,并妥善保护当地的环境资源。

下篇

“一带一路”国际循环促进中国国内循环

第11章 “一带一路”国际循环带动中国国内循环机制

2011—2013年，中国经济增长呈L形走势，中国经济发展从高速增长正式步入了中高速增长的新常态阶段。在新常态下，中国以往“以量取胜”的弊端逐渐显现，在全球价值链进一步分解及国际化分工的大背景下，中国陷入了“高端产业低端化”的困局，产业升级举步维艰，应该如何实现企业升级进而带动产业升级成为中国政府亟待解决的关键问题。在此背景下，习近平总书记于2013年在出访中亚与东南亚国家期间先后提出了建设“丝绸之路经济带”和“21世纪海上丝绸之路”倡议（简称“一带一路”倡议），旨在与沿线国家构建共同发展、共同繁荣的合作共赢之路，并以期通过进一步深化“走出去、引进来”战略，从供给侧使中国摆脱产业升级困境，最终保证中国经济长期可持续发展。

“一带一路”倡议自提出以来便得到了学界的广泛关注，虽然学者们从国际产能合作、贸易投资和企业创新等视角对“一带一路”倡议的经济效应进行了深入研究（赵东麒和桑百川，2016；Herrero and Xu，2017；Du and Zhang，2018；王桂军和卢潇潇，2019a，2019b），但在一定程度上忽略了另一个关键视角，即“一带一路”倡议对中国产业或企业升级的影响。“一带一路”倡议在中国产业升级陷入困境的背景下提出，其对中国产业或企业升级的影响具有重要研究价值，但纵观既有研究，仅有数篇与“一带一路”倡议影响产业升级相关的文献，且研究均集中在理论分析和政策建议方面（卫玲和梁炜，2017；马骥和马相东，2017），并没有涉及“一带一路”倡议影响企业升级的研究。有鉴于此，本章基于全球价值双环流框架、产业生命周期理论，从研发创新视角对“一带一路”倡议促进各产业中企业升级的作用路径展开研究。

11.1 “一带一路”国际循环上环流推动中国企业全要素生产率提升机制①

本节将“一带一路”倡议和中国企业向非沿线发达国家②直接投资行为引入全球价值双环流理论框架，将中国与下环流沿线非发达国家的贸易机制和中国与上环流非沿线发达国家的对外直接投资机制串联起来，探讨对非沿线发达国家投资企业在倡议提出后全要素生产率(TFP)的变化。理论分析表明，基于“干中学”等经典理论，在“一带一路”倡议的稳步推进中，中国与沿线非发达国家的贸易升级会提高这些国家参与全球价值链生产的分工地位，从而在全球价值链攀升中与中国形成“位势攀升差”，进而对中国企业的技术创新产生“倒逼效应”；而对非沿线发达国家投资的企业会通过技术“逆向溢出”机制吸收先进技术，更快地提高技术创新水平，实现 TFP 的提升。

11.1.1 理论背景

20 世纪 80 年代以来，助推全球经济发展的“雁阵模式”逐渐退出历史舞台，取而代之的是基于垂直专业化的产品内部生产工序在不同国家分工的全球价值链体系，各国基于自身要素禀赋嵌入全球价值链生产的不同环节。由于在国际化分工中发达国家和非发达国家长期不平等的价值交换，全球价值链体系表现出了明显的“中心—外围”特征(Wallerstein，2004)。进入 21 世纪以来，特别是 2008 年全球金融危机和 2009 年欧洲债务危机之后，各“中心”发达国家的经济增长相继陷入疲软状态，世界贸易格局因此由传统“中心—外围”的单极模式向相互嵌套、相互联通的多极模式转变。现有研究指出，2008 年全球金融危机之后的全球价值链体系实则已经转变为以中国为枢纽，上连发达国家，下接其他非发达国家的全球价值双环流体系(张辉等，2017)。如图 11-1 所示，双环流分别由中国与发达国家贸易往来形成的上环流和中国与其他非发达国家贸易往来形成的下环流构成。在两大环流体系中，发达国家会将失去比较优势的产品工序(高端中间品)转移到中国和其他非发达国家，并从这些国家进口最终品。由于其他非发达国家技术水平相对低下，从而很难承接来自发达国家的高端中间品代

① 本节内容主要来自：王桂军，张辉，2020.“一带一路”与中国 OFDI 企业 TFP：对发达国家投资视角[J].世界经济，43(5)：49-72。

② 截至 2018 年，联合国和经济合作与发展组织同时公认的发达国家有 28 个，具体包括澳大利亚、奥地利、比利时、加拿大、丹麦、芬兰、法国、德国、希腊、冰岛、波兰、爱尔兰、匈牙利、意大利、捷克、日本、韩国、卢森堡、荷兰、新西兰、挪威、葡萄牙、斯洛伐克、西班牙、瑞典、瑞士、英国和美国。其中，波兰、捷克和匈牙利属于“一带一路”沿线国家。因此，本章出现的非沿线发达国家、上环流非沿线发达国家等术语均指剔除波兰、捷克和匈牙利之后的 25 个国家。

加工业务，因此这部分高端中间品的进一步加工一般由中国完成；与此同时，中国也会将国内失去比较优势的产品工序（中低端中间品）进一步转移或外包到全球价值链位势更低的其他非发达国家，并从这些国家进口最终品；而其他非发达国家承担了全球价值链中加工组装的低端环节，并向发达国家和中国出口最终品。因此，中国在衔接发达国家高端生产工序和其他非发达国家低端生产工序中起到了枢纽作用。

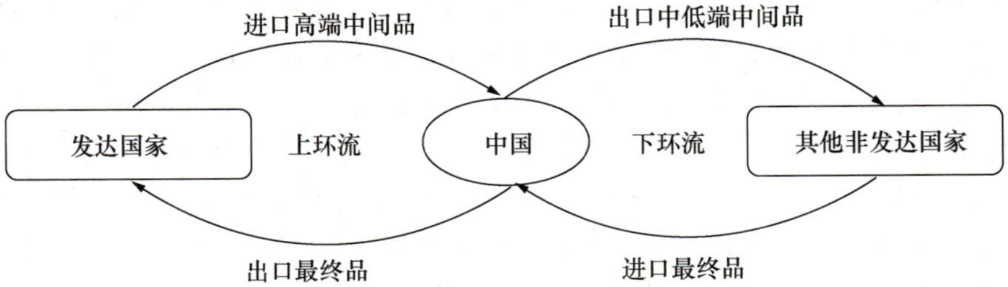

图 11-1 全球价值双环流体系

11.1.2 理论机制

“一带一路”倡议在全球价值双环流体系逐渐形成的大背景下提出，不仅顺应了中国经济发展与转型的强烈诉求，而且为全球治理注入了新鲜血液，其以“共商、共建、共享”原则推行的治理模式，进一步打破了“中心—外围”体系下“支配—依附”的国际化分工格局，为各非发达国家特别是沿线非发达国家的发展创造了机遇。既有研究指出，“一带一路”倡议可以显著影响投资沿线国家的中国企业，提高其 TFP（王桂军和卢潇潇，2019a，2019b）。其影响机制在于：一方面，沿线国家多为发展水平较低的非发达国家，在“一带一路”倡议的政策红利下，企业可以将产品市场延伸至这些国家，通过成本优势获取可观的交换价值，从而为企业的研发创新提供丰厚的资金支持；另一方面，政府部门对投资于沿线国家的企业提供了诸如税率优惠、外汇支持和海关服务等便利性条件，这也间接提高了企业的技术创新意愿。那么，“一带一路”倡议是否会对投资于非沿线发达国家的中国企业的 TFP 产生影响？如果会，作用机制又是什么？这是本小节需要解决的关键问题。

与“一带一路”倡议可以直接影响投资于沿线国家的企业不同，倡议对投资于非沿线发达国家企业 TFP 的影响是间接的，其影响路径可能更为复杂。接下来，本小节试图将“一带一路”倡议和对外直接投资引入全球价值双环流框架，基于全球价值双环流理论给定的中国在全球贸易网络中的枢纽位置，从中国与“一带一路”沿线非发达国家的贸易升级入手，将下环流中国和沿线非发达国家的全球价值链位势变动与上环流中国对非沿线发达国家的“逆梯度”投资串联起来，对倡议影响投资于非沿线发达国家企业的 TFP 展开理论分析。

自“一带一路”倡议提出以来，与传统的国际贸易相比，中国与沿线非发达国家开展的贸易往来具有更多的政策支持和政府间的协调，在国内配套政策推动和沿线非发达国家积极响应下，中国与众多沿线非发达国家的贸易往来不断升级，中间品贸易规模不断扩大。新结构经济学理论认为，低价值链位势国家在与高价值链位势国家的中间品贸易往来中，不仅可以加快资本要素的积累，而且可以通过“干中学”提高技术水平（林毅夫和张鹏飞，2005）。新增长理论也强调，国际贸易会通过规模效应和技术溢出效应提高贸易参与国的技术创新水平并促进其经济增长（Rivera-Batiz and Romer，1991）。此外，也有学者指出，不同价值链位势国家之间的中间品贸易往来可以通过“进口中学习”或“出口中学习”提高低价值链位势国家的生产效率和在全球价值链中的分工地位（Amiti et al.，2014；洪俊杰和商辉，2019）。由此可知，中国与沿线非发达国家的贸易升级会进一步提高这些国家在全球价值链中的分工地位。当然，中国在与上环流发达国家进行中间品贸易时也可以通过资本的积累、技术水平和生产效率的提高而取得全球价值链位势的攀升。

既有研究指出，非发达国家与发达国家进行贸易往来引致的价值链位势攀升会因非发达国家无法掌控国际贸易规则和产品价格制定权而容易遇到“天花板”（洪俊杰和商辉，2019），且未必会持续（Glass and Saggi，2001）。与之不同的是，中国以实现“人类命运共同体”为最终目的推进“一带一路”建设，积极采用“先发展再分配”“共商共建，成果共享”的“中国方案”与沿线非发达国家开展贸易合作，沿线非发达国家在与中国的贸易往来中能够以平等的身份参与规则及价格的制定，其价值链位势的攀升并不会受到因贸易地位不平等而产生的负面影响。此外，由于处于全球价值链低端，沿线非发达国家的全球价值链攀升空间巨大，在与中国共建“一带一路”中会实现更大幅度的攀升。假设沿线非发达国家在积极参与共建“一带一路”中因与中国的贸易升级而取得的全球价值链位势攀升高度为 h_1，中国作为全球价值双环流体系的枢纽在与上环流发达国家进行中间品贸易时取得的全球价值链位势攀升高度为 h_2，则基于上述理论分析，h_1 很有可能大于 h_2，如图 11-2 所示。

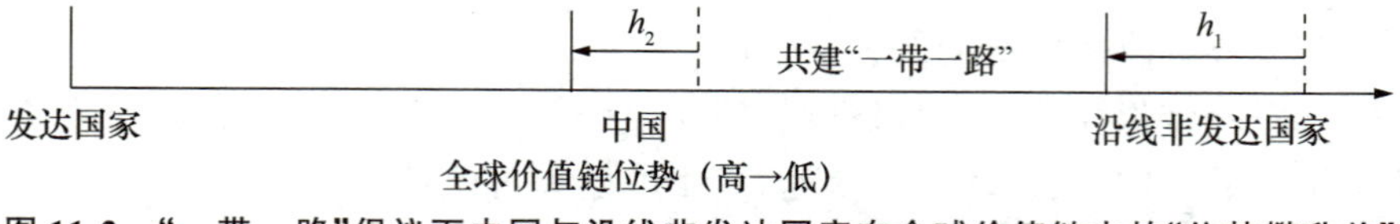

图 11-2 “一带一路”倡议下中国与沿线非发达国家在全球价值链中的“位势攀升差”

这样，在“一带一路”倡议的政策红利下，相较于中国，“一带一路”沿线非发达国家更快地提升了其在全球价值链中的分工地位，也即中国与这些国家在全球价值链位势的攀升中形成了“位势差”（以下简称“位势攀升差”）。与中国相比，这些国家的价值创造能力得到更快的提升，对更高技术中间品的需求也相继增加。换个角度来讲，从前中国对其出口的中间品已经无法满足当前其分工地位的需求，这便要求中国向其出口技术含量更高、生产工序更复杂的中间品。显然，在这种情况下，中国企业要想维持与这些国家的长期贸易关系，就不得不加大研发创新力度，生产技术含量更高的产品以满足这些国家对技术含量更高、生产工序更复杂的中间品的需求。因此，这种位势攀升差会对中国企业的技术创新产生“倒逼效应”。这种倒逼效应是基于中国向沿线非发达国家的出口行为而产生的，但又有别于传统出口行为对企业创新的促进效应，位势攀升差对中国企业的倒逼效应作用力度可能会更大。既有研究认为，高价值链位势国家向低价值链位势攀升国家的出口行为可以使高价值链位势国家的企业获得丰厚的销售利润，从而缓解其研发资金约束，促进企业的创新行为(李兵等，2016)。这种对企业创新的促进效应是“随和”的，没有压力的，而位势攀升差对企业创新的倒逼效应却有所不同。沿线非发达国家全球价值链位势的快速攀升给国内企业造成了“订单压力”，国内企业不得不进行创新以满足这些国家的新需求。因此，基于位势攀升差的倒逼效应在传统出口创新效应的基础上多了一层创新驱动力，促使企业提高创新意愿，主动进行创新。

位势攀升差的倒逼效应会对中国的哪些企业产生影响？对沿线非发达国家实施出口的企业首先会受到冲击，其后在倒逼效应的影响下，还可以辐射至其他企业。如图 11-3 所示，如果中国的企业 A 对沿线非发达国家有出口行为，那么它会直接受到倒逼效应的冲击。但需要注意的是，企业 A 并不一定是价值链中的上游企业，它也有可能在对沿线非发达国家出口中间品的同时，从国内其他企业购买中间品，从而形成产品生产的国内价值链。假设企业 A 从国内的企业 B 购买中间品，这样位势攀升差在对企业 A 产生倒逼效应之后，会进一步地传递给企业 B。因此，企业 B 即使不出口，也会间接地受到倒逼效应的冲击。素有“世界工厂”称誉的中国，在积极嵌入全球价值链的同时，国内价值链也迅速地发展壮大(邵朝对等，2018)。在此背景下，类似于企业 A 和企业 B 的组合在国内可能比比皆是。因此，基于位势攀升差的倒逼效应可能会辐射到国内大多数企业。

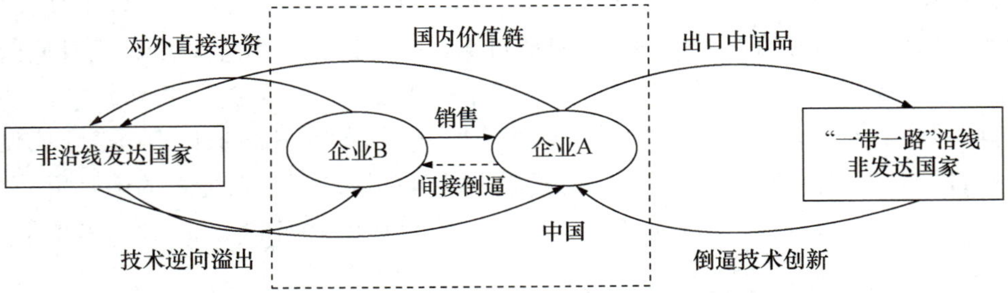

图 11-3 位势攀升差对中国企业倒逼效应的作用机制

接下来的问题是，在位势攀升差的倒逼效应下，相较于其他企业，投资于非沿线发达国家的企业的技术创新是否存在差异？如果存在，那么这一差异又会对此类企业的TFP产生怎样的影响？这是本小节的考察重点。一般而言，中国企业的对外直接投资按照投资目的国的经济与技术发展水平可分为“顺梯度”投资和“逆梯度”投资（刘夏明等，2016），假设图11-3中的企业A和企业B对非沿线发达国家实施直接投资，则该投资当属逆梯度投资。与基于比较优势实施的顺梯度投资不同，逆梯度投资存在明显的优势落差，投资者往往出于投资中学习的目的对技术水平领先的发达国家实施直接投资。因此，逆梯度投资也被认为是探索型或学习型对外直接投资（Makino et al.，2002）。大多数学者对逆梯度投资与母国企业创新的关系持正面观点，认为逆梯度投资可以通过技术逆向溢出机制提高母国企业的创新水平（Branstetter，2006；Pradhan and Singh，2009）。具体而言，在逆梯度投资中，非发达国家的企业可以通过设立境外子公司、实施跨国并购或成立研发机构等形式嵌入发达国家的创新网络，进而基于技术扩散、投资中学习或模仿学习等途径吸收发达国家的先进技术经验，提高自身的技术创新水平。技术创新是一个失败率高且跨期长的复杂过程，不仅需要大量的资金支持，而且具有明显的路径依赖性，一家企业技术创新的突破在很大程度上依赖于既有技术的先进性。在位势攀升差的倒逼效应下，对非沿线发达国家实施直接投资的企业（比如图11-3中的企业A和企业B），会通过技术逆向溢出机制吸收先进技术，打破企业内部技术路径依赖，更快地实现创新。创新是技术进步的核心动力（Schumpeter，2010），而技术进步又是TFP提升的重要源泉（Mizobuchi，2015）。因此，在中国与沿线非发达国家全球价值链位势攀升差的倒逼效应下，那些对非沿线发达国家实施直接投资的企业会优先通过技术创新提升TFP。

11.2 “一带一路”国际循环下环流推动中国企业升级机制[①]

自“一带一路”倡议提出以来，中国秉承“政策沟通、设施联通、贸易畅通、资金融通、民心相通”的“五通”理念展开各项对外工作，为中国企业“走出去”开辟了新天地，也为中国企业的对外直接投资创造了新的机遇：一方面，2008年全球金融危机使诸多发达国家的经济发展受到严重冲击，发展中国家的出口和资本输入也严重萎缩，各国政府亟须吸引外资流入以推动本国经济发展，“一带一路”倡议恰恰使中国企业抓住了这一契机，为中国企业的对外直接投资创造了机遇；另一方面，在传统的国际贸易中，中国企业的对外直接投资面临诸多不可规避的投资风险，但在“一带一路”倡议下，中

① 本节内容主要来自：王桂军，卢潇潇，2019b.“一带一路”倡议与中国企业升级[J].中国工业经济，(3)：43-61。

国与沿线国家共建的一系列合作平台[①]可以大幅减少中国企业在对沿线国家实施投资时所面临的经济和政治风险，可以说，与传统的国际贸易相比，“一带一路”倡议下的对外直接投资拥有更多的政策支持和政府间的协调。根据商务部数据，2018 年全年，中国境内投资者对全球实施非金融类直接投资累计达 1 205 亿美元，持续保持增长态势；其中对“一带一路”沿线国家实施非金融类直接投资 156.4 亿美元，同比增长 8.9%。如果加上金融类投资，则中国对外投资规模已然超过吸收外资规模，已经跻身于全球资本净输出国之列。在既有研究中，学者们对“一带一路”倡议对中国对外直接投资的影响效应也持正面观点（Du and Zhang，2018；孙焱林和覃飞，2018）。

那么，“一带一路”倡议在给中国企业的对外直接投资带来机遇的同时是否会进一步地助推中国企业升级呢？从既有研究来看，虽然关于对外直接投资影响企业升级的研究并不多见，但有大量学者考察了对外直接投资对企业研发创新的影响效应，且观点基本一致，均认为对外直接投资可以明显地促进企业的创新行为（Pradhan and Singh，2009；毛其淋和许家云，2014）。既然基于外部依赖的比较优势理论和基于内部依赖的技术追赶理论均认为研发创新是产业或企业升级的重要路径，那么理论上，对外直接投资可以通过研发创新机制助推企业升级。一般而言，中国的对外直接投资可以分为“顺梯度”投资和“逆梯度”投资两种模式（刘夏明等，2016），这两种投资模式均可以通过研发创新机制助推中国企业升级：① 在“顺梯度”投资模式下，中国可以将国内部分成熟产业或边际产业的富余产能转移到低梯度的发展中国家，通过资源禀赋的比较优势获取可观的交换价值以缓解产业内部企业的研发资金约束，从而促进企业的创新行为，最终推动企业升级；② 在“逆梯度”投资模式下，中国企业可以与发达国家的技术领先型企业进行战略合作，开展研发资源共享、战略技术联盟和研发人才培育等活动，并通过“逆向转移”机制使母国企业的研发创新水平得以提升，从而拉动企业升级。“一带一路”倡议不仅包含诸多发展中国家，而且延伸到了多个科技水平相对发达的经济体，所以“一带一路”倡议下的对外直接投资可以同时涉及“顺梯度”投资和“逆梯度”投资。接下来，本节从中观产业层面出发，以产业生命周期理论为基础，引入比较优势理论和技术追赶理论并基于研发创新视角探讨“一带一路”倡议下“顺梯度”投资和“逆梯度”投资对中国企业升级的影响效应。

第一，本节对产业生命周期进行了扩展定义，传统产业生命周期理论认为，一个产业从初创期进入市场到衰退期退出市场一般要经历初创、成长、成熟和衰退四个阶段，但本节认为，如果受到良好的政策冲击和市场引导，那么产业进入衰退期以后可以通

① 诸如上海合作组织、东南亚国家联盟、中阿合作论坛及中非合作论坛等。

过“第二种机会窗口”[①]实现技术蛙跳从而再次进入成长期，本节将这一阶段称为再生阶段。如图 11-4 所示，本节将产业生命周期分为新兴、成熟、瓶颈和再生四个阶段：① 新兴阶段($0-t_1$)，该阶段包括一般产业周期理论的初创期和成长期，是一个产业从萌芽到趋于成熟的过程，此时产业发展迅速，需要大量的技术投入，产业内企业的生产效率提升明显，但资源禀赋相对较弱，在对外贸易和投资上处于劣势状态。② 成熟阶段(t_1-t_2)，即一般产业生命周期理论的成熟期，此时产业进入稳定增长和发展时期，产业形成规模并具备一定的市场竞争力，产业内企业的生产效率相对稳定。在该阶段，产业的资源禀赋会在规模经济效应和市场竞争优势下稳步提升，同时，产业仍然需要一定的研发投入以保持持续的市场竞争力，但相较于新兴阶段，由于该阶段产业技术水平趋于成熟，研发创新力度会相对放缓。③ 瓶颈阶段(t_2-t_3)，在该阶段，随着产业所在区域需求结构的升级，产业传统产能无法满足市场需求，产业面临较为严重的发展瓶颈，产业出现过剩产能并逐渐开始衰退，产业内企业的生产效率逐渐下降。该阶段下的产业虽然急需技术变革，但往往会因盈利能力低下和融资渠道匮乏等而对研发投入力不从心，研发创新水平持续降低。需要注意的是，该阶段产业虽处于瓶颈期，但由于长期的积累而使得产业的资源禀赋充足，在国际上仍然具备可观的比较优势。④ 再生阶段(t_3 之后)，如果在瓶颈阶段，产业受到了良好的政策冲击和市场引导，

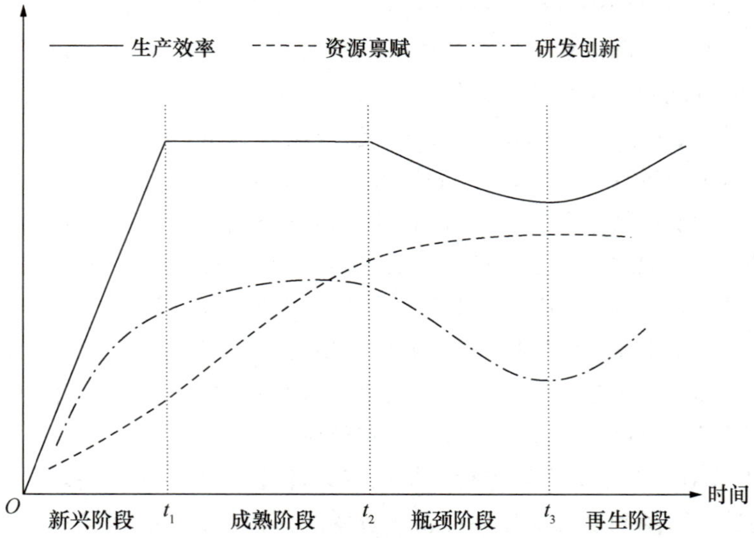

图 11-4　产业生命周期及各阶段特征示意

① 贾根良(2018)将“第二种机会窗口”定义为新技术革命通过“创造性毁灭过程”对传统工业的革命性改造在技术追赶上所提供的“机会窗口”。

比如政府增加研发资助使其实现技术蛙跳，或者政府实施去产能政策实现富余产能的消化和转移，则产业内企业的生产效率有可能逐步回升从而进入再生阶段。本节认为，产业突破发展瓶颈进入再生阶段的关键在于技术蛙跳，这是因为，瓶颈产业虽然可以通过向低梯度国家的产能转移实现再生产，但是如果没有新技术产品的支撑，则其产品依然无法满足区域内的需求结构，发展仍然存在阻力。所以，在良好的政策冲击和市场引导下，瓶颈产业在转移富余产能的同时只有加大研发创新力度才能获得“第二种机会窗口”从而最终实现产业再生，也就是说，在再生阶段，产业内企业的生产效率与研发创新力度的增长幅度应该是趋于平行的，如图 11-4 所示。

第二，根据上述对产业生命周期的定义，本节将中国企业分为三类，分别为处于新兴产业、成熟产业和瓶颈产业中的企业（以下分别简称“新兴企业”“成熟企业”和“瓶颈企业”）[①]。在“一带一路”倡议的引导下，不同类型的企业，其研发创新的依赖路径可能不尽相同：① 对于新兴企业而言，虽然企业发展潜力巨大，但由于资源、技术和管理经验等方面都处于起步阶段，产品在市场上缺乏竞争优势，在“一带一路”倡议的政策红利下很难通过“顺梯度”投资以资源禀赋的比较优势获得交换价值，以为企业的研发创新提供资金支持；相反，“逆梯度”投资却能给新兴企业的研发创新带来机遇，这是因为，新兴企业可以通过与发达经济体中技术领先型企业的深度研发合作以“逆向转移”机制提升自身的研发创新水平。这样新兴企业便有可能在“一带一路”倡议的引导下通过“逆梯度”投资提高企业的研发创新水平进而加快企业升级进程。② 对于成熟企业而言，其研发创新一般会面临两个问题：一是如何获取更加先进的研发经验；二是怎样寻求更大规模的销售市场以获得可持续的营业利润，为企业研发创新提供资金保障。对于第一个问题，在“一带一路”倡议的政策红利下，成熟企业可以在对发达经济体的投资过程中吸收领先技术并继续进行研发创新，深度挖掘企业技术潜力；对于第二个问题，在“一带一路”倡议的政策红利下，成熟企业可以将产品市场延伸到发展水平更低的经济体，以成本优势占据潜力巨大的发展中经济体的市场空间，以获得可观的交换价值，从而为企业研发创新提供资金支持。因此，在“一带一路”倡议的引导下，成熟企业可以通过“顺梯度”投资和“逆梯度”投资两条路径提高研发创新水平，进而加快升级进程。③ 对于瓶颈企业而言，其产能盈余但供需严重失衡，技术水平亟待突破但研发资金后续不足，在正常情况下，企业可能逐渐衰退并最终退出市场，但“一带一路”倡议的推进给予了此类企业再生的机会。一方面，“一带一路”倡议的稳步推进可以使瓶颈企业通过对沿线低梯度发展中经济体的投资快速消化富余产能从而获得可观的交换价值，为企业研发创新提供资金支持；另一方面，瓶颈企业可以在“一带一路”倡议的引导下继续对发达经济体进行投资，以吸收高端技术经验提高研发创新水平。

① 再生阶段的企业可以归类为瓶颈企业，因为再生是突破发展瓶颈的过程。

因此，在“一带一路”倡议的引导下，瓶颈企业也可以通过“顺梯度”投资和“逆梯度”投资两条路径提高研发创新水平，从而实现再生与升级。

基于以上理论分析，本节整理并绘制了“一带一路”倡议影响中国企业升级的作用路径，如图 11-5 所示。在“一带一路”倡议的稳步推进下，一方面，“顺梯度”投资可以通过“资源禀赋转移→交换价值获取→研发资金支持”机制提高成熟企业和瓶颈企业的研发创新水平，从而推动企业升级；另一方面，“逆梯度”投资可以通过“研发合作→逆向转移”机制同时提高新兴企业、成熟企业和瓶颈企业的研发创新水平，从而推动企业升级。

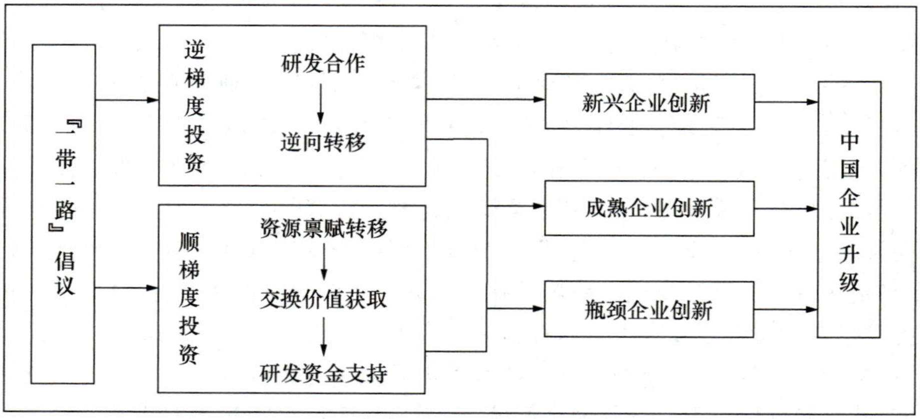

图 11-5 “一带一路”倡议影响中国企业升级的作用路径

11.3 “一带一路”国际循环提升中国产品专业化水平机制①

既有一类文献基于多产品企业的基本框架，分析了多产品企业基于其核心产品开展产品生产和调整的现象与影响因素。钱学锋等(2013)发现，多产品出口企业主导了中国的出口贸易，且在样本期间企业产品的扩张主导了中国出口的增长。因此，以多产品企业为研究对象，分析影响企业核心产品及产品范围的相关因素对讨论中国出口增长具有重要的现实意义。Manova and Yu(2017)利用中国海关出口数据研究发现，中国企业在对外出口中存在具有核心竞争力的核心产品，在这一核心产品上企业出口定价更高且销量更大。而当面临竞争更为激烈的出口市场环境时，企业则会集中于其核心产品的生产，减少甚至不再生产其他较为边际的、非核心产品的生产。Mayer et

① 本节内容主要来自：刘冲，张辉，吴群锋，2020. 进口竞争与企业产品专业化——基于中国多产品企业的研究[J]. 国际贸易问题，(3)：22-39。

al. (2016)利用来自法国多产品企业数据发现,竞争更为激烈的出口市场环境使法国多产品企业的产品范围更集中于特定具有更高生产效率的产品的生产上来,以应对其他竞争者的竞争。这些文献从出口面展开分析,本节则从进口面分析进口竞争对企业核心产品及产品范围的影响,相比既有文献而言具有一定的边际贡献。

本节构建了一个企业产品多元化基本模型,引入进口竞争的影响,分析进口竞争加剧如何影响企业生产的专业化水平,从而提出理论假说作为实证分析的基本依据。理论模型的核心经济逻辑在于,随着贸易自由化的展开,整体上在本国市场内进行生产和销售的外国企业数量将增加,从而引起本国企业所面临的进口竞争加剧。竞争更为激烈的进口市场环境将促使企业放弃边际产品,而将资源向更具有竞争力的核心产品集中,从而提升企业生产的专业化水平。

11.3.1 模型基本设定

假设经济体内的代表性消费者在连续产品集合上具有二次型效用函数(Melitz and Ottaviano,2008;Mayer et al.,2014):

$$U = q_0^c + \alpha\int_{i\in\Omega} q_i^c \mathrm{d}i - \frac{1}{2}\gamma\int_{i\in\Omega}(q_i^c)^2\mathrm{d}i - \frac{1}{2}\eta\Big(\int_{i\in\Omega} q_i^c \mathrm{d}i\Big)^2 \tag{11-1}$$

其中,上标 c 代表消费者个体,q_0^c 为消费者对基准产品的消费量,Ω 为本国差异化产品部门内所有产品的集合,q_i^c 为消费者对 Ω 集合内某一差异化产品 i 的消费量,α、η 为不同品种和替代物之间的替代程度,γ 为产品差异化程度。不妨将基准产品的价格单位化为 1,p_i 为差异化产品 i 的市场价格,求解消费者效用最大化问题可知对每一差异化产品 i,消费者的反需求函数为:

$$p_i = \alpha - \gamma q_i^c - \eta Q^c \tag{11-2}$$

其中,$q_i^c>0$ 表明消费者对该产品有正的消费,$Q^c \equiv \int_{i\in\Omega} q_i^c \mathrm{d}i$ 为消费者对所有差异化产品消费量之和。式(11-2)表明消费者对每一差异化产品具有线性需求函数。若国内消费者人数为 L,那么产品 i 的市场需求函数即为:

$$q_i \equiv Lq_i^c = \frac{\alpha L}{\eta M+\gamma} - \frac{L}{\gamma}p_i + \frac{\eta M}{\eta M+\gamma}\times\frac{L}{\gamma}\bar{p} \tag{11-3}$$

其中,$i\in\Omega^*$,Ω^* 是满足 $q_i^c>0$ 的所有产品的集合;$\bar{p}=(1/M)\int_{i\in\Omega^*}p_i\mathrm{d}i$,是这些产品的平均价格;$M$ 是产品数量。每种产品的需求量不应小于 0,因此令式(11-3)中 $q_i\geqslant 0$ 有:

$$p_i \leqslant \frac{1}{\eta N+\gamma}(\gamma\alpha + \eta N\bar{p}) \equiv p_{\max} \tag{11-4}$$

其中,N 代表 Ω^* 中产品的消费数量。

在生产面，企业在差异化产品部门进行垄断竞争，劳动力是唯一的生产要素，且由于基准产品部门的存在，劳动力无弹性供给使工资水平单位化。企业可以选择生产多种产品，但是每家企业都有一种具有核心竞争力的产品（以下简称“核心产品”），在这种产品上，企业生产该产品的边际成本相比企业生产其他产品的边际成本而言是最低的。进入市场需要支付一定的固定成本 f_E，企业只有在进入市场之后才可以知道生产核心产品的边际成本 c。假设在事前，$G(c)$为 c 在$[0,c_M]$上的概率分布。

企业支付固定成本进入市场后，可以在利润最大化目标的指导下选择生产相应数量的差异化产品种类。但是，每选择增加生产一种额外的产品种类，该产品与企业核心产品的距离就越远，企业生产该产品的效率也越低。定义 $v(m,c)$为企业生产第 m 种产品的边际成本，$v(m,c)=\omega^{-m}c$，$\omega\in(0,1)$，当 $m=0$ 时即为企业核心产品的边际成本，m 越大，表明企业生产该产品的边际成本越高。一旦支付固定成本进入市场后，企业生产核心产品至少能够实现盈亏平衡，则企业就能够生存下来并持续生产，否则企业就将退出市场。存活下来的企业将市场平均价格 $\bar{p}$ 和产品数量M 看作给定条件，并根据式(11-3)给出的需求函数进行利润最大化生产。成本水平为 v 的企业利润最大化问题为：

$$\max_{q}[p(v)-v]\times q(v)$$

可得一阶条件：

$$q(v)=\frac{L}{\gamma}[p(v)-v] \tag{11-5}$$

当企业最优定价恰为 $p_{\max}$时，设其成本为 v_D，则 $p_{\max}=v_D$。这一成本也正为能够在市场上进行生产并销售的在位企业的成本的最大值，v_D 刻画了企业生产的所有产品的市场竞争水平。若企业成本高于这一临界值，那么短期内企业进行生产的边际成本就高于单位产品的价格，企业就会选择不再生产。定义企业的价格加成(mark-up)为 $\lambda(v)=p(v)-v$，企业受益为 $r(v)=p(v)q(v)$，利润为 $\pi(v)=r(v)-q(v)v$。由式(11-3)、式(11-4)和 $p_{\max}=c_D$ 三式可知 $q=\frac{L}{\gamma}(p_{\max}-c)=\frac{L}{\gamma}(c_D-c)$，再联立式(11-5)有：

$$p(v)=\frac{1}{2}(v_D+v)$$

$$\lambda(v)=\frac{1}{2}(v_D-v)$$

$$q(v)=\frac{L}{2\gamma}(v_D-v)$$

$$r(v)=\frac{L}{4\gamma}[(v_D)^2-v^2]$$

$$\pi(v) = \frac{L}{4\gamma}(v_D - v)^2 \tag{11-6}$$

如果企业核心产品的边际成本 $v > v_D$，那么企业生产并销售其核心产品就会亏损，企业将会退出市场。因此，$c_D = v_D$ 是企业能否存活的临界成本，这也同时体现了市场的竞争程度，是所有企业、产品绩效指标的充分统计量。

假设 $c_M > c_D$ 总是成立，因而退出率总是为正。所有核心产品边际成本满足 $c < c_D$ 的企业都将在市场上存活并进行生产和销售；当企业生产的第 m 个产品的边际成本满足条件 $v(m,c) \leqslant v_D \Leftrightarrow c \leqslant \omega^{-m} c_D$ 时，企业生产并销售该产品就可以至少实现盈亏平衡，企业就将总共在市场上生产并销售 $m+1$ 种产品。因此，核心产品边际成本为 c 的企业将总共在市场上生产并销售的产品数量为：

$$M(c) = \begin{cases} 0, & \text{if} \quad c > c_D \\ \max\{m \mid c \leqslant \omega^{-m} c_D\} + 1, & \text{if} \quad c \leqslant c_D \end{cases} \tag{11-7}$$

可以看出，$M(c)$ 是 c_D 的(弱)增函数。

11.3.2 一般均衡条件及均衡结果

在未进入市场之前，企业的预期利润是 $\int_0^{c_D} \Pi(c)\mathrm{d}G(c) - f_E$，其中：

$$\Pi(c) \equiv \sum_{m=0}^{M(c)-1} \pi[v(m,c)] \tag{11-8}$$

如果事前预期利润为负，则企业不会进入市场。而只要这一利润为正，竞争的力量就会使新企业不断进入市场，直到因企业数量增多而导致的市场竞争加剧使这一利润降低到 0。这一过程可以表述为以下自由进入均衡条件：

$$\int_0^{c_D} \Pi(c)\mathrm{d}G(c) = \int_0^{c_D} \left[\sum_{\{m \mid \omega^{-m} c \leqslant c_D\}} \pi(\omega^{-m} c) \right] \mathrm{d}G(c) = \sum_{m=0}^{\infty} \left[\int_0^{\omega^{-m} c_D} \pi(\omega^{-m} c)\mathrm{d}G(c) \right] = f_E \tag{11-9}$$

根据这一均衡条件即可求出临界成本 $c_D = v_D$。由 $c_D = v_D = p(c_D)$ 和式(11-4)联立有：

$$v_D = \frac{1}{\eta M + \gamma}(\gamma\alpha + \eta M\bar{p})$$

得到经济体中总产品数量为：

$$M = \frac{2\gamma}{\eta} \frac{\alpha - v_D}{v_D - \bar{v}} \tag{11-10}$$

其中，$\bar{v} = \frac{1}{M}\int_0^{v_D} v\mathrm{d}M_v(v) = \frac{1}{N_E H(v_D)}\int_0^{v_D} vN_E\mathrm{d}H(v) = \frac{1}{H(v_D)}\int_0^{v_D} v\mathrm{d}H(v)$。同样可以

得到所有产品的平均价格：$\bar{p}=\frac{1}{M}\int_{0}^{v_D}p(v)\mathrm{d}M_v(v)=\frac{1}{H(v_D)}\int_{0}^{v_D}p(v)\mathrm{d}JH(v)$。$H(v_b)$代表 v_D 的概率分布。进入企业数量为 $N_E=M/H(v_D)$，在位企业数量为 $N=N_EG(c_D)$。为了便于分析，进一步假设企业成本服从帕累托分布：

$$G(c)=\left(\frac{c}{c_M}\right)^k,\quad c\in[0,c_M] \tag{11-11}$$

k 值越大，高成本企业的相对数量越多，分布越向高成本企业集中。若 k 趋于无穷大，则企业成本将集中于 c_M。由于帕累托分布截断不改变分布的特性，不论是在位企业还是所有企业的分布均服从于相同的上述分布。

给定这一分布，有：

$$H(c)=\sum_{m=0}^{\infty}G(\omega^{-m}c)=\Omega\,G(c) \tag{11-12}$$

其中，$\Omega=(1-\omega^k)^{-1}>1$。在均衡时应有：

$$\frac{M}{N}=\frac{H(v_D)N_E}{G(c_D)N_E}=\Omega$$

可以得到临界成本为：

$$c_D=\left[\frac{\gamma\phi}{L\Omega}\right]^{\frac{1}{k+2}} \tag{11-13}$$

其中，$\phi\equiv 2(k+1)(k+2)(c_M)^k f_E$ ①。

联立式(11-13)、式(11-10)有：

$$M=\frac{2(k+1)\gamma}{\eta}\frac{\alpha-c_D}{c_D} \tag{11-14}$$

11.3.3 贸易自由化、进口竞争的引入及其影响

贸易自由化引起了进口竞争加剧，这一过程体现为本国市场上销售的产品数量 M 增加：

$$\frac{\partial M}{\partial(\text{import\_competition})}>0 \tag{11-15}$$

由式(11-14)左右变形可得：$c_D=\frac{2\alpha(k+1)\gamma}{M\eta+2(k+1)\gamma}$，左右两边同时对 M 求导可得：

$$\frac{\partial c_D}{\partial M}=\frac{-2\alpha\gamma\eta(k+1)}{(M\eta+2\gamma(k+1))^2}<0$$

因此有：

① 这里需要假定 $c_M>\sqrt{[2(k+1)(k+2)\gamma f_E]/L}$，以满足条件 $c_D<c_M$。

$$\frac{\partial c_D}{\partial(\text{import\_competition})} < 0 \tag{11-16}$$

再由式(11-7)企业生产产品数量是 c_D 的(弱)增函数可知:

$$\frac{\partial M(c)}{\partial(\text{import\_competition})} < 0 \tag{11-17}$$

也即,随着进口竞争的加剧,每家企业都会放弃其生产效率最低(边际成本最高)的产品种类的生产,从而减少其所生产的产品种类。

另外,由前述分析可知,企业内部两个产品 m 和 m'(其中 $m<m'$,表明产品 m 比产品 m' 更加接近核心产品、生产效率更高)之间的生产产量比例 ξ 为:

$$\xi = \frac{q[v(m,c)]}{q[v(m',c)]} = \frac{c_D - \omega^{-m}c}{c_D - \omega^{-m'}c} \tag{11-18}$$

两边同时对 c_D 求导可得:

$$\frac{\partial \xi}{\partial c_D} = \frac{-c\omega^{-m}(\omega_{m-m'} - 1)}{(c_D - \omega^{-m'}c)^2} < 0 \tag{11-19}$$

联立式(11-16)和式(11-19)即有:

$$\frac{\partial \xi}{\partial(\text{import\_competition})} > 0 \tag{11-20}$$

也即,当进口竞争加剧引起市场临界成本 c_D 下降时,企业将其内部生产更偏向于具有高生产效率的产品。

综合以上分析,贸易自由化引起了进口竞争的加剧,导致了:① 多产品企业生产产品范围缩小;② 多产品企业的生产更偏向于产量最高的核心产品。也即,贸易自由化引起的进口竞争加剧使企业核心产品生产更趋专业化。

以上理论分析过程可以通过图 11-6 和图 11-7 进行简单示意表述。图 11-6 中,横轴表示市场临界成本 c_D,纵轴表示核心产品成本为 c 的企业生产产品范围(数量)。根据式(11-7)给出的企业最优产品范围决定条件,可以绘制出如图 11-6 中所示的一条折线上升的企业产品范围—临界成本关系图。在未引入进口竞争之前,市场均衡临界成本为 c_D^*,在此临界成本下企业最优产品范围为$M^*(c)$。随着进口竞争的加剧,市场均衡临界成本由 c^* 下降到 c^{**},在此新的临界成本下企业的最优产品范围下降到 $M^{**}(c)$。

图 11-7 中,横轴表示市场临界成本 c_D,纵轴表示由式(11-18)给出的企业内部核心产品与非核心产品之间的生产产量比例 ξ。由式(11-18)可知,ξ 是临界成本 c_D 的减函数,由此可以绘制出如图 11-7 中所示的一条凹向原点向下倾斜的生产产量比例—临界成本关系图。在未引入进口竞争之前,市场均衡临界成本为 c_D^*,在此临界成本下企业核心产品与非核心产品之间的生产产量比例为 ξ^*。随着进口竞争的加剧,

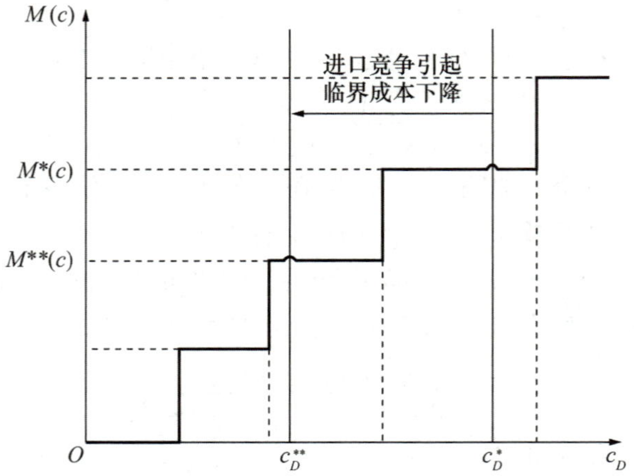

图 11-6 进口竞争加剧与企业生产产品范围(数量)变化

市场均衡临界成本由 c^* 下降到 c^{**}，在此新的临界成本下企业核心产品与非核心产品之间的生产产量比例上升到 ξ^{**}。

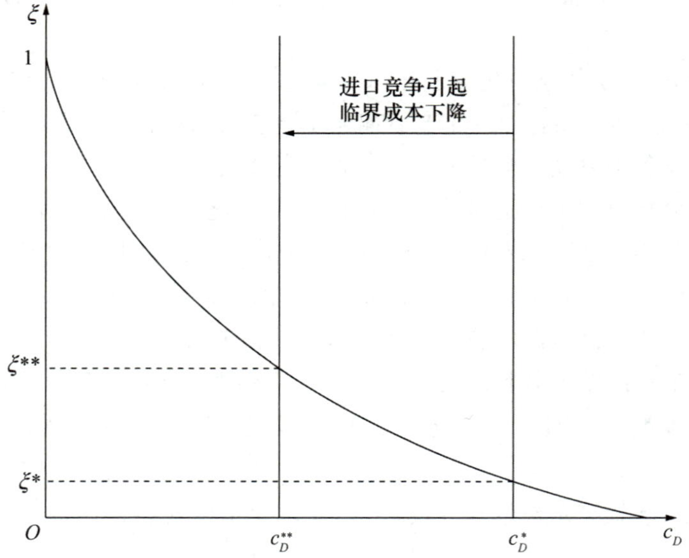

图 11-7 进口竞争与企业生产产品专业化变化

第12章　国际循环上环流推动中国技术优化*

近年来，发达国家在全球经济中的地位日趋下降，世界经济逐渐摆脱了"中心—外围"的发展格局，开始转向以中国为枢纽的全球价值双环流体系（张辉等，2017）。与此同时，中国经济也由高速增长步入了中高速增长阶段，GDP增速逐渐放缓，呈明显的L形走势。在此背景下，中国发展面临国内与国际叠加的双重挑战。国内方面，中国已经进入新旧产业更替和发展动能转换的关键时期，全要素生产率（TFP）增速放缓已经成为不争的事实。TFP是一国经济高质量发展的重要推动力量（余泳泽，2017），如何提高TFP以助推经济高质量发展成为中国政府亟待解决的关键问题。国际方面，当前部分发达国家贸易保护主义抬头明显，逆全球化暗流涌动，国家之间的贸易摩擦不断升级，中国在积极搭建全球治理平台以助力迎接全球经济重振中面临巨大挑战。习近平总书记于2013年分别提出了建设"丝绸之路经济带"和"21世纪海上丝绸之路"倡议（简称"一带一路"倡议），旨在以"中国方案"助力全球经济重振和建设"人类命运共同体"的同时，为中国提高TFP以实现经济高质量发展提供机遇。由此可见，从TFP视角考察"一带一路"倡议的经济效应，并深入探讨中国与发达国家的互动关系具有重要的理论价值和实践意义。

目前来看，理论界的学术跟进与实务界的务实推进存在明显的脱节，既有文献一般从以下两个方面来探讨"一带一路"倡议的经济效应：一是中国与"一带一路"沿线国家的合作关系。比如，张会清（2017）考察了中国对沿线国家的贸易潜力；孙楚仁等（2017）、Mao et al.（2019）研究了中国对沿线国家的出口贸易问题；Sun and Hou（2019）考察了中国与沿线国家的金融合作潜力。二是中国对沿线国家的直接投资效应及其带来的一系列后果。比如，孙焱林和覃飞（2018）认为，"一带一路"倡议可以有

---

* 本章内容主要来自：王桂军，张辉，2020."一带一路"与中国OFDI企业TFP：对发达国家投资视角[J].世界经济，43(5)：49-72。

效降低中国企业在沿线国家的投资风险;王桂军和卢潇潇(2019b)认为,“一带一路”倡议可以显著影响对沿线国家实施投资的企业,推动企业以 TFP 提升为表征的升级进程;金刚和沈坤荣(2019)、吕越等(2019)的研究表明,“一带一路”倡议可以显著地促进中国对沿线国家的直接投资行为。以上两方面的研究虽然构成了现阶段相对完善的“一带一路”倡议研究体系,但研究对象仅局限于中国与沿线国家的互动关系上,鲜有关于倡议下中国与非沿线发达国家互动关系的研究。有鉴于此,本章拟从 TFP 视角讨论“一带一路”倡议是否以及如何影响那些对非沿线发达国家实施直接投资的企业,以期进一步为“一带一路”倡议与中国企业 TFP 的关系补充证据,并从中国企业视角为“一带一路”倡议下政府制定政策应对贸易摩擦提供理论支持。

本章试图在全球价值双环流框架下分析“一带一路”倡议是否以及如何影响对非沿线发达国家实施直接投资企业的 TFP。基于 2011—2016 年中国 A 股上市公司数据,本章以样本期间只对非沿线发达国家实施直接投资的企业为处理组,未实施对外直接投资的企业为对照组,采用双重差分法考察“一带一路”倡议提出前后处理组企业 TFP 的变化情况。结果显示,与未实施对外直接投资的企业相比,处理组企业的 TFP 在“一带一路”倡议提出后得到了显著提升。进一步,本章构建了机制检验模型以对“一带一路”倡议为什么会提高处理组企业的 TFP 进行考察。机制检验结果表明,一方面,在“一带一路”倡议的带动下,处于价值链低端的企业具有更强的创新动力;另一方面,技术创新是“一带一路”倡议提高处理组企业 TFP 的重要路径。以上经验分析结果为本章的理论分析提供了证据。

12.1 国际循环上环流推动中国技术优化研究设计

12.1.1 分析策略

(一)双重差分法

本章参考 Che and Zhang(2018)、林志帆和龙晓旋(2019)的做法,采用基于双向固定效应的双重差分法(Difference-in-Difference,DID)进行相关考察,具体模型设计如下:

$$\mathrm{TFP}_{it} = \alpha_0 + \alpha_1(\mathrm{Treat}_{it} \times \mathrm{Post}_{it}) + \alpha_2 \mathrm{Control} + \lambda_t + \mu_i + \xi_{1it} \tag{12-1}$$

其中,i、t 分别表示企业和年份;TFP 表示企业 TFP,具体参考王杰和刘斌(2014)的做法,利用 Levinsohn and Petrin(2003)设计的半参数法(LP 法)进行测算,并在稳健性检验部分用最小二乘法(OLS 法)和固定效应法(FE 法)计算的 TFP 进行稳健性检验。

Treat 表示处理分组,其中 Treat 等于 1 代表处理组,基于研究主题及第 11 章的理论分析,样本期间对非沿线发达国家有直接投资行为的中国企业应列为处理组。但需要注意的是，企业可能存在同时对多个国家投资的现象，既有研究表明，“一带一路”倡议会对投资沿线国家的企业产生影响（王桂军和卢潇潇，2019b；金刚和沈坤荣，2019；吕越等，2019）。这样，如果企业既对非沿线发达国家投资，又对沿线国家投资，则即使效果显著也不能确定“一带一路”倡议真的影响了对非沿线发达国家投资的企业。因此，本章最终将样本期间只对非沿线发达国家投资的企业列为处理组。Treat 等于 0 代表对照组，本章选取未实施对外直接投资的企业作为对照组。[①]

Post 表示时间分组，“一带一路”倡议虽然于 2013 年提出，但其从顶层设计进入务实推进阶段实则是自 2014 年的《政府工作报告》之后。因此，参照既有研究（孙焱林和覃飞，2018；王桂军和卢潇潇，2019b；金刚和沈坤荣，2019）的做法，本章选择 2014 年作为“一带一路”倡议的政策冲击时间，Post 等于 0 表示倡议提出前（2011—2013 年），Post 等于 1 表示倡议提出后（2014—2016 年）。

Control 表示控制变量组，本章具体将企业层面的企业规模（Size）、企业年龄（Age）、企业价值（Value）、盈利能力（ROA）、资本结构（Lev）和固定资产占比（Fix）等可能影响企业 TFP 的指标纳入控制变量组，具体变量定义如表 12-1 所示。

表 12-1　主要变量定义

变量		符号	定义
被解释变量	TFP	TFP	利用 LP 法分行业测算而得
核心解释变量	处理分组	Treat	样本期间只对非沿线发达国家实施对外直接投资的企业取值为 1，未实施对外直接投资的企业取值为 0
	时间分组	Post	倡议提出前（2011—2013 年）取值为 0，倡议提出后（2014—2016 年）取值为 1
控制变量	企业规模	Size	以企业员工总数的自然对数表示
	企业年龄	Age	以企业成立时间的自然对数表示
	企业价值	Value	以企业托宾 q 值表示
	盈利能力	ROA	以企业总资产报酬率表示
	资本结构	Lev	以企业资产负债率表示
	固定资产占比	Fix	以企业固定资产占总资产比重表示

此外，λ_t 表示年度固定效应，μ_i 表示企业固定效应，ξ 为随机扰动项。

由于本章在后续所有回归中均同时控制了年度固定效应和企业固定效应，因此在模型 12-1 中不必加入处理分组变量 Treat 和时间分组变量 Post。根据 DID 模型的原理，交互项 Treat×Post 的系数 α_1 是需要重点关注的，它代表了剔除其他不可观测的

① 对外直接投资企业样本的获取通过上市公司名称与中国商务部网站公布的《境外投资企业（机构）备案结果公开名录》匹配而得。

干扰因素之后,"一带一路"倡议对处理组企业的净效应,即"一带一路"倡议对投资非沿线发达国家的企业 TFP 的影响效应。

(二) 倾向得分匹配法

DID 模型虽然可以有效地评估政策的实施效应,但其使用需要满足随机实验的条件,即对处理组不能存在样本选择性偏差。本章选择对"一带一路"非沿线发达国家实施直接投资的企业进行考察,原则上讲,处理组企业并不会直接受到"一带一路"倡议的影响①,这看似满足随机实验的条件,但需要注意的是,企业是否实施对外直接投资是企业管理者根据企业综合业务能力进行的自我选择过程。因此,对外直接投资企业和非对外直接投资企业在特征上可能存在差异,从这一点来看,本章对处理组和对照组的选择并不完全满足随机实验的要求,可能存在选择性偏差。一般利用倾向得分匹配(Propensity Score Matching,PSM)法对这种选择性偏差进行修正,配比对照组然后再估计处理效应。具体来讲,本章首先基于 Logit 估计,以企业规模等六个特征变量对处理组和对照组进行一对一匹配,然后利用 DID 模型对共同取值范围内的样本进行回归。

12.1.2 数据样本及描述性统计

(一) 数据来源及处理

本章选取"一带一路"倡议提出前后各 3 年(2011—2016 年)的中国 A 股上市公司数据作为研究样本。数据来源方面:① 用于计算企业 TFP 的财务数据及企业层面的控制变量数据均来自万得(Wind)数据库和国泰安(CSMAR)数据库。② 机制检验部分的企业专利数据来自国家知识产权局网站的专利数据库。本章对数据样本进行如下处理:① 剔除金融债券类上市公司;② 剔除资产负债率大于 1 的上市公司;③ 剔除主要变量存在缺失的上市公司;④ 对所有连续型变量进行 1%的双端缩尾处理。最终获得 9 622 个观测值。

(二) 描述性统计

表 12-2 汇报了主要变量的描述性统计结果。从中可以看出,处理分组变量 Treat 的均值为 0.172,表示样本总体中有 17.2%的企业在样本期间对非沿线发达国家实施了对外直接投资;时间分组变量 Post 的均值为 0.531,表示"一带一路"倡议提出后的样本占总样本的 53.1%,倡议提出前后样本数量比较均衡;核心被解释变量企业 TFP 的均值为 19.093,标准差为 1.082,最小值为 14.868,中位数为 18.973,最大值为 23.641,这说明数据分布比较匀称,但企业间的 TFP 存在较大差异。此外,从企业规模、企业年龄和企业价值等特征变量的描述性统计结果来看,企业特征在样本期间浮

① "一带一路"倡议主要影响投资沿线国家的企业(孙焱林和覃飞,2018;王桂军和卢潇潇,2019b;金刚和沈坤荣,2019)。

动较大，这为 DID 模型的估计提供了很好的检验素材。

表 12-2　主要变量描述性统计结果

变量	观测值	均值	标准差	最小值	中位数	最大值
Treat	9 622	0.172	0.377	0	0	1.000
Post	9 622	0.531	0.499	0	1.000	1.000
TFP	9 622	19.093	1.082	14.868	18.973	23.641
Size	9 622	7.361	1.114	4.736	7.291	10.621
Age	9 622	2.647	0.363	1.386	2.708	3.466
Value	9 622	1.709	1.931	0.000	1.238	10.780
ROA	9 622	11.564	12.138	−46.347	9.835	55.850
Lev	9 622	39.319	18.887	4.846	38.313	94.332
Fix	9 622	0.236	0.132	0.014	0.216	0.633

进一步，图 12-1 和图 12-2 汇报了匹配前后处理组企业和对照组企业倾向得分的核密度对比差异。可以看出，在 PSM 之前，两组企业倾向得分的核密度确实存在一定差异，这些差异可能对 DID 模型的估计结果造成干扰。而在 PSM 之后，两组企业倾向得分的核密度得到了很好的拟合。由此可见，进一步通过 PSM 法配比对照组进行 DID 估计是十分必要的，它可以有效缓解样本选择性偏差对估计结果造成的干扰。

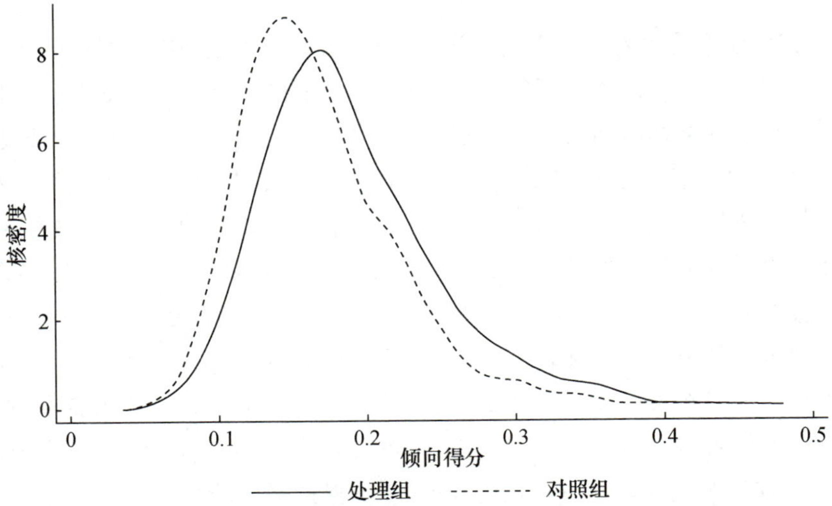

图 12-1　匹配前组间倾向得分核密度对比

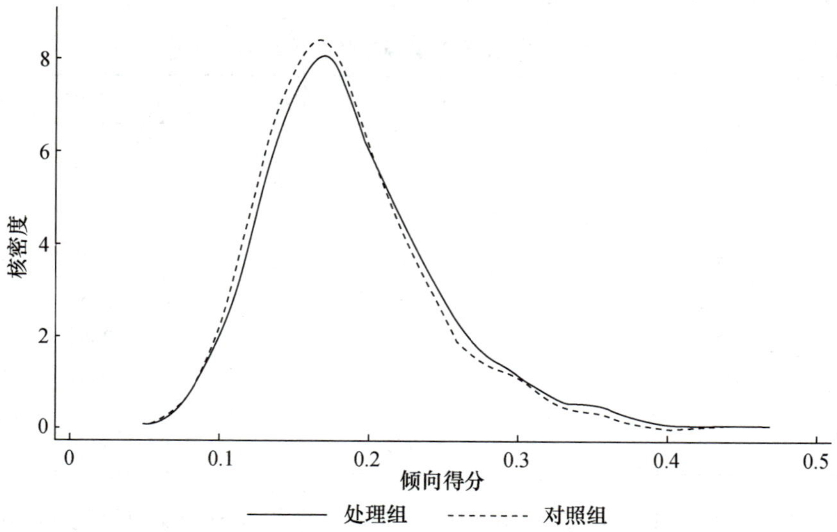

图 12-2 匹配后组间倾向得分核密度对比

12.2 国际循环上环流推动中国技术优化经验分析

12.2.1 平行趋势检验

运用 DID 模型隐含着一个重要假设:如果没有政策冲击,则处理组企业和对照组企业随时间的变化趋势应该是平行的,即处理组企业和对照组企业在政策冲击后的差异仅在于一个受政策影响而另一个不受政策影响。因此,在利用 DID 模型进行政策效应评估时,除需要政策实施满足随机实验条件外,还需要处理组和对照组在时间上满足平行趋势条件。但需要指出的是,一旦既定事实的政策冲击发生,政策冲击后两组企业在假设无政策冲击下是否满足平行趋势就无法检验。因此,在实际操作中一般利用反事实的方法进行检验,即在严格性上做出让步,只检验处理组企业和对照组企业在政策冲击前是否满足平行趋势,如果满足,则假定在政策冲击后两组企业的变化也满足平行趋势。本章通过绘制 2011—2016 年处理组企业和对照组企业的 TFP 变化趋势进行平行趋势检验(见图 12-3)。不难发现,“一带一路”倡议提出前(2011—2013 年),处理组企业和对照组企业的 TFP 基本保持平行的变化趋势,满足 DID 模型的平行趋势假设。进一步,从中可以看出,在“一带一路”倡议提出后,处理组企业的 TFP 上升趋势明显,但对照组企业的 TFP 依旧平缓,这初步说明“一带一路”倡议可能提高投资于非沿线发达国家企业的 TFP,但这种影响是否在统计上显著还需进一步检验。

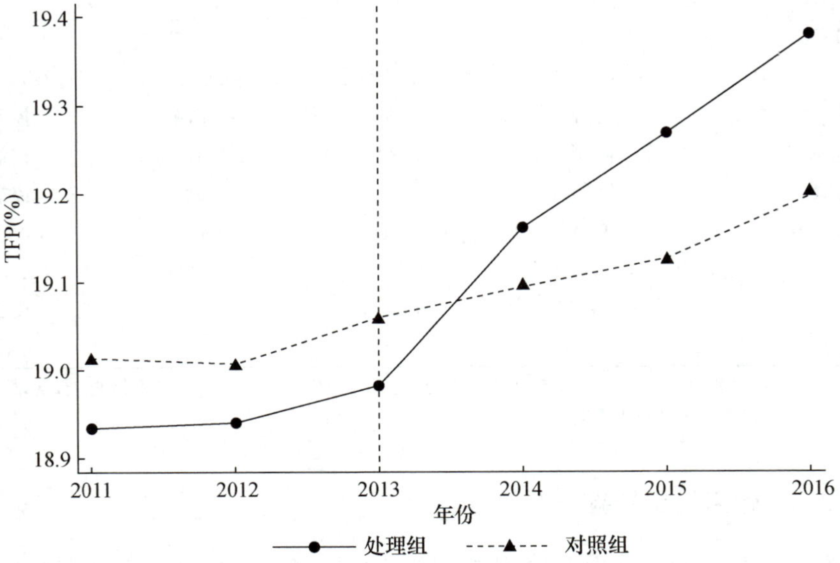

图 12-3　平行趋势

12.2.2　基准结果

表 12-3 汇报了 DID 模型的估计结果。其中,第(1)、(2)列是基于全样本的 DID 估计,第(1)列只控制了年度固定效应和企业固定效应,可以看出,本章重点关注的交互项 Treat×Post 的系数在 1%的水平上显著为正;第(2)列在第(1)列的基础上加入了可能影响企业 TFP 的特征变量,不难发现,交互项系数依然在 1%的水平上显著为正。这初步说明,“一带一路”倡议对投资于非沿线发达国家的企业存在政策效应,显著地提高了此类企业的 TFP。第(3)、(4)列进一步汇报了 PSM 之后的 DID 模型估计结果。PSM 之后的观测值数为 9 525 个,较全样本有 97 个不符合平衡条件的观测值被剔除,剩余样本量依然充足。从回归结果来看,在同时控制年度固定效应和企业固定效应之后,不管有没有加入企业层面的特征变量,交互项系数均在 1%的水平上显著为正。这一结果更加充分地证明了“一带一路”倡议确实会显著地提高对非沿线发达国家实施直接投资的企业的 TFP。

表 12-3 DDI 模型的估计结果

变量	DID		PSM-DID	
	(1)	(2)	(3)	(4)
Treat×Post	0.164***	0.078***	0.162***	0.078***
	(0.025)	(0.019)	(0.025)	(0.019)
控制变量	未控制	控制	未控制	控制
年度固定效应	控制	控制	控制	控制
企业固定效应	控制	控制	控制	控制
常数项	18.903***	14.861***	18.897***	14.845***
	(0.009)	(0.240)	(0.009)	(0.241)
观测值	9 622	9 622	9 525	9 525
调整后的 R^2	0.191	0.424	0.196	0.427

注：*、**、*** 分别表示 10%、5%与 1%的显著性水平，括号内为异方差稳健标准误，限于篇幅，本章没有汇报控制变量的回归结果。

12.2.3 作用机制检验①

根据第 11 章的理论分析，本章的机制检验需要包括两方面内容：一是检验基于位势攀升差的倒逼效应是否存在；二是检验技术创新是否为“一带一路”倡议提高投资于非沿线发达国家企业 TFP 的机制变量。

在识别策略上，鉴于位势攀升差的概念较为抽象，可能无法得到经验检验。本章试图从另一个视角侧面考察基于位势攀升差的倒逼效应是否存在。一方面，如果存在倒逼效应，则那些对非沿线发达国家实施直接投资的企业会优先通过技术逆向溢出机制快速提高技术创新水平。因此需要检验处理组企业的技术创新水平在“一带一路”倡议提出后是否真的得到了提升，本章具体设置如下模型进行检验：

$$\text{Innov}_{it} = \beta_0 + \beta_1(\text{Treat}_{it} \times \text{Post}_{it}) + \beta_2\text{Control} + \lambda_t + \mu_i + \xi_{2it} \quad (12\text{-}2)$$

其中，Innov 代表企业技术创新水平，参考已有文献（Qing and Larry，2016；洪俊杰和商辉，2019），具体以企业发明专利申请数量表示，并令 $\text{Innov}_{it} = \ln(\text{Iapply}_{it}^2 + \sqrt{\text{Iapply}+1})$ 以缓解样本企业发明专利申请数量的非正态分布问题，Iapply_{it} 代表企业 i 第 t 年的发明专利申请数量；其他各项定义与模型(12-1)相同。

另一方面，由于不同企业所处的全球价值链位势不同，如果倒逼效应确实存在，那

① 由表 12-3 的结果可知，基于全样本回归和基于 PSM 之后样本回归的结果基本一致，考虑到基于 PSM 之后样本的回归结果更有说服力，本章在此之后将只采用 PSM 之后的样本进行 DID 估计，并在所有回归中同时控制企业层面的特征变量、年度固定效应和企业固定效应，下文不再进行特别说明。

么低价值链位势的中国企业所受到的影响肯定会更大，创新的动力也将更强。这是因为，低价值链位势企业的技术水平相对低下，如果存在基于位势攀升差的倒逼效应，则为了保持与沿线非发达国家的长期贸易关系，低价值链位势企业会具有更强的创新意愿。因此需要检验"一带一路"倡议对低价值链位势企业的冲击是否真的强于高价值链位势企业。具体地，本章首先以样本企业全球价值链位势的四分位数将样本分为四组，并定义虚拟变量 GVCgroup，GVCgroup 具体等于 1、2、3、4，分别表示处于[0，25%)、[25%，50%)、[50%，75%)、[75%，100%]分位区间的企业组，也即 GVCgroup 的数值越大，表示企业组所在的全球价值链位势越高；然后将 GVCgroup 纳入模型(12-2)以交互项的方式进行考察。于是得到如下模型：

$$\text{Innov}_{it} = \chi_0 + \chi_1(\text{Treat}_{it} \times \text{Post}_{it} \times \text{GVCgroup}) + \chi_2(\text{Treat}_{it} + \text{Post}_{it}) + \chi_3 \text{GVCgroup} + \chi_4 \text{Control} + \lambda_t + \mu_i + \xi_{3it} \quad (12\text{-}3)$$

其中，GVCgroup 代表基于全球价值链位势的企业分组，其他各变量定义与模型(12-2)相同。参考 Manova and Yu(2017)、王杰等(2019)的做法，本章运用企业进料加工和来料加工之和在总出口贸易中的比重衡量企业的全球价值链位势。[①] 模型(12-3)中，交互项 Treat×Post×GVCgroup 的系数χ_1需要重点关注，它可以帮助判断"一带一路"倡议对低价值链位势企业的冲击是否真的强于高价值链位势企业。

表 12-4 第(1)、(2)列汇报了上述机制检验的回归结果。第(1)列是模型(12-2)的回归结果，可以看出，交互项 Treat×Post 的系数在 5%的水平上显著为正。这说明"一带一路"倡议的提出确实促使投资于非沿线发达国家的企业(处理组)提高了技术创新水平。进一步，第(2)列汇报了模型(12-3)的检验结果，可以看出，交互项 Treat×Post×GVCgroup 的系数在 5%的水平上显著为负，即变量 GVCgroup 对"一带一路"倡议提高处理组企业的技术创新水平产生了负向调节效应。这说明低价值链位势企业在"一带一路"倡议提出后具有更强的创新动力，这一事实从侧面证明了位势攀升差下倒逼效应的存在。

接下来需要检验的是技术创新是否为"一带一路"倡议提高投资于非沿线发达国家企业 TFP 的机制变量。在这里，本章参考 Aghion et al.(2015)、黎文靖和郑曼妮(2016)的做法，将核心解释变量与技术创新的交互项代入模型(12-1)，通过考察企业技术创新对"一带一路"倡议影响处理组企业 TFP 的调节效应检验作用机制是否成立。具体模型设计如下：

$$\text{TFP}_{it} = \theta_0 + \theta_1(\text{Treat}_{it} \times \text{Post}_{it} \times \text{Innov}_{it}) + \theta_2(\text{Treat}_{it} \times \text{Post}_{it}) + \theta_3 \text{Innov}_{it} + \theta_4 \text{Control} + \lambda_t + \mu_i + \xi_{4it} \quad (12\text{-}4)$$

---

① 相关数据通过上市公司数据与中国海关数据库匹配而得。

其中，各变量定义均与模型(12-1)和模型(12-2)相同。交互项 Treat×Post×Innov 的系数 θ_1 需要重点关注，它代表技术创新对“一带一路”倡议影响处理组企业 TFP 的调节效应。如果系数 θ_1 显著为正，则表示“一带一路”倡议可以通过提高技术创新水平进一步提高处理组企业的 TFP，即技术创新是“一带一路”倡议提高投资于非沿线发达国家企业 TFP 的机制变量。表 12-4 第(3)列汇报了模型(12-4)的估计结果，可以看出，交互项 Treat×Post×Innov 的系数在 5%的水平上显著为正。这说明技术创新的调节效应显著，可以显著地提高“一带一路”倡议对处理组企业 TFP 的影响幅度。结合表 12-4 第(1)列的结果可知，“一带一路”倡议确实可以通过技术创新提高处理组企业的 TFP。

表 12-4　作用机制检验结果

变量	Innov		TFP
	(1)	(2)	(3)
Treat×Post	0.132**	0.279**	0.040*
	(0.059)	(0.116)	(0.024)
Treat×Post×GVCgroup		−0.077**	
		(0.039)	
Treat×Post×Innov			0.015**
			(0.007)
GVCgroup		−0.245***	
		(0.028)	
Innov			0.019***
			(0.005)
控制变量	控制	控制	控制
年度固定效应	控制	控制	控制
企业固定效应	控制	控制	控制
常数项	−3.464***	−2.600***	14.901***
	(0.659)	(0.665)	(0.242)
观测值	9 525	9 525	9 525
调整后的 R^2	0.227	0.242	0.430

注：*、**、*** 分别表示 10%、5%与 1%的显著性水平，括号内为异方差稳健标准误，限于篇幅，本章没有汇报控制变量的回归结果。

12.3 国际循环上环流推动中国技术优化稳健性检验

12.3.1 内生性问题:工具变量法

PSM 虽然可以有效地缓解处理组的选择性偏差,但并不能很好地解决因逆向因果或遗漏变量而导致的内生性问题。对于本章而言,一方面由于企业管理者可能基于企业的生产率水平而选择是否对非沿线发达国家投资,另一方面对非沿线发达国家的直接投资行为也有可能对企业的 TFP 产生影响。这便使得本章设计的 DID 模型可能存在逆向因果问题。进一步,本章选取的控制变量也不可能囊括影响企业 TFP 的所有因素,因此模型(12-1)也会不可避免地出现遗漏变量问题。逆向因果抑或遗漏变量均有可能使得本章处理分组变量 Treat 无法满足外生性要求。因此,为了使结论更加稳健,本章借鉴 Tsoutsoura(2015)的做法,尝试在准自然实验中寻找合理的工具变量以解决处理分组变量 Treat 的内生性问题。

依据工具变量法的工作原理,工具变量的选择需满足相关性和外生性两个基本条件,即工具变量需与内生变量相关且与随机扰动项不相关,即工具变量只能通过内生变量一条路径影响被解释变量。本章的内生变量为处理分组变量 Treat,即企业是否对非沿线发达国家实施直接投资行为。基于能够影响企业管理者对外投资决策而又不能直接影响企业 TFP 的考虑,本章认为非沿线发达国家对中国的贸易逆差是一个不错的工具变量。一方面,非沿线发达国家对中国的贸易逆差可能向中国投资者释放信号,从而影响中国投资者对这些国家的投资行为;另一方面,非沿线发达国家对中国的贸易逆差又不会对中国微观层面的企业的 TFP 产生直接影响。因此,这一变量基本满足工具变量的选择要求,是一个合理的工具变量。具体地,本章通过联合国商品贸易统计数据库收集并计算处理组对应的 25 个非沿线发达国家对中国在行业层面存在的贸易逆差,并设定变量 $\text{Trade\_deficit}_{gjt}$。$\text{Trade\_deficit}_{gjt}$ 具体表示 g 国的 j 行业在第 t 年对中国的贸易逆差额(如果为贸易顺差,则取值为 0)。则 25 个非沿线发达国家 j 行业在第 t 年对中国的贸易逆差总额可表示为:

$$\text{Trade\_deficit}_{jt} = \sum_{g=1}^{25} \text{Trade\_deficit}_{gjt} \tag{12-5}$$

其中,t 表示年份,j 表示行业,g 表示非沿线发达国家,$g \in [1,2,\cdots,25]$。需要注意的是,直接利用行业层面的特征值作为处理变量 Treat 的工具变量有可能出现弱工具变量现象(宋凌云和王贤彬,2013)。为了克服这一问题,Wooldridge(2002)提出了使用二值选择模型估计的拟合值作为处理分组(0—1 二值变量)工具变量的方法。基于此做法,本章首先利用 Probit 模型估算出基于非沿线发达国家对中国的贸易逆差,企业做出对外直接投资决策的概率值，然后以此概率值为处理变量 Treat 的工具变量（IV），最后运用面板工具变量法进行估计。具体地，本章利用如下 Probit 模型进行估算：

$$\text{prob}\{\text{Treat}_{it}=1\}=\gamma_0+\gamma_1\ln\text{Trade\_deficit}_{ijt}+\gamma_2\text{Control}+\xi_{5it} \quad (12\text{-}6)$$

其中，Control 为模型（12-1）中的控制变量，$\text{Trade\_deficit}_{ijt}$ 表示企业 i 所在的 j 行业在第 t 年对应的非沿线发达国家对中国的贸易逆差之和。需要注意的是，由于本章的内生变量 Treat 在模型（12-1）中以交互项的方式出现，因此 xtivreg 的第一阶段实则是对以下方程进行回归：

$$\text{Treat}_{it}\times\text{Post}_{it}=\eta_0+\eta_1(\text{IV}_{it}\times\text{Post}_{it})+\eta_2\text{Control}+\lambda_t+\mu_i+\xi_{6it} \quad (12\text{-}7)$$

表 12-5 汇报了工具变量法的估计结果。可以看出，在第一阶段的回归中，交互项 IV×Post 的系数在 1%的水平上显著为正，且 F 统计量远大于临界值 10。这说明本章选择的工具变量不存在弱工具变量问题，是相对理想的工具变量。进一步，从第二阶段的回归结果来看，交互项 Treat×Post 的系数在 1%的水平上显著为正。这说明即使利用工具变量法排除潜在的处理分组选择中存在的内生性问题，本章的结论依然是稳健的。

表 12-5 工具变量法估计结果

变量	第一阶段回归 (1) Treat×Post	第二阶段回归 (2) TFP
IV×Post	0.979***	
	(0.192)	
Treat×Post		1.072***
		(0.148)
控制变量	控制	控制
年度固定效应	控制	控制
企业固定效应	控制	控制
常数项	−0.543**	15.976***
	(0.249)	(0.256)
观测值	9 525	9 525
调整后的 R^2	0.191	0.022
第一阶段 F 统计量	149.42	

注：*、**、*** 分别表示 10%、5%与 1%的显著性水平，括号内为异方差稳健标准误，限于篇幅，本章没有汇报控制变量的回归结果。

如上文所述，使用工具变量进行估计的有效性取决于工具变量是否满足外生性要求，也即排他性约束。虽然本章对所选择的工具变量是否满足排他性约束进行了定性讨论，但这仍然不能从统计上确保该工具变量的严格外生性。基于此，本章利用 Conley et al. (2012)提出的"近乎外生"(Plausibly Exogenous)工具变量法[①]，通过放松工具变量的严格外生性要求，并放弃点估计以讨论本章工具变量选择的稳健性。需要注意的是，Conley et al. (2012)设计的命令(plausexog)并不适用于面板工具变量法。因此，本章在检验程序上做出了让步，具体如下：虽然在主回归中本章的内生变量为交互项 Treat×Post，但基准的内生变量是处理分组变量 Treat。因此，只需要证明 Treat 对应的工具变量 IV 满足排他性约束即可，即 IV 只能通过 Treat 影响被解释变量企业 TFP。为此，本章首先基于最小二乘法(OLS)和两阶段最小二乘法(2SLS)估计了"一带一路"倡议提出之后 Treat 对企业 TFP 的影响，发现 Treat 的系数均为正且在 1% 的水平上显著；进一步，利用 UCI 法绘制了随着工具变量排他性约束的变动本章内生变量 Treat 系数的稳健置信区间，如图 12-4 所示。从中可以看出，随着工具变量严格外生性假定被违背程度 δ 的逐渐增强(δ 的绝对值逐渐变大)，Treat 系数的稳健置信区间也相应增大，但始终保持为正，这与 OLS 和 2SLS 估计保持一致。这一结论充分说明，本章所选择的工具变量是合理的。因此，即使考虑工具变量可能存在的非严格外生性，本章的结论仍然稳健。

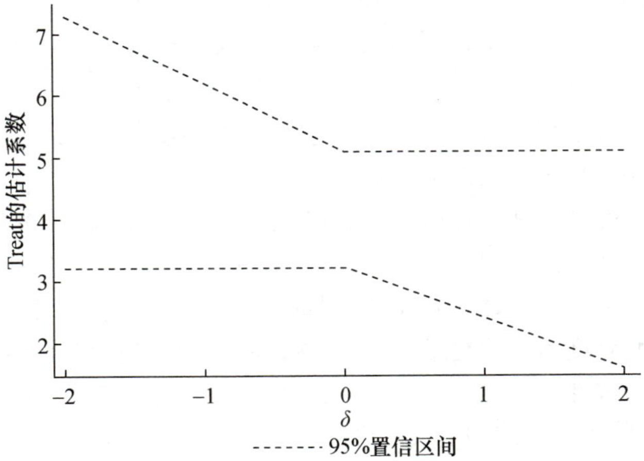

注：虚线表示 UCI 法下不同 Treat 的估计系数在 95% 的显著性水平下的稳健置信区间。

图 12-4　处理分组变量 Treat 系数的稳健置信区间

① 在 Stata 操作环境下，Conley et al. (2012)给出了两种方法：一是置信区间集合法(UCI 法)，二是近似于零法(LTZ 法)。其中，UCI 法放弃点估计并给出了内生变量系数取值的置信区间，较 LTZ 法能够更加直观地判断工具变量选择的合理性，因此本章主要采用 UCI 法进行检验。

12.3.2 安慰剂对照检验

为了进一步检验本章样本数据在政策冲击前是否满足平行趋势，并排除其他不可观测事件对估计结果的干扰，本章选择“一带一路”倡议提出前的时期为样本区间（2011—2013 年）进行时间反事实的安慰剂对照检验。具体地，在保持处理组和对照组不变的基础上，分别将 2012 年和 2013 年作为虚拟倡议提出时间进行估计以考察虚拟的倡议提出是否会对处理组企业的 TFP 产生影响。结果如表 12-6 第（1）、（2）列所示，第（1）列是以 2012 年为“一带一路”倡议虚拟提出时间的估计结果。从中可以看出，交互项 Treat×Post 的系数没有达到常规的显著性水平（10%），在第（2）列中以 2013 年为“一带一路”倡议虚拟提出时间进行估计分析时，交互项的系数同样不显著。这些信息从统计上验证了本章的样本数据在“一带一路”倡议提出前基本满足平行趋势假设，并进一步说明了本章的结论基本不受政策冲击前不可观测事件的干扰。

12.3.3 进一步筛选研究样本

（一）仅保留对沿线非发达国家出口企业

通过前文的理论分析及作用机制检验可知，“一带一路”倡议对处理组企业 TFP 产生影响的机理在于中国与沿线非发达国家在全球价值链中的位势攀升差倒逼中国企业进行技术创新以满足沿线非发达国家对技术含量更高、生产工序更复杂的中间品的需求。正如理论分析部分所言，近年来，基于国内价值链的产品生产逐渐盛行，这种倒逼效应可能会作用于国内大多数企业，但很显然，对“一带一路”沿线非发达国家有出口行为的企业会受到更强的冲击。因此，为了获得一个更加“干净”的样本以更好地体现本章的理论机制，在这里只保留在样本期间对“一带一路”沿线非发达国家存在出口行为的企业观测值进行估计。具体地，本章首先利用企业名称对原样本企业与中国海关数据库中企业年度出口情况进行匹配，然后将在样本期间对沿线非发达国家有出口行为的企业作为该部分研究样本。表 12-6 第（3）列汇报了基于新样本的估计结果，从中可以看出，交互项 Treat×Post 的系数为正且在 1%的水平上显著。这表明即使采用一个更加“干净”的样本，本章结论依然保持不变。

（二）剔除与非沿线发达国家有贸易往来企业

中国企业在与非沿线发达国家的贸易往来中也有可能通过进口中学习或出口中学习获得技术进步，从而对本章的结论造成干扰。但需要注意的是，本章的样本分组并不是根据企业是否有进出口行为，对非沿线发达国家有进口或出口行为的企业会同时出现在本章的处理组和对照组之中。这样，只要处理组和对照组中对非沿线发达国家实施出口或进口的企业分布均匀，则贸易往来对本章结果造成的干扰会在很大程度上被 DID 模型的两次差分剔除。但如果此类企业在处理组和对照组中的分布差异较大，则即使是 DID 模型也无法很好地规避其干扰。因此，本章将对非沿线发达国家有进口或出口行为的企业样本①从 PSM 之后的样本中剔除并进行 DID 估计，以回避企业对非沿线发达国家的进出口行为对本章结论真实性的影响。回归结果如表 12-6 第(4)列所示，不难发现，交互项 Treat×Post 的系数依然为正且在 1%的水平上显著。这说明即使剔除了企业对非沿线发达国家进出口行为的干扰，本章结论依旧稳健。

12.3.4　改变企业 TFP 测算方法

有研究指出，利用 OLS 法或 FE 法计算的 TFP 通常会存在同时性偏误(Simultaneity Bias)(王杰和刘斌，2014)，但这两种方法依然是目前学界计算 TFP 的主流方法。因此，为了提高本章与其他文献的可比性，在这里进一步利用 OLS 法和 FE 法计算企业 TFP 进行稳健性检验。结果如表 12-6 第(5)、(6)列所示，其中第(5)列是对以 OLS 法计算的 TFP 的回归结果，第(6)列是对以 FE 法计算的 TFP 的回归结果。不难发现，本章重点关注的交互项 Treat×Post 的系数均在 1%的水平上显著为正。这说明即使改变企业 TFP 的测算方法，本章结论依旧稳健。

12.4　结论与启示

本章从 TFP 视角考察了“一带一路”倡议是否以及如何影响对非沿线发达国家实施直接投资企业的 TFP。本章基于 2011—2016 年中国 A 股上市公司数据，以样本期间只对非沿线发达国家实施直接投资的企业为处理组，未实施对外直接投资的企业为对照组，利用双向固定效应 DID 模型进行考察，厘清了倡议影响投资目的国为非沿线发达国家的企业 TFP 的作用机制，认为在倡议的政策冲击下，中国与下环流沿线非发达国家在全球价值链中的位势攀升差会倒逼中国企业提高技术创新水平，而投资于上环流非沿线发达国家的企业会优先通过逆向溢出机制实现技术创新，从而更快地提升 TFP。

本章不仅补充了“一带一路”倡议的研究视角，而且为中国企业“走出去”及中国政府如何在“一带一路”倡议下应对贸易摩擦提供了重要的理论启示：

首先，通过本章结论并结合既有研究可知，“一带一路”倡议不仅助推了投资目的国为沿线非发达国家的企业的升级进程(王桂军和卢潇潇，2019b)，而且提升了投资目的国为非沿线发达国家的企业的 TFP。可见，只要是对外实施直接投资的企业均更好、更快地享受到了“一带一路”倡议带来的政策红利。因此，坚定不移地实施“走出去”战略是中国企业在“一带一路”倡议下获益的有效路径，这一方面要求政府进一步

① 该样本通过企业名称与中国海关数据库匹配而得。

表 12-6　稳健性检验

变量	安慰剂对照检验		进一步筛选研究样本		改变企业 TFP 测算方法	
	(1) 以 2012 年为虚拟倡议提出时间	(2) 以 2013 年为虚拟倡议提出时间	(3) 仅保留对沿线非发达国家出口企业	(4) 剔除与非沿线发达国家有贸易往来企业	(5) 以 OLS 法计算 TFP	(6) 以 FE 法计算 TFP
Treat×Post	0.021	0.009	0.116***	0.097***	0.080***	0.064***
	(0.019)	(0.016)	(0.026)	(0.025)	(0.018)	(0.015)
控制变量	控制	控制	控制	控制	控制	控制
年度固定效应	控制	控制	控制	控制	控制	控制
企业固定效应	控制	控制	控制	控制	控制	控制
常数项	16.349***	16.331***	15.540***	15.470***	1.607***	−1.060***
	(0.374)	(0.374)	(0.381)	(0.367)	(0.239)	(0.186)
观测值	4 470	4 470	3 411	3 960	9 525	9 525
调整后的 R^2	0.300	0.300	0.431	0.415	0.237	0.149

注：*、**、*** 分别表示 10%、5%与 1%的显著性水平，括号内为异方差稳健标准误，限于篇幅，本章没有汇报控制变量的回归结果。

完善中国与其他国家双边或多边合作机制，并辅以配套政策为中国企业“走出去”保驾护航；另一方面要给予企业管理者顺应国际化发展潮流、积极实施对外直接投资以启示。

其次，中国在全球价值双环流体系中的枢纽地位使“一带一路”倡议的政策红利有效地辐射到了对非沿线发达国家投资的企业。因此，在倡议聚焦重点、精雕细琢的“工笔画”阶段，进一步巩固在全球价值双环流体系中的枢纽地位是中国后续战略部署的重中之重。具体来讲，一方面，中国应在“一带一路”倡议下进一步加强与下环流沿线非发达国家的“五通”建设和投资贸易往来，积极巩固并引领下环流沿线非发达国家的价值链构建；另一方面，中国也应加速产业结构转型与升级，加快信息技术等现代产业发展，培育世界级的先进产业集群，缩小与发达国家在全球价值链中的位势差，以此深度嵌入发达国家全球价值环流，实现两大环流的长效互动。

再次，本章机制检验验证了逆向溢出效应的存在。这一方面意味着技术创新是企业提高 TFP 的有效路径；另一方面也从侧面表明了中国企业原始创新的薄弱，中国企业创新能力的提升在一定程度上仍然依赖于发达国家技术的逆向溢出。因此，一方面，中国政府应继续坚持创新驱动发展战略，制定行之有效的技术创新政策，完善知识产权保护，最大限度地激发中国企业的原始创新意愿；另一方面，中国企业在与发达国家企业进行合作时，也要充分把握与合作方的技术交流机会，积极通过研发资源共享、战略技术联盟和科研人才合作培养等手段放大“逆梯度”投资中技术的溢出效应和学习效应。

最后，由本章的研究结论可知，在新时代背景下，中国经济的持续增长和高质量发展仍然离不开与发达国家之间的贸易往来。因此，在应对贸易摩擦的问题上，中国政府应在原则性问题决不让步的基础上，坚持平等、互利和诚信的贸易原则，坚定不移地深化对外开放战略，为全球经济的稳定和发展贡献“中国力量”。

第 13 章 国际循环下环流加快中国企业升级*

党的十九大报告明确强调，要“支持传统产业优化升级，加快发展现代服务业，瞄准国际标准提高水平”“促进我国产业迈向全球价值链中高端，培育若干世界级先进制造业集群”。产业升级是中国经济发展进入新常态以来亟待解决的关键问题之一，近年来，产业升级一度成为中国学界的研究热点，但关于中国应该如何实现产业升级，目前学界的观点并不统一。其中，以林毅夫为代表的新结构经济学理论范式强调基于要素禀赋的比较优势在产业升级中的主导作用，认为产业升级应该遵循一国（或地区）要素禀赋结构的变动，并注重资本要素的积累，因此提倡以资本推动为导向的产业升级模式（林毅夫，2012）；而以贾根良等为代表的演化发展经济学理论范式强调基于自主创新的技术追赶在产业升级中的决定性作用，提倡产业以自主创新的投入为主要路径的技术拉动式升级（贾根良，2018）。其实，新结构经济学从不否认自主创新的重要性，比如林毅夫（2008）认为持续不断的技术创新与升级是一国经济保持长期增长的重要驱动力，之所以会与演化发展经济学的观点相左，根本原因在于不同的技术内生观，进而体现为自主创新的两种路径依赖（朱富强，2018）。具体来讲，新结构经济学强调自主创新的外部依赖，将自主创新捆绑于要素禀赋之上，主张充分发挥产业在对外投资或贸易中的比较优势以获取交换价值，进而推动产业技术革新；而演化发展经济学强调自主创新的内部依赖，主张通过产业内部企业的自主创新拉动技术革新，而非依靠要素禀赋获取交换价值。由此可见，两种理论范式在自主创新是产业升级的重要路径这一关键问题上并不存在异议。

产业升级落实到企业层面便是产业内部代表性企业是否实现了优化升级（李永友和严岑，2018），关于企业升级的科学内涵学界也没有达成一致观点：部分学者沿用产

---

* 本章内容主要来自：王桂军，卢潇潇，2019b.“一带一路”倡议与中国企业升级[J]. 中国工业经济，(3)：43-61。

业升级的概念，将企业升级视为企业从劳动密集型生产向资本和知识密集型生产转型的过程（Gereffi，1999）；进入 21 世纪以来，由于国际化分工体系的逐步形成以及全球价值链理论的盛行，学者们开始将企业升级的研究视角深入价值链的各个环节，认为只要企业通过创新提高了生产效率并在产业链和价值链上得到了攀升，则无论是劳动密集型生产还是资本和知识密集型生产，均是成功实现升级的企业（Humphrey and Schmitz，2002）。就中国这样的超大型发展中国家而言，单纯地将企业升级解释为从劳动密集型生产转型为资本和知识密集型生产并不明智，这是因为中国劳动力资源富余，充分就业本就是中国政府不可回避的社会问题，再过度地追求资本和知识密集型生产并不符合中国国情。相比之下，Humphrey and Schmitz（2002）的观点更适合用来研究中国的企业升级，它不仅兼顾了就业问题，而且充分考虑了全球价值链和新国际化分工体系下企业升级的本质内涵。

产业升级归根结底是产业内部代表性企业是否实现优化升级，“一带一路”倡议在中国经济进入新常态的背景下提出，其对中国企业升级的影响具有重要的研究意义。本章基于 2012—2017 年中国 A 股上市公司数据，以“一带一路”倡议形成的准自然实验为切入点，利用双重差分法经验研究“一带一路”倡议对中国企业升级的影响。研究发现，与对照组企业相比，“一带一路”倡议的提出显著地助推了处理组企业以全要素生产率（TFP）提升为表征的升级进程，而且影响幅度呈逐年上升趋势。进一步，本章基于产业生命周期理论将中国产业分为新兴产业、成熟产业和瓶颈产业，并从研发创新视角对“一带一路”倡议促进各产业中企业升级的作用路径展开了研究，结果显示，“一带一路”倡议通过研发创新可以助推所有企业升级，影响幅度由大到小依次为瓶颈企业、新兴企业和成熟企业。

13.1　国际循环下环流加快中国企业升级研究设计

13.1.1　企业升级的测度

国内关于企业升级的研究相对较少，且多集中在案例分析层面，比如汪建成和毛蕴诗（2007）利用两家公司的对比分析研究了企业从 OEM（原始设备制造）到 ODM（原始设计制造）、OBM（原始品牌制造）的升级过程；罗顺均等（2015）以珠江钢琴集团为例研究了“引智”学习对企业升级的促进效应。案例分析虽然可以直观地体现一家企业实现升级的过程及措施，但由于单一样本的局限性，研究成果的运用范围相对有限。近年来，少数学者开始从实证层面研究企业升级问题，从既有的实证文献来看，学者们一般从两个方面量化企业升级：一是企业内部资本和知识结构水平（肖曙光和杨洁，2018），二是诸如创新产出和生产能力这样的中间变量（李林木和汪冲，2017）。前者体现的是企业从劳动密集型生产向资本和知识密集型生产的转化，虽然具有一定的代表性，但没有充分考虑全球价值链背景下企业升级的本质内涵；然而后者采用中间变量刻画企业升级同样存在局限性，诸如创新产出等中间变量的改变只能体现企业有进行升级的意向，而不能反映企业是否实现了升级。基于此，本章在充分考虑全球价值链背景下企业升级的本质在于生产率提升及价值链位势攀升的前提下，借鉴孙早和席建成(2015)、李永友和严岑(2018)采用企业生产率刻画产业升级的做法，以企业生产率量化企业升级。近年来，TFP 备受学者们推崇，其综合性较强且涵盖信息全面，因此本章在后续工作中具体以 TFP 量化企业升级并进行实证分析。当然，也有学者指出，计算方法的选择对 TFP 的结果影响很大，即使在同一种方法下，不同的参数设置也会使结果出现差异(鲁晓东和连玉君，2012；杨汝岱，2015)。因此，为了使本章的结论更为严谨，本章在稳健性检验部分补充以企业劳动生产率量化企业升级进行稳健性检验。

在 TFP 的计算上，常见的计算方法有最小二乘法(OLS 法)、固定效应法(FE 法)、Olley-Pakes 法(OP 法)、Levinsohn-Petrin 法(LP 法)以及广义矩估计法(GMM 法)。关于到底使用哪种方法可以更加准确地估计 TFP，学界存在较大争议。通常而言，OLS 法和 FE 法计算的 TFP 存在较大缺陷，不仅涵盖的信息不够全面，而且不能解决内生性问题；而 GMM 法虽然可以解决内生性问题，但需要样本具有足够长的时间跨度(鲁晓东和连玉君，2012)。因此，本章参考大多数学者的做法，仅使用 OP 法和 LP 法计算企业的 TFP 并进行回归分析。在操作上，本章主要参考鲁晓东和连玉君(2012)的方法计算样本企业的 TFP，但需要注意的是，在利用 OP 法计算 TFP 时涉及企业的进入与退出市场问题，本章使用的上市公司数据几乎不存在退出市场问题，因此本章在实际处理时将公司简称和主营业务范围同时改变作为企业退出市场的指标。

13.1.2 模型设定

近年来，学界比较流行利用基于准自然实验的双重差分(DID)模型估计政策的实施效果，该模型能够利用两次差分很好地缓解政策之外其他因素对估计结果的干扰。使用 DID 模型进行估计，最为关键的是确定政策冲击的时间并选择处理组和对照组。

对于政策冲击时间的确定，本章参考孙焱林和覃飞(2018)的做法，选取了 2014 年作为政策冲击时间。这主要是因为，虽然“一带一路”倡议于 2013 年提出，但其在 2013 年期间更多的是一种政府高层的战略构想和外交理念，直到 2014 年 3 月被写入《政府工作报告》，“一带一路”倡议才由顶层设计落实为国家政策，正式进入了务实推进阶段。

对于处理组和对照组的选择，“一带一路”倡议的提出可视为一次准自然实验，虽然从长期来看，“一带一路”倡议会带动中国本土所有行业的发展，但在短期内，由于

“一带一路”倡议强调与沿线国家的共赢合作，其更能对“走出去”并进入“一带一路”沿线国家的企业施加影响，这给本章寻找处理组和对照组提供了条件，同时，对外直接投资是本章分析的重点。因此，参考孙焱林和覃飞(2018)的做法，本章将参与“一带一路”倡议且投资目的国为“一带一路”沿线国家的企业列为处理组，在具体操作上，本章首先通过企业名称对上市公司与中国商务部网站公布的《境外投资企业(机构)备案结果公开名录》进行匹配，然后将投资目的国为“一带一路”沿线国家的企业设置为处理组，同时，为了避免投资目的国为沿线国家之外的企业对估计结果的干扰，本章将没有参与对外直接投资的企业作为对照组。

在基准模型的设计上，本章根据 DID 模型的原理设计如下模型对“一带一路”倡议的企业升级效应进行识别：

$$\text{upgrading}_{it} = \theta(\text{treat}_{it} \times \text{post}_{it}) + \beta x_{it} + \lambda_t + \mu_i + \rho_{j\times t} + \varepsilon_{it} \tag{13-1}$$

其中，i、t、j 分别表示企业、年份和省份；upgrading 表示企业升级水平，具体以 OP 法和 LP 法计算的 TFP(tfp_op、tfp_lp)表示，在稳健性检验部分替换为企业劳动生产率(lp)；treat 为企业分组变量，treat 等于 1 代表处理组，等于 0 代表对照组；post 为时间分组变量，2012—2013 年取值为 0，2014—2017 年取值为 1。[①]

x 代表控制变量组，参考已有研究，本章对企业规模(size)、企业年龄(age)、成长能力(growth)、资本结构(lev)、现金流量(cash)和股权集中度(stockratio)进行了控制，其中企业规模以企业员工总数的自然对数表示，企业年龄以企业成立时间的自然对数表示，成长能力以企业营业收入增长率表示，资本结构以企业资产负债率表示，现金流量以企业经营活动产生的现金流量净额与营业收入的比值表示，股权集中度以前十大股东股份占比表示。λ_t 代表时间固定效应；μ_i 代表不随时间变化的企业固定效应；考虑到企业所在地区随时间变化的诸多不可观测因素可能对企业的升级造成影响，本章加入了省份个体时间趋势(individual-specific time trend)$\rho_{j\times t}$ 以控制地区层面随时间变化的不可观测因素；ε 代表随机扰动项。依据 DID 模型的原理，本章重点关注交互项 treat×post 的系数 θ，它代表剔除其他干扰因素之后，“一带一路”倡议对中国企业升级的影响。

此外，由于政策实施效果的滞后性及时效性等，本章有理由相信，“一带一路”倡议对中国企业升级的影响是非线性的。因此，参考钱雪松等(2018)的做法，本章利用模型(13-2)来识别“一带一路”倡议实施之后每年的企业升级效果及变化趋势。

$$\text{upgrading}_{it} = \sum_{t=2014}^{t=2017} \theta_t(\text{treat}_{it} \times \text{year}_t) + \beta x_{it} + \lambda_t + \mu_i + \rho_{j\times t} + \varepsilon_{it} \tag{13-2}$$

① 时间固定效应比时间分组(post)更详细地区分了样本，而企业固定效应也比企业分组(treat)更详细地区分了样本，因此，在模型(13-1)中不必加入 treat 和 post 项，只需加入它们的交互项即可，也即模型(13-1)实际上是基于双向固定效应的 DID 模型。

其中，$year_t$ 为年度虚拟变量，分别取值 2014、2015、2016 和 2017；θ_t 是本章重点关注的系数，它可以帮助识别"一带一路"倡议影响中国企业升级的动态效应和变化趋势；其他各项定义与模型(13-1)相同。

13.1.3 数据说明与描述性统计

本章的样本数据为 2012—2017 年的中国 A 股上市公司数据，其中用来计算 TFP 和劳动生产率的财务数据、相关控制变量数据以及机制检验用到的研发投入数据均来自 Wind 数据库。参考既有研究的惯用做法，本章对金融类及核心变量存在缺失的企业样本进行了剔除处理，最终获得 2 724 家企业的 12 414 个观测值。同时，为了避免极端值对估计结果的干扰，本章对主要连续型变量在 1%分位两端进行缩尾处理。此外，需要说明的是，由于计算所得的劳动生产率数值差异较大且分布分散，为此，本章在稳健性检验部分进行回归分析时对其进行了取自然对数处理，目的是缓解可能存在的非正态分布问题。

表 13-1 汇报了主要变量的描述性统计结果。从中可以看出，以 OP 法计算的 TFP(tfp_op)的均值为 15.1985，标准差为 0.9315，最小值为 10.5317，中位数为 15.0815，最大值为 19.8335，这表明企业的 TFP 在样本期间存在较大差异，以 LP 法计算的 TFP 也存在这种情况。此外，其他控制变量在样本企业之间也存在较大差异，这为研究"一带一路"倡议是否影响以 TFP 提高为表征的企业升级提供了经验素材。

表 13-1 主要变量描述性统计结果

变量	观测值	均值	标准差	最小值	中位数	最大值
tfp_op	12 414	15.1985	0.9315	10.5317	15.0815	19.8335
tfp_lp	12 414	15.9554	0.9656	11.0889	15.8390	20.6352
size	12 414	7.5863	1.2825	4.4998	7.5016	11.1353
age	12 414	2.8194	0.3038	1.9459	2.8332	3.4657
growth	12 414	0.6558	0.4578	0.0766	0.5473	2.6323
lev	12 414	42.4295	21.4993	5.0288	40.8494	90.0279
cash	12 414	4.2277	7.1184	−18.3545	4.1839	23.8421
stockratio	12 414	58.4958	15.6398	22.6000	59.5300	91.3800

13.2 实证结果与稳健性检验

13.2.1 单变量分析

表 13-2 汇报了企业升级代理变量 TFP(tfp_op、tfp_lp)在"一带一路"倡议提出前

后的差异变化。其中，处理组和对照组的定义与 DID 模型中的定义相同，处理组为参与“一带一路”倡议且投资目的国为“一带一路”沿线国家的企业，对照组为没有参与对外直接投资的企业；倡议提出前表示 2012—2013 年，倡议提出后表示 2014—2017 年。从中可以看出，在“一带一路”倡议提出前，处理组企业和对照组企业的 tfp_op 变量存在显著差异（显著性水平为 1%，对应 t 值＝6.4888），具体来看，处理组企业的 tfp_op 均值比对照组的高出 0.3781，这说明在“一带一路”倡议提出前，处理组企业的升级水平要显著地高于对照组企业，出现这种情况的原因在于，处理组企业均为对外直接投资企业，一般情况下生产效率高、综合优势强的企业更容易“走出去”并实现对外直接投资（蒋冠宏，2017），因此这一结果符合实际情况。在“一带一路”倡议提出后，可以看出，处理组企业的 tfp_op 均值依然显著地高于对照组企业（显著性水平为 1%，对应 t 值＝17.2877），且两者的差额由倡议提出前的 0.3781 上升至 0.5756。进一步，表 13-2 还汇报了变量 tfp_lp 的单变量分析结果，从中可以看出，处理组企业和对照组企业的 tfp_lp 在“一带一路”倡议提出前后的变化情况与变量 tfp_op 的基本相符。以上信息说明，“一带一路”倡议确实对处理组企业的升级水平起到了正向作用，拉大了处理组企业和对照组企业之间升级水平的差距，但这种差距是否在统计上显著还需利用 DID 模型进行进一步检验。

表 13-2　“一带一路”倡议与中国企业升级：单变量 t 检验结果

变量	时间分组	处理组(1)	对照组(2)	Difference(1)－(2)	t-Test(1)－(2)
tfp_op	倡议提出前	15.4558	15.0777	0.3781	6.4888***
	倡议提出后	15.7574	15.1818	0.5756	17.2877***
tfp_lp	倡议提出前	16.2195	15.8296	0.3899	6.4469***
	倡议提出后	16.5386	15.9380	0.6004	17.4118***

注：*、**、*** 分别表示 10%、5%和 1%的显著性水平。

13.2.2　DID 估计结果：“一带一路”倡议与中国企业升级

通过前文对企业升级代理变量 TFP（tfp_op、tfp_lp）的单变量分析可知，“一带一路”倡议的提出拉大了处理组企业和对照组企业 TFP 的差距，更大力度地助推了处理组企业的升级，但这并不能实质性地证明“一带一路”倡议确实可以促进中国企业升级，这是因为，一方面，这种差距是否在统计上显著尚未可知；另一方面，单变量分析不能对其他影响企业升级的特征变量加以控制，且无法排除其他影响因素对估计结果的干扰。所以，为了更加准确地估计“一带一路”倡议对中国企业升级的影响效应，本小节进一步控制了企业层面的特征变量、企业固定效应、时间固定效应及省份个体时间趋势，利用更加严谨的DID模型进行了估计分析，结果如表13-3第(1)列和第(2)列所示。

表13-3第(1)列的被解释变量是以OP法计算的TFP(tfp_op)，回归结果显示，在同时控制企业特征变量、企业固定效应、时间固定效应及省份个体时间趋势之后，本章所关心的交互项treat×post的系数为正且在1%的水平上高度显著，当在第(2)列中将被解释变量置换为以LP法计算的TFP(tfp_lp)时，交互项treat×post的系数符号和显著性水平均与第(1)列的高度一致。这两条信息充分说明与对照组企业相比，"一带一路"倡议显著地提高了处理组企业的TFP，也就是说，"一带一路"倡议确实实质性地助推了中国企业升级。

表13-3 "一带一路"倡议与中国企业升级:DID估计结果

变量	平均效应		动态效应	
	tfp_op	tfp_lp	tfp_op	tfp_lp
	(1)	(2)	(3)	(4)
treat×post	0.0931***	0.0965***		
	(2.8607)	(2.8869)		
treat×$year_{2014}$			0.0786***	0.0809***
			(3.4372)	(3.4438)
treat×$year_{2015}$			0.0912***	0.0941***
			(2.9746)	(3.0024)
treat×$year_{2016}$			0.0918**	0.0955**
			(2.4145)	(2.4488)
treat×$year_{2017}$			0.1075**	0.1120**
			(2.3108)	(2.3319)
size	−0.1581***	−0.1520***	−0.1582***	−0.1521***
	(−6.2265)	(−5.7994)	(−6.2315)	(−5.8047)
age	0.5046***	0.5334***	0.5027***	0.5314***
	(2.9172)	(3.0051)	(2.9043)	(2.9914)
growth	1.0380***	1.0534***	1.0384***	1.0538***
	(25.9816)	(25.7914)	(25.9962)	(25.8074)
lev	0.0051***	0.0053***	0.0051***	0.0053***
	(6.1199)	(6.2363)	(6.1138)	(6.2301)
cash	0.0013*	0.0014*	0.0014*	0.0015*
	(1.7192)	(1.8005)	(1.7226)	(1.8043)

（续表）

变量	平均效应		动态效应	
	tfp_op	tfp_lp	tfp_op	tfp_lp
	(1)	(2)	(3)	(4)
stockratio	0.0090***	0.0093***	0.0091***	0.0093***
	(8.8875)	(8.9115)	(8.8909)	(8.9151)
cons	13.3448***	13.9349***	13.3522***	13.9428***
	(29.2440)	(29.7426)	(29.2393)	(29.7369)
year	控制	控制	控制	控制
firm	控制	控制	控制	控制
prov×year	控制	控制	控制	控制
N	12414	12414	12414	12414
Adj-R^2	0.4503	0.4499	0.4503	0.4500

注：*、**、*** 分别表示 10%、5%和 1%的显著性水平。year 表示时间固定效应，firm 表示企业固定效应，prov×year 表示省份个体时间趋势，回归均采用稳健标准误估计，括号内数值为 t 值。

进一步，本章根据模型(13-2)对“一带一路”倡议影响中国企业升级的动态效应和变化趋势进行了估计，结果如表 13-3 第(3)列和第(4)列所示。从中可以看出，在对以 OP 法计算的 TFP(tfp_op)进行回归时，“一带一路”倡议务实推进第一年(2014 年)的企业升级效应为 0.0786 且在 1%的水平上显著，在务实推进后的第二年(2015 年)、第三年(2016 年)和第四年(2017 年)中，“一带一路”倡议的企业升级效应至少在 5%的水平上显著，且效应系数分别为 0.0912、0.0918 和 0.1075，呈明显的上升趋势，在对以 LP 法计算的 TFP(tfp_lp)进行回归时，同样存在这样的变化趋势。这些信息充分说明在样本期间，“一带一路”倡议对中国企业升级的影响幅度呈稳步增长趋势。这可能是因为，一方面，“一带一路”倡议于 2014 年 3 月才正式进入务实推进阶段，这可能导致当年的实施效果不够明显，且“一带一路”倡议的企业升级效应不会一蹴而就，从效应的产生到效应的最大化需要一定的时间；另一方面，随着时间的推移，中国与沿线国家的共赢合作稳步推进，国家政府的配套政策逐步完善，“一带一路”倡议的政策红利不断放大，所以其对中国企业的升级效应也越来越大。基于以上两点，“一带一路”倡议的企业升级效应才会呈现非线性的增长趋势。但不管怎样，“一带一路”倡议确实显著地促进了中国以 TFP 提高为表征的企业升级。

13.2.3　内生性问题：工具变量法

使用 DID 模型研究“一带一路”倡议的企业升级效应，最理想的情境应该是“一带一路”倡议对处理组企业的选择是随机的，即处理组企业的选择不应受到其他影响企业升级的可测或不可测因素的干扰，但实际情况可能并非如此，“一带一路”倡议可能同时影响企业的选择与企业升级水平。具体来讲，本章选择对“一带一路”沿线国家实施直接投资的企业作为处理组，正如前文所述，生产效率高、综合优势强的企业更有可能“走出去”并实现对外直接投资，这便导致了处理组企业的选择可能受到政策内生性的干扰，从而影响本章估计结果的准确性。因此，本章借鉴 Tsoutsoura(2015)在准自然实验研究中使用工具变量的做法，尝试选取合适的工具变量以解决处理组企业选择的内生性问题。

根据工具变量法的基本原理，选取的工具变量需满足相关性和外生性两个条件(Acemoglu et al.,2001)，具体来讲，工具变量应与内生变量相关且与随机扰动项不相关。本章的内生变量是企业分组变量 treat，我们注意到，“一带一路”沿线国家的落后产业是一个不错的工具变量。理论上，“一带一路”沿线国家的落后产业满足有效工具变量的两个条件：① “一带一路”倡议提出伊始，中国主要与“一带一路”沿线国家进行合作，这些沿线国家的落后产业为中国对外直接投资提供了一个潜力巨大的境外市场，会优先为中国类似产业的企业提供机遇，所以，对“一带一路”沿线国家实施直接投资的企业与沿线国家的落后产业之间必然存在联系，相关性条件满足；② “一带一路”沿线国家的落后产业除“沿线国家的落后产业→中国相关企业对外直接投资→中国企业升级”这一条路径外，再无其他路径能够影响国内企业的升级水平，即沿线国家的落后产业与模型(13-1)的随机扰动项是不相关的，外生性条件也满足。

值得注意的是，在模型(13-1)中内生变量 treat 是以交互项形式出现的，因此本章的内生变量实际上是交互项 treat×post，在使用“一带一路”沿线国家的落后产业作为工具变量(iv)时，交互项 treat×post 对应的工具变量应该为 iv×post，因此工具变量法第一阶段的回归模型应该是：

$$\text{treat}_{it} \times \text{post}_{it} = \theta(\text{iv}_{it} \times \text{post}_{it}) + \beta x_{it} + \lambda_t + \mu_i + \rho_{j\times t} + \varepsilon_{it} \quad (13\text{-}3)$$

其中，iv 为二值工具变量，样本企业所属行业属于“一带一路”沿线国家的落后产业时取值为 1，否则取值为 0；其他各变量定义与模型(13-1)相同。

表 13-4 汇报了基于面板工具变量法的估计结果。第(1)列为第一阶段的回归结果，交互项 iv×post 的系数在 1%的水平上显著为正，且 F 统计量大于临界值 10，这说明工具变量满足相关性条件，不存在弱工具变量的问题。第(2)列和第(3)列进一步汇报了第二阶段的回归结果，在分别对以 OP 法和 LP 法计算的 TFP 进行回归时，本章重点关注的交互项 treat×post 的系数均在 5%的水平上显著为正，这说明在进一步解决处理组企业选择的内生性问题之后，“一带一路”倡议仍然可以显著地助推中国以 TFP 提高为表征的企业升级，本章结论不变。

表 13-4 工具变量回归结果

变量	第一阶段回归	第二阶段回归	
	treat×post	tfp_op	tfp_lp
	(1)	(2)	(3)
iv×post	0.0190***		
	(3.7122)		
treat×post		1.6570**	1.7797**
		(2.1796)	(2.2458)
cons	−0.1430	13.6419***	14.2537***
	(−1.2495)	(38.6447)	(38.7363)
control	控制	控制	控制
year	控制	控制	控制
firm	控制	控制	控制
prov×year	控制	控制	控制
N	12 414	12 414	12 414
Adj-R^2	0.0881	0.2061	0.1816
第一阶段 F 统计量	13.81		

注：*、**、*** 分别表示10%、5%和1%的显著性水平。year表示时间固定效应，firm表示企业固定效应，prov×year表示省份个体时间趋势，回归均采用稳健标准误估计，括号内数值为 t 值。限于篇幅，表中不再列示控制变量的回归结果，统一用control表示。

13.2.4 稳健性检验

（一）置换代理变量：以劳动生产率量化企业升级

虽然TFP的综合性较强，涵盖的信息也较为全面，但正如前文所述，计算方法的选择对TFP的结果影响很大，即使在同一种方法下，不同的参数设置也会使结果出现差异，因此也有学者使用劳动生产率刻画企业升级（李永友和严岑，2018）。为了使本章的估计结果更加稳健，在这里补充以劳动生产率量化企业升级进行稳健性检验。

在劳动生产率（lp）的计算上，本章以企业增加值与企业平均职工人数的比值计算劳动生产率，具体地，企业增加值等于固定资产折旧、劳动者报酬、生产税净额与营业利润之和。其中，固定资产折旧用企业固定资产期初余额乘以折旧率表示，折旧率为12%；劳动者报酬以当期支付和应付未付的职工薪酬表示，具体等于现金流量表中"支付给职工及为职工支付的现金"的当期发生额加上资产负债表中"应付职工薪酬"的当期增加额；生产税净额以企业当期应缴流转税总额表示，具体等于利润表中"税金及附加"的当期发生额加上企业当期应缴增值税税额，参考范子英和彭飞（2017）的做法，增值税税额以教育费及其附加倒算而得；营业利润直接取自利润表中"营业利润"的当期发生额。通常情况下，通货膨胀率会在一定程度上影响企业劳动生产率的真实性，因此本章进一步以 2012 年为基期对企业名义劳动生产率进行了通货膨胀消除处理，最终得到了 2012—2017 年各企业的实际劳动生产率。值得注意的是，选择劳动生产率量化企业升级存在一定的缺陷，这是因为引致企业劳动生产率发生变化的除技术进步和组织创新等升级因素外，还有可能是企业为了缓冲劳动成本上升压力而人为实施的资本代替劳动策略（资本深化）。因此，在以企业劳动生产率量化企业升级时还需同时检验企业资本深化程度的变化情况，具体地，只有在企业劳动生产率提高的同时企业的资本深化程度没有提高才能代表企业进行了实质性升级，参考陈勇和唐朱昌（2006）的做法，本章以企业当期固定资产平均余额除以当期平均职工人数刻画企业的资本深化程度（kl）。

表 13-5 的估计结果显示，在对劳动生产率（lp）的回归中，交互项 treat×post 的系数在 5％的水平上显著为正，这说明“一带一路”倡议显著地提高了企业的劳动生产率；在对资本深化程度（kl）的回归中，交互项 treat×post 的系数没有达到常规的显著性水平（10％），这说明“一带一路”倡议并没有同时提高企业的资本深化程度，结合前文分析，这些结果充分说明“一带一路”倡议确实实质性地助推了中国企业升级，本章结论不变。

表 13-5　稳健性检验：以劳动生产率量化企业升级

变量	lp	kl
	(1)	(2)
treat×post	0.0806**	0.0483
	(2.1606)	(0.9937)
size	−0.2958***	−0.2549***
	(−10.1029)	(−6.6543)
age	0.7765***	1.0475***
	(3.4084)	(4.4904)
growth	0.5489***	−0.1229***
	(11.0084)	(−2.9950)
lev	−0.0029**	0.0032**
	(−2.5589)	(2.5556)
cash	0.0102***	0.0021*
	(8.5239)	(1.8397)
stockratio	0.0134***	0.0014
	(10.2678)	(0.9797)

（续表）

变量	lp	kl
	(1)	(2)
cons	11.2387***	11.2810***
	(18.4443)	(17.6918)
year	控制	控制
firm	控制	控制
prov×year	控制	控制
N	12 414	12 414
Adj-R^2	0.2345	0.1398

注：*、**、*** 分别表示 10%、5%和 1%的显著性水平。year 表示时间固定效应，firm 表示企业固定效应，prov×year 表示省份个体时间趋势，回归均采用稳健标准误估计，括号内数值为 t 值。

（二）缓解非平行趋势问题：三重差分法

除政策实验需保持外生性外，DID 模型的运用还隐含着一个重要假设，即如果没有政策冲击，则处理组与对照组随时间的变化趋势应该是平行的，然而本章选择的处理组和对照组涵盖了多个行业，这一平行趋势或许无法满足，为此，本章进一步利用三重差分（DDD）模型进行估计，以缓解可能存在的非平行趋势问题。

“一带一路”倡议的提出不仅对不同企业的影响存在差异，对不同地区的影响也不尽相同，“一带一路”倡议在推进过程中明确划分了中国各地区不同的开放态势，并根据各地区的经济功能和作用重点确定了涉及东北、西北及西南等地区的 18 个省份。[①]这样，“一带一路”倡议的企业升级效应会在企业和地区两个维度上出现变化，这为本章使用 DDD 模型进行估计提供了机会。具体地，本章参考范子英和彭飞（2017）的做法设计如下 DDD 模型：

$$\text{upgrading}_{it} = \eta \text{ddd}_{it} + \beta x_{it} + \lambda_t + \mu_i + \rho_{j\times t} + \varepsilon_{it} \tag{13-4}$$

其中，i、t 分别表示企业和年份；ddd 为三重差分变量，在政策冲击后（2014—2017 年），如果企业为对“一带一路”沿线国家投资企业且地址在受重点影响省份，则 ddd 赋值为 1，其他企业以及在政策冲击前（2012—2013 年）的所有企业，ddd 赋值为 0；其他各变量定义与模型（13-1）相同。三重差分变量 ddd 的系数 η 是需要重点关注的，它反映了在三重差分法下“一带一路”倡议对中国企业升级的影响效应。表 13-6 的估计结果显示，在对以 OP 法和 LP 法计算的 TFP 的回归中，三重差分变量 ddd 的系数均在 10%的水平上显著为正，这说明即使使用 DDD 模型缓解了可能存在的非平行趋势问题，

① 具体包括新疆、陕西、甘肃、宁夏、青海、内蒙古西北 6 个省份，黑龙江、吉林、辽宁东北 3 个省份，广西、云南、西藏西南 3 个省份，上海、福建、广东、浙江、海南 5 个沿海省份以及内陆地区重庆。

“一带一路”倡议依然显著地助推了中国企业升级，本章结论不变。

表 13-6 稳健性检验：三重差分法

变量	tfp_op	tfp_lp
	(1)	(2)
ddd	0.0874*	0.0903*
	(1.7567)	(1.7792)
size	−0.1576***	−0.1516***
	(−6.2091)	(−5.7819)
age	0.5012***	0.5299***
	(2.9029)	(2.9903)
growth	1.0374***	1.0527***
	(25.8941)	(25.7021)
lev	0.0051***	0.0053***
	(6.0996)	(6.2162)
cash	0.0014*	0.0015*
	(1.7404)	(1.8219)
stockratio	0.0090***	0.0092***
	(8.8620)	(8.8855)
cons	13.3547***	13.9450***
	(29.3288)	(29.8231)
year	控制	控制
firm	控制	控制
prov×year	控制	控制
N	12 414	12 414
Adj-R^2	0.4391	0.4386

注：*、**、*** 分别表示 10%、5%和 1%的显著性水平。year 表示时间固定效应，firm 表示企业固定效应，prov×year 表示省份个体时间趋势，回归均采用稳健标准误估计，括号内数值为 t 值。

（三）排除其他政策的干扰

从 2012 年 1 月 1 日起，中国开始针对服务性行业实施“营业税改征增值税”（以下简称“营改增”）政策，现有研究指出，营改增可以通过减税效应带动制造业的转型升级（李永友和严岑，2018）。如果营改增在 2012 年一次性地在全国范围内铺开，那么其对本章估计结果的干扰可以通过 DID 模型剔除，但需要注意的是，营改增是以上海市为试点分时段、分地区逐步实施的，直到 2013 年才在全国范围内铺开，这样在率先实施营改增的地区，其企业生产率可能出现显著的变化。本章的样本包含了各个地区的企业，如果率先实施营改增地区的企业在处理组和对照组之间的分布不对等，则这种变化对本章估计结果造成的干扰可能无法利用 DID 模型很好地剔除。因此,为了排除营改增的干扰,本章剔除了所在省份①率先实施营改增的企业样本进行稳健性检验。表 13-7 的结果显示,在对企业 TFP 的回归中,交互项 treat×post 的系数均在 5%的水平上显著为正,这表明当排除了营改增的干扰之后,"一带一路"倡议依然可以显著地提高处理组企业的 TFP 助推企业升级。

表 13-7　稳健性检验:排除其他政策的干扰

变量	tfp_op	tfp_lp
	(1)	(2)
treat×post	0.1415**	0.1441**
	(2.3581)	(2.3835)
size	−0.1239***	−0.1167***
	(−2.8640)	(−2.6165)
age	0.6126*	0.6372*
	(1.9032)	(1.9314)
growth	1.0231***	1.0386***
	(15.3393)	(15.3065)
lev	0.0037***	0.0040***
	(2.8212)	(2.9386)
cash	−0.0004	−0.0003
	(−0.2965)	(−0.2215)
stockratio	0.0101***	0.0104***
	(5.8103)	(5.8700)
cons	−0.1239***	−0.1167***
	(−2.8640)	(−2.6165)
year	控制	控制
firm	控制	控制
prov×year	控制	控制
N	4 688	4 688
Adj-R^2	0.4370	0.4361

注:*、**、*** 分别表示 10%、5%和 1%的显著性水平。year 表示时间固定效应,firm 表示企业固定效应,prov×year 表示省份个体时间趋势,回归均采用稳健标准误估计,括号内数值为 t 值。

① 具体包括上海、北京、江苏、安徽、福建、广东、天津、湖北和浙江。

（四）其他稳健性检验

1．消除企业特征差异的影响：利用倾向得分匹配法配比对照组

运用DID模型进行政策效果评估时，最理想的情境应该是在政策冲击前处理组和对照组的个体特征应该是相同的，但本章的处理组和对照组涵盖了各个行业的企业，并不能完全满足这一条件，因此可能存在选择性偏差。为了缓解这一问题，本章进一步利用倾向得分匹配法（PSM法）配比对照组重新进行估计分析，以保证本章结论的稳健性。由于样本量充足，为了尽可能地消除选择性偏差的影响，本章在进行匹配时选择了更加严格的筛选半径（0.0001）。在这里，本章同时汇报了匹配前后各特征变量的标准化偏差和匹配后的DID估计结果。图13-1给出了匹配前后处理组和控制组特征变量的标准化偏差，从中可以看出，在匹配前，两组企业样本的特征变量除企业现金流量（cash）外均存在较大差异；在匹配后，各特征变量的标准化偏差基本在0附近（小于10%）。这说明经过PSM配比之后，处理组和对照组的数据得到了均衡，很好地解决了两组企业样本在个体特征上的系统性差异。进一步，表13-8汇报了匹配后的DID估计结果，由交互项系数均在5%的水平上显著为正可知，“一带一路”倡议显著地提高了处理组企业的TFP，这些结果与表13-3的结果保持了良好的一致性，这表明在利用PSM法排除处理组企业与对照组企业的个体特征差异之后，本章结论依然不变。

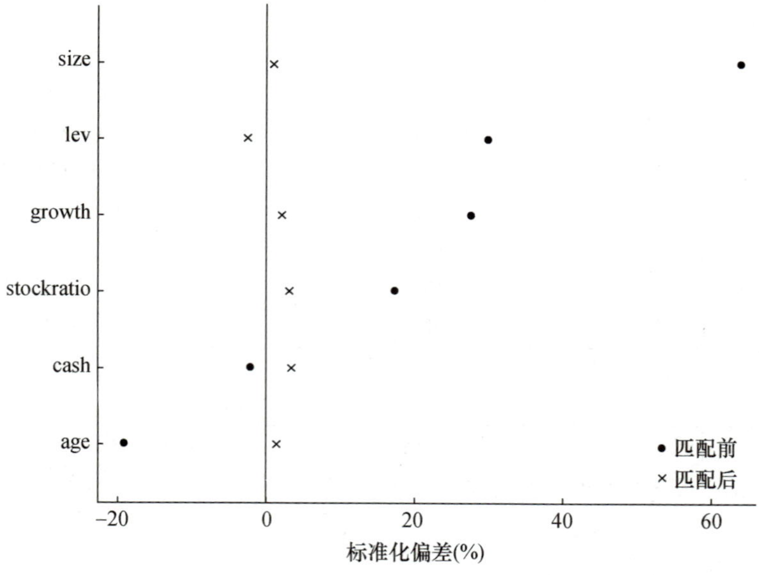

图13-1　匹配前后各特征变量标准化偏差

表13-8　稳健性检验:利用倾向得分匹配法配比控制组

变量	tfp_op	tfp_lp
	(1)	(2)
treat×post	0.0828**	0.0855**
	(2.5229)	(2.5451)
size	−0.1624***	−0.1566***
	(−6.4427)	(−6.0200)
age	0.5294***	0.5590***
	(2.9761)	(3.0628)
growth	1.0415***	1.0569***
	(25.8842)	(25.6937)
lev	0.0051***	0.0053***
	(6.0673)	(6.1810)
cash	0.0013	0.0014*
	(1.5977)	(1.6776)
stockratio	0.0090***	0.0092***
	(8.8186)	(8.8412)
cons	13.2993***	13.8868***
	(28.3917)	(28.8826)
year	控制	控制
firm	控制	控制
prov×year	控制	控制
N	12 277	12 277
Adj-R^2	0.4512	0.4508

注:*、**、***分别表示10%、5%和1%的显著性水平。year表示时间固定效应,firm表示企业固定效应,prov×year表示省份个体时间趋势,回归均采用稳健标准误估计,括号内数值为t值。

2. 进一步筛选处理组

考虑到企业对外直接投资可能存在同时投向多个国家的现象,为了充分展现"一带一路"倡议对企业升级的助推效应,本章进一步对处理组企业进行了筛选。具体而言,本章剔除了处理组中同时对"一带一路"沿线国家和其他国家实施直接投资的企业样本,只保留了仅对"一带一路"沿线国家实施直接投资的企业样本进行DID检验,结果如表13-9所示。

表 13-9 稳健性检验:进一步筛选处理组

变量	tfp_op	tfp_lp
	(1)	(2)
treat×post	0.0723*	0.0737*
	(1.7858)	(1.7867)
size	−0.1649***	−0.1591***
	(−6.5051)	(−6.0812)
age	0.5111***	0.5412***
	(2.8447)	(2.9358)
growth	1.0556***	1.0715***
	(26.2473)	(26.0764)
lev	0.0051***	0.0053***
	(5.9707)	(6.0818)
cash	0.0012	0.0013
	(1.5227)	(1.5956)
stockratio	0.0091***	0.0093***
	(8.8976)	(8.9242)
cons	13.3303***	13.9177***
	(28.1215)	(28.6046)
year	控制	控制
firm	控制	控制
prov×year	控制	控制
N	11 792	11 792
Adj-R^2	0.4543	0.4539

注:*、**、*** 分别表示 10%、5%和 1%的显著性水平。year 表示时间固定效应,firm 表示企业固定效应,prov×year 表示省份个体时间趋势,回归均采用稳健标准误估计,括号内数值为 t 值。

13.3 "一带一路"国际循环下环流如何影响中国企业升级:研发创新视角

接下来的问题是,"一带一路"倡议究竟是通过何种路径助推中国企业升级呢?本章在理论分析中认为,不同类型的产业在要素禀赋和技术需求上存在差异,这虽然使得各产业内部的企业在对外直接投资模式的选择上有所不同,但企业升级的路径最终都会体现在研发创新上。那么,研发创新是否真的是"一带一路"倡议助推中国企业升级的作用路径呢？本节将予以实证检验。

在模型设计上，本章参考黎文靖和郑曼妮(2016)、余明桂等(2016)、范子英和彭飞(2017)的做法，将调节变量置于基准模型之中以考察影响机制是否显著，具体模型设计如下：

$$\text{upgrading}_{it} = \theta_1(\text{treat}_{it} \times \text{post}_{it} \times \text{innovation}_{it}) + \theta_2(\text{treat}_{it} \times \text{post}_{it}) + \theta_3 \text{innovation}_{it} + \beta x_{it} + \lambda_t + \mu_i + \rho_{j\times t} + \varepsilon_{it} \quad (13\text{-}5)$$

其中，upgrading 表示企业升级水平，由上一节的回归结果可知，使用 TFP 作为企业升级的代理变量是非常稳健的，此外，我们在进一步对以 OP 法和 LP 法计算的 TFP 进行 Pearson 相关系数检验时发现，两者的相关系数接近于 1，相关性极高，因此在之后的估计分析中本章将只采用以 LP 法计算的 TFP(tfp_lp)作为企业升级的代理变量进行回归；innovation 为调节变量研发创新，现有研究多以研发投入和专利产出刻画企业的研发创新水平(张杰等，2014；郭玥，2018)，与专利产出相比，研发投入更具时效性，更能反映一家企业的创新意愿，因此本章采用研发投入作为企业研发创新的代理变量，具体地，以研发投入强度(等于企业研发投入/固定资产总额)表示；其他变量定义与模型(13-1)相同。

需要注意的是，为了验证不同类型产业内部的企业升级均可通过研发创新实现，本章进一步将处理组企业划分为新兴企业、成熟企业和瓶颈企业分别予以检验，此时，企业分组变量 treat 与模型(13-1)中的设定有所差别，其中 treat 等于 0 仍然代表模型(13-1)中的对照组，但 treat 等于 1 不再代表全部受“一带一路”倡议重点影响的企业，而是代表受重点影响的不同产业类型的企业。具体地，本章通过对企业主营业务的文本分析[①]将原模型(13-1)中的处理组划分为新兴企业组、成熟企业组和瓶颈企业组分别进行回归。

表 13-10 列示了模型(13-5)的估计结果。其中，第(1)列是对“一带一路”倡议如何影响所有企业升级的估计结果，结果显示，在对以 LP 法计算的企业 TFP 进行回归时，本章所关心的企业分组变量、时间分组变量与调节变量三者交互项 treat×post×innovation 的系数为正且在 1%的水平上高度显著，这一信息充分说明研发创新的确是“一带一路”倡议助推中国企业升级的重要路径。

---

① 本章根据中国《“十二五”国家战略性新兴产业发展规划》(国发〔2012〕28 号)将主营业务涉及人工智能、大数据、物联网、互联网+、新能源、新材料、航空、航天、高速轨道、海洋工程、生物、节能环保等关键词的企业设置为新兴企业组；根据国务院颁布的《关于化解产能严重过剩矛盾的指导意见》(国发〔2013〕41 号)将主营业务涉及钢铁、水泥、电解铝、平板玻璃和船舶等关键词的企业设置为瓶颈企业组；将原处理组中的其他企业设置为成熟企业组。

表 13-10 “一带一路”倡议如何影响企业升级:研发创新视角

变量	tfp_lp			
	所有企业	新兴企业	成熟企业	瓶颈企业
	(1)	(2)	(3)	(4)
treat×post×innovation	0.0671***	0.1462*	0.0673***	0.2762*
	(3.6040)	(1.7408)	(3.5112)	(1.8562)
treat×post	0.0728**	0.1146*	0.0376	0.0783
	(2.2120)	(1.6960)	(0.9245)	(1.0408)
innovation	0.0366**	0.0369**	0.0367**	0.0368**
	(2.1405)	(2.1392)	(2.1386)	(2.1488)
cons	13.9262***	14.0067***	14.0559***	13.9272***
	(29.9247)	(28.2563)	(29.2890)	(28.2211)
control	控制	控制	控制	控制
year	控制	控制	控制	控制
firm	控制	控制	控制	控制
prov×year	控制	控制	控制	控制
N	12 414	11 523	11 914	11 597
Adj-R^2	0.4550	0.4572	0.4562	0.4592

注:*、**、*** 分别表示 10%、5%和 1%的显著性水平。year 表示时间固定效应,firm 表示企业固定效应,prov×year 表示省份个体时间趋势,回归均采用稳健标准误估计,括号内数值为 t 值。

进一步,表 13-10 第(2)列到第(4)列分别列示了“一带一路”倡议是否可以通过研发创新助推新兴企业、成熟企业和瓶颈企业升级的估计结果,结果显示,“一带一路”倡议下,研发创新对新兴企业升级的调节效应在 10%的水平上显著为正,对成熟企业升级的调节效应在 1%的水平上显著为正,对瓶颈企业升级的调节效应在 10%的水平上显著为正。这些信息表明:在“一带一路”倡议的政策红利下,中国企业“走出去”虽然会因企业所在产业的发展时期不同而在投资模式的选择上有所差别,但不管是顺梯度投资还是逆低梯度投资,最终都可以通过研发创新助推中国企业升级。

值得注意的是,从调节效应的系数值来看,在“一带一路”倡议下,研发创新对新兴企业升级的调节效应值为 0.1462,对成熟企业升级的调节效应值为 0.0673,对瓶颈企业升级的调节效应值为 0.2762。由此可知,“一带一路”倡议通过研发创新助推各类型企业升级的影响幅度依次为瓶颈企业、新兴企业和成熟企业。这主要是因为:① 瓶颈企业面临产能严重过剩和技术瓶颈亟待突破的双重压力,企业生产效率相对低下,在“一带一路”倡议的政策红利下,一方面,企业通过“顺梯度”投资可以有效地转移富余产能并获得可观的交换价值,以为企业研发创新提供充裕的资金支持;另一方面,企业通过“逆梯度”投资可以从国外发达经济体的企业引进先进的技术手段，加以企业自身的自主研发快速突破技术瓶颈。综合以上两点，瓶颈企业在“一带一路”倡议的政策红利下可以获得技术进步的第二种机会窗口，使得企业成功进入再生阶段，企业生产效率会得到大幅提高。② 新兴企业处于成长阶段，一方面企业发展潜力和生产效率上升空间巨大，另一方面企业更容易得到国家政府的财政扶持，因此需要的只是技术上的突破，在“一带一路”倡议的政策红利下，企业可以通过“逆梯度”投资的“研发合作→逆向转移”机制迅速提高自身的研发创新水平，进而较大幅度地提高生产效率。③ 在经过新兴阶段的持续增长之后，成熟企业的生产效率趋于稳定且提升空间较小，即便企业在“一带一路”倡议的政策红利下可以通过“顺梯度”投资和“逆梯度”投资两条路径提升自身的研发创新水平，但最终对生产效率的提高幅度相对有限。

至此，本章基于研发创新视角描摹了“一带一路”倡议助推中国企业升级的作用路径，基本结论是，“一带一路”倡议可以通过研发创新同时提高所有企业的升级水平，但有理由相信，“一带一路”倡议助推中国企业升级的路径并不是唯一的，囿于篇幅，本章对其他路径不再进行探讨。

13.4 结论与启示

“一带一路”倡议是中国进入中等收入水平之后，在经济新常态背景下以推动中国经济稳步发展、带动发展中国家经济增长并进一步助力世界经济重振的大胆探索，是构建人类命运共同体的伟大实践。“一带一路”倡议顺应了“和平、发展、合作、共赢”和经济全球化的时代潮流，为中国企业“走出去”并实现国际化发展提供了前所未有的机遇与挑战。在“一带一路”倡议的稳步推进中，中国企业能否把握国际化发展的重大机遇实现优化升级进而带动中国产业的转型与升级是社会各界关注的重要问题。有鉴于此，本章利用2012—2017年中国A股上市公司数据，以对“一带一路”沿线国家实施直接投资的企业为处理组，未实施对外直接投资的企业为对照组，利用DID模型考察了“一带一路”倡议对中国企业升级的影响效应及作用机制，主要得出以下结论：① “一带一路”倡议可以明显地助推中国以TFP提高为表征的企业升级，而且影响幅度呈逐年上升趋势，在缓解内生性问题、非平行趋势问题、个体特征差异问题以及进行其他稳健性检验之后，“一带一路”倡议对中国企业升级的助推效应依然稳健；② 鉴于现阶段学界中的比较优势理论和技术追赶理论在研发创新是产业升级的重要路径这一关键问题上并不存在异议，在基于产业生命周期理论将中国产业发展划分为新兴、成熟、瓶颈和再生四个阶段的基础上，本章从研发创新视角对“一带一路”倡议影响各产业内部企业升级的作用路径展开了分析，研究发现，“一带一路”倡议可以通过研发创新路径同时加快中国新兴企业、成熟企业和瓶颈企业的升级进程，且对瓶颈企业的影响幅度最大，其次是新兴企业和成熟企业。

本章首次从 TFP 视角揭示了“一带一路”倡议对中国企业升级的助推效应，这不仅充分考虑了全球价值链和新国际化分工背景下企业升级的科学内涵，而且丰富了“一带一路”倡议影响企业升级的相关研究。此外，本章的研究也具有相当可观的参考价值，可以给予国家政府一定的启示与建议：

(1) 坚持“走出去”战略。本章结论充分肯定了“一带一路”倡议对中国企业升级的助推效应，而且这种助推效应是建立在企业对外直接投资基础之上的，这充分说明在“一带一路”倡议稳步推进的过程中，中国企业积极响应了“一带一路”倡议的号召，顺应了国际化发展的潮流，通过主动融入全球贸易自由化的浪潮实现了优化升级。因此，政府应继续坚持“走出去”战略，建立健全中国企业“走出去”的服务体系，为中国企业的对外直接投资保驾护航。这不仅可以为中国企业的国际化发展营造氛围融洽的投资大环境，进一步助推中国企业乃至产业的转型与升级，而且可以有效填补沿线国家的经济发展缺口，提高沿线国家的社会福利，与沿线国家实现共赢发展。具体而言：① 政府应继续强化与“一带一路”沿线国家的战略共识并积极推进战略对接以打造发展战略趋同的利益共同体。发展战略趋同是打消“一带一路”沿线国家疑虑并达成广泛共识的前提，因此政府应积极探寻沿线国家经济发展的战略诉求，并利用战略对接的方式将中国产业发展意愿与沿线国家战略诉求充分结合，通过中国产业现有优势与沿线国家经济发展缺口的有效对接构建互利互惠、共同繁荣的利益共同体。② 政府应继续完善双边经济合作机制，降低中国企业“走出去”所面临的投资风险。由于“一带一路”沿线国家众多，它们在文化、政治和经济等方面存在较大差异，这便使得中国企业的对外直接投资环境错综复杂，因此政府也应进一步完善双边投资协定机制，在与沿线国家签订双边投资协定时充分考虑风险防控问题，并在国内辅以配套的政策扶持，以充分降低中国企业“走出去”所面临的政治、宗教、环境及金融风险。

(2) 坚持创新驱动发展战略。本章作用机制检验结果表明，研发创新是“一带一路”倡议助推中国企业升级的重要路径。同时，该作用机制对处于不同生命周期的企业的影响程度由大到小分别为瓶颈企业、新兴企业和成熟企业，这充分体现了研发创新对中国企业发展的重要性。因此，在“一带一路”倡议持续推进的过程中，政府应继续坚持创新驱动发展战略，并积极打造中国企业对外直接投资主体多元化的经济发展新模式，形成不同企业协同发展的新格局。具体而言，政府可以从以下几个方面入手：① 将创新理念融入产业和企业的发展战略之中，并在加大研发投入和创新人才培养的同时树立国际化的创新思维，改变过去以量取胜的发展战略，整体性提高中国产业的自主创新水平，为产业内部的企业升级持续输送动力。② 辅以行之有效的政策干预，以充分调动处于不同生命周期的企业研发创新的积极性，对于瓶颈企业，应加大对瓶颈企业关键技术投入的支持，帮助瓶颈企业从较为落后的技术赛道向关键的新技术环节布局，帮助瓶颈企业降本增效、打开局面，提升瓶颈企业的生存空间和竞争能力；对于成熟企业，应优先考虑整体行业向新技术的转型，通过市场化手段引导成熟企业主动拥抱“数智化”等新模式，以积极的市场竞争促进企业技术水平的提升；对于新兴企业，则可以充分发挥国家大基金等创新模式，引导资本向新兴赛道集聚，帮助中小初创企业发展，帮助新兴企业在新赛道上抢占高地，提升我国综合创新水平。

第14章 “一带一路”国际循环提升中国生产专业化水平*

党的十九大报告指出，要培育具有全球竞争力的世界一流企业。面对竞争日益加剧的国际市场环境，只有具备核心竞争力的企业才能存活并不断发展为具有全球竞争力的世界一流企业。而外部竞争因素，特别是贸易自由化引起的进口竞争对中国企业构建核心竞争力至关重要(Brandt et al.,2017)。更为激烈的进口竞争环境给予企业更大的外部压力，迫使企业不断改进生产方法和调整产品布局，进而提升核心产品竞争力以应对复杂的市场竞争。基于这一背景，本章研究在改革开放背景下，进口竞争与中国多产品企业核心产品范围的调整决策之间的因果关系。

改革开放以来，特别是加入WTO以后，中国不断推进的贸易自由化进程为国内企业带来了更为激烈的进口竞争环境。在多产品企业框架下，提升中国企业核心竞争力、应对更激烈竞争环境的一个重要途径是调整产品生产范围，使企业集中生产效率最高的核心产品的生产，同时缩减相对不具备生产优势的产品的生产。例如，一家主要生产大头针的企业，可能同时利用其生产力以生产缝纫针，而相比大头针而言，缝纫针是企业相对不具备生产优势的产品。在贸易自由化之前，企业所面临的市场竞争环境相对宽松，规模经济使企业能够同时在大头针和缝纫针两个细化产品上产生盈利，而由于企业在大头针上更具有生产优势，因此企业在这一产品上的盈利能力更强，更能在这一产品上产生竞争力。随着贸易自由化的展开，企业面临来自外国产品的更为激烈的进口竞争。此时在给定资源条件下，企业的最优策略可能是调整产品生产范围，将更多的资源集中到自己生产效率最高、最具备生产优势的产品上来，集中所有规模经济的优势和资源到对大头针这一核心产品的生产上来。相应地，企业不得不减少在缝纫针上的资源投入。这一机制呈现了贸易自由化促进资源有效配置的一个重要

* 本章内容主要来自：刘冲，张辉，吴群锋，2020.进口竞争与企业产品专业化——基于中国多产品企业的研究[J].国际贸易问题，(3):22-39。

方式。本章尝试通过理论与实证分析验证这一作用过程。

本章对进口竞争对多产品企业内部产品范围分布的影响展开研究，分析进口竞争对企业生产专业化的影响效应。本章首先构建一个简化理论模型，分析进口竞争对企业生产专业化影响的理论机制；随后构建行业层面进口渗透率指标，作为进口竞争水平的代理变量，并利用中国工业企业数据库与海关数据库的匹配数据，构建企业层面生产专业化指标展开实证分析。本章以多个指标为生产专业化的度量指标研究发现，进口竞争显著地提升了企业的生产专业化水平。进口竞争的加剧促使企业缩小产品生产范围，集中到少数核心产品上来。这一过程伴随着企业产品数量的减少和整体产品范围偏度的集中。本章采用中国对外反倾销作为进口竞争程度下降的拟自然实验冲击，进一步验证了两者之间的因果效应。异质性检验表明，相比加工贸易而言，一般贸易所产生的进口竞争对企业生产专业化的促进影响更大；相比低收入国家而言，来自高收入国家的进口竞争对企业生产专业化的促进影响更大。

14.1 数据说明与模型设定

14.1.1 数据说明

本章核心的实证工作在于验证贸易自由化引起的进口竞争加剧如何影响企业生产专业化水平，因此需要构造反映企业生产专业化水平的指标以及反映企业所面临的进口竞争强度的指标。为此，本章使用三个数据库及其匹配数据构造指标变量，对本章的理论假说进行检验。

(1) 本章采用 2000—2006 年中国工业企业数据库与海关数据库的匹配数据，获取企业产品数量等与生产专业化相关的信息。中国工业企业数据库是由国家统计局通过全部国有企业以及规模以上非国有企业提交给当地统计局的季报与年报汇总而得，包括中国全部国有工业企业与年销售额 500 万元人民币以上(2011 年之后调整为 2 000 万元以上)的非国有工业企业数据，本章在国民经济行业分类的基础上进一步剔除了非制造业企业，并按照 Brandt et al.(2012)的调整代码将 2003 年前后的行业代码调整为统一的小类行业代码对制造业进行分类。海关数据库来源于海关总署记录的企业进出口报关数据，在 10 位 HS(《商品名称和编码协调制度》)编码层面，详细记录了各个出口企业的出口目的地、出口额和出口量信息。借鉴杨汝岱和李艳(2013)的匹配方法，本章对工业企业数据库和海关数据库进行匹配。首先，按照工业企业数据库和海关数据库的企业名称进行完全字段匹配；其次，对不能匹配上的样本，进一步利用电话号码、传真、电子邮件、企业法定代表等信息进行识别匹配；最后，对这些匹配结果进行对比识别，提取其中相似度最高的样本，进一步排除相似度高但并不是同一企业的样本，从而得到最终匹配结果。

(2) 本章采用 2000—2006 年中国海关产品层面的进出口贸易数据以测算行业的进口渗透率(贸易自由化程度)。中国海关分类统计进出口贸易数据(以美元计价)由中国海关按照国际海关制定的 HS 编码对企业的进出口行为按照月度统计汇报所得。对于每一家企业，该数据库详细报告了其出口到每一个目的地市场的一个 HS 编码产品的价值量、数量、贸易方式、来源地与目的地等信息。本章通过将 HS 编码与国民经济行业分类 4 位代码(以下简称"GB 行业代码")进行匹配，进而将不同产品的进口额与出口额分别加总到 4 位行业层面；在获得行业匹配代码之后，利用行业层面进出口信息和产出数据，即可计算得到进口渗透率指标。

(3) 为了解决内生性问题，本章使用对外反倾销作为外生冲击，因此采用世界银行反倾销贸易数据库对中国对外反倾销政策所涉及行业的中国企业进行了识别。查德·P. 鲍恩(Chad P. Bown)教授建立的世界银行反倾销贸易数据库包含了 WTO 主要成员反倾销的各方面信息，特别是提供了涉案商品的 10 位 HS 编码，本章从中选取了中国对外反倾销所涉及的案例，便于本章对中国反倾销政策所涉及行业的中国企业进行识别。此外，该数据库还提供了反倾销案例其他方面的信息，例如初裁时间、终裁时间、初裁结果、终裁结果、反倾销税率等，有助于本章利用反倾销作为拟自然实验以进行计量检验。

14.1.2 模型设定与指标构建

本章采用以下回归模型就进口竞争对企业生产专业化的影响进行分析：

$$\text{Specialization}_{ijt} = \alpha + \beta \text{IMP}_{jt} + \gamma X + \delta_i + \delta_t + \varepsilon_{ijt} \tag{14-1}$$

其中，$\text{Specialization}_{ijt}$ 表示 j 行业(GB 4 位行业)的 i 企业在 t 年的专业化水平。为了从企业生产产品数量和企业内产品分布两个维度上对进口竞争的影响进行分析，本章结合工业企业数据库和海关数据库匹配数据，利用三个指标作为主要被解释变量对企业生产专业化水平进行衡量。① 生产产品数量(取对数，lnProd_Num)。企业当年生产的产品数量越多，表明企业生产产品范围越广、产品范围越不集中，从而企业生产专业化水平越低。具体地，利用海关数据库，本章在 HS 6 位产品层面上，计算每家企业当年所生产的产品数量大小作为被解释变量进行验证。[①] ② 核心产品所占份额(Max_Share)。借鉴 Mayer et al. (2016)的做法，本章定义每家企业内产量最大的

① 由于中国工业企业数据库没有汇报产品层面生产信息，因此本章的基准回归中的被解释变量是借鉴 Fan et al. (2018)的做法，通过两个数据库的匹配，使用海关数据库的产品信息构建企业生产专业化指标。为了对这一度量方式可能存在的偏误进行稳健性检验，本章将工业企业数据库中汇报的企业是否进行多样化的产品生产作为被解释变量，所得到的结果均稳健。

产品为其核心产品，并计算这一核心产品产量占企业总产量的比重。这一比重越大，表明企业在核心产品上的生产份额越大、企业在核心产品上的生产专业化水平越高。③ 生产专业化指数（Herfindahl）。借鉴 Lopresti(2016)的做法，本章采用以下赫芬达尔型指标对每家企业每年向每个出口目的地出口的产品多样性程度进行度量：$\text{Specialization}_{it}=\sum_{j\in\Omega}\left(\frac{\text{Sales}_{ijt}}{\sum_{j\in\Omega}\text{Sales}_{ijt}}\right)^2$。其中，$\text{Sales}_{ijt}$ 表示 i 企业在 j 产品上 t 年的销售额，Ω 表示企业当年所有生产的产品集合。这一指标形式与赫芬达尔指数类似：企业内的产品生产越趋于集中于某些产品，这一专业化指数值越大；反之，这一专业化指数值越小，企业生产专业化水平越低。与核心产品所占份额指标相比，生产专业化指数度量了企业产量在所有产品之间的分布情况，从而能够更为全面地度量企业在所有产品上的生产专业化信息。

IMP_{jt} 为 j 行业 t 年的进口渗透率水平，作为本章进口竞争水平的代理变量，如何准确地度量贸易自由化引起的进口竞争加剧，是本章实证工作的核心要点。具体表示为：$\text{IMP}_{jt}=\frac{M_{jt}}{Y_{jt}-X_{jt}+M_{jt}}$。其中，$Y$、$X$ 和 M 分别表示 j 行业的产出、出口额与进口额，t 表示年份。通过这一表达式可以看出，进口渗透率表示进口产品在该产品国内消费市场所占比重，进口渗透率越高表示进口竞争水平越高。由于存在大量未能观测的非关税壁垒的存在，尤其是随着近年来非关税手段（如绿色贸易壁垒、技术贸易壁垒等）越来越多地被运用到贸易政策当中，关税水平并不能准确地度量一个行业的进口竞争水平。因此，本章采用进口渗透率作为进口竞争水平的代理变量（余淼杰，2010；Amiti and Khandelwal，2013；吴群锋，2017）。由于进口渗透率指标是从结果推断贸易政策，因此所有的关税与非关税壁垒均会反映到该行业的进口渗透率中，进口渗透率相比关税水平在这一点上更能准确地度量一个行业的进口竞争水平。

δ_i、δ_t 分别表示企业固定效应和时间固定效应，以控制企业自身特征和不随时间变化的各类宏观变量的影响；ε_{ijt} 为残差项。X 为其他控制变量，本章在模型中加入了一系列控制变量，以控制其他未观测因素对企业生产专业化的影响，控制变量具体测算方式如下：① 企业生产率水平（lnTFP）。根据 Bernard et al. (2011)基于企业异质性的多产品企业扩展模型所得结论，具有更高生产率水平的企业，具有更强的边际产品生产能力，因此高生产率企业生产的产品范围更广、生产专业化水平较低。本章加入企业当年 TFP 从而对企业生产率水平进行控制，具体地，借鉴杨汝岱(2015)的做法，本章使用 Olley and Pakes(1996)方法计算得到的 TFP 进行控制。② 企业所有制类型（SOE）。企业所有制类型是影响企业生产专业化的重要因素。由于国有企业往往具有更大的生产规模并享受更多的政府保护政策，因此本章预期，相比非国有企业而言，国有企业生产的产品范围更广而生产专业化水平较低。为此，本章加入国有企业虚拟变量进行控制。借鉴 Hsieh and Song(2015)的做法，如果一家企业国有资本占比超过 50%或国有资本为控股股东，则定义为国有企业，否则定义为非国有企业。③ 劳均资本(KLR)。定义为总资本与总雇佣人数的比值(取对数)。劳均资本水平越高，企业越偏向于资本和技术密集型，因此本章预期劳均资本对企业生产专业化的影响为正。④ 企业年龄(取对数，lnAge)。定义为当年年份减去企业开业年份之差(取对数)。⑤ 赫芬达尔指数(HHI)。企业所处市场结构影响本国市场的竞争程度，本国市场竞争程度影响企业的生产决策。因此，本章采用赫芬达尔指数作为本国市场结构的代理变量，以控制本国市场竞争对企业生产专业化的影响。具体而言，本章以企业的销售额为基础计算赫芬达尔指数，得到的值为 0 到 1，其越接近于 1 表明市场结构越趋近于完全垄断市场，市场竞争越弱，本章预期其对企业生产专业化的影响为正。⑥ 当地的经济发展水平(取对数，lnGDP)。企业所在地区的经济发展水平也可能对企业的生产决策产生影响，因此本章加入企业所在城市的 GDP 水平(取对数)作为对当地经济发展水平的代理变量进行控制。

14.2 实证回归结果与分析

本节利用回归模型(13-1)就贸易自由化引起的进口竞争对企业生产专业化的影响进行实证检验和分析。具体而言，本节分为三个部分：首先，对基准回归结果进行相应的汇报和分析，对本章理论假说进行检验；其次，针对基准回归结果中可能存在的度量偏差和内生性问题，通过对被解释变量进行稳健性检验并利用中国对外反倾销作为外生冲击进行双重差分检验，以对基准回归的稳健性进行说明；最后，从贸易方式和进口来源地两个方面就进口竞争的异质性影响进行分析。

14.2.1 基准回归结果与分析

表 14-1 汇报了利用回归模型(14-1)进行最小二乘法(OLS)回归所得的结果。其中，第(1)、(2)列是以企业生产产品数量(取对数，lnProd_Num)为被解释变量的回归结果；第(3)、(4)列是以企业核心产品所占份额(Max_Share)为被解释变量的回归结果；第(5)、(6)列是以企业产品专业化指数(Herfindahl)为被解释变量的回归结果。每一类结果均加入了企业固定效应和时间固定效应，且前一列结果没有加入其他控制变量，后一列则加入了全部控制变量。可以发现，不论是否加入各类控制变量：以企业生产产品数量(取对数，lnProd_Num)为被解释变量时，进口渗透率(IMP)的系数为负，且在 1%的水平上高度显著，表明进口渗透率的提高会显著降低企业生产产品数量。这表明进口竞争越激烈，企业生产产品数量越少，企业的产品范围越小。随着贸

易自由化的逐步推进,国内企业所面临的国外进口竞争也逐步加剧,这一加剧的竞争效应引起了国内企业不得不缩小生产的产品范围,从而在更小的产品范围内集中生产。具体地,第(2)列的回归结果显示,在控制所有控制变量之后,进口渗透率每提高1%,企业生产产品数量将下降6.1%。以企业核心产品所占份额(Max_Share)为被解释变量时,进口渗透率(IMP)的系数为正,且在5%的水平上显著,表明进口渗透率的提高会显著提高企业核心产品所占份额。这意味着在进口竞争加剧的影响之下,企业更加偏向于核心产品的生产和销售。一般而言,企业内所占份额越大的产品,往往也是企业更具核心竞争力、生产效率越高的产品(Mayer et al.,2014),由此可见,进口竞争引致了企业更加集中于其优势产品的生产和销售,体现出进口竞争加剧在企业内部所引致的重分配过程。具体地,第(4)列的回归结果显示,在控制所有控制变量之后,进口渗透率每提高1%,企业核心产品所占份额将提高1.3%。以企业生产专业化指数(Herfindahl)为被解释变量时,进口渗透率(IMP)的系数为正,且至少在10%的水平上显著,表明进口渗透率的提高会显著提高企业生产专业化指数。从指标构建方法中可以发现,企业赫芬达尔指数值越大、越趋近于1,企业内的生产和销售则越是集中于某些产品。相比使用企业核心产品所占份额而言,这一指标能够更为全面地刻画企业内产品生产和销售分布的特点(Mayer et al.,2016)。这表明在整体上,进口竞争使得企业内的生产和销售有向少数核心产品偏移的趋势。具体地,第(6)列的回归结果显示,在控制所有控制变量之后,进口渗透率每提高1%,企业生产产品专业化指数将提高1.3%。

表 14-1 基准回归

变量	被解释变量					
	lnProd_Num		Max_Share		Herfindahl	
	(1)	(2)	(3)	(4)	(5)	(6)
IMP	−0.069***	−0.061***	0.014**	0.013**	0.014**	0.013*
	(−3.32)	(−2.86)	(2.40)	(2.12)	(2.12)	(1.91)
lnTFP		0.038***		0.001		0.000
		(10.32)		(1.07)		(0.11)
SOE		0.015		−0.005*		−0.005*
		(1.56)		(−1.78)		(−1.84)
KLR		−0.023***		0.001**		0.002***
		(−12.27)		(2.27)		(2.92)
lnAge		0.051***		−0.005***		−0.007***
		(13.50)		(−4.90)		(−5.79)
HHI		−4.820		0.446		0.695
		(−0.93)		(0.31)		(0.42)

（续表）

变量	被解释变量					
	lnProd_Num		Max_Share		Herfindahl	
	(1)	(2)	(3)	(4)	(5)	(6)
lnGDP		−0.012		0.002		0.002
		(−0.92)		(0.51)		(0.49)
企业固定效应	控制	控制	控制	控制	控制	控制
时间固定效应	控制	控制	控制	控制	控制	控制
R^2	0.840	0.842	0.775	0.777	0.793	0.795
N	240 247	228 263	240 247	228 263	240 247	228 263

注：括号内为系数的 t 统计量，*、**、*** 分别代表 10%、5%、1%的显著性水平。

在其他控制变量上，企业生产率水平(lnTFP)对企业生产产品数量的系数显著为正，表明企业生产率水平越高，企业生产产品数量越多；国有企业虚拟变量(SOE)对企业生产产品数量的系数为正但不显著，对企业核心产品所占份额、生产专业化指数的系数显著为负，表明国有企业生产产品数量更少、专业化水平更低；劳均资本(KLR)的系数表明，企业的劳均资本越高、越是资本密集型，企业生产专业化水平越高；企业年龄(取对数，lnAge)的系数表明，企业的年龄越大，企业生产专业化水平越低；赫芬达尔指数(HHI)和当地经济发展水平(取对数，lnGDP)的系数则均不显著。这一结果表明，相比国内市场竞争而言，进口竞争所引起的竞争效应更为显著和强烈。

以上结果从企业生产产品数量、核心产品所占份额、生产专业化指数三个角度，验证了随着进口渗透率的提高引起的进口竞争的加剧，企业生产产品数量减少、分布更趋集中的事实发现，这也验证了本章在理论模型中所提出的研究假说。

14.2.2 稳健性检验与分析

（一）被解释变量的稳健性检验

在表 14-1 中，本章使用工业企业数据库和海关数据库的匹配数据，以企业出口产品品种及其分布度量企业生产产品情况。这一做法的优点在于能够得到企业内所有产品的份额及其分布状况，从而对进口竞争的影响效应进行细致的分析。但由于使用企业出口信息作为企业生产信息的代理变量，可能存在度量误差，因此本章进一步使用工业企业数据库中的多产品信息，对被解释变量进行稳健性检验与分析。

在中国工业企业数据库中，每家企业汇报了其所生产的三种产品名称“产品 1”“产品 2”“产品 3”。其中，每家企业均至少汇报了“产品 1”的名称，但并非所有企业都汇报了进一步的“产品 2”或“产品 3”的名称，且工业企业数据库中没有提供进一步的产品生产和销售信息。基于这一信息，本章构造企业是不是多产品企业虚拟变量，即如果企业汇报了“产品 2”的名称或“产品 3”的名称，则认为该企业是多产品企业，该虚拟变量取值为 1；而如果企业仅仅汇报了“产品 1”的名称，则认为该企业是单产品企业，该虚拟变量取值为 0。①

由于本章核心考察贸易自由化引起的进口竞争对企业多产品决策的影响，因此本章利用这一构造的虚拟变量为被解释变量，使用线性概率模型，引入企业固定效应和时间固定效应，就贸易自由化引起的进口竞争对企业多产品决策的影响进行计量回归。具体回归结果如表 14-2 所示。在表 14-2 中，第(1)列是只加入进口渗透率指标和企业固定效应、时间固定效应的回归结果，第(2)列到第(6)列是逐步加入其他控制变量的回归结果。可以发现，不论是否加入各类控制变量，进口渗透率指标的系数符号均为负，且在统计上显著。这表明随着进口渗透率的提高，企业成为多产品企业的概率降低，企业生产专业化水平提高。表 14-2 第(6)列的回归结果表明，进口渗透率每提高 1%，企业成为多产品企业的概率将下降 2.6%。

表 14-2 稳健性检验

变量	被解释变量＝是不是多产品企业(0-1)					
	(1)	(2)	(3)	(4)	(5)	(6)
IMP	−0.027**	−0.032**	−0.032**	−0.031**	−0.028**	−0.026*
	(−2.00)	(−2.30)	(−2.33)	(−2.28)	(−2.00)	(−1.92)
lnTFP		−0.004	−0.003	−0.003	−0.002	−0.003
		(−1.55)	(−1.35)	(−1.08)	(−0.83)	(−1.11)
SOE			0.043***	0.044***	0.024***	0.024***
			(7.29)	(7.33)	(4.03)	(4.06)
KLR				−0.008***	−0.006***	−0.006***
				(−6.83)	(−5.23)	(−5.10)
lnAge					0.071***	0.071***
					(28.99)	(28.98)
HHI						0.061
						(0.02)
lnGDP						0.038***
						(4.55)

① 这一度量方式的缺陷在于，一方面企业是否汇报“产品 2”和“产品 3”的名称的影响因素难以考察，另一方面未汇报各产品的产量分布信息，无法完成对本章理论模型中的全部假说的验证。因此本章将这一定义方式作为参照，作为对样本选择和被解释变量的一个稳健性检验。

（续表）

变量	被解释变量=是不是多产品企业(0-1)					
	(1)	(2)	(3)	(4)	(5)	(6)
企业固定效应	控制	控制	控制	控制	控制	控制
时间固定效应	控制	控制	控制	控制	控制	控制
R^2	0.671	0.676	0.676	0.676	0.677	0.678
N	240 247	228 904	228 904	228 803	228 803	228 263

注：括号内为系数的 t 统计量，*、**、*** 分别代表 10%、5%和 1%的显著性水平。

（二）因果关系的进一步验证：基于中国对外反倾销冲击的检验

本小节以中国对外反倾销为例，并将其作为一个拟自然实验，采用倾向得分匹配法（PSM 法）与双重差分法（DID 法），通过构建回归模型对反倾销政策的生产专业化效应进行估计，从其他贸易壁垒的角度对本章的理论假说进行检验，进一步验证这一因果关系。

中国对外反倾销为探讨贸易自由化对中国企业生产专业化的影响提供了一个很好的视角。这是由于中国对外反倾销具有两方面的特性：一方面，其他经济体对中国出口的某种商品一旦被中国政府认定为倾销，中国政府就将对从该国进口的商品征收高昂的反倾销税，以降低其对本国企业的损害。中国对外反倾销大大降低了中国企业受到外国商品竞争的程度。因此，中国对外反倾销从产品层面为本章提供了一次有效降低进口竞争的冲击实验。另一方面，中国对外反倾销政策的制定过程与企业生产专业化行为之间并没有直接的相关关系，中国对外反倾销往往由中国政府主导，单个企业或行业协会无法对是否对外发起反倾销产生影响。因此，对外反倾销是外生于企业生产专业化决策的因素，中国对外反倾销能够被视为一个外生变化的拟自然实验，本章能够借助中国对外反倾销构建 DID 模型对理论假说进行检验，以验证因果效应。

本章对受到对外反倾销保护的实验组样本与未收到对外反倾销保护的对照组样本在生产专业化行为上的差异性进行比较，以检验中国对外反倾销对中国企业生产专业化行为的影响，具体的 DID 模型可以表示为如下形式：

$$\text{Specialization}_{ij} = \alpha + \kappa \text{Antidumping}_{it} + \gamma X + \delta_i + \delta_t + \varepsilon_{it} \tag{14-2}$$

其中，$\text{Specialization}_{ij}$ 是 i 企业在 t 年的生产专业化变量，这里本章仍然使用与基准回归模型中一致的三个代理变量。Antidumping_{it} 度量了因对外反倾销而导致的实验组企业（被对外反倾销保护的企业）相比对照组企业（未被对外反倾销保护的企业）而言，生产专业化水平的变化差异，当且仅当企业为实验组且年份为反倾销发生之后时 Antidumping_{it} 取值为 1，否则取值为 0。X 为与基准回归模型中一致的控制变量，δ_i、δ_t 分别表示企业固定效应和时间固定效应。

DID 模型（14-2）回归结果如表 14-3 所示。其中，第（1）、（2）列是以企业生产产品数量(取对数)为被解释变量的回归结果;第(3)、(4)列是以企业核心产品所占份额为被解释变量的回归结果;第(5)、(6)列是以企业生产专业化指数为被解释变量的回归结果。每一类结果均加入了企业固定效应和时间固定效应,且前一列结果没有加入其他控制变量,后一列则加入了全部控制变量。可以发现,不论是否加入各类控制变量:以企业生产产品数量(取对数,lnProd_Num)为被解释变量时,双重倍差项 Antidumping 的系数为正,且在 1%的水平上高度显著,表明相比未受到对外反倾销保护的企业而言,受到对外反倾销保护的企业的生产产品数量得到了显著的增加。具体地,第(2)列的回归结果表明,在控制所有控制变量之后,受到对外反倾销保护的企业的生产产品数量将增加 8.7%。以企业核心产品所占份额(Max_Share)为被解释变量时,双重倍差项 Antidumping 的系数为负,且在 1%的水平上显著,表明对外反倾销会显著地降低企业核心产品所占份额。由此可见,对外反倾销引致了实验组企业进口竞争程度的下降,因此导致企业的生产和销售更加分散于其不具有优势的其他产品。具体地,第(4)列的回归结果显示,在控制所有控制变量之后,受到对外反倾销保护的企业的核心产品所占份额将下降 1.4%。以企业生产专业化指数(Herfindahl)为被解释变量时,双重倍差项 Antidumping 的系数为负,且在 1%的水平上显著,表明受到对外反倾销保护后,企业面临的进口竞争程度下降,因此会显著地降低企业生产专业化指数,企业的生产和销售在所有产品之间的分布会更加分散、专业化水平更低。具体地,第(6)列的回归结果显示,在控制所有控制变量之后,受到对外反倾销保护的企业的生产专业化指数将下降 2.1%。

表 14-3　中国对外反倾销的双重差分回归

变量	被解释变量					
	lnProd_Num		Max_Share		Herfindahl	
	(1)	(2)	(3)	(4)	(5)	(6)
Antidumping	0.083***	0.087***	−0.013***	−0.014***	−0.018***	−0.021***
	(4.78)	(4.90)	(−2.66)	(−2.91)	(−3.41)	(−3.71)
lnTFP		0.054***		0.005**		0.004*
		(6.88)		(2.15)		(1.73)
SOE		0.090***		−0.010*		−0.015**
		(4.52)		(−1.84)		(−2.34)
KLR		−0.046***		0.001		0.002
		(−10.49)		(1.14)		(1.54)
lnAge		0.168***		−0.017***		−0.021***
		(14.70)		(−5.18)		(−5.94)

（续表）

变量	被解释变量					
	lnProd_Num		Max_Share		Herfindahl	
	(1)	(2)	(3)	(4)	(5)	(6)
HHI		−19.826*		5.617*		6.630**
		(−1.87)		(1.89)		(2.00)
lnGDP		−0.072***		0.004		0.006
		(−2.78)		(0.49)		(0.75)
企业固定效应	控制	控制	控制	控制	控制	控制
时间固定效应	控制	控制	控制	控制	控制	控制
R^2	0.828	0.832	0.773	0.776	0.791	0.794
N	61 469	58 649	61 469	58 649	61 469	58 649

注：括号内为系数的 t 统计量，*、**、*** 分别代表 10%、5%和 1%的显著性水平。

这一结果从与本章基准回归模型相反的思路证明了进口竞争对企业生产专业化的影响。以上结果表明，中国对外反倾销引起的企业进口竞争程度下降，将显著地降低企业的生产专业化水平，从而验证了二者之间的因果效应。

14.2.3 异质性检验与分析

（一）加工贸易与一般贸易异质性检验

贸易方式的差异是中国对外贸易发展的一项重要特征，尤其是加工贸易在中国进出口增长中具有极为重要的影响，是中国出口“特殊性”产生的重要原因之一（Jarreau and Poncet，2012；Yu，2014）。对于一般贸易而言，无论是中间品进口还是最终品进口，均将对同行业的企业产生显著的竞争效应。然而，对于加工贸易而言，其最重要的特征在于“两头在外，一头在内”的生产模式，中国企业仅从事产品的组装与加工环节，给国内企业带来的直接竞争效应远逊于一般贸易（Koopman et al.，2008）。因此，本章按照中国进口外国产品贸易方式的不同，分别考察了一般贸易与加工贸易所带来的进口竞争对企业生产专业化影响的差异性。

具体而言，本章将进口贸易按照贸易方式的不同划分为一般贸易与加工贸易，分别计算了一般贸易与加工贸易的进口渗透率，并在计量模型中进行回归，具体回归结果如表 14-4 所示。回归结果表明：以企业生产产品数量（取对数）为被解释变量时，进口渗透率（IMP）的系数在一般贸易与加工贸易的情形下均在 1%的水平上显著为负，即一般贸易与加工贸易的竞争效应均减少了中国企业生产产品数量。然而从边际效应的大小来看，一般贸易情形下进口渗透率系数（−2.045）的绝对值远大于加工贸易

表 14-4 一般贸易与加工贸易进口竞争的异质性检验

变量	(1) 一般贸易	(2) 加工贸易	(3) 一般贸易	(4) 加工贸易	(5) 一般贸易	(6) 加工贸易
	被解释变量					
	lnProd_Num		Max_Share		Herfindahl	
IMP	−2.045***	−0.880***	0.295**	0.149	0.345**	0.153
	(−3.77)	(−2.64)	(1.97)	(1.60)	(2.00)	(1.44)
其他控制变量	控制	控制	控制	控制	控制	控制
企业固定效应	控制	控制	控制	控制	控制	控制
时间固定效应	控制	控制	控制	控制	控制	控制
R^2	0.842	0.842	0.777	0.777	0.795	0.795
N	228 263	228 263	228 263	228 263	228 263	228 263

注:括号内为系数的 t 统计量,*、**、*** 分别代表 10%、5%和 1%的显著性水平。

情形(−0.880),这说明相比加工贸易而言,企业生产产品数量边际对一般贸易的竞争效应更为敏感。此外,以企业核心产品所占份额、企业生产专业化指数为被解释变量时,一般贸易情形下进口渗透率的系数均显著为正,而加工贸易情形下进口渗透率的系数为正但不显著,且加工贸易情形下的进口渗透率系数均小于一般贸易情形。这表明一般贸易所引发的企业生产专业化水平提升效应更为突出。这一结论与既有文献对一般贸易与加工贸易竞争效应的研究结论也基本一致,均表明一般贸易的竞争效应远大于加工贸易。

(二)进口来源地的异质性检验

由于不同进口来源地的产品对国内产品的替代性各有不同,造成其对中国企业生产专业化的促进效应也存在较大的差异性。近十几年来,虽然中国的出口结构得到了迅速的改善,但很多研究表明中国进口产品的主要来源仍然以发达国家为主(李坤望等,2014),而对发展中国家的进口则较为薄弱。这就导致中国从高收入国家进口的产品远多于低收入国家,来自高收入国家的进口产品对中国企业具有更大的竞争力,这使得来自高收入国家的进口产品对中国企业的竞争效应较低收入国家更强,其所引发的企业生产专业化促进效应也更为突出。因此,本章按照中国进口产品来源地的不同,分别考察了来自高收入国家与低收入国家的进口竞争对中国企业生产专业化影响的差异性,并预期从高收入国家进口产品所带来的生产专业化促进效应大于从低收入国家进口产品。

具体而言,本章将进口产品按照来源地的不同划分为来自高收入国家的进口与来自低收入国家的进口,分别计算了高收入国家进口产品与低收入国家进口产品的渗透率,并在计量模型中进行回归,具体回归结果如表14-5所示。回归结果表明:以企业

表 14-5　进口来源地的异质性检验

变量	(1) 高收入	(2) 低收入	(3) 高收入	(4) 低收入	(5) 高收入	(6) 低收入
	被解释变量					
	lnProd_Num		Max_Share		Herfindahl	
IMP	−0.102***	−1.256	0.016**	0.051	0.016**	0.166
其他控制变量	控制	控制	控制	控制	控制	控制
企业固定效应	控制	控制	控制	控制	控制	控制
年份固定效应	控制	控制	控制	控制	控制	控制
R^2	0.842	0.844	0.777	0.780	0.795	0.798
N	227 226	219 840	227 226	219 840	227 226	219 840

注:括号内为系数的 t 统计量,*、**、*** 分别代表10%、5%和1%的显著性水平。

生产产品数量(取对数)为被解释变量时,进口渗透率(IMP)的系数在从高收入国家进口产品所带来的进口竞争情形下在1%的水平上为负,而在从低收入国家进口产品所带来的进口竞争情形下不显著。此外,以企业核心产品所占份额、企业生产专业化指数为被解释变量时,进口渗透率的系数在从高收入国家进口产品所带来的进口竞争情形下均显著为正,而在从低收入国家进口产品所带来的进口竞争情形下为正但不显著。这表明从高收入国家进口产品对中国企业的竞争效应更强,从而造成其更能提高企业的生产专业化水平。

14.3 结　　论

企业生产专业化是企业集中优势资源,应对外部竞争加剧的重要途径。利用中国工业企业数据库和海关数据库的匹配数据,本章就贸易自由化引起的进口竞争对企业生产专业化的影响展开理论与实证分析。

本章的研究结论主要有以下两点:第一,不断增长的进口产生的进口竞争所引致的更强市场压力,迫使企业集中资源投向其核心产品的生产,减少甚至放弃边际产品的生产,从而引起企业生产专业化。这一过程伴随着企业产品数量的减少和整体产品范围偏度的集中。第二,由于一般贸易进口所引发的进口竞争更为激烈,因此相比加工贸易而言,一般贸易所引发的进口竞争对企业生产专业化的促进效应更大;类似地,相比低收入国家而言,来自高收入国家的进口竞争对企业生产专业化的促进效应更大。

本章的研究价值主要体现在以下两个方面。第一,本章将进口竞争对经济发展影响的相关研究扩展到了企业内部层面,分析了进口竞争对企业资源配置效率的影响,对认识进口竞争的经济影响具有一定的边际贡献;第二,本章分析了企业生产专业化的影响因素,对基于多产品企业的相关文献研究能够产生边际补充。

本章的结论也具有一定的政策性内涵。随着中国对外开放进程的不断推进,进口的增长只会越来越大,这对企业的产品范围将会产生进一步的负面影响。虽然对于社会而言,企业生产专业化、所有企业集中生产其核心产品能够促进资源的更有效利用,但对于单个企业而言,进口竞争的这一影响却以一种被动的形式展开,对单个企业的整体利润形成了巨大的压力。本章的研究表明,政府部门产业政策的施行应当帮助企业提升核心产品的竞争优势,提供政策平台帮助企业拓宽核心产品的销售渠道,以应对进口竞争对企业造成的负面影响,同时兼顾发挥进口竞争对社会整体的正向促进效应。

参考文献

ACEMOGLU D, AUTOR D, DORN D, et al. ,2016. Import competition and the great US employment sag of the 2000s[J]. Journal of labor economics, 34(S1):141-198.

ACEMOGLU D, JOHNSON S, ROBINSON J A, 2001. The colonial origins of comparative development:an empirical investigation[J]. American economic review,91(5):1369-1401.

AGHION P, CAI J, DEWATRIPONT M, et al. ,2015. Industrial policy and competition[J]. American economic journal: macroeconomics, 7(4):1-32.

AMITI M, ITSKHOKI O, KONINGS J, 2014. Importers, exporters, and exchange rate disconnect[J]. American economic review, 104(7):1942-78.

AMITI M, KHANDELWAL A K, 2013. Import competition and quality upgrading [J] The review of economics and statistics, 95(2): 476-490.

AUTOR D H, DORN D, HANSON G H, 2016. The China shock: learning from labor-market adjustment to large changes in trade[J]. Annual review of economics, 8: 205-240.

BERNARD A B, REDDING S J, SCHOTT P K,2011. Multiproduct firms and trade liberalization[J]. The quarterly journal of economics, 126(3):1271-1318..

BLOOM N, DRACA M, VAN REENEN J, 2016. Trade induced technical change? the impact of Chinese imports on innovation, IT and productivity[J]. The review of economic studies, 83(1):87-117.

BRANDT L, VAN BIESEBROECK J, ZHANG Y, 2012. Creative accounting or creative destruction? firm-level productivity growth in Chinese manufacturing[J]. Journal of development economics, 97(2): 339-351.

BRANDT L, VAN BIESEBROECK J, WANG L, et al. ,2017. WTO accession and performance of Chinese manufacturing firms[J]. American economic review, 107(9):2784-2820.

BRANSTETTE L, 2006. Is foreign direct investment a channel of knowledge spillovers? evidence from Japan's FDI in the United States[J]. Journal of international economics, 68(2):325-344.

CHE Y, ZHANG L, 2018. Human capital, technology adoption and firm performance: impacts of China's higher education expansion in the late 1990s[J]. The economic journal, 128(614):2282-2320.

CHENERY H B, ROBINSON S, SYRQUIN M,1986. Industrialization and growth: a comparative study[M]. Oxford: Oxford University Press,1986.

CHENERY H B, SYRQUIN M, 1989. Patterns of development, 1950 to 1983[M]. Washington: World Bank.

CHENERY H B, TAYLOR L, 1968. Development patterns: among countries and over time [J]. The review of economics and statistics, 50(4):391-416.

CLARK C, 1940. The conditions of economic progress[M]. London: Macmillan.

CONLEY T G, HANSEN C B, ROSSI P E, 2012. Plausibly exogenous[J]. Review of economics and statistics, 94(1):260-272.

DU J, ZHANG Y, 2018. Does one belt one road initiative promote Chinese overseas direct investment? [J]. China economic review, 47: 189-205.

DUARTE M, RESTUCCIA D, 2010. The role of the structural transformation in aggregate productivity[J]. The quarterly journal of economics, 125(1):129-173.

FAN H, GAO X, LI Y A, et al., 2018. Trade liberalization and markups: micro evidence from China[J]. Journal of comparative economics, 46: 103-130.

GEREFFI G,1999. International trade and industrial upgrading in the apparel commodity chain [J]. Journal of international economics, 48(1):37-70.

GLASS A J, SAGGI K, 2001. Innovation and wage effects of international outsourcing[J]. European economic review, 45(1):67-86.

GRANOVETTER M S, 1973. The strength of weak tie[J]. American journal of sociology, 78: 1360-1380.

GRANOVETTER M S, 1985. Economic action and social structure: the problem of embeddedness[J]. American journal of sociology, 91(3), 481-510.

HANSEN B E, 1999. Threshold effects in non-dynamic panels, estimation, testing, and inference[J]. Journal of econometrics, 93(2):345-368.

HAYAKAWA K, MATSUURA T, MOTOHASHI K, et al., 2013. Two-dimensional analysis of the impact of outward FDI on performance at home: evidence from Japanese manufacturing firms [J]. Japan and the world economy,27: 25-33.

HERRENDORF B, ROGERSON R, VALENTINYI A, 2013. Two perspectives on preferences and structural transformation[J]. American economic review, 103(7): 2752-89.

HERRERO A G, XU J, 2017. China's belt and road initiative: can Europe expect trade gains? [J]. China & world economy, 25(6): 84-99.

HSIEH C T, SONG Z M, 2015. Grasp the large, let go of the small: the transformation of the state sector in China[R]. National bureau of economic research.

HUMPHREY J, SCHMITZ H, 2002. How does insertion in global value chains affect upgrading in industrial clusters? [J]. Regional studies,36(9):1017-1027.

JARREAU J, PONCET S, 2012. Export sophistication and economic growth: evidence from

China [J]. Journal of development economics,97(2): 281-292.

JEFFERSON G H, SU J. 2006. Privatization and restructuring in China:evidence from shareholding ownership, 1995—2001[J]. Journal of Comparative Economics, 34(1):146-166.

JORGENSON D W, TIMMER M P, 2011. Structural change in advanced nations: a new set of stylised facts[J]. Scandinavian journal of economics, 113(1):1-29.

KOOPMAN R, WANG Z, WEI S J, 2014. Tracing value-added and double counting in gross exports[J]. Social science electronic publishing, 104(2):459-494.

KOOPMAN R, WANG Z, WEI S J, 2018. How much of Chinese exports is really made in China? assessing domestic value-added when processing trade is pervasive [R]. NBER Working Papers, No. 14109.

KUZNETS S, MURPHY J T, 1966. Modern economic growth: rate, structure, and spread [M]. New Haven: Yale University Press.

KUZNETS S, 1949. National income and industrial structure[J]. Econometrica, 17:205-241.

KUZNETS S, 1957. Quantitative aspects of the economic growth of nations: II. industrial distribution of national product and labor force[J]. Economic development and cultural change, 5(4):1-111.

LEVINSOHN J, PETRIN A, 2003. Estimating production functions using inputs to control for unobservables[J]. The review of economic studies, 70(2):317-341.

LIN J Y, CAI F, LI Z, 1998. Competition, policy burdens, and state-owned enterprise reform [J]. The american economic review, 88(2):422-427.

LOPRESTI J, 2016. Multiproduct firms and product scope adjustment in trade[J]. Journal of international economics, 100: 160-173.

MAKINO S, LAU C M, YEH R S, 2002. Asset-exploitation versus asset-seeking: Implications for location choice of foreign direct investment from newly industrialized economies[J]. Journal of international business studies, 33(3): 403-421.

MANOVA K, YU Z, 2017. Multi-product firms and product quality[J]. Journal of international economics, 109: 116-137.

MAO H, LIU G, ZHANG C, et al. , 2019. Does belt and road initiative hurt node countries? a study from export perspective[J]. Emerging markets finance and trade, 55(7):1472-1485.

MAYER T, MELITZ M J, OTTAVIANO G I P, 2014. Market size, competition, and the product mix of exporters[J]. American economic review, 104(2): 495-536.

MAYER T, MELITZ M J, OTTAVIANO G I P, 2016. Product mix and firm productivity responses to trade competition[J]. The review of economics and statistics: 1-59.

MELITZ M J, OTTAVIANO G I P, 2008. Market size, trade, and productivity[J]. The review of economic studies, 75(1): 295-316.

MIZOBUCHI H, 2015. Multiple directions for measuring biased technical change[J]. CEPA Working Papers Series.

OLLEY G S, PAKES A, 1996. The dynamics of productivity in the telecommunications equipment industry[J]. Econometrica, 64(6):1263-97.

PORTER M E, 1980. Competitive strategy: techniques for analyzing industries and competitors [M]. New York: Free Press.

PRADHAN J, SINGH N, 2009. Outward FDI and knowledge flows: a study of the Indian automotive sector[J]. Institutions and economies, 1(1):156-187.

QING L, LARRY D Q, 2016. Intermediate input imports and innovations: evidence from Chinese firms' patent filings[J]. Journal of international economics, 103(11):166-183.

RIVERA-BATIZ L A, ROMER P M, 1991. Economic integration and endogenous growth[J]. The quarterly journal of economics, 106(2): 531-555.

SCHOTT P, 2007. The relative sophistication of Chinese exports[N]. NBER Working Paper, No. 12173.

SCHUMPETER J A, 2010. Capitalism, socialism and democracy[M]. London: Routledge.

SCOTT J, 2000. Social network analysis a handbook[M]. London: Sage Publications Ltd.

SERRANO M A, BOGUÑÁ M, 2003. Topology of the world trade web[J]. Physical review e statistical nonlinear & soft matter physics, 68(2): 15101.

SMITH D A, WHITE D R, 1992. Structure and dynamics of the global economy network analysis of international trade 1965—1980[J]. Social forces, 70(4): 857-894

SNYDER D, KICK E L, 1979. Structural position in the world system and economic growth, 1955—1970: a multiple-network analysis of transnational interactions[J]. American journal of sociology, 84(5):1096-1126.

SUN J, HOU J W, 2019. Monetary and financial cooperation between China and the One Belt One Road countries[J]. Emerging markets finance and trade, 55(11):2609-2627.

TSOUTSOURA M, 2015. The effect of succession taxes on family firm investment: evidence from a natural experiment[J]. The journal of finance, 70(2): 649-688.

TYERS R, 2015. International effects of China's rise and transition: neoclassical and Keynesian perspectives[J]. Journal of Asian economics, 37:1-19.

VON RICHTHOFEN F, 1877. China: Ergebnisse Eigener Reisen Und Darauf Gegründeter Studien[M]. Berlin: Dietrich Reimer.

WALLERSTEIN I, 2004. World-systems analysis: an introduction[M]. Durham: Duke University Press.

WOOLDRIDGE J M, 2002. Econometric analysis of cross section and panel data[M]. Cambridge: MIT Press.

YU M, 2014. Processing trade, tariff reductions and firm productivity: evidence from Chinese firms [J]. The Economic journal, 125(582): 1-46.

白宸，2009. 国际资本流动的发展趋势分析[J]. 求实，(S1):119-120.

白洁，梁丹旎，周睿，2018. 中国与 G20 国家贸易关系的调整与优化[J]. 数量经济技术经济研究，35(10)：96-110.

白宽犁，谷梦宾，2019. 丝绸之路经济带发展报告(2019)[M]. 北京：社会科学文献出版社.

陈玲，2014. 新自由主义对发展中国家的商贸冲击及因应策略[J]. 兰州商学院学报，30(1)：38-42.

陈卫东，梁婧，范若滢，2019. 从国际收支的变化和国际比较理解中国经济增长模式[J]. 国际金融研究，(3)：13-23.

陈勇，唐朱昌，2006. 中国工业的技术选择与技术进步：1985—2003[J]. 经济研究，(9)：50-61.

范子英，彭飞，2017. "营改增"的减税效应和分工效应：基于产业互联的视角[J]. 经济研究，52(2)：82-95.

高国力，申现杰，2019. "一带一路"基础设施项目建设如何应对全球化竞争[J]. 中国经贸导刊，(23)：45-47.

郭克莎，2000. 中国工业化的进程、问题与出路[J]. 中国社会科学，(3)：60-71.

郭玥，2018. 政府创新补助的信号传递机制与企业创新[J]. 中国工业经济，(9)：98-116.

国家统计局国民经济综合统计司，2010. 新中国六十年统计资料汇编[M]. 北京：中国统计出版社.

撖晓宇，赵霞，2018. 中国对东盟国家的农业投资特点与问题分析[J]. 世界农业，(8)：22-26.

洪俊杰，商辉，2019. 中国开放型经济的"共轭环流论"：理论与证据[J]. 中国社会科学，(1)：42-64.

黄群慧，2014. "新常态"、工业化后期与工业增长新动力[J]. 中国工业经济，(10)：5-19.

黄群慧，2018. 改革开放 40 年中国的产业发展与工业化进程[J]. 中国工业经济，(9)：5-23.

黄慧群，2019. 新中国 70 年工业化进程的历史性成就与经验[N]. 光明日报，07-09(011).

黄群慧，黄阳华，贺俊，等，2017. 面向中上等收入阶段的中国工业化战略研究[J]. 中国社会科学，(12)：94-116.

黄永春，郑江淮，杨以文，等，2013. 中国"去工业化"与美国"再工业化"冲突之谜解析：来自服务业与制造业交互外部性的分析[J]. 中国工业经济，(3)：7-19.

贾根良，2018. 演化发展经济学与新结构经济学：哪一种产业政策的理论范式更适合中国国情[J]. 南方经济，(1)：5-35.

姜晔，茹蕾，杨光，等，2019. "一带一路"倡议下中国与东盟农业投资合作特点与展望[J]. 世界农业，(6)：12-16.

蒋冠宏，2017. 中国企业对"一带一路"沿线国家市场的进入策略[J]. 中国工业经济，(9)：119-136.

金刚，沈坤荣，2019. 中国企业对"一带一路"沿线国家的交通投资效应：发展效应还是债务陷阱[J]. 中国工业经济，(9)：79-97.

黎文靖，郑曼妮，2016. 实质性创新还是策略性创新?：宏观产业政策对微观企业创新的影响[J]. 经济研究，51(4)：60-73.

李兵，岳云嵩，陈婷，2016. 出口与企业自主技术创新：来自企业专利数据的经验研究[J]. 世界经济，39(12)：72-94.

李建伟，2018. 中国经济增长四十年回顾与展望[J]. 管理世界，34(10)：11-23.

李坤望，蒋为，宋立刚，2014. 中国出口产品品质变动之谜：基于市场进入的微观解释[J]. 中国社会科学，(3)：80-103.

李林木,汪冲,2017.税费负担、创新能力与企业升级:来自“新三板”挂牌公司的经验证据[J].经济研究,(11):119-134.

李永友,严岑,2018.服务业“营改增”能带动制造业升级吗?[J].经济研究,53(4):18-31.

林乐芬,王少楠,2016.“一带一路”进程中人民币国际化影响因素的实证分析[J].国际金融研究,(2):75-83.

林毅夫,2008.经济发展与转型:思潮、战略与自生能力[M].北京:北京大学出版社.

林毅夫,2012.新结构经济学:反思经济发展与政策的理论框架[M].北京:北京大学出版社.

林毅夫,2014.中国经济的后发优势[J].理论学习,(4):14-15.

林毅夫,张鹏飞,2005.后发优势、技术引进和落后国家的经济增长[J].经济学(季刊),(4):53-74.

林志帆,龙晓旋,2019.卖空威胁能否激励中国企业创新[J].世界经济,42(9):126-150.

刘冲,张辉,吴群锋,2020.进口竞争与企业产品专业化:基于中国多产品企业的研究[J].国际贸易问题,(3):22-39.

刘虹飞,刘瑜,田广,等,2019.浅论“一带一路”与人类命运共同体建设[J].宏观经济管理,(8):86-90.

刘伟,范欣,2019.中国发展仍处于重要战略机遇期:中国潜在经济增长率与增长跨越[J].管理世界,35(01):13-23.

刘伟,郭濂,2015.一带一路:全球价值双环流下的区域互惠共赢[M].北京:北京大学出版.

刘伟,张辉,黄泽华,2008.中国产业结构高度与工业化进程和地区差异的考察[J].经济学动态,(11):4-8

刘伟,张辉,2008.中国经济增长中的产业结构变迁和技术进步[J].经济研究,(11):4-15.

刘伟,张辉,2017.一带一路:产业与空间协同发展[M].北京:北京大学出版社.

刘伟,1995.工业化进程中的产业结构研究[M].北京:中国人民大学出版社.

刘夏明,王珏,逯建,2016.中国 OFDI 的研究综述:理论创新与重构[J].中南财经政法大学学报,(2):86-95.

刘志彪,2019.利用和培育国内市场问题的研究[J].学术研究,(10):76-84.

卢锋,2012.中国农民工工资走势:1979—2010[J].中国社会科学,(7):47-67.

鲁晓东,连玉君,2012.中国工业企业全要素生产率估计:1999—2007[J].经济学(季刊),(2):541-558.

陆铭,张航,梁文泉,2015.偏向中西部的土地供应如何推升了东部的工资[J].中国社会科学,(5):59-83.

罗顺均,李田,刘富先,2015.后发追赶背景下“引智”学习促进企业升级的机制研究:基于珠江钢琴 1987~2013 年嵌套式纵向案例分析[J].管理世界,(10):144-159.

罗斯托,1962.经济成长阶段[M].国际关系编译室,译.北京:商务印书馆.

吕越,陆毅,吴嵩博,等,2019.“一带一路”倡议的对外投资促进效应:基于 2005—2016 年中国企业绿地投资的双重差分检验[J].经济研究,54(9):187-202.

马骥,马相东,2017.“一带一路”建设与中国产业结构升级:基于出口贸易的视角[J].亚太经济,(5):31-37.

马述忠，任婉婉，吴国杰，2016. 一国农产品贸易网络特征及其对全球价值链分工的影响：基于社会网络分析视角[J]. 管理世界，(3)：60-72.

马艳，李俊，张思扬，2019. 我国现代化经济体系的逻辑框架与建设路径研究[J]. 教学与研究，(5)：5-13

毛其淋，许家云，2014. 中国企业对外直接投资是否促进了企业创新[J]. 世界经济，(8)：100-127.

配第，1978. 政治算术[M]. 陈冬野，译. 北京：商务印书馆.

钱学锋，王胜，陈勇兵，2013. 中国的多产品出口企业及其产品范围：事实与解释[J]. 管理世界，(1)：9-27.

钱雪松，康瑾，唐英伦，等，2018. 产业政策、资本配置效率与企业全要素生产率：基于中国 2009 年十大产业振兴规划自然实验的经验研究[J]. 中国工业经济，(8)：42-59.

沙畹，1958. 西突厥史料[M]. 冯承钧，译. 北京：中华书局.

邵朝对，李坤望，苏丹妮，2018. 国内价值链与区域经济周期协同：来自中国的经验证据[J]. 经济研究，(3)：187-201.

宋凌云，王贤彬，2013. 重点产业政策、资源重置与产业生产率[J]. 管理世界，(12)：63-77.

孙楚仁，张楠，刘雅莹，2017. "一带一路"倡议与中国对沿线国家的贸易增长[J]. 国际贸易问题，(2)：83-96.

孙焱林，覃飞，2018. "一带一路"倡议降低了企业对外直接投资风险吗[J]. 国际贸易问题，(8)：66-79.

孙早，席建成，2015. 中国式产业政策的实施效果：产业升级还是短期经济增长[J]. 中国工业经济，(7)：52-67.

汪建成，毛蕴诗，2007. 从 OEM 到 ODM、OBM 的企业升级路径：基于海鸥卫浴与成霖股份的比较案例研究[J]. 中国工业经济，(12)：110-116.

王博，陈诺，林桂军，2019"一带一路"沿线国家制造业增加值贸易网络及其影响因素[J]. 国际贸易问题，(3)：85-100.

王桂军，卢潇潇，2019a. "一带一路"倡议可以促进中国企业创新吗？[J]. 财经研究，45(1)：19-34.

王桂军，卢潇潇，2019b. "一带一路"倡议与中国企业升级[J]. 中国工业经济，(3)：43-61.

王桂军，张辉，2020. "一带一路"与中国 OFDI 企业 TFP：对发达国家投资视角[J]. 世界经济，43(5)：49-72.

王杰，段瑞珍，孙学敏，2019. 环境规制、产品质量与中国企业的全球价值链升级[J]. 产业经济研究，(2)：64-75.

王杰，刘斌，2014. 环境规制与企业全要素生产率：基于中国工业企业数据的经验分析[J]. 中国工业经济，(3)：44-56.

王丽，张岩，2016. 对外直接投资与母国产业结构升级之间的关系研究：基于 1990～2014 年 OECD 国家的样本数据考察[J]. 世界经济研究，(11)：60-69.

王琦，2017. 我国对亚洲区域农业投资的主要目标与任务[J]. 经济纵横，(2)：93-98.

王义桅，2018. 西方质疑"一带一路"的三维分析：心理・利益・体系[J]. 东南学术，(1)：167-174.

王玉主，2015. "一带一路"与亚洲一体化模式的重构[M]. 北京：社会科学文献出版社.

卫玲，梁炜，2017. 以创新驱动推进“一带一路”产业升级[J]. 江苏社会科学，(5)：32-40.

魏后凯，王颂吉，2019. 中国“过度去工业化”现象剖析与理论反思[J]. 中国工业经济，(1)：5-22.

吴群锋，2017. 进口竞争缓解了制造业性别工资歧视吗[J]. 国际贸易问题，(4)：49-61.

肖曙光，杨洁，2018. 高管股权激励促进企业升级了吗：来自中国上市公司的经验证据[J]. 南开管理评论，(3)：66-75.

许和连，孙天阳，吴钢，2015. 贸易网络地位、研发投入与技术扩散：基于全球高端制造业贸易数据的实证研究[J]. 中国软科学，(9)：60-74.

杨丽花，周丽萍，翁东玲，2016. 丝路基金、PPP 与“一带一路”建设：基于博弈论的视角[J]. 亚太经济，(2)：24-30.

杨玲，2016. 生产性服务进口复杂度及其对制造业增加值率影响研究：基于“一带一路”18 省份区域异质性比较分析[J]. 数量经济技术经济研究，(2)：3-20.

杨汝岱，李艳，2013. 区位地理与企业出口产品价格差异研究[J]. 管理世界，(7)：21-30.

杨汝岱，2015. 中国制造业企业全要素生产率研究[J]. 经济研究，(2)：61-74..

杨文龙，杜德斌，马亚华，等，2018. “一带一路”沿线国家贸易网络空间结构与邻近性[J]. 地理研究，37(11)：2218-2235.

杨亚平，周泳宏，2013. 成本上升，产业转移与结构升级：基于全国大中城市的实证研究[J]. 中国工业经济，(7)：147-159.

依绍华，2019. 夯实强大国内市场基础 开创经济高质量发展新局面[J]. 价格理论与实践，(7)：35-36.

余淼杰，2010. 中国的贸易自由化与制造业企业生产率[J]. 经济研究，45(12)：97-110.

余明桂，范蕊，钟慧洁，2016. 中国产业政策与企业技术创新[J]. 中国工业经济，(12)：5-22.

余泳泽，2017. 异质性视角下中国省际全要素生产率再估算：1978—2012[J]. 经济学(季刊)，16(3)：1051-1072.

张斌，邹静娴，2018. 中国经济结构转型的进展与差距[J]. 国际经济评论，(6)：9-24.

张汉亚，张长春，2005. 投资环境研究[M]. 北京：中国计划出版社.

张辉，黄昊，朱智彬，2017. “一带一路”沿线国家重点行业跨境并购的网络研究[J]. 亚太经济，(5)：115-124.

张辉，黄泽华，2009. 北京市工业化进程中的产业结构高度[J]. 北京社会科学，(3)：4-9.

张辉，李宁静，2019. 基于社会网络方法的全球贸易双环流研究[J]. 国际贸易问题，(10)：17-36.

张辉，任抒杨，2010. 从北京看我国地方产业结构高度化进程的主导产业驱动机制[J]. 经济科学，(6)：115-128.

张辉，闫强明，黄昊，2019. 国际视野下中国结构转型的问题、影响与应对[J]. 中国工业经济，(6)：41-59.

张辉，闫强明，唐毓璇，2019. “一带一路”相关国家产业结构高度及合作路径研究[J]. 学习与探索，(1)：75-83.

张辉，易天，唐毓璇，2017. 一带一路：全球价值双环流研究[J]. 经济科学，(3)：5-18.

张辉，2015. 全球价值双环流架构下的“一带一路”战略[J]. 经济科学，(3)：5-7.

张会清,2017.中国与“一带一路”沿线地区的贸易潜力研究[J].国际贸易问题,(7):85-95.

张杰,郑文平,翟福昕,2014.竞争如何影响创新:中国情景的新检验[J].中国工业经济,(11):56-68.

张伟,2016.试论新自由主义危害与发展中国家的经济安全[J].河北经贸大学学报 37(5):116-120.

张五常,2014.制度的选择[M].北京:中信出版社.

张志彬,2007.论发展中国家的后发优势与后发劣势[J].湖南科技学院学报,(1):83-85.

赵东麒,桑百川,2016.“一带一路”倡议下的国际产能合作:基于产业国际竞争力的实证分析[J].国际贸易问题,(10):3-14.

郑新业,2015.“一带一路”研究院的前期研究工作[J].政治经济学评论,6(4):23-25.

周昌林,魏建良,2007.产业结构水平测度模型与实证分析:以上海、深圳、宁波为例[J].上海经济研究,(6):15-21.

周健,丛松日,2017.中国崛起:中国模式的可持续性发展[J].华北理工大学学报(社会科学版),17(1):12-15.

周林,杨云龙,刘伟,1987.用产业政策推进发展与改革:关于设计现阶段我国产业政策的研究报告[J].经济研究,(3):16-24.

周文,方茜,2015.“一带一路”战略的政治经济学思考[J].马克思主义研究,(10):62-72.

朱富强, 2018.产业政策的两大思潮及其架桥[J].南方经济,(1):36-47.

朱争鸣,王秦,1988.我国产业结构研究[J].中国工业经济,(3):41-50.

邹嘉龄,刘春腊,尹国庆,等,2015.中国与“一带一路”沿线国家贸易格局及其经济贡献[J].地理科学进展,34(5):598-605.

邹嘉龄,刘卫东,2016.2001～2013 年中国与“一带一路”沿线国家贸易网络分析[J].地理科学,36(11):1629-1636.